VOCHOS UNIDOS

"El Título"

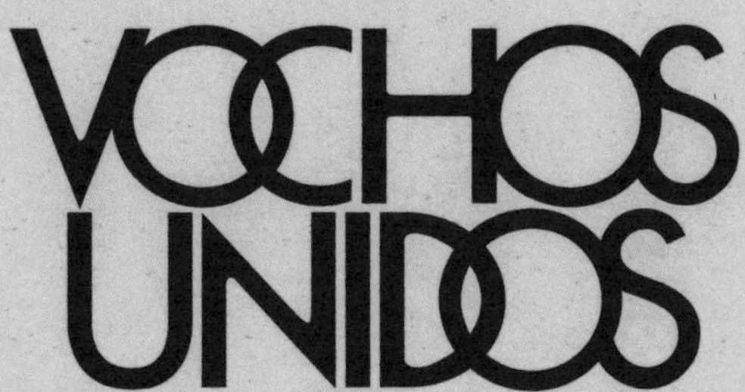

"El Autor"

RODRIGO GAYA VILLAR

(n.1987) es un fotógrafo y director independiente radicado en el sur de Florida, enfocado en crear imágenes auténticas de la vida. Su trabajo está influenciado por viajes y experiencias alrededor del mundo, especialmente por su tiempo reciente en México. Rodrigo ha desarrollado una mirada aguda para retratar personas en sus entornos naturales y compartir sus historias. *Vochos Unidos* es su primer libro.

(b.1987) is a freelance photographer and director residing in South Florida focused on creating authentic lifestyle imagery. His work is influenced by travels and experiences throughout the world, especially his recent time spent in Mexico. He has developed a keen eye for capturing people in their natural surroundings and enjoys sharing the stories of those he photographs. *Vochos Unidos* is his first book.

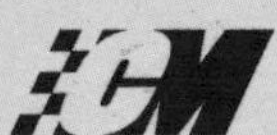

VOCHO, Beetle, BOCHITO,
Pulguita, PETA, カブトム
BJALLA, Bug, KASHIMA,
Volkswagen, KÄFER, Coccine
MAGGIOLONE, Костену
Escarabat, ZHUK, Brouk,
ビートル, VOSVOS, Bugsie
VOLCHO, Tortoise car, BINT,
Mgongo wa Chura, MWEND
HERBIE, חיפושית, Volky,
Cepillo, GRAVID, Rulleskø
BOBBELFOLKEVOGN, خن
Fakrouna, TOSBAGA,

carabajo, SEDÁN, Ibba, 비틀,
Sapito, PULGA, Cucaracha,
虎虫, FUSQUINHA, Fusca,
e, MAGGIOLINO, Carocha,
a, KEVER, Bubbla, BOBLE,
OSCU, Bogár, BUBA, Kodok,
VOLKSIE, Ghobadi, KIFUU,
olcika, BAGGE, VolksieKewer,
WA KOBE, Foxi, CHROBÁK,
NDONG, Boks, PICHIRILO,
e, ASFALTBOBLEN, Kupla,
اس, Hrošč, BANJU MAQLUB,
olumbaga, BARATINHA.

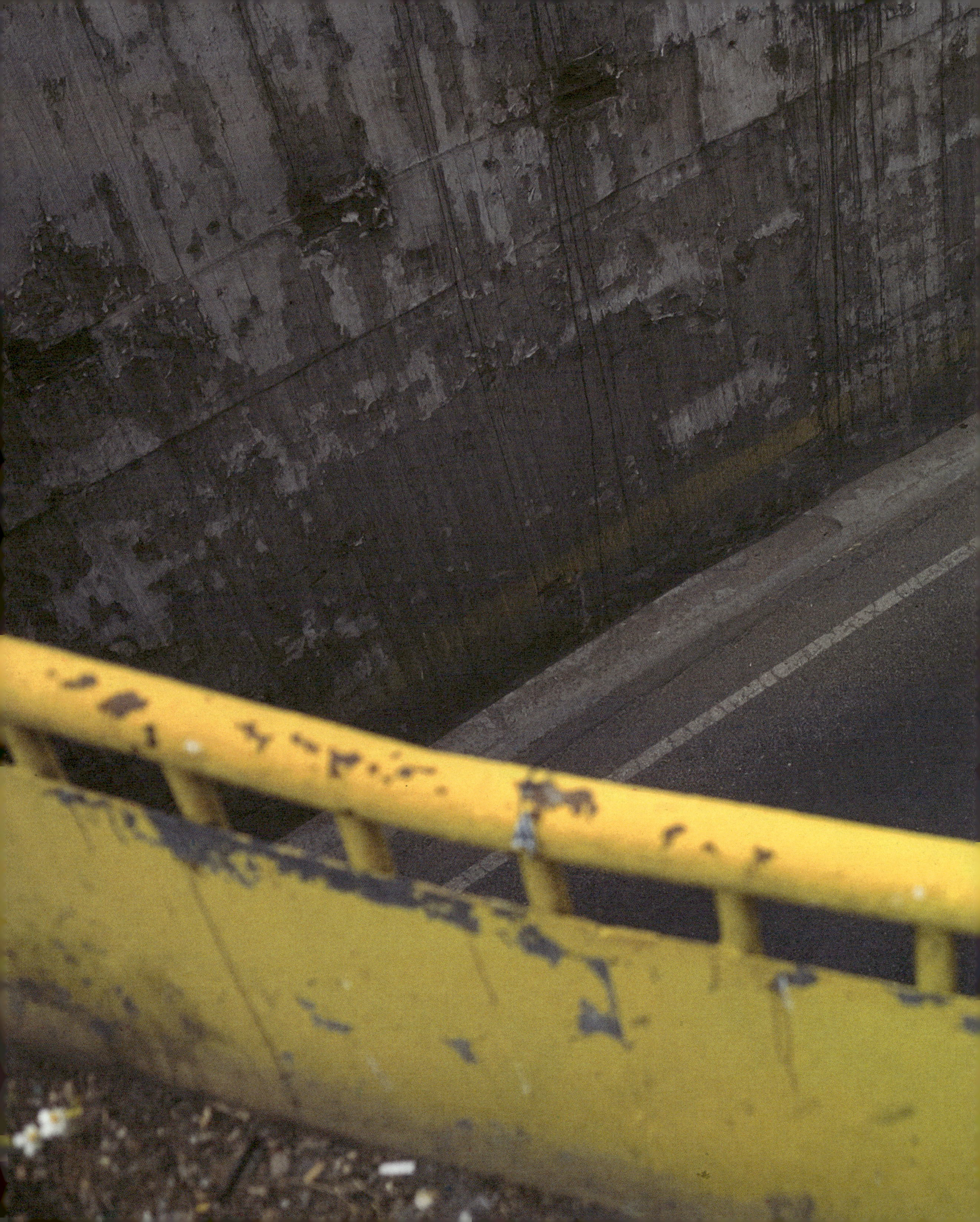

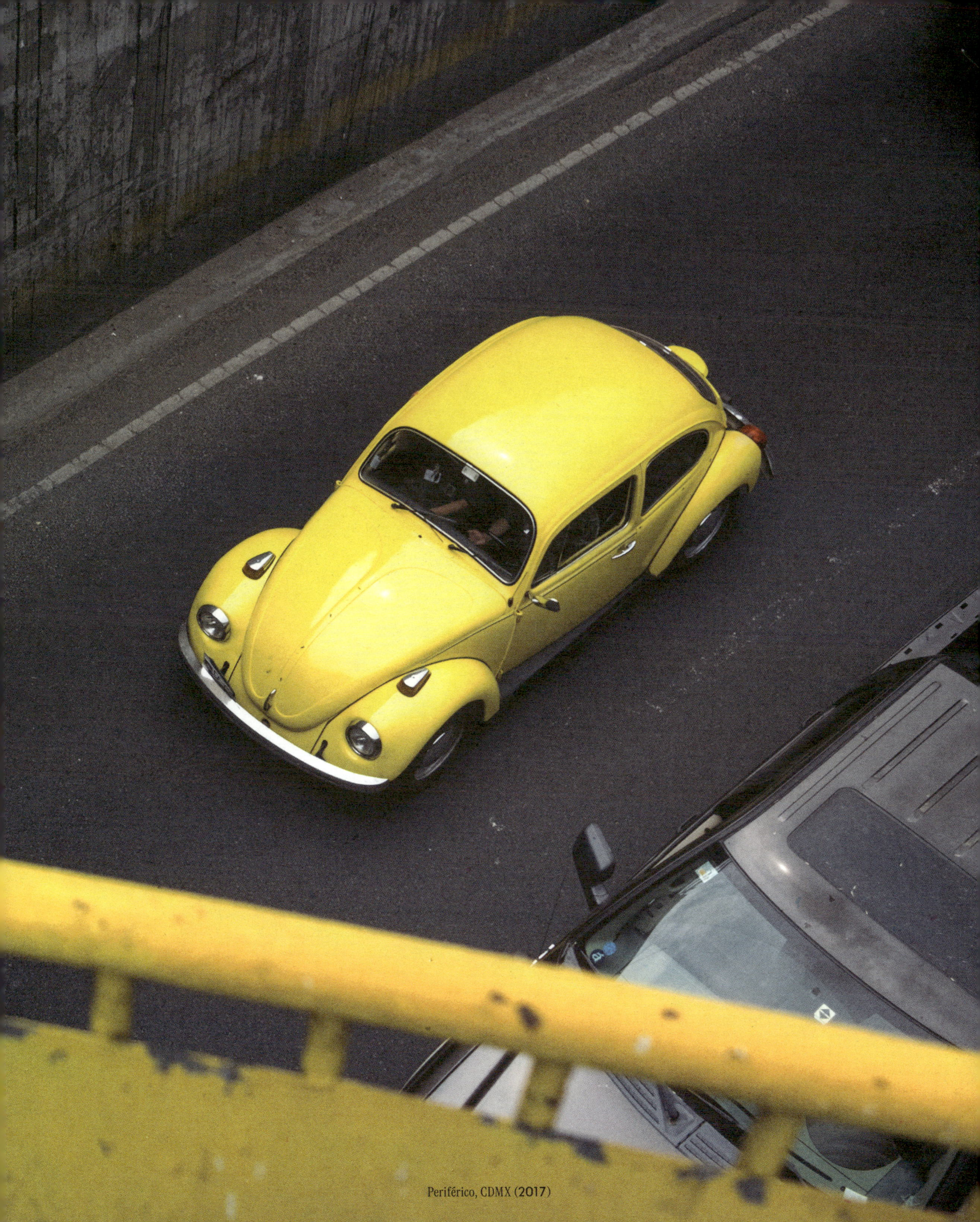

Periférico, CDMX (2017)

TABLE OF CONTENTS

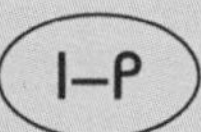

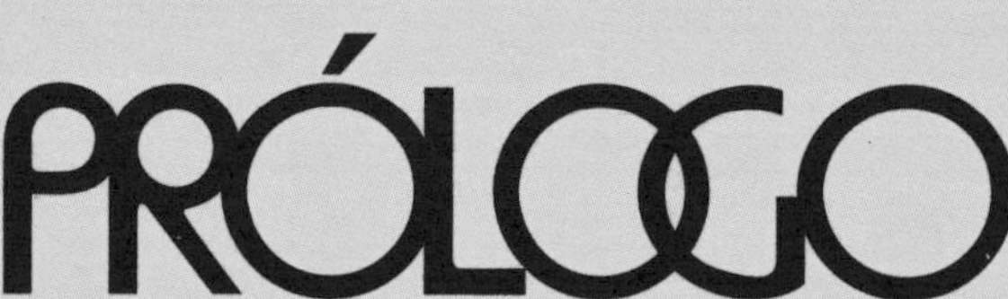

PRÓLOGO

Este proyecto partió de una simple directiva: *salir a la calle.*

Ese fue el punto de partida. No exactamente un plan—más bien un empujón. Llegué a México el 1 de enero de 2016. Me atraía lo inesperado, me ponía nervioso lo desconocido, pero de todos modos estaba dispuesto a adentrarme en ello. Hay un extraño tipo de paz que viene de aceptar la incomodidad. Dejas de intentar controlarlo todo. Reduces tu mundo a lo que puedes llevar contigo. En mi caso, era una cámara y una curiosidad creciente. Ningún gran concepto, ningún resultado fijo. Se trataba de caminar por las calles, prestar atención y dejar que el lugar hablara. Me sumergí.

Había visitado México con mi familia de niño, pero construí mi vida en Miami. Ahora quería volver con los ojos frescos de la edad adulta. El objetivo era experimentar mi nuevo entorno, hacerme un hueco en Ciudad de México e intentar comprender qué hace tan especial a este país. Hacer "algo diferente" de lo que hacía en Miami. Después de pasar años bajo un empleador depredador y sentir que mi pasión se evaporaba, necesitaba recuperar mi tiempo, atención y autonomía. Ese primer mes, sentí que me estaba descongelando.

Inmediatamente, los vochos acapararon mi atención. Estaban por todas partes: escondidos bajo los árboles, circulando por las autopistas, arrastrándose por barrios grandes y olvidados. Cada uno contaba una historia diferente. Volkswagen trajo el *Beetle* a México en 1954, y de inmediato ayudó a poner al país en movimiento. Ahora, más de 70 años después, representa mucho más que un coche. Están por todas partes, omnipresentes, y se puede aprender mucho sobre un lugar por sus vochos. Perseguirlos se convirtió en una obsesión. Seguí sus huellas para crear un mapa de la ciudad en mi mente. Se convirtió en una especie de juego—*The Vocho Hunter.* El cazador de vochos.

Los viajes en metro, los transbordos, los largos paseos por barrios desconocidos. Lo que empezó como una fotografía se convirtió en exploración, y luego en comprensión. Poco a poco, fui dejando atrás los barrios "seguros" recomendados que todo visitante ve en su primer día en México. Encontré algo mucho más complejo. Me deleité con las calles y las aceras, las pasarelas y las autopistas de segundo piso y los túneles bajo mis pies. El caos, los contrastes, la coreografía de la vida cotidiana.

Todo, en todas partes, todo a la vez. El sueño de cualquier fotógrafo.

¿La luz? No te preocupes. Olvida el clima y sal a la calle. Siempre hay luz interesante. Si no, ve a tomarte un café con chocolatina, o una toltequidad y un mezcal con jamaica. En treinta minutos verás una tormenta de granizo que despeja las calles, o un filtro con aspecto de polvo sahariano que acaba de llegar. (Sí, esas tonalidades filtradas de México que se ven en las películas existen de verdad.)

La fotografía toma cuatro dimensiones, contando el tiempo, y las aplana en dos. Saca un momento de su contexto original y lo proyecta hacia el futuro. Para mí, este libro es un estudio antropológico de un país, su gente y el coche que se ha convertido en su mascota. Se inspira en la capacidad de adaptación, superación y perseverancia de la humanidad.

Mi lente siempre ha estado teñida de amor por la fotografía callejera, enfocado por el ansia de aventura y envuelto en nostalgia. Para activar sus poderes, todo lo que necesitaba era salir a la calle. Este proyecto es el resultado, y espero que invite al espectador a compartir sus propias experiencias y crear sus propios recuerdos. Este libro forma parte de mi historia con el vocho.

Entonces, ¿cuál es la tuya?

— RODRIGO GAYA VILLAR

I–P

PROLOGUE

English Version

This project began from a simple directive: *just go outside.*

That was the starting point. Not exactly a plan—more like a nudge. I arrived in Mexico on January 1st, 2016. I was drawn to the unexpected, nervous about the unknown, but willing to step into it anyway. There's a strange kind of peace that comes from accepting discomfort. You stop trying to control everything. You shrink your world down to what you can carry. In my case, that was a camera and a growing curiosity. No grand concept, no fixed outcome. It was about walking the streets, paying attention, and letting the place speak. I dove in.

I had visited Mexico with my family as a child, but built my life in Miami. Now, I wanted to return with the fresh eyes of adulthood. The goal was to experience my new surroundings, carve out a new niche in Mexico City, and try to understand what makes this country so special. To do "something different" than what I was doing in Miami. After years spent under a predatory employer and feeling my passion evaporate, I needed to reclaim my time, attention, and autonomy. That first month, it felt like I was defrosting.

Immediately, the *Vochos* commanded my attention. They were everywhere—tucked under trees, barreling down highways, crawling through neighborhoods both grand and forgotten. Each one told a different story. Volkswagen brought the Beetle to Mexico in 1954, and it immediately helped get the country moving. Now, more than 70 years later, it represents much more than a car. They're everywhere, ubiquitous, and you can learn a lot about a place by its vochos. Chasing them turned into an obsession. I followed their trails to create a map of the city in my head. It became a kind of game—*el cazador de Vochos.* The hunter of Beetles.

The metro rides, the transfers, the long walks across unfamiliar *barrios.* What started as photography turned into exploration, and then into understanding. Bit by bit, I moved past the recommended "safe" neighborhoods every visitor sees on their first day in Mexico. I found something much more layered. I reveled in the streets and sidewalks, the walkways and second-story highways overhead, and the tunnels beneath my feet. The chaos, the contrasts, the choreography of daily life.

Everything, everywhere, all at once. Kind of a photographer's dream, really.

Light? Need not worry. Disregard the weather patterns, and just go outside. There's always interesting light. If not, go get a coffee and chocolatin, or a tlaltequiada and a mezcal con jamaica. In thirty minutes you'll see a hail storm that clears out the streets, or a Saharan dust-looking filter that just rolled in. (Yes, those filtered hues of México you see in movies really do exist.)

Photography takes four dimensions, counting time, and flattens them into two. It takes a moment from its original context and shoots it forward into the future. For me, this book is more of an anthropological study of a country, its people, and the car that has become its mascot. It is inspired by humanity's ability to adapt, to overcome, and to persevere.

My lens is forever tinted by a love for street photography, focused by a hunger for adventure, and enveloped in nostalgia. To activate its powers, all I needed to do was go outside. This project is the result, and hopefully, it invites the viewer to share their own experiences and create their own memories. This book is part of my story with the vocho.

So, what's yours?

– RODRIGO GAYA VILLAR

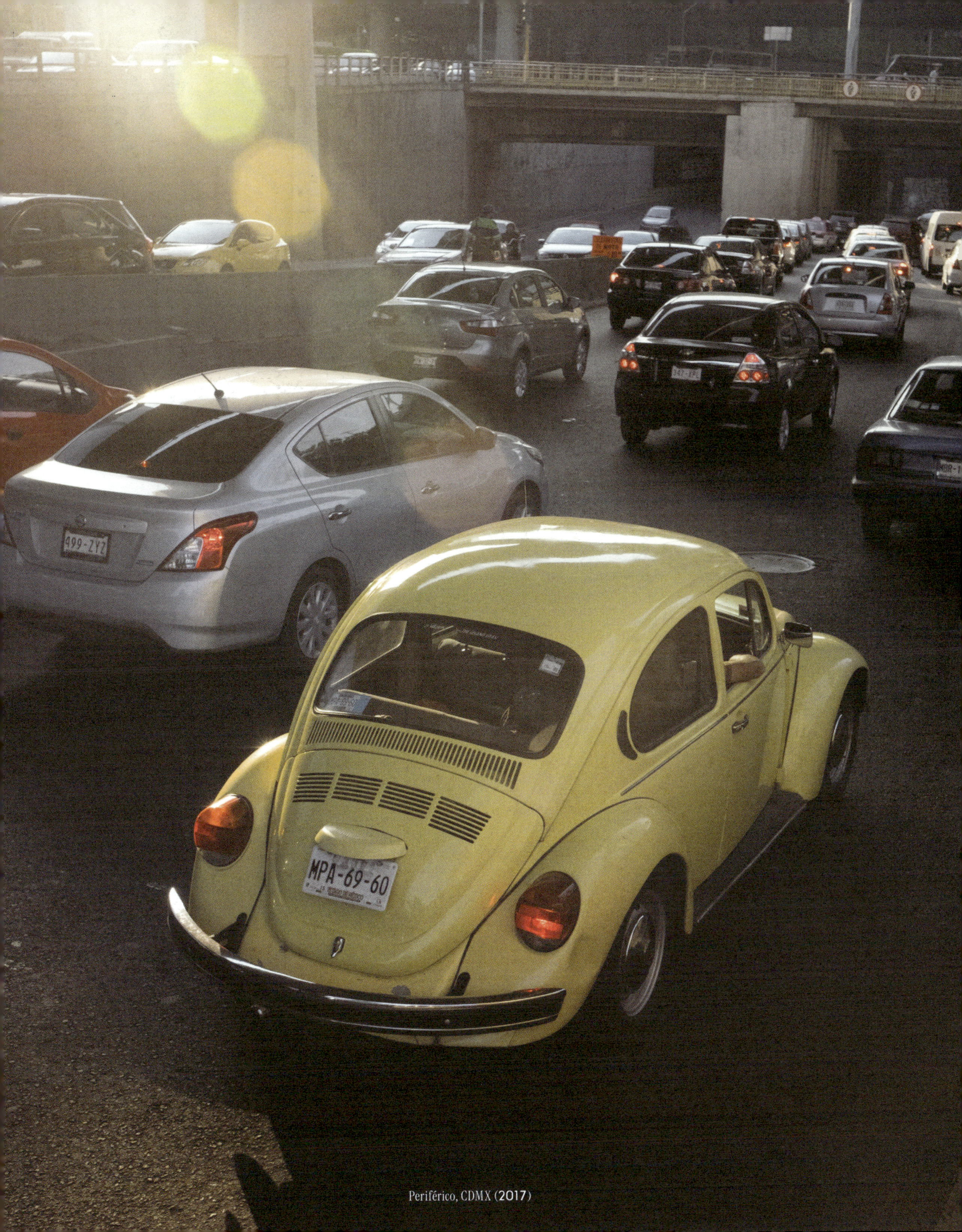

Periférico, CDMX (2017)

'TODO MÉXICO UN
POR SU MAGIA, SU
QUE AVANZA

O POR LOS VOCHOS:
NTE Y UNA CULTURA
OBRE RUEDAS.'

C–1

'LO MÁGICO'

Entre las banquetas, sombreadas por doseles de árboles, edificios, y carreteras elevadas, se manifiesta la vida y caos de una ciudad con veintitrés millones de personas, apretadas juntas por las paredes de sus hogares y negocios.

La ciudad, mi inspiración. La cultura, mi alimento. No solo los paisajes, personalidades, y acciones, sino también las luces, los sonidos, los aromas, y sentimientos que siguieron en su estela. Me concentré en experimentar ese caos.

La Ciudad de México. Ese era mi estudio.

Después de las primeras fotografías, una chispa se encendió en mí. Fue entonces cuando me fascinó el vocho. De repente me convertí en miembro de una comunidad. Empecé a escucharlos antes de verlos y, guiado por el sonido, configuré el cuadro solo unos segundos antes. Esta fue la clave.

Esta fue la clave que abrió las fronteras sociales y culturales. La clave para crear un espacio donde pudiéramos compartir historias y experiencias.

Parecía que todos los Mexicanos tenían una historia personal sobre el vocho. Por la mayoría, de las aventuras familiares - de meter a 10 personas adentro para una vacación a Acapulco, o que su tío le enseñe a conducir en uno. Don Chuy, un miembro destacado del antiguo club de vochos conocido como Kollegenwagen, lo dijo mejor que nadie: "Es algo que nace dentro de ti." El espíritu de este coche es algo vivo y palpitante. Si vienes preparado, el coche te dará precisamente lo que esperas... y también un toque de lo inesperado.

Un vochero es alguien quien sabe que existen las comodidades modernas, pero la experiencia del vocho es tan impactante que es casi imposible ignorar. Es demasiado difícil dejarlo.

Para un Mexicano, el vocho es indudablemente Mexicano. El espíritu del vochero está tejido intrincadamente en la estructura del país. No importa que lo mismo se aplique a todos los países que aceleraron sus sistemas de transporte gracias a este chiquito Volkswagen. En México, significa más que eso. El vocho se convirtió en un lienzo en blanco para que la cultura lo imprima.

De pronto, era conocido como el "*Vochos Guy*." Me acostumbre a oír "¡Tienes que ver el carro de mi amigo! Es increíble!"

Los vochos traen vida con ellos, dondequiera que vayan. Aunque, más vochos trajeron más preguntas. Había uno que seguía apareciendo en mi cabeza, una y otra vez. Dado que todo el mundo entiende la cultura del Vocho, ¿podría ayudarme a comprender la identidad mexicana?

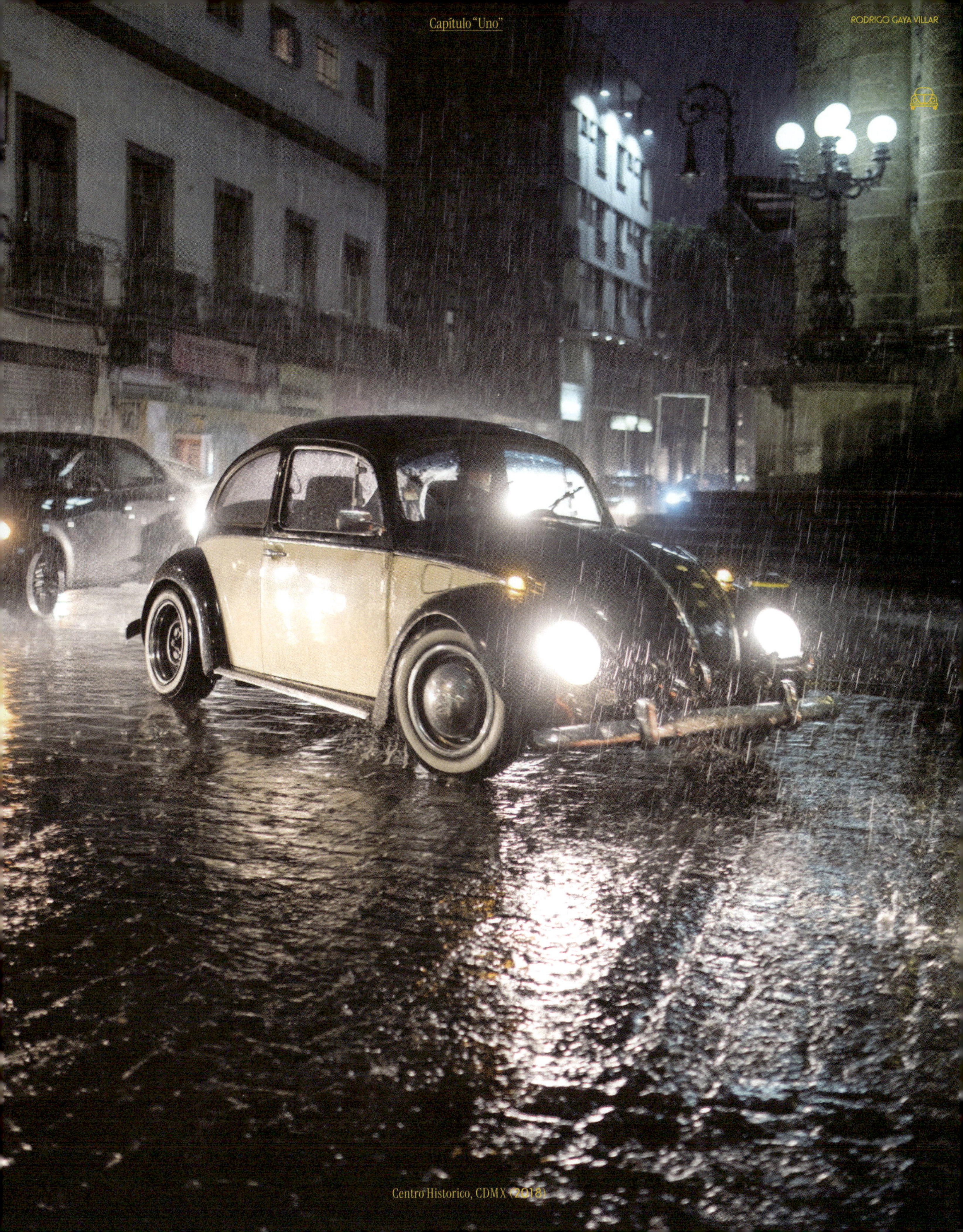

Centro Historico, CDMX (2018)

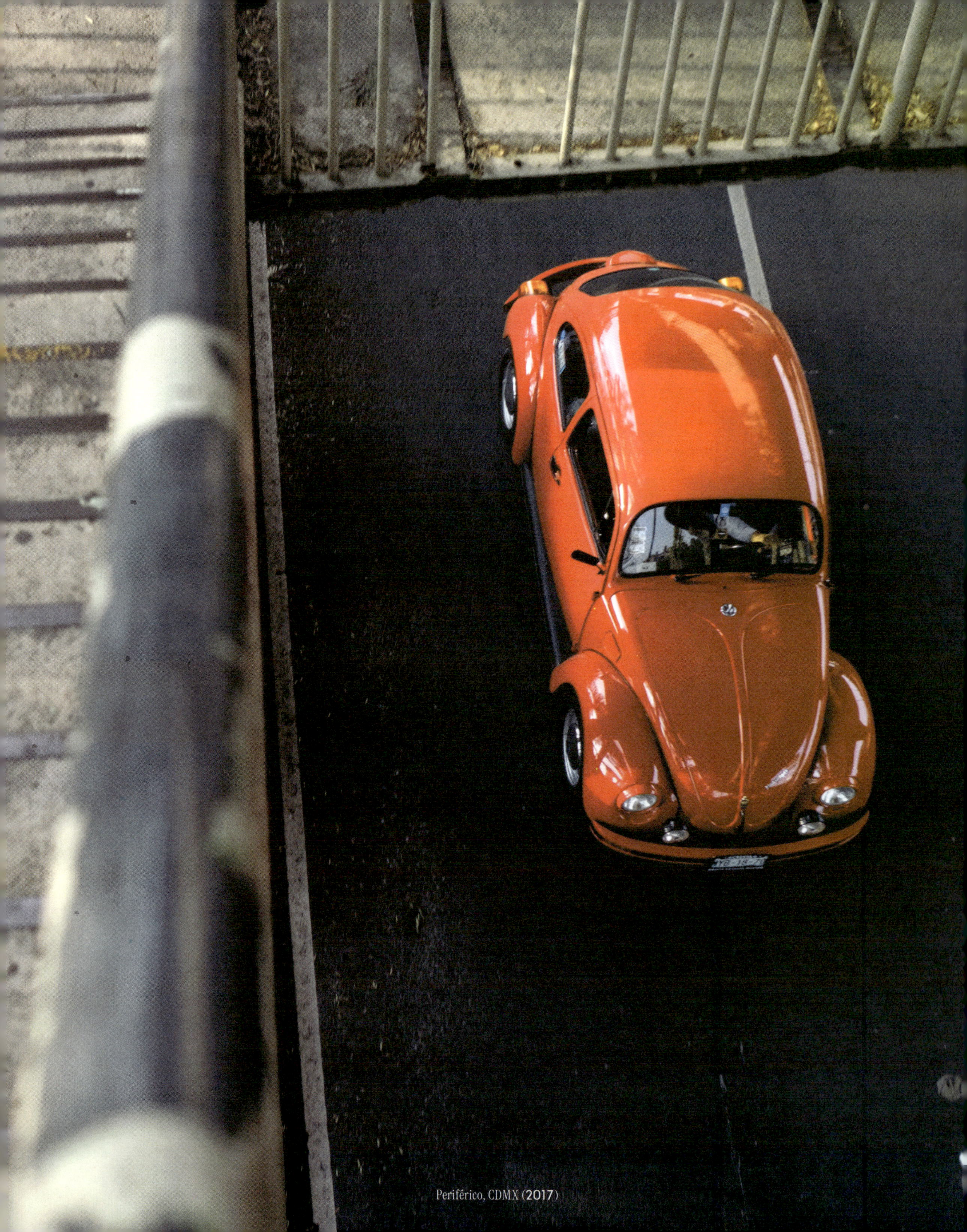

Periférico, CDMX (2017)

Chapter One

'THE MAGIC'

English Version

Between sidewalks, shaded by a canopy of trees, buildings, and second story highways, manifests the life and chaos of a city with 23 million people squeezed together by the walls of homes and businesses.

The city, inspiration. The culture, sustenance. Not just the landscapes, personalities, and action, but also the lights, sounds, smells, and feelings which followed in their wake. I focused on experiencing that chaos.

Mexico City. This was my studio.

After my first few images, a spark ignited within me. This is when I was bit by the proverbial *vocho* virus. Suddenly I became part of a community. I began to hear them coming before they'd appear and, guided by the sound, set my frame just a few seconds early. That was the key.

The key that would unlock social and cultural boundaries. The key to setting a space for shared stories and experiences.

It seemed as if everyone in Mexico had a personal story about the vocho. Mostly about family adventures. From cramming 10 people inside for a road trip to Acapulco, or their uncle teaching them to drive in one. Don Chuy, a prominent member of the longstanding *vocho* club known as Kollegenwagen, expressed it best: "It's something that's born within you." The spirit is a living and breathing thing. If you come prepared, the car will give you precisely what you expect… and a bit of the unexpected too.

A *vochero* is someone who knows modern day comforts exist, but the vocho experience is so grand it's almost impossible to extinguish. It's too much to let go of.

From the perspective of a Mexican, the *vocho* is undeniably Mexican. By now, the vochero spirit is intricately woven into the fabric of the country. Nevermind that the same applies to every country that fast-tracked its transportation systems because of this little Volkswagen. In Mexico, it's beyond that. The vocho became a blank canvas for the culture to imprint.

Soon, I was known as the *Vochos Guy*. I got used to hearing, "You have to see my friend's car! It's amazing!"

Vochos bring life with them, everywhere they go. Although, more vochos brought more questions. There was one that kept popping into my head, again and again. Since everyone understands Beetle culture, could it help me better understand Mexican identity?

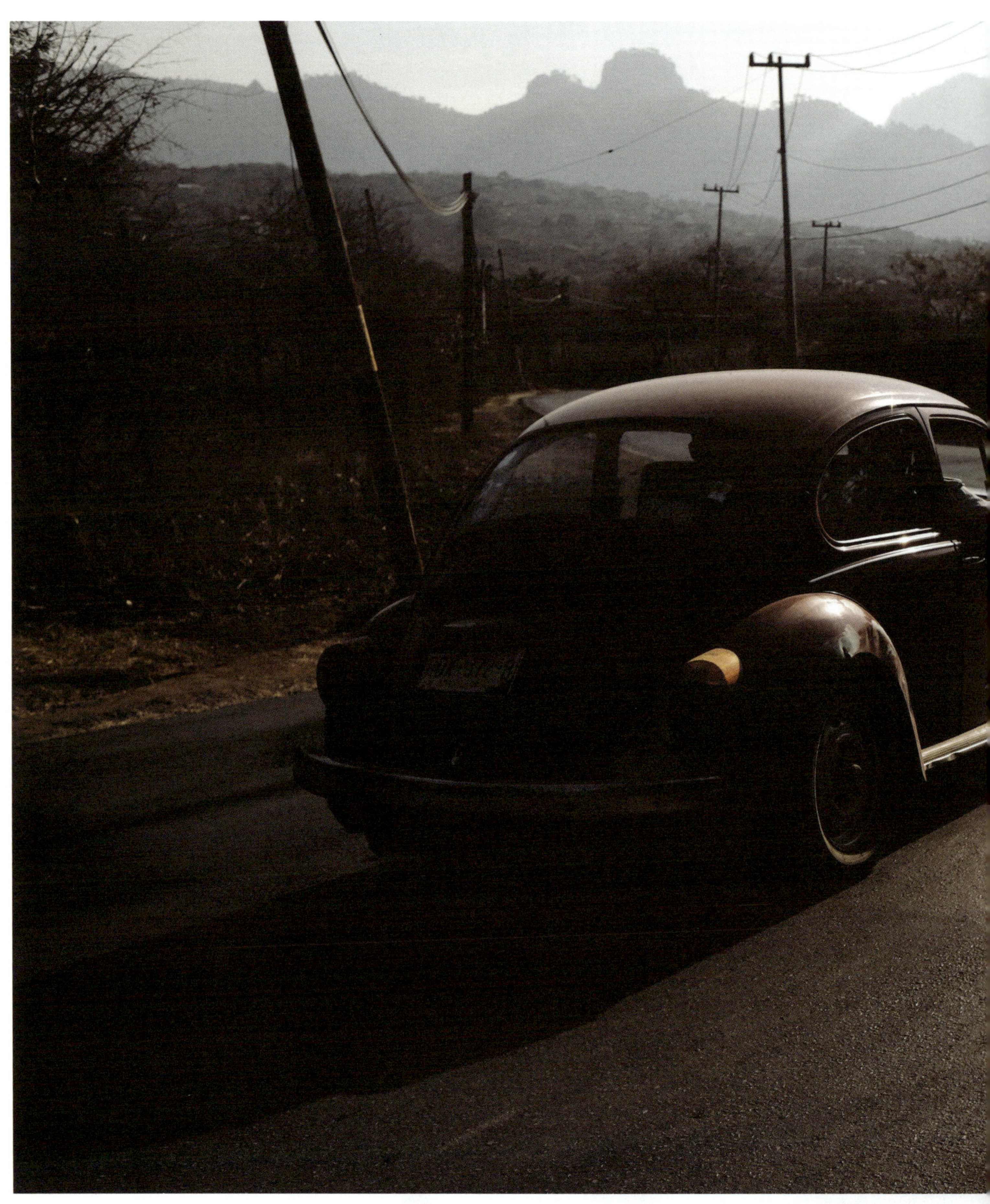

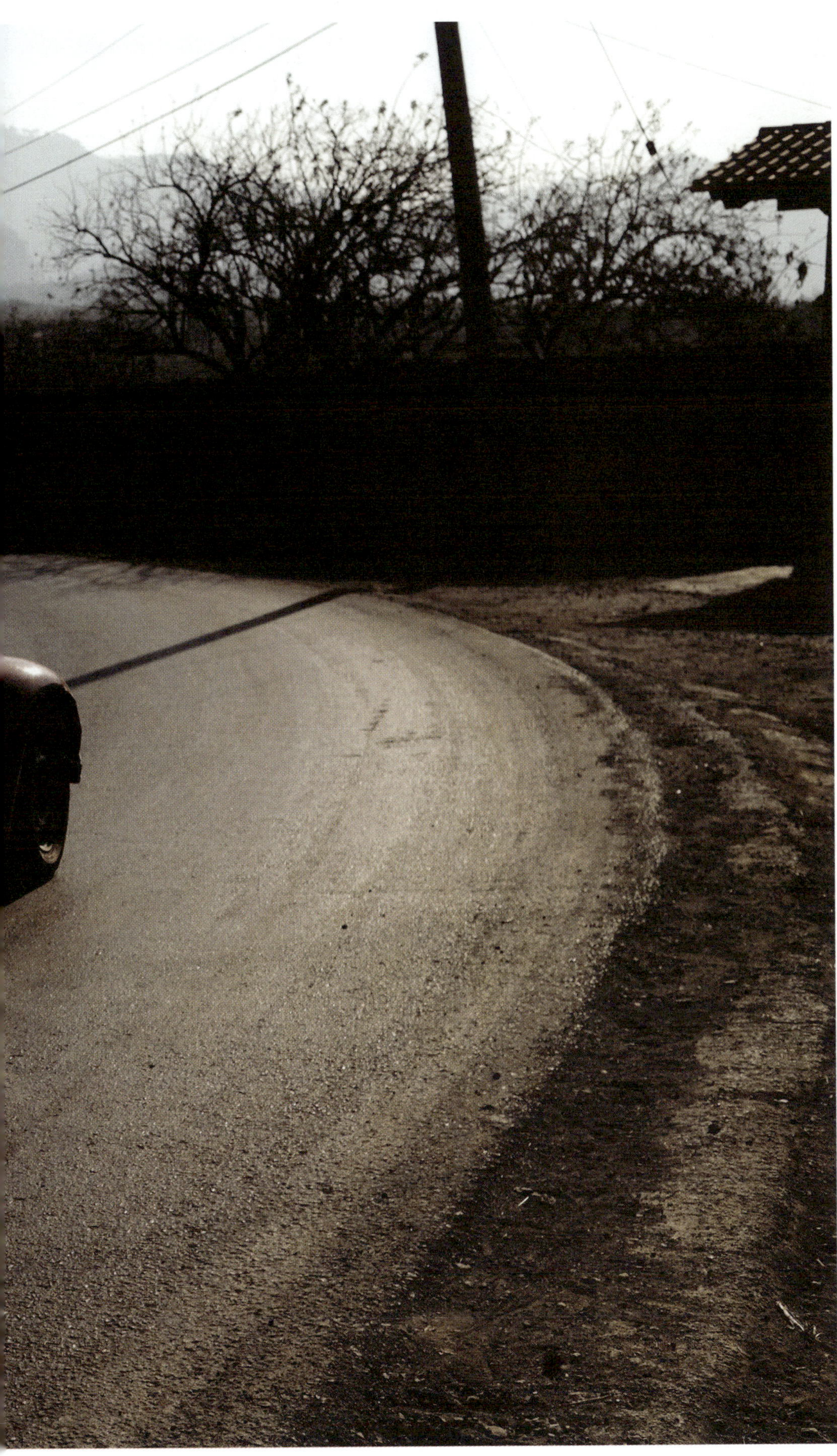

Tepoztlan, Morelos (2021)

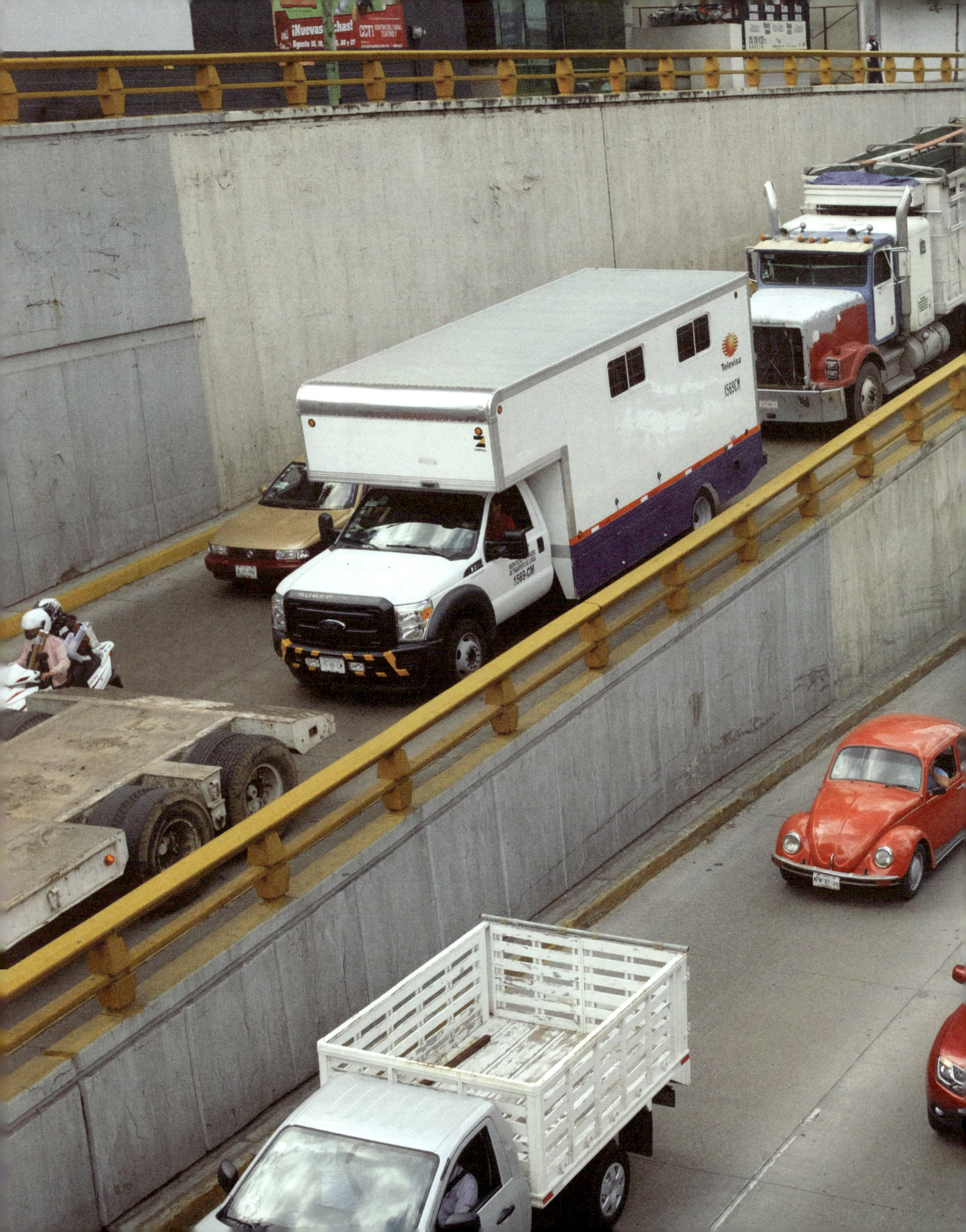
Televisa
1569CM
1569-CM

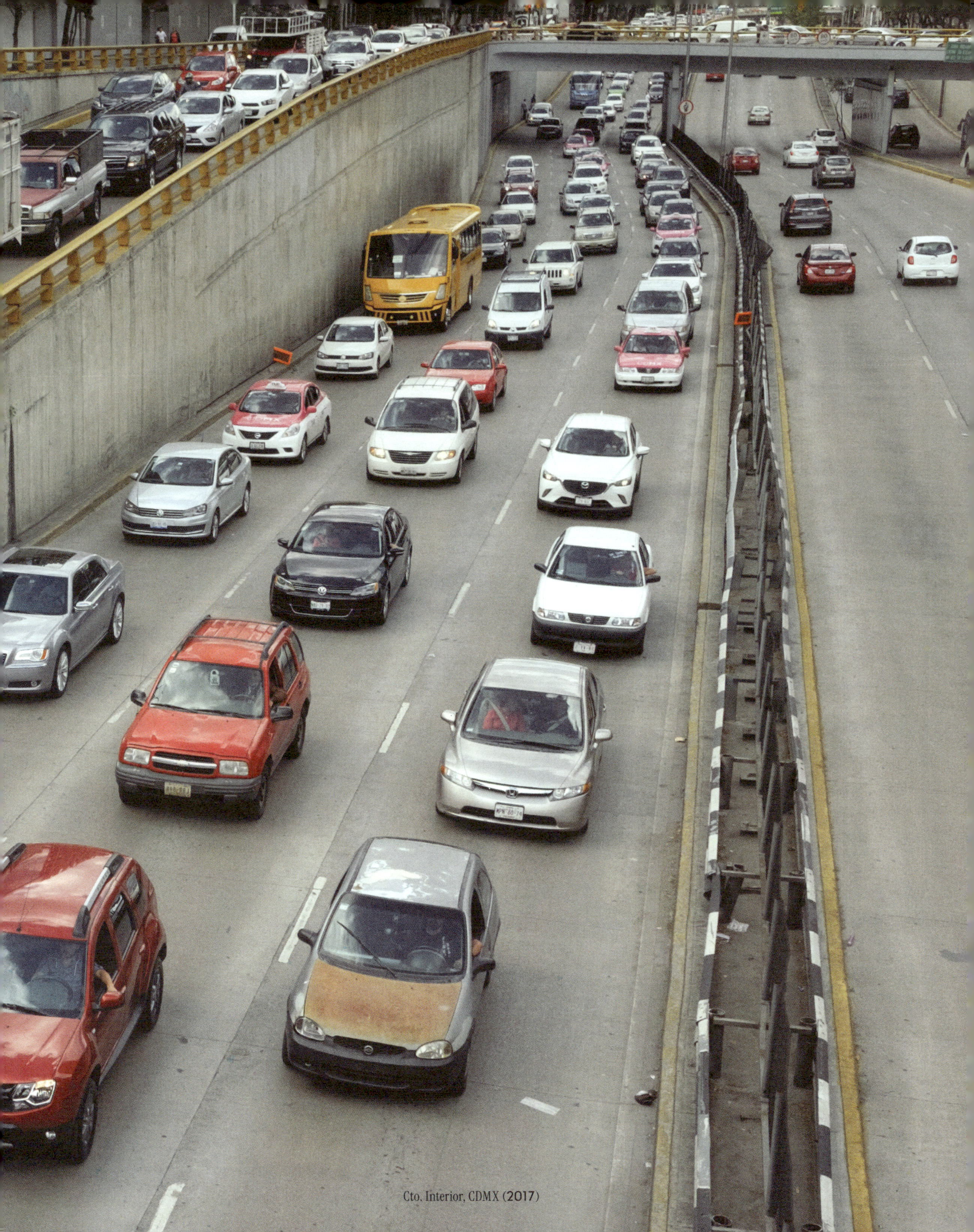

Cto. Interior, CDMX (2017)

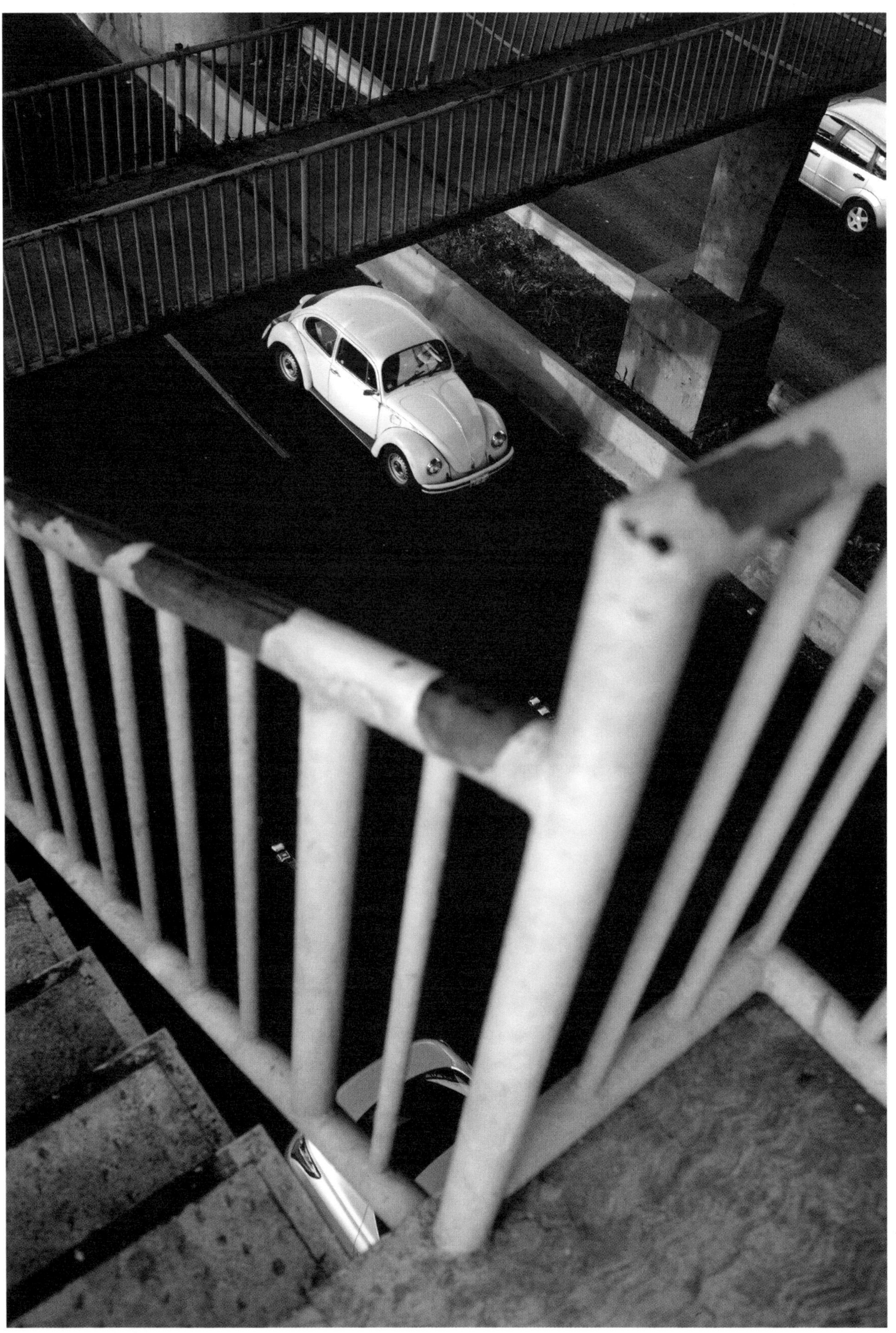

Periférico, CDMX (2017)

Xochivolks, Estadio Azteca, CDMX (2019)

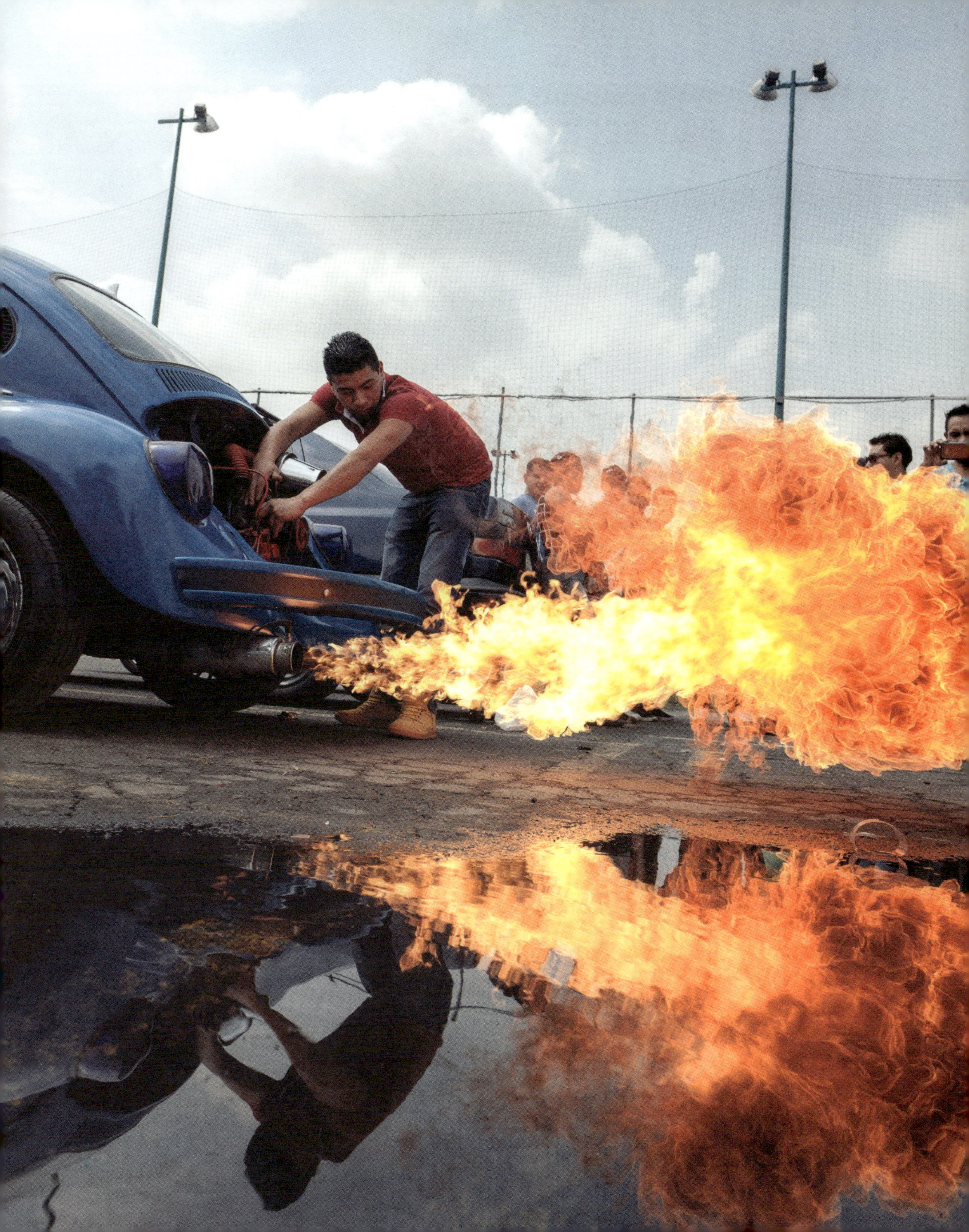

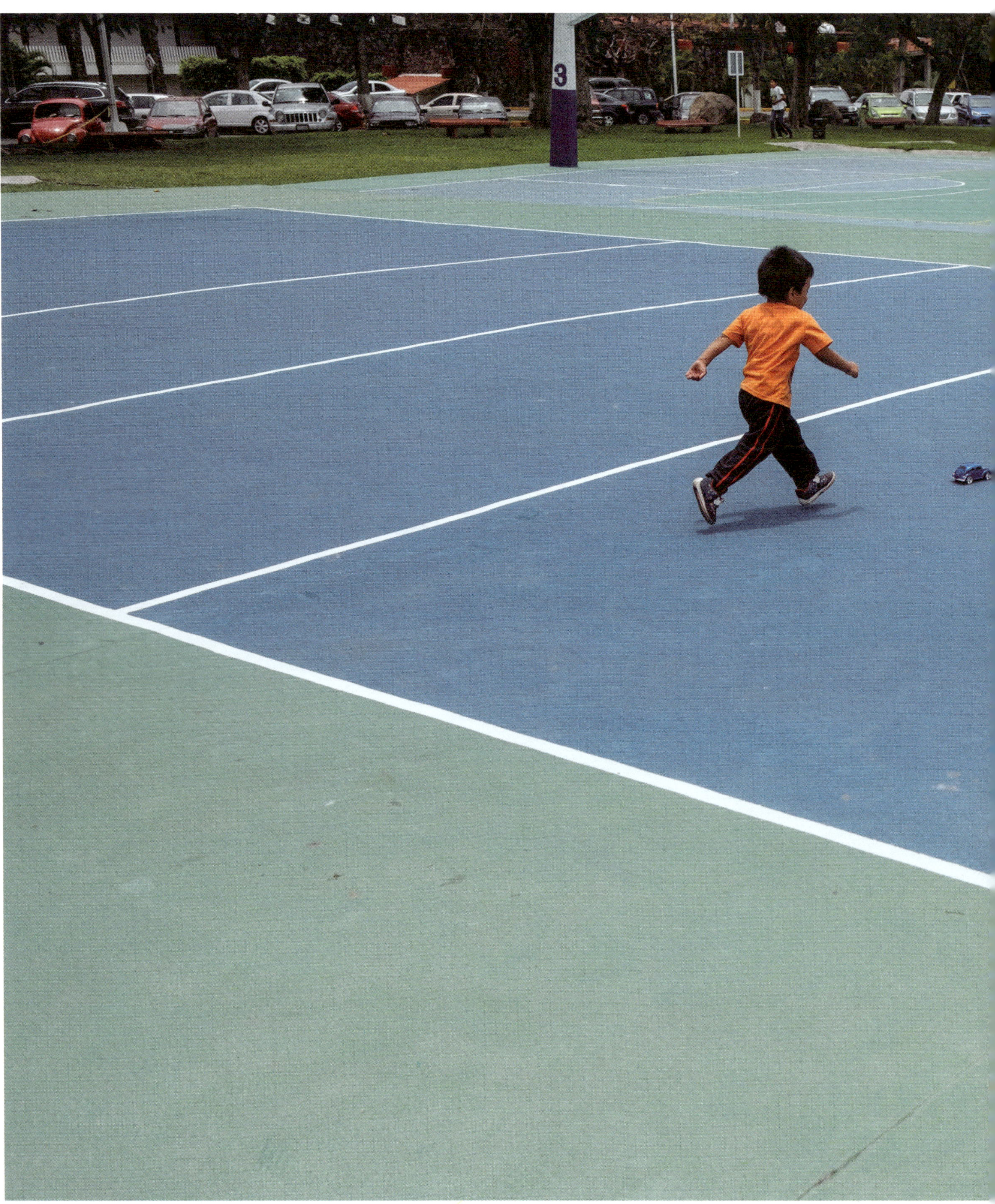
3

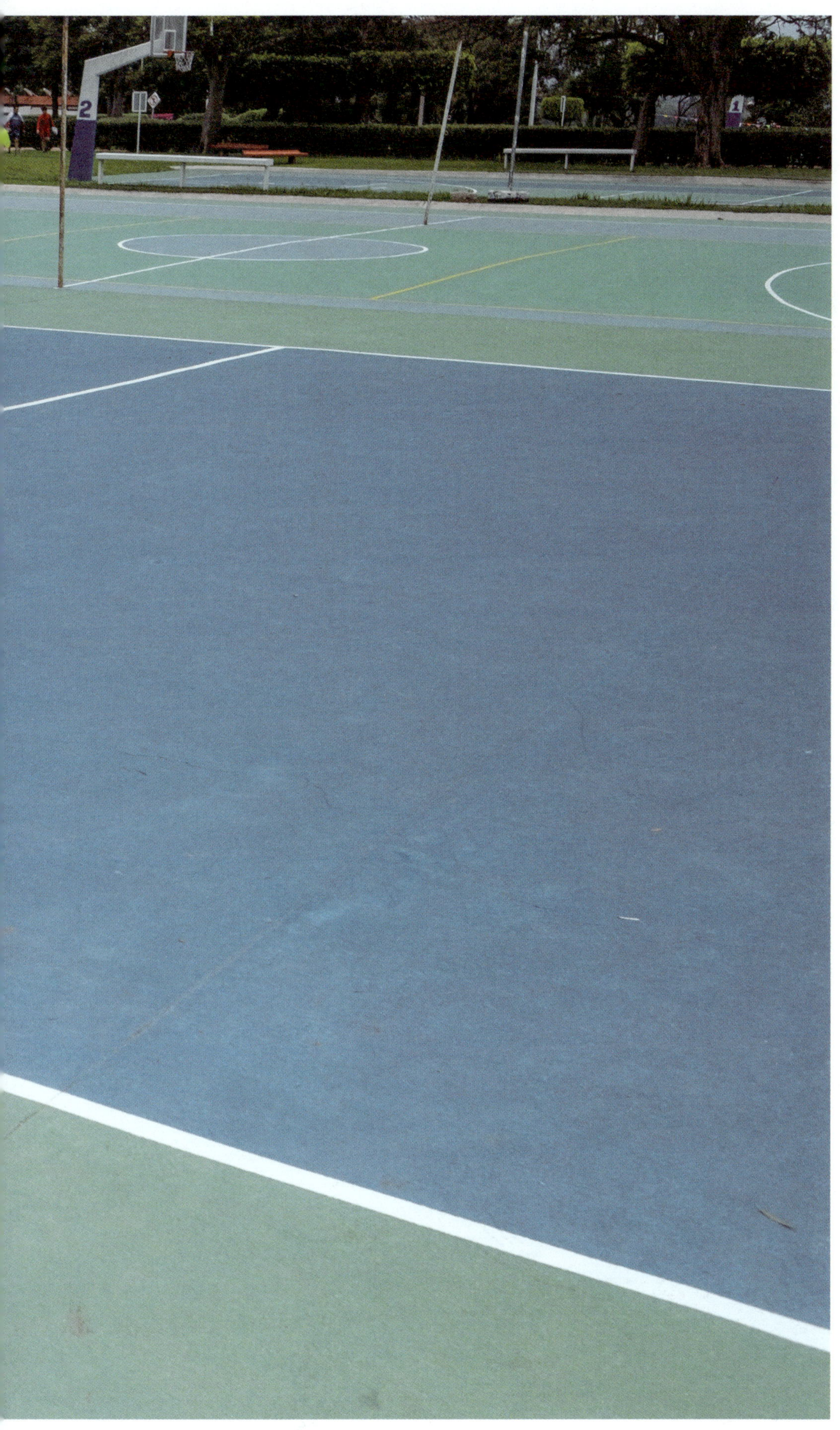

Cuernavacazo Vochero, Cuernavaca (2018)

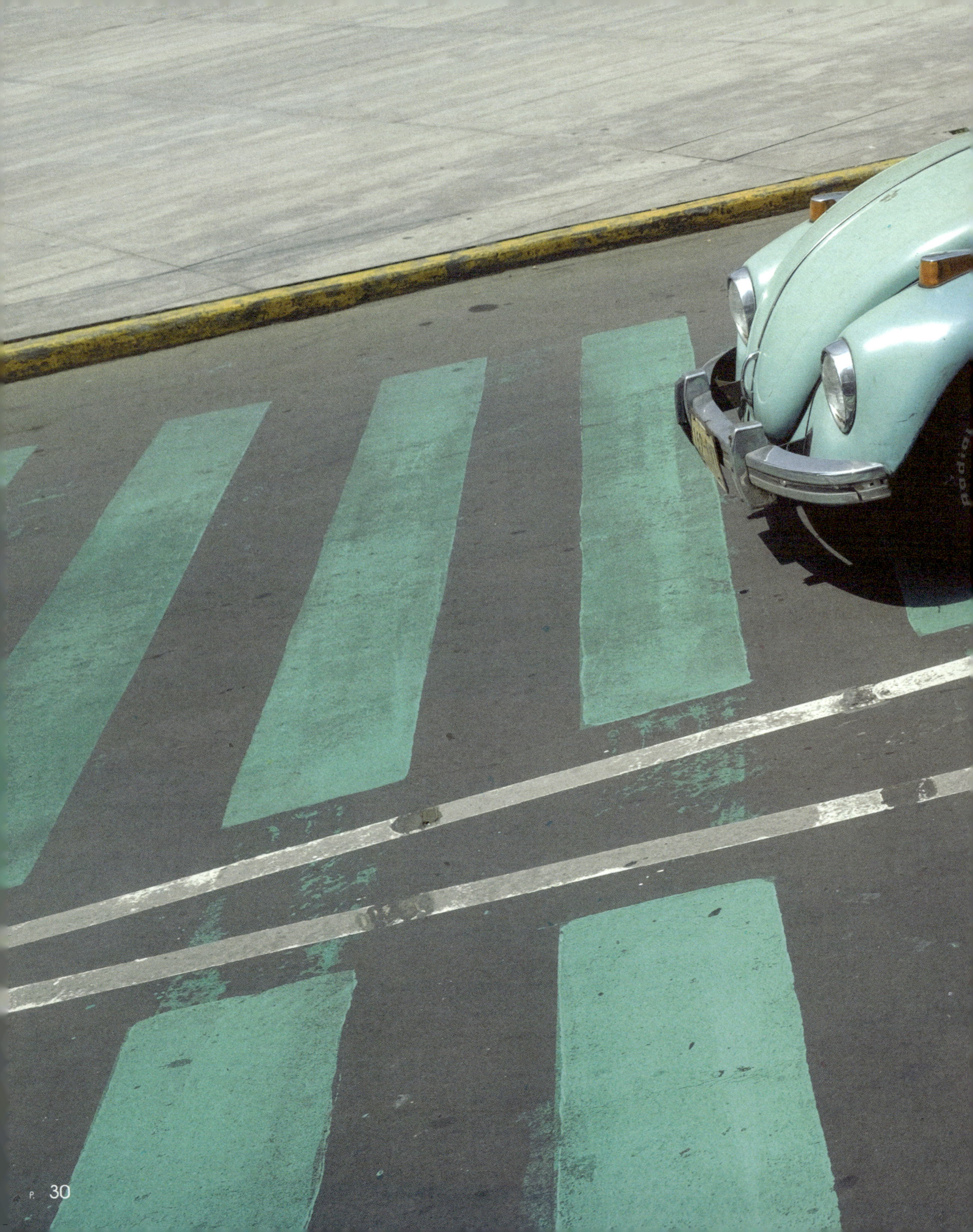

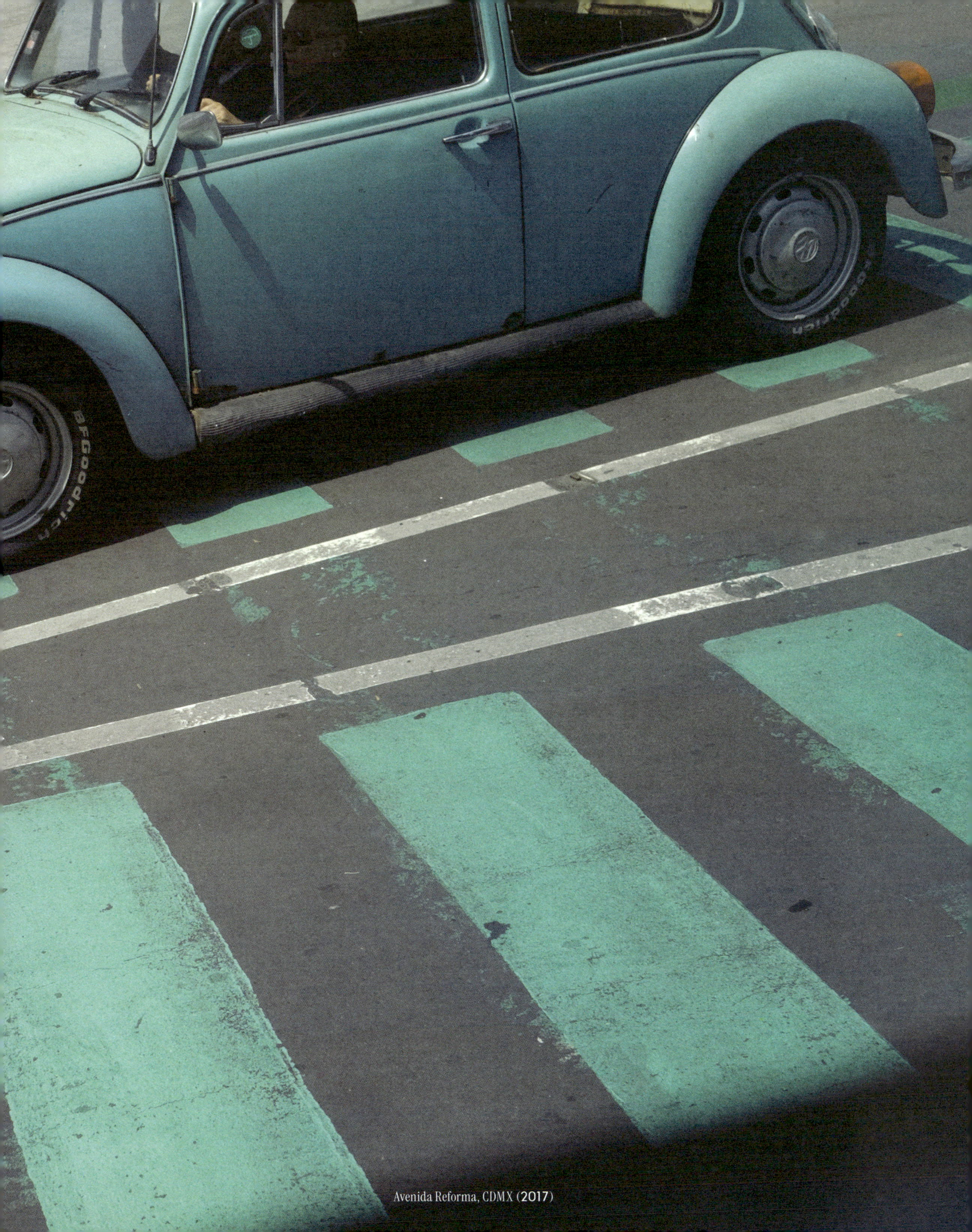

Avenida Reforma, CDMX (2017)

Caravana Vochero, Periférico, CDMX 2019 (**2018**)

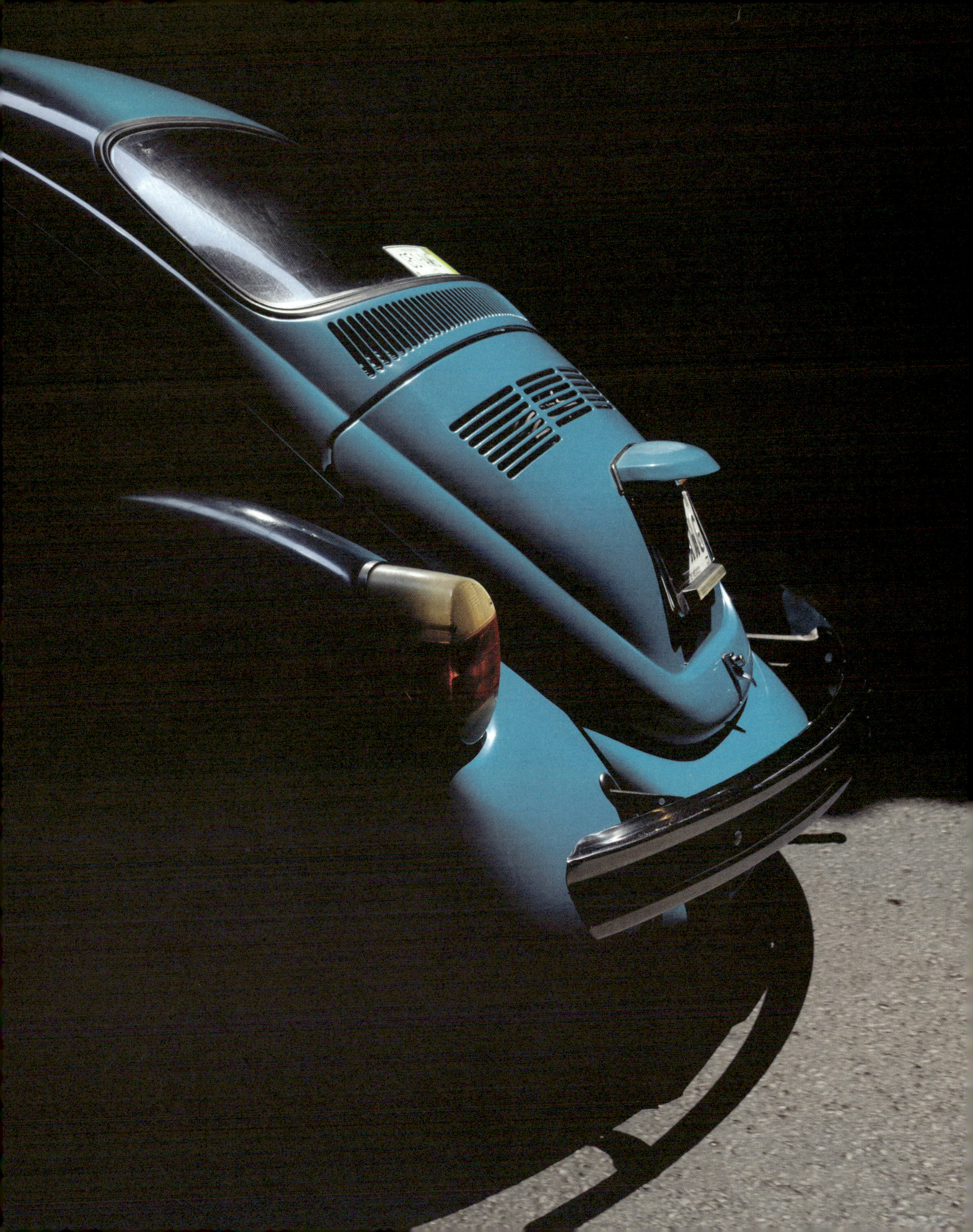

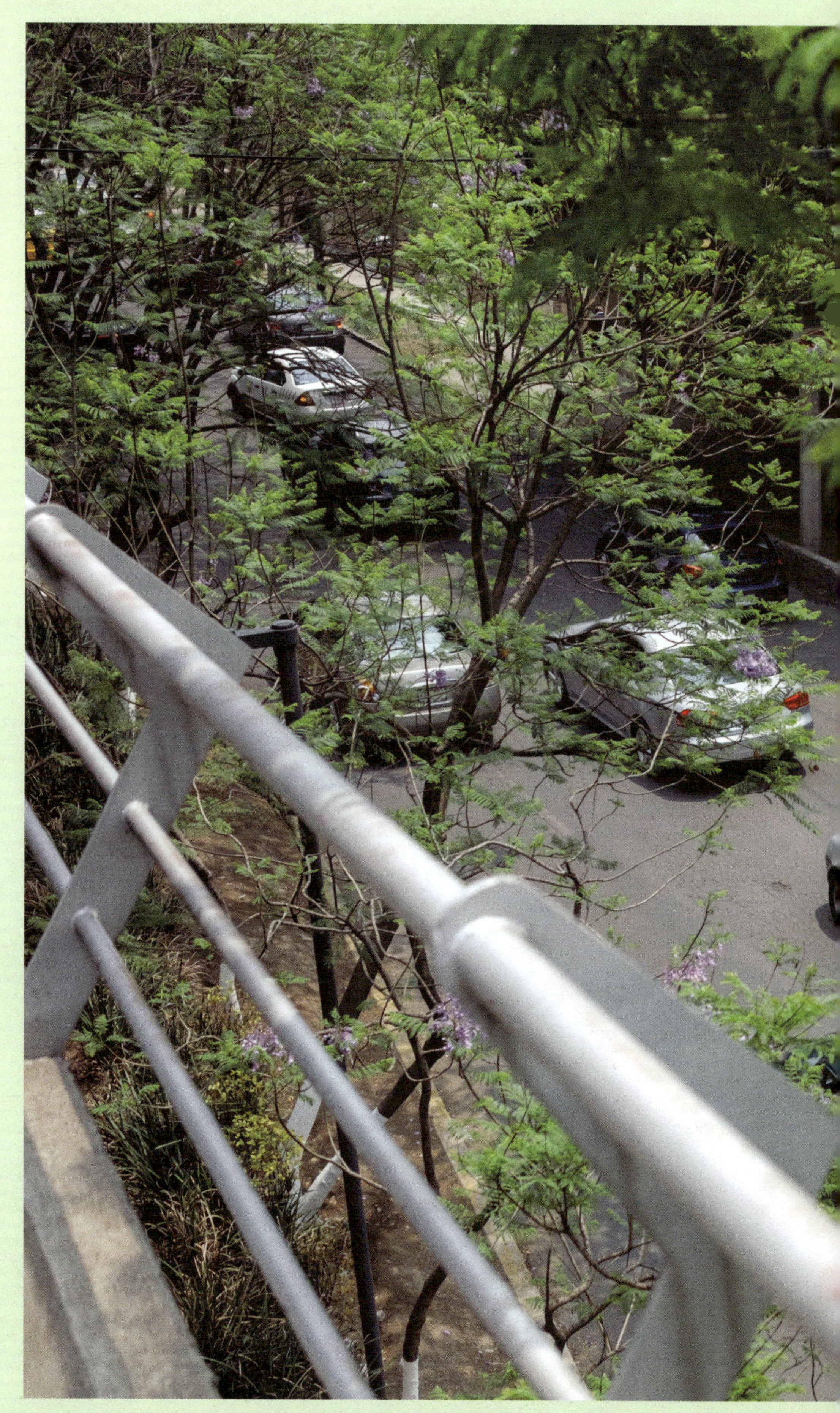

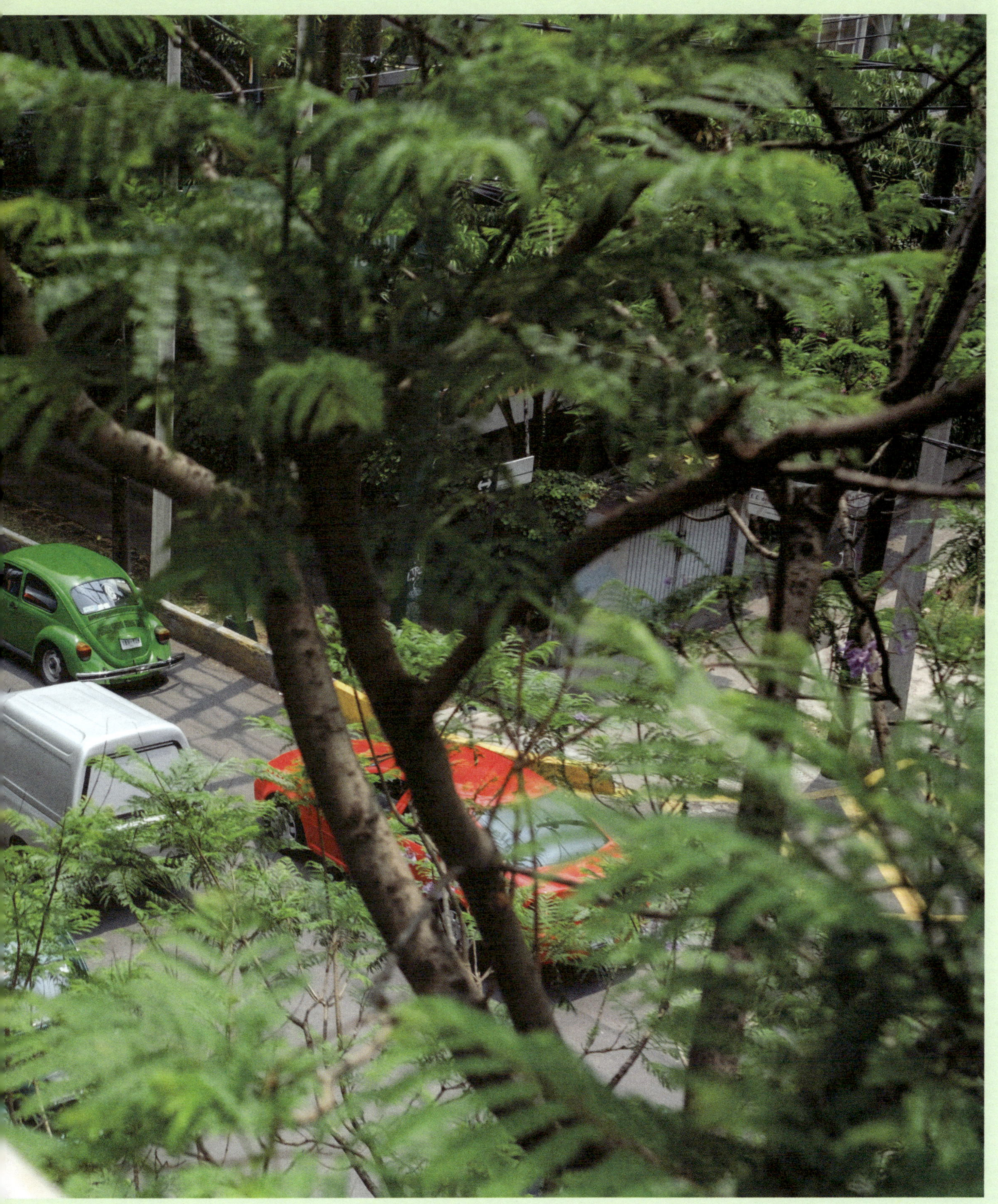

Polanco, CDMX (2017)

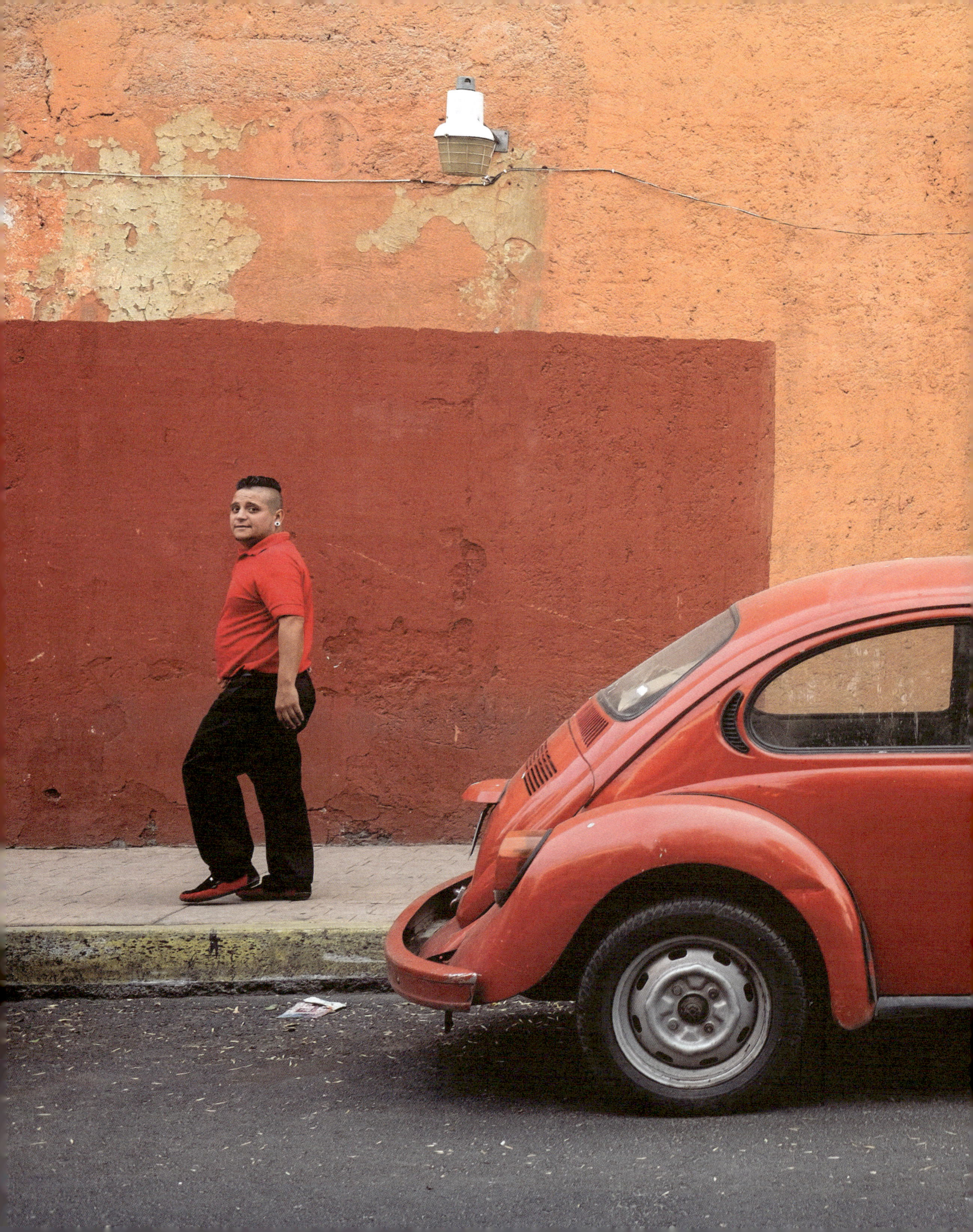

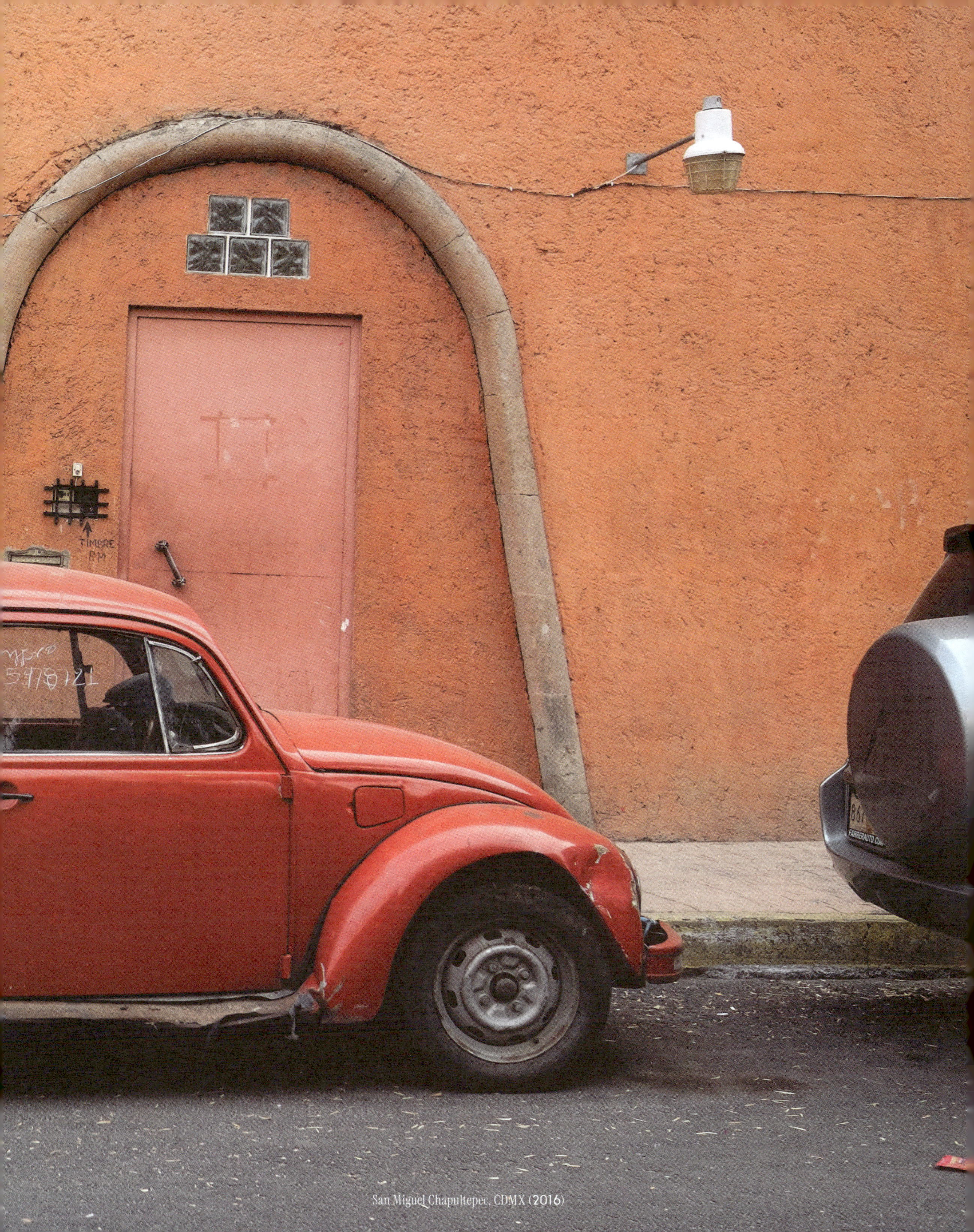

San Miguel Chapultepec, CDMX (2016)

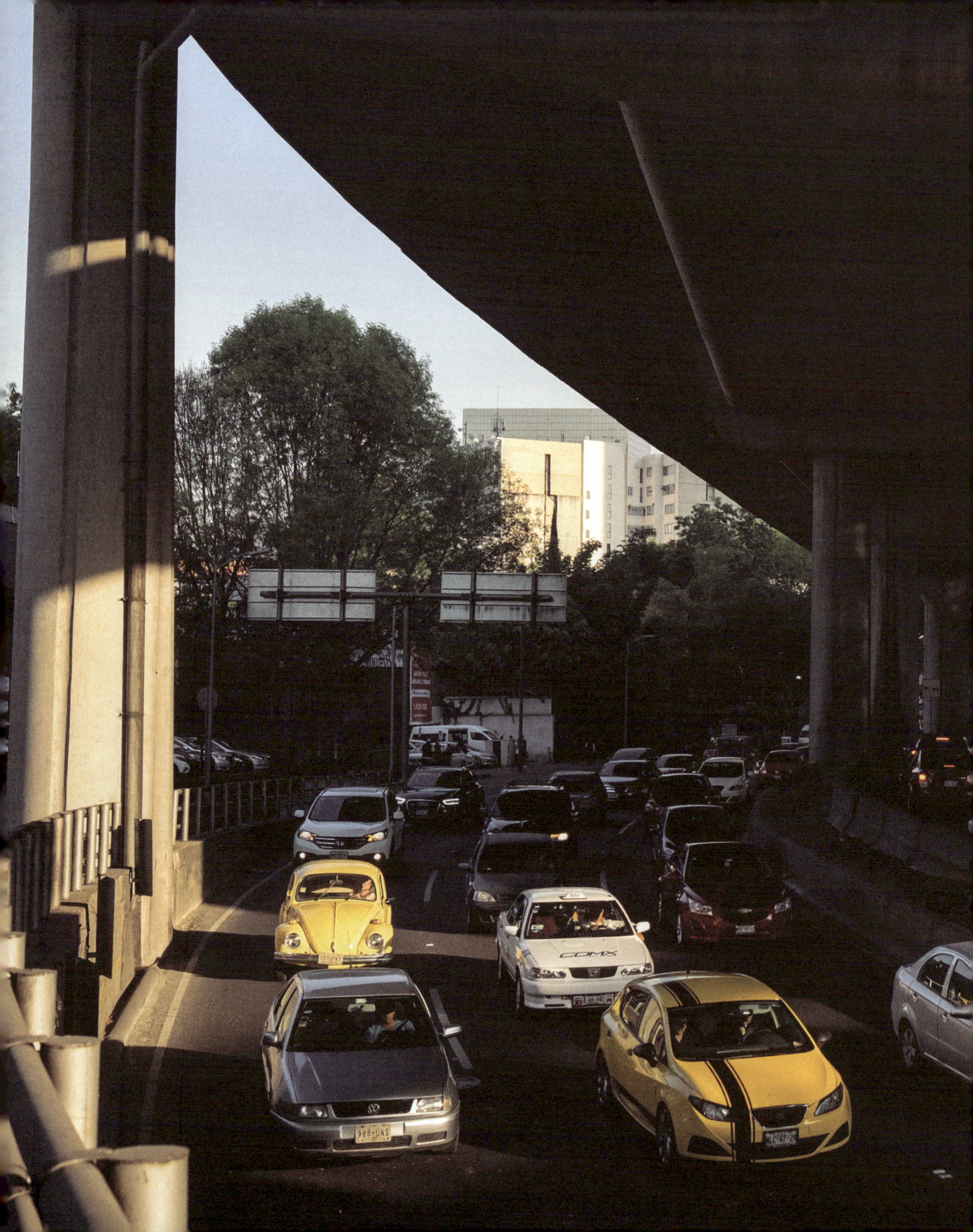
CDMX

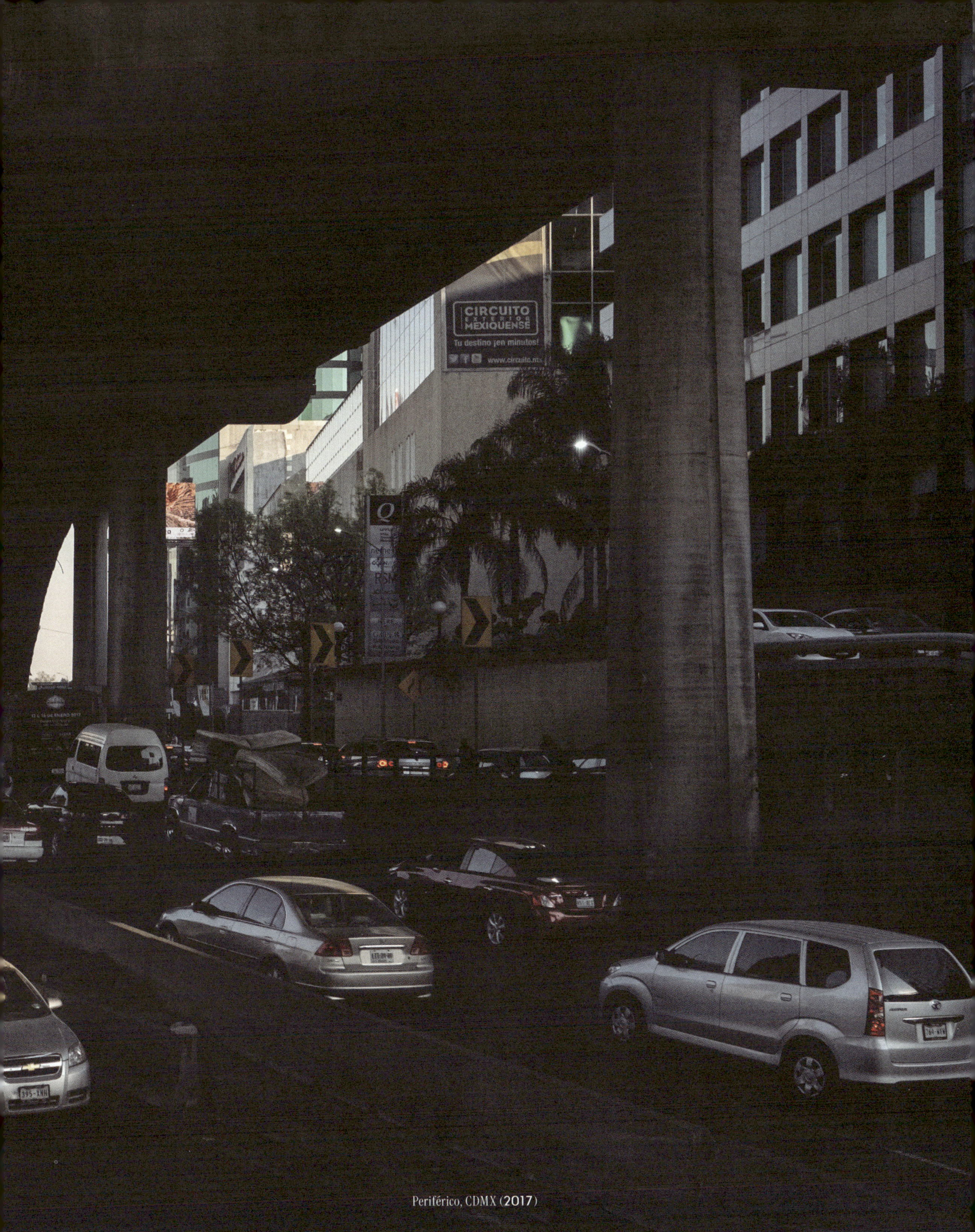

Periférico, CDMX (2017)

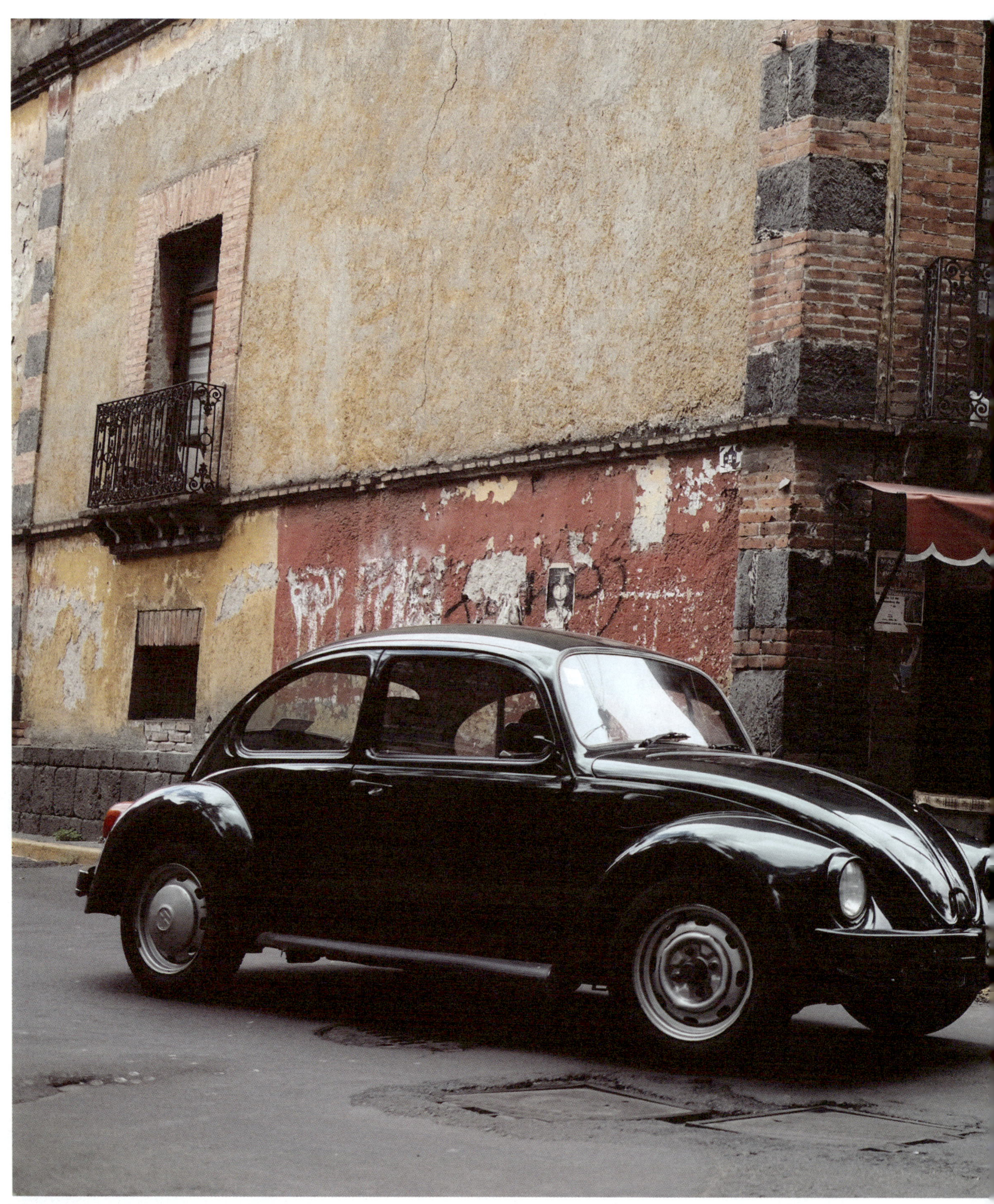

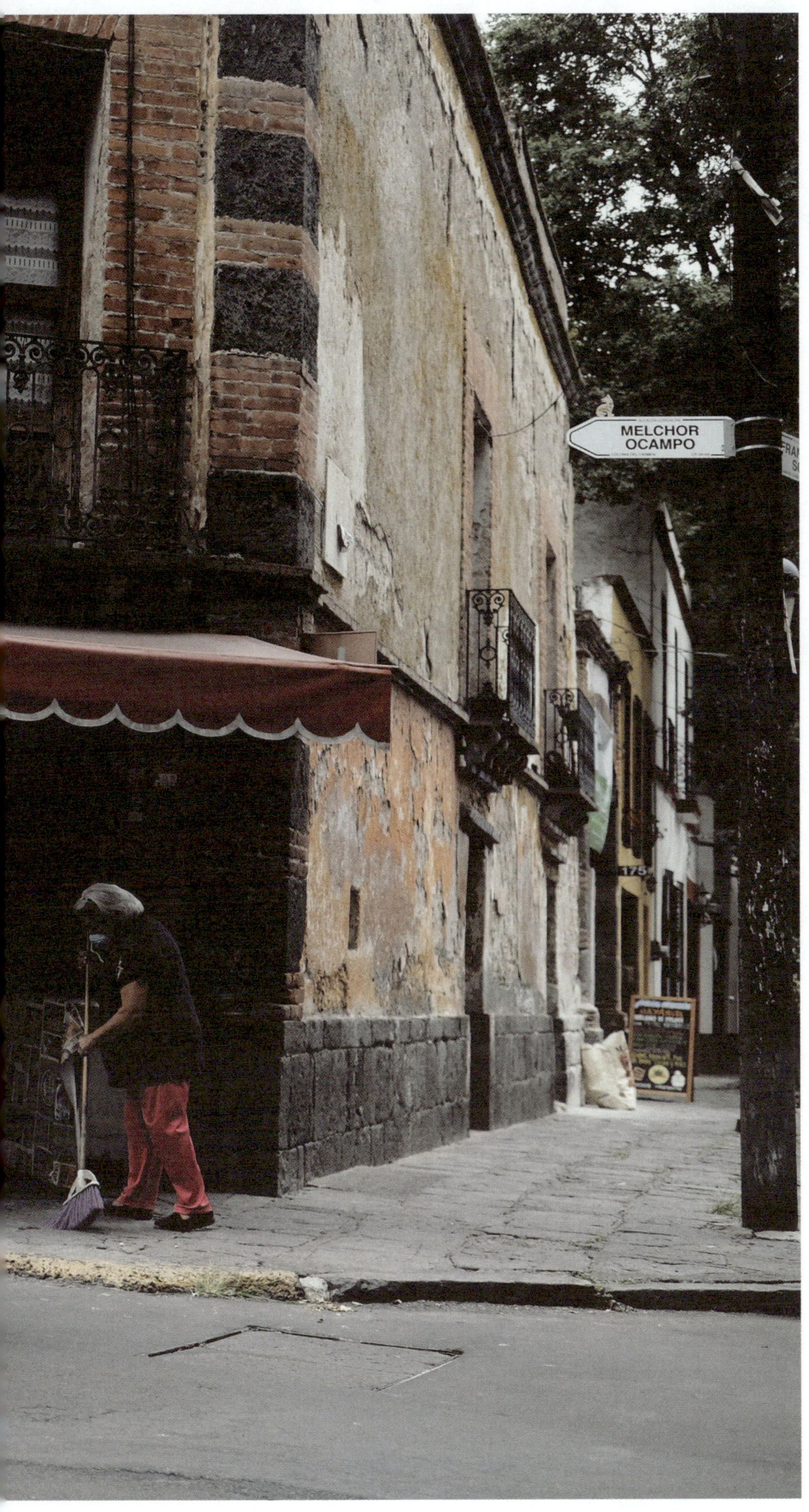

Coyoacán, CDMX (**2020**)

Periférico, CDMX (2017)

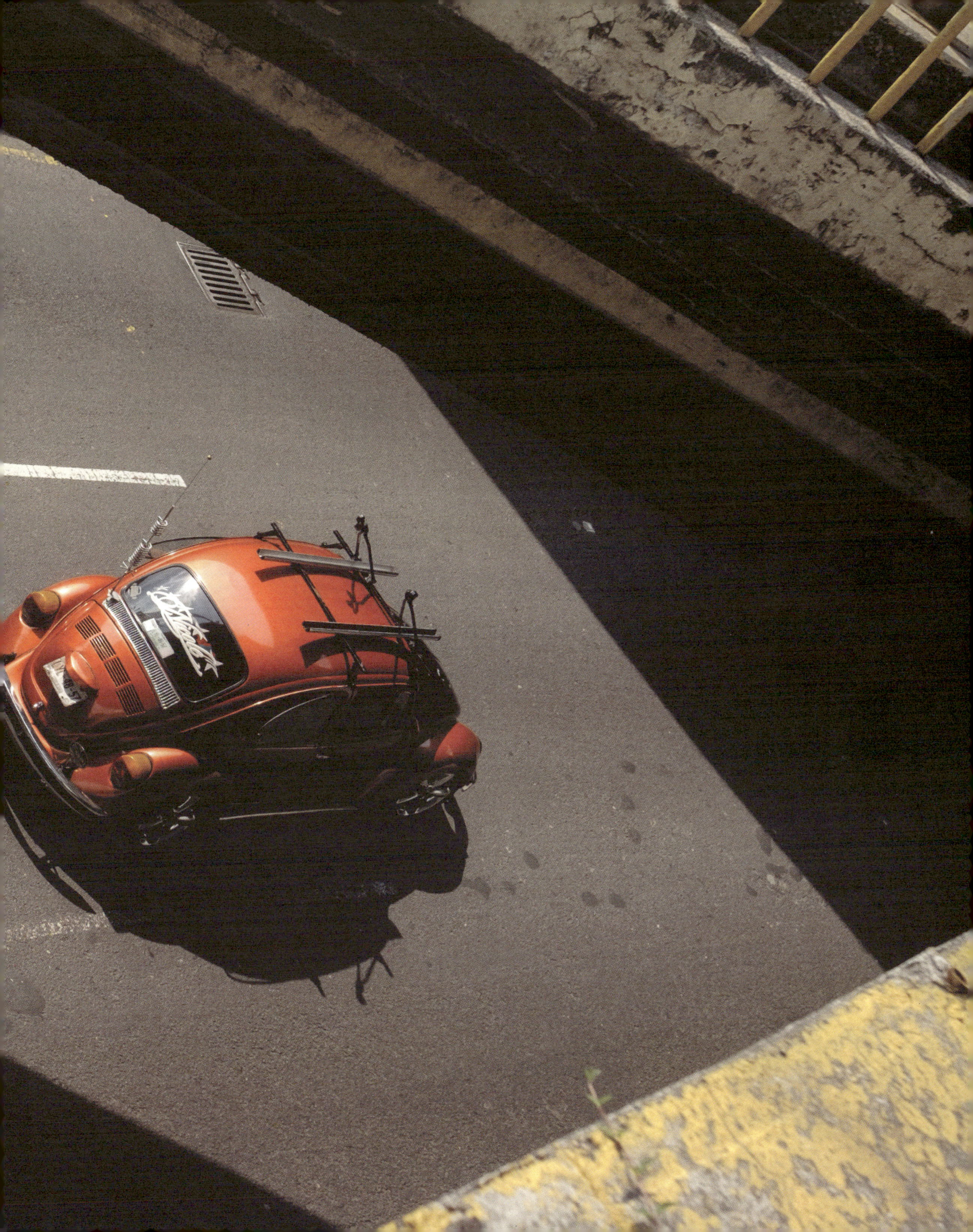

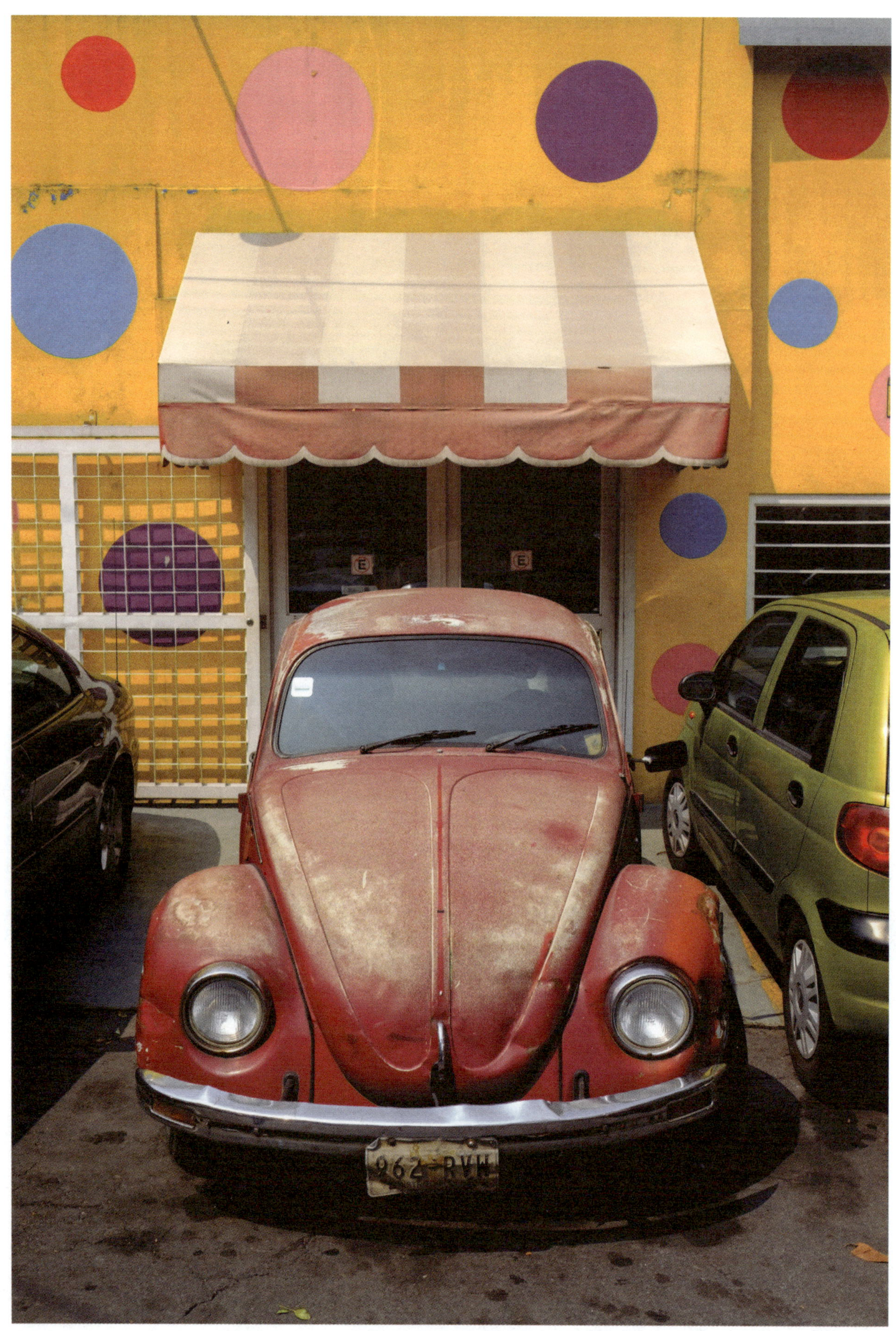

Observatorio, CDMX (2017)

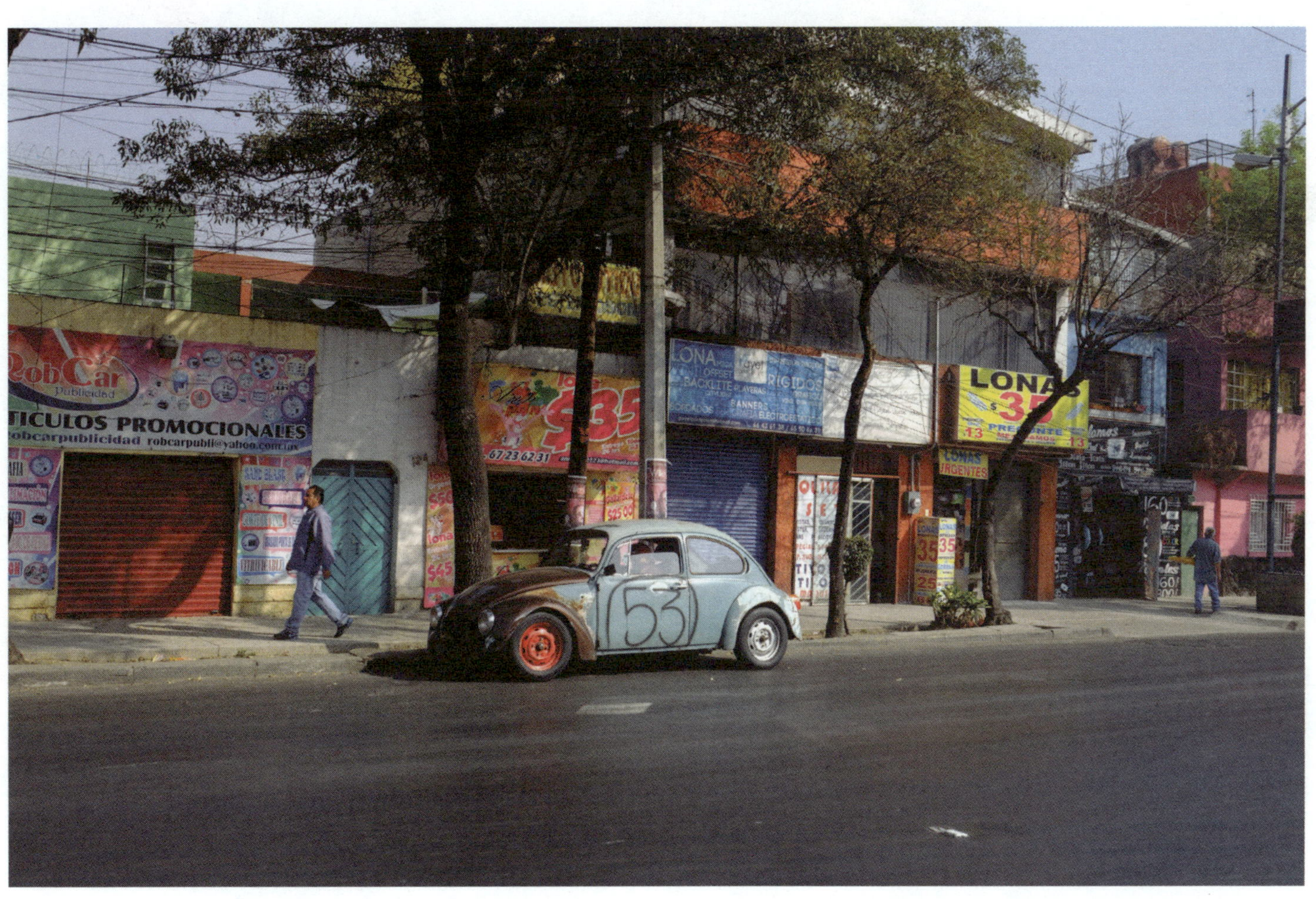

Col. Obrera, CDMX (2018)

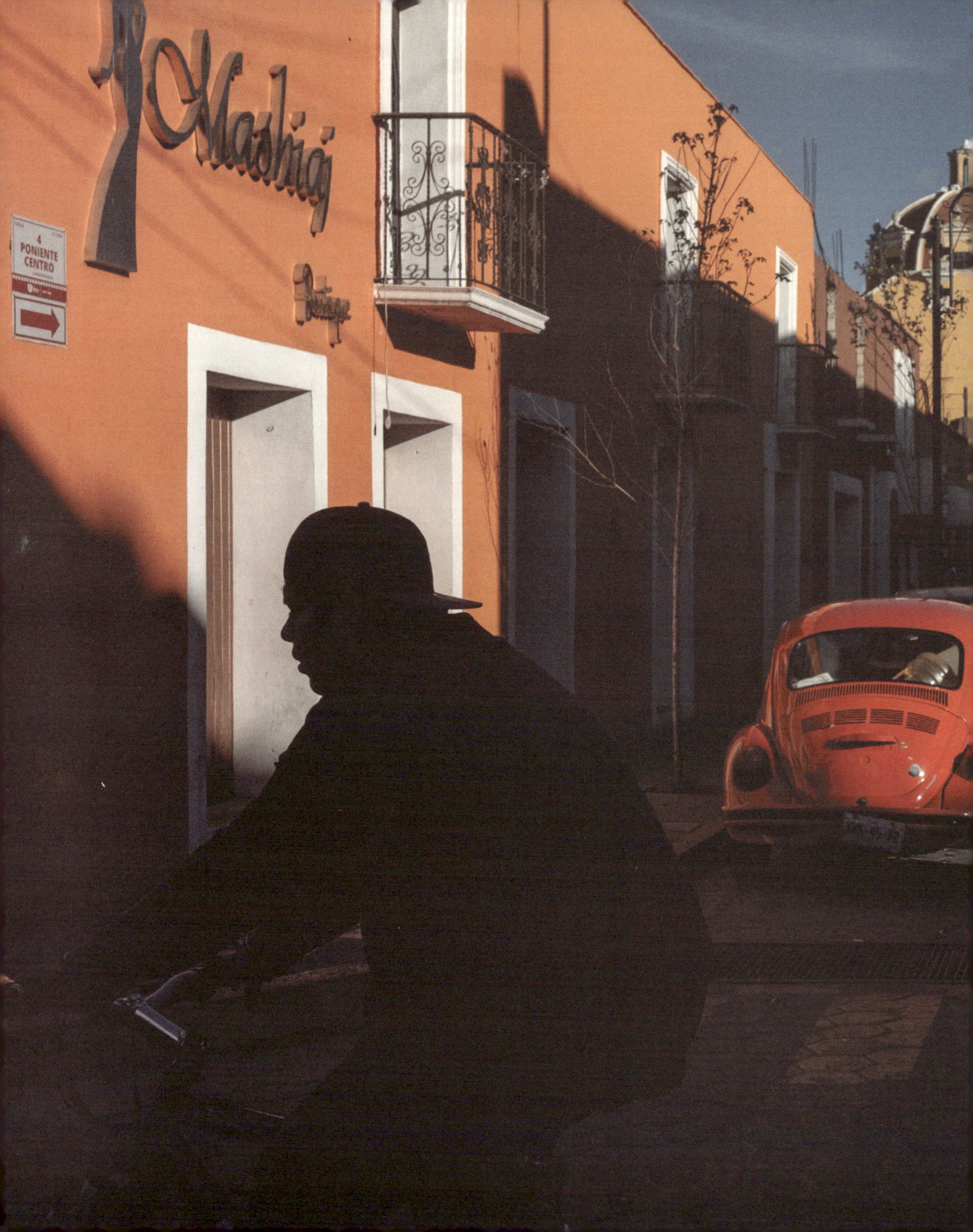
Mashiaj
4
PONIENTE
CENTRO

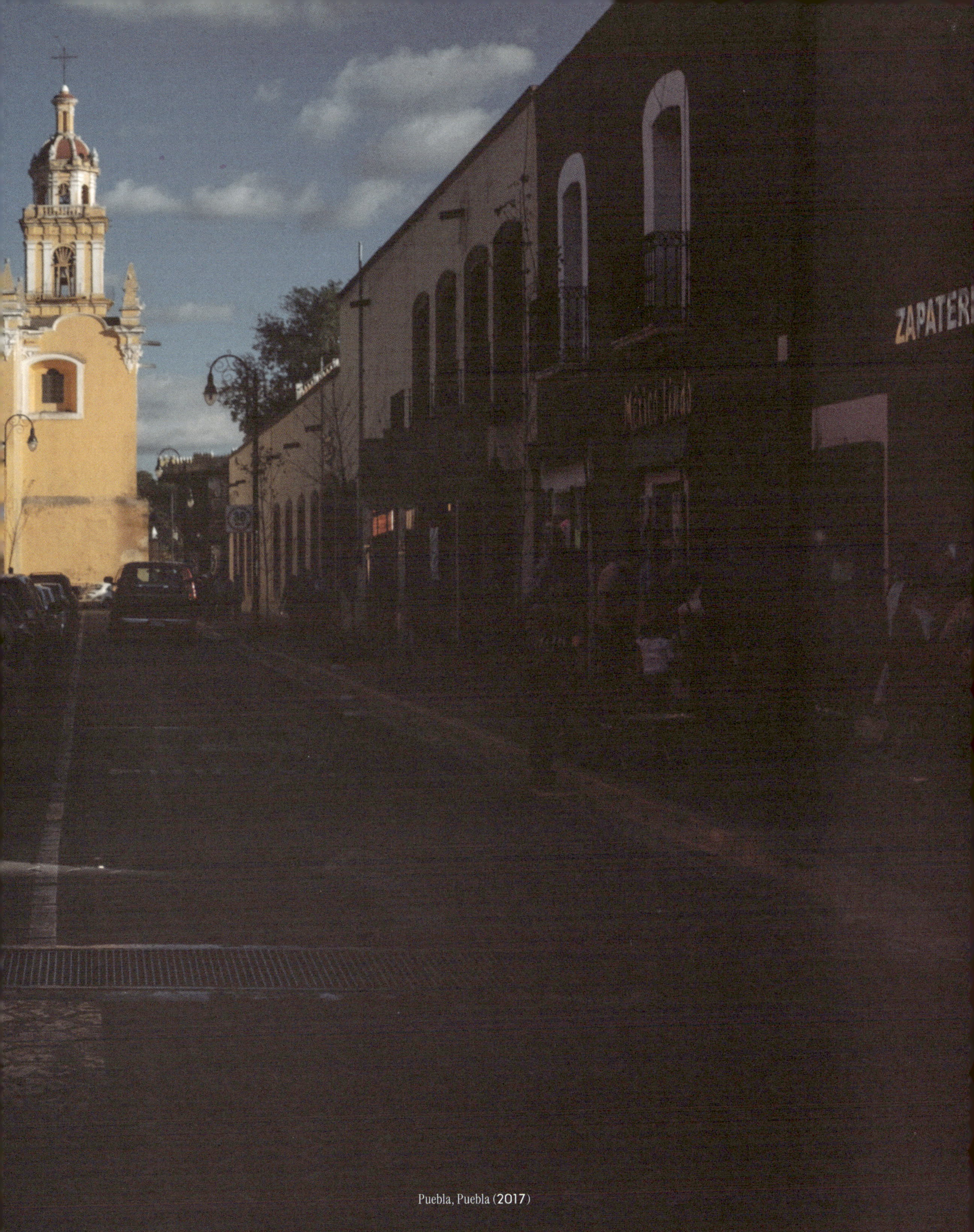

Puebla, Puebla (2017)

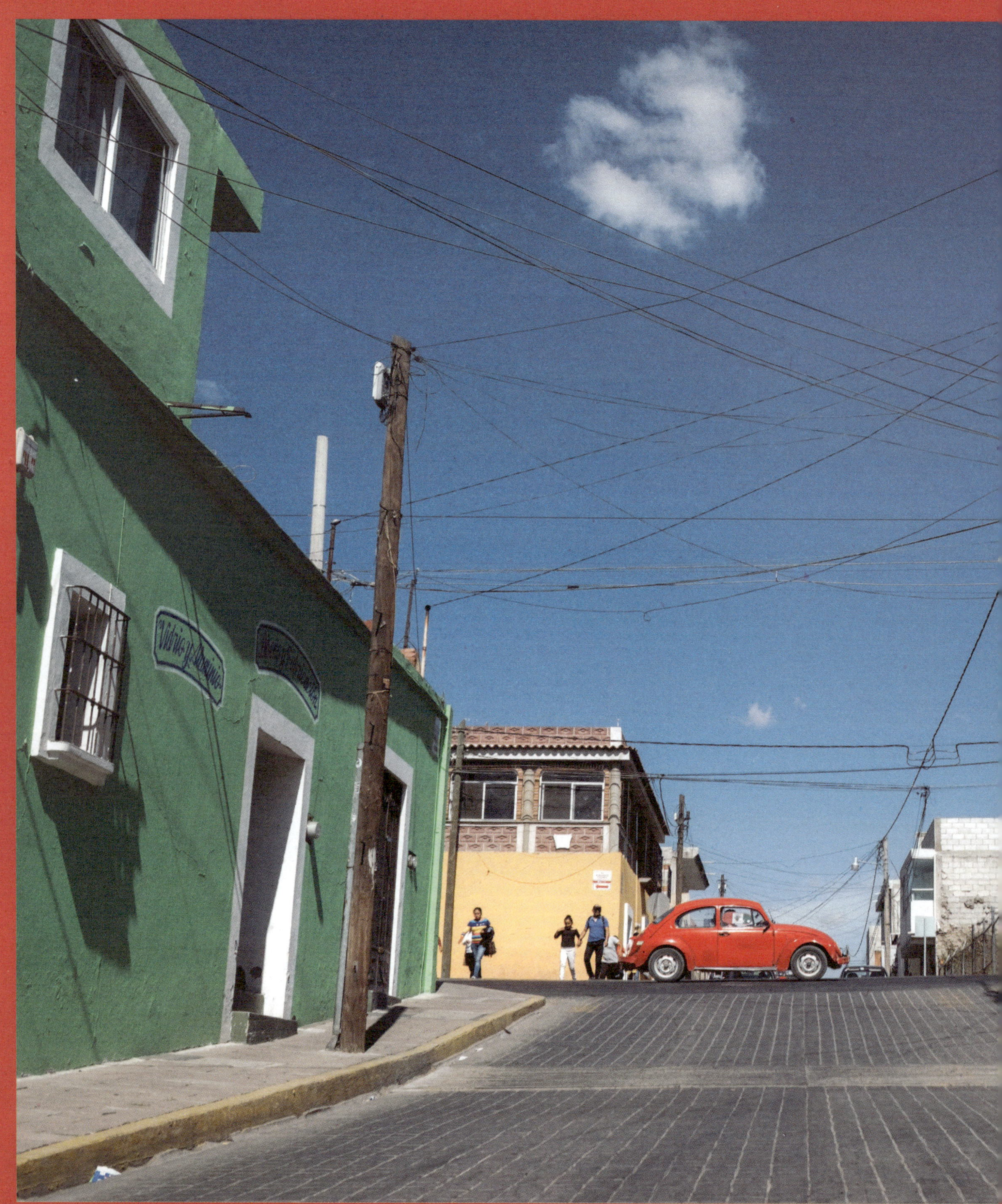

Puebla, Puebla (2017)

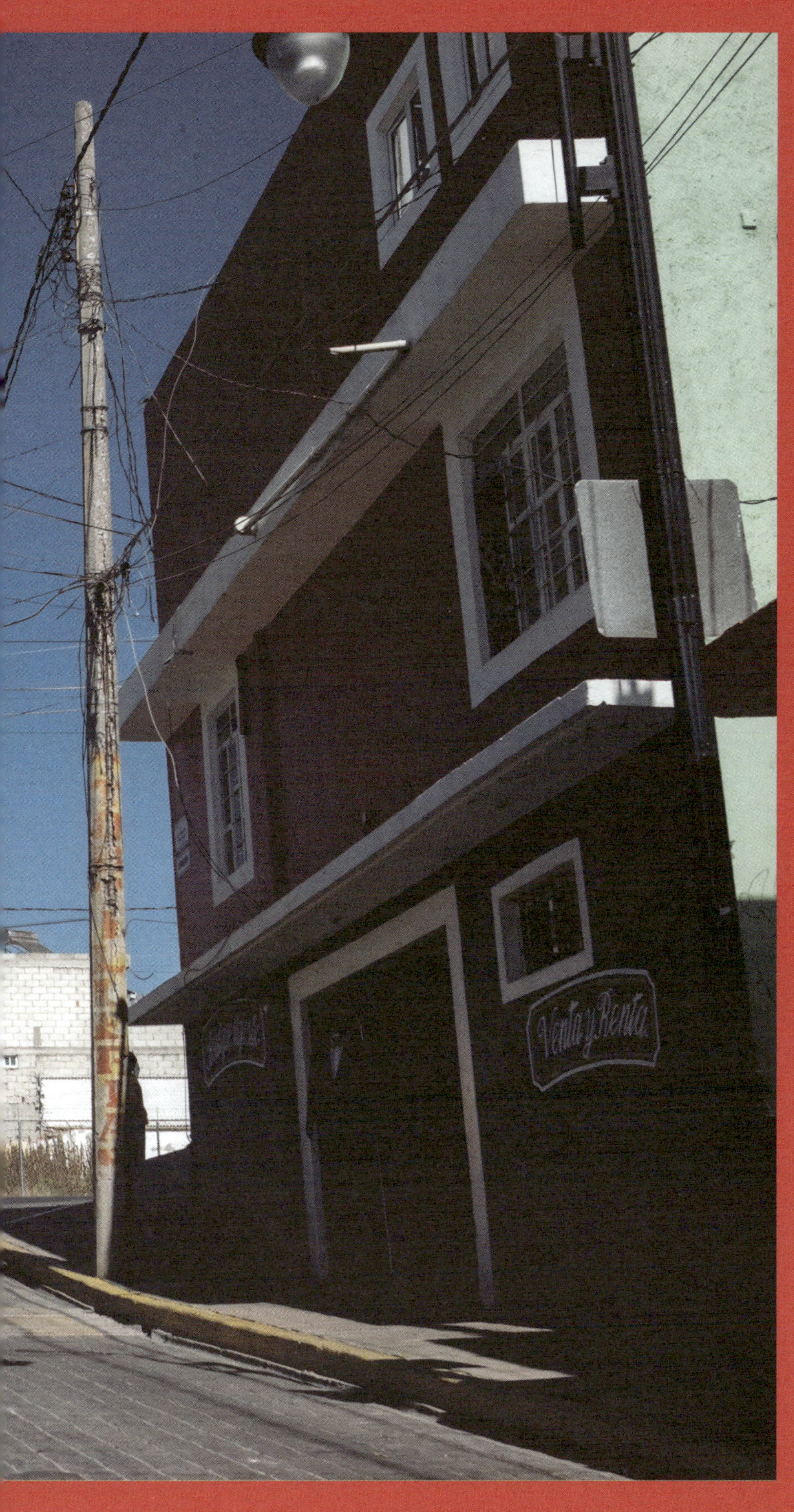
Venta y Renta.

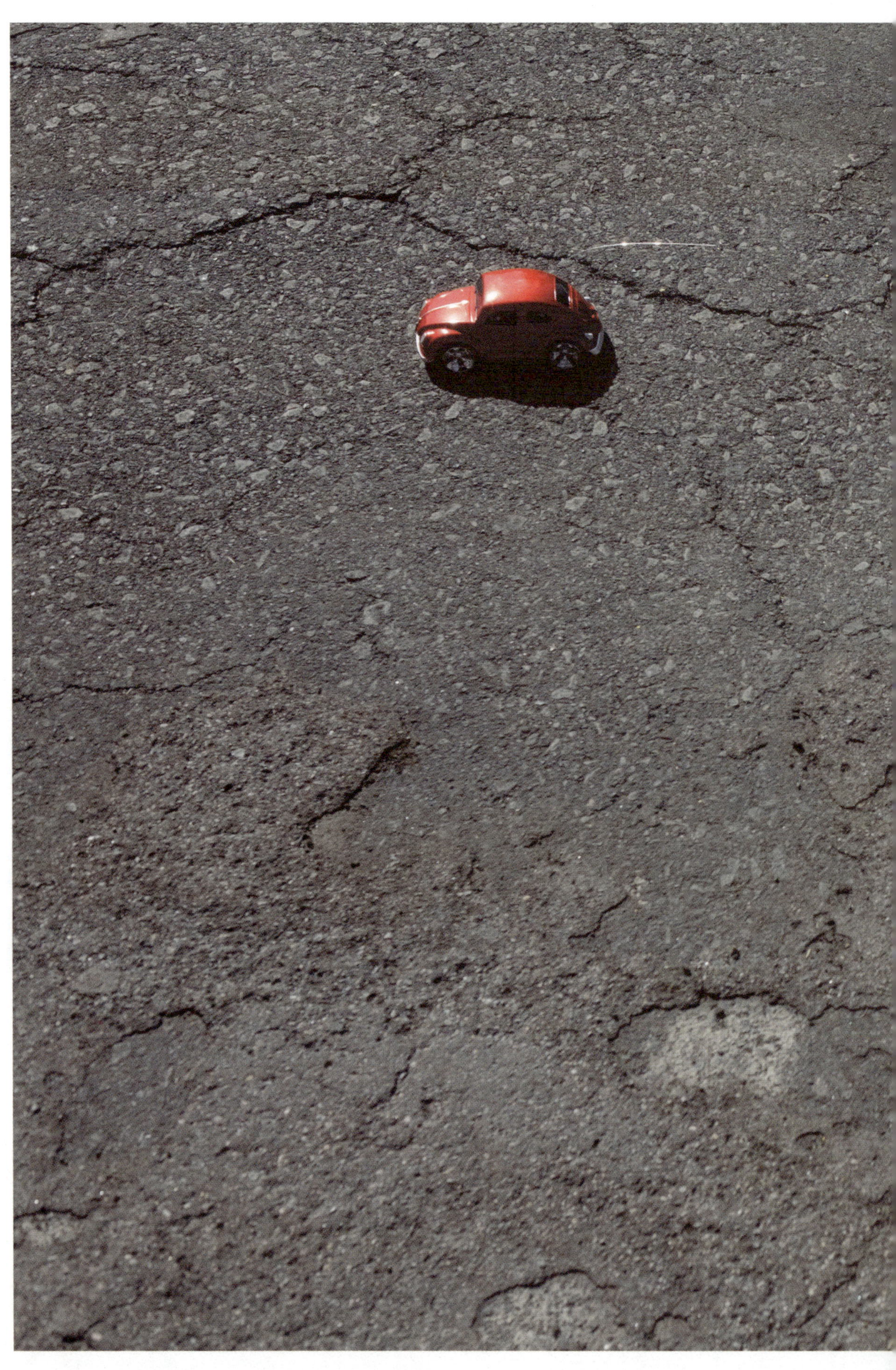

Xochivolks, Estadio Azteca, CDMX (2017)

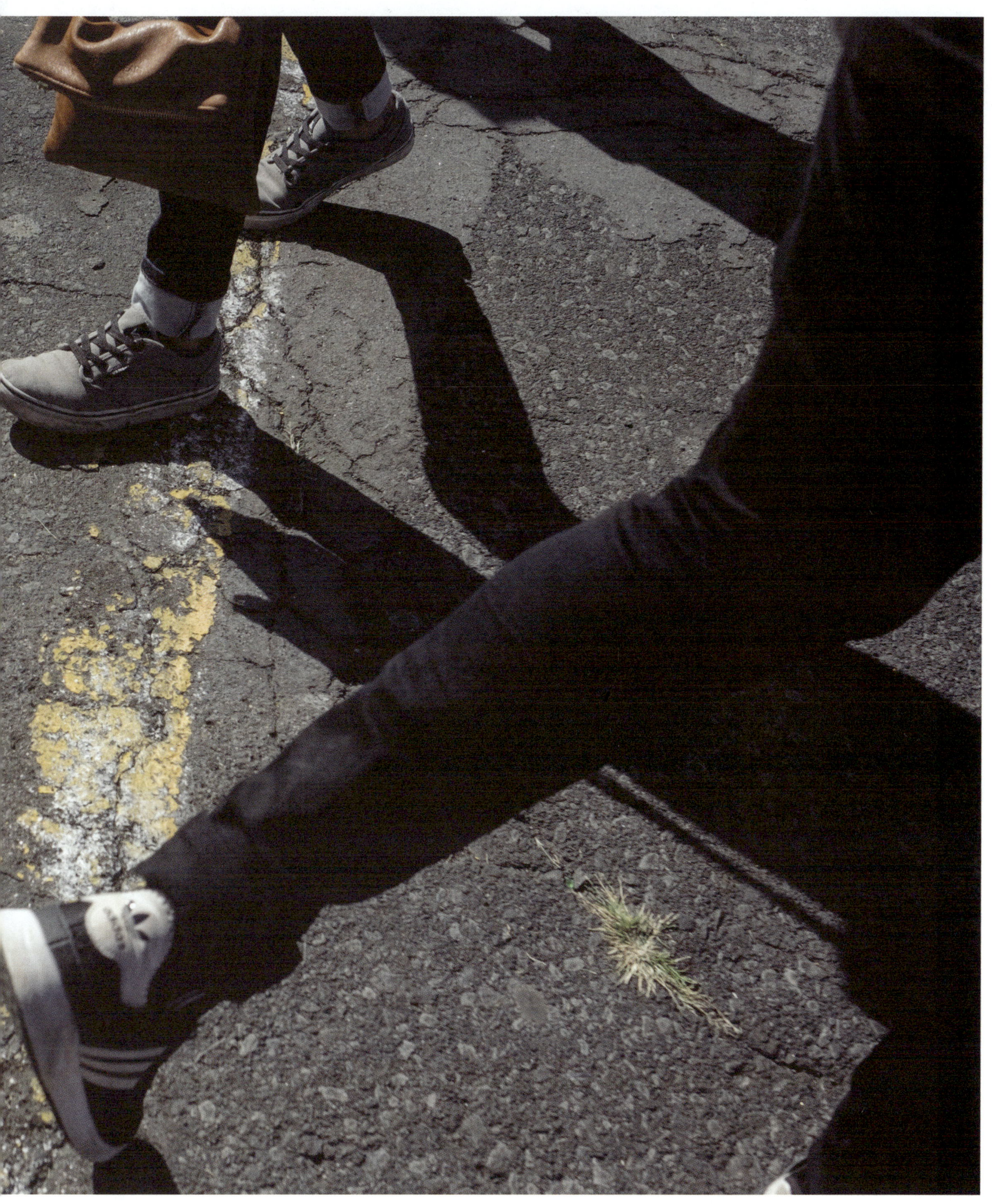

‘ES ALGO QUE NACE DENTRO DE TI.’

‘IT’S SOMETHING THAT COMES FROM WITHIN YOU.’

Lomas de Chapultepec, CDMX(2017)

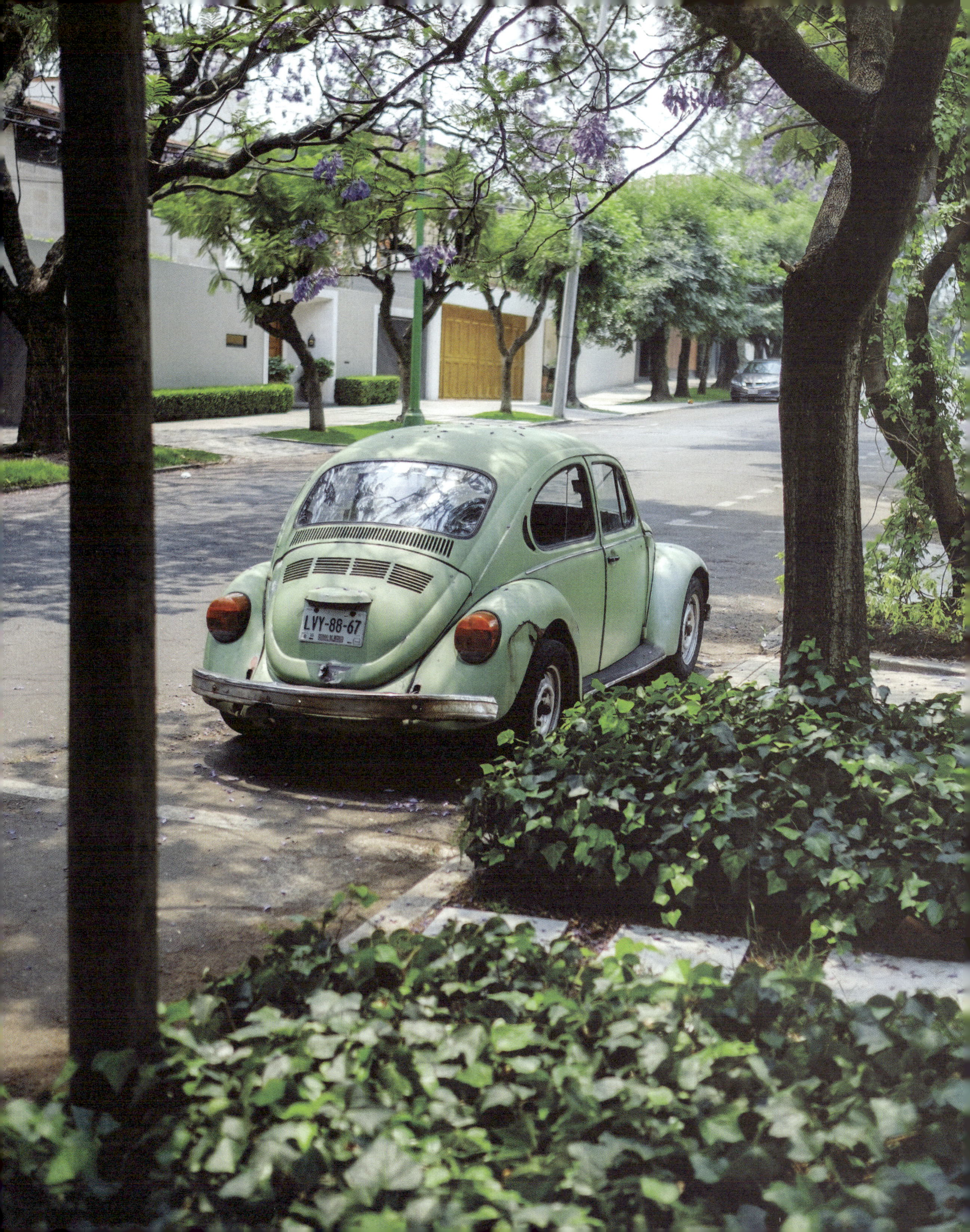
LVY-88-67

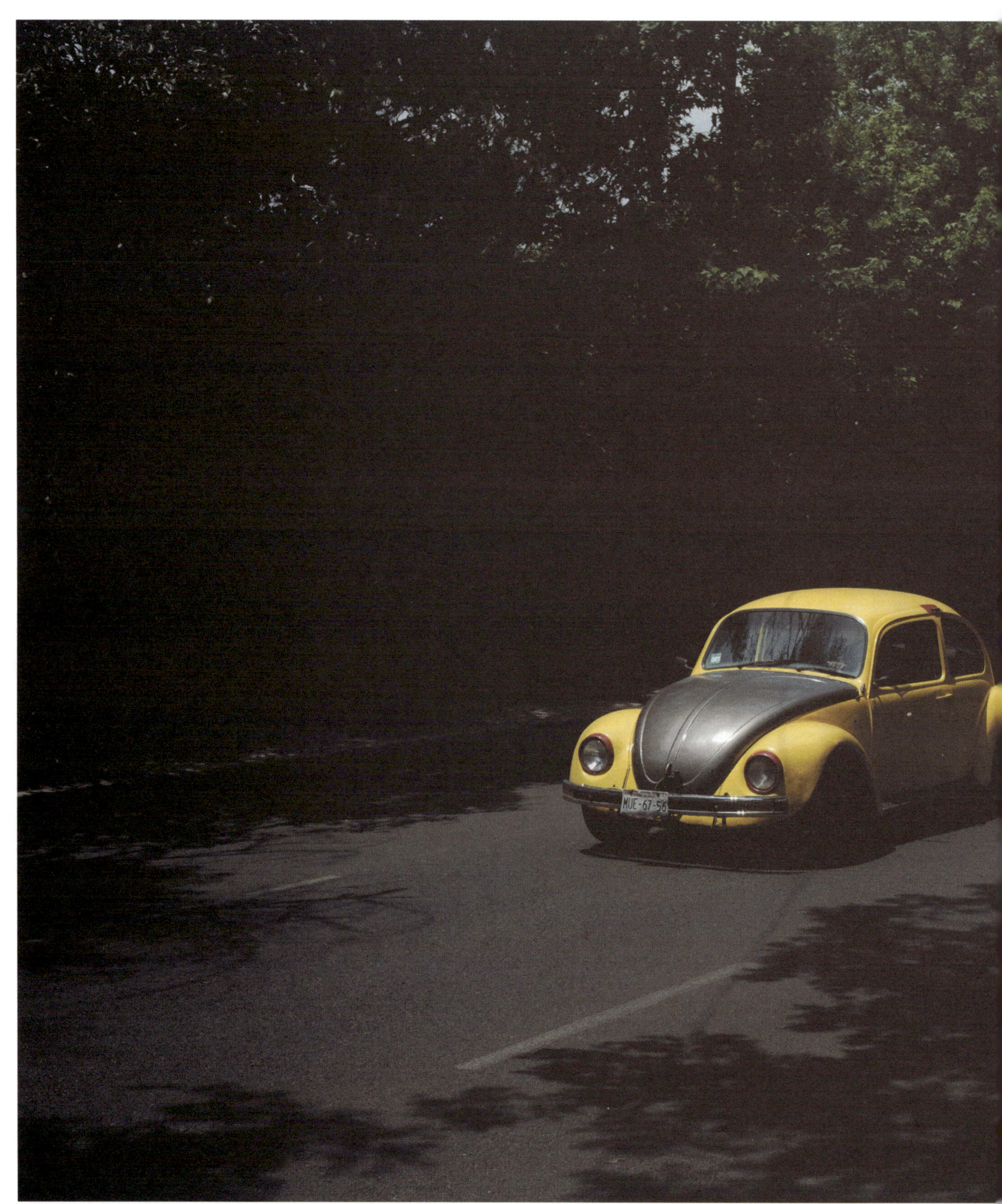

Cuajimalpa, CDMX (2018)

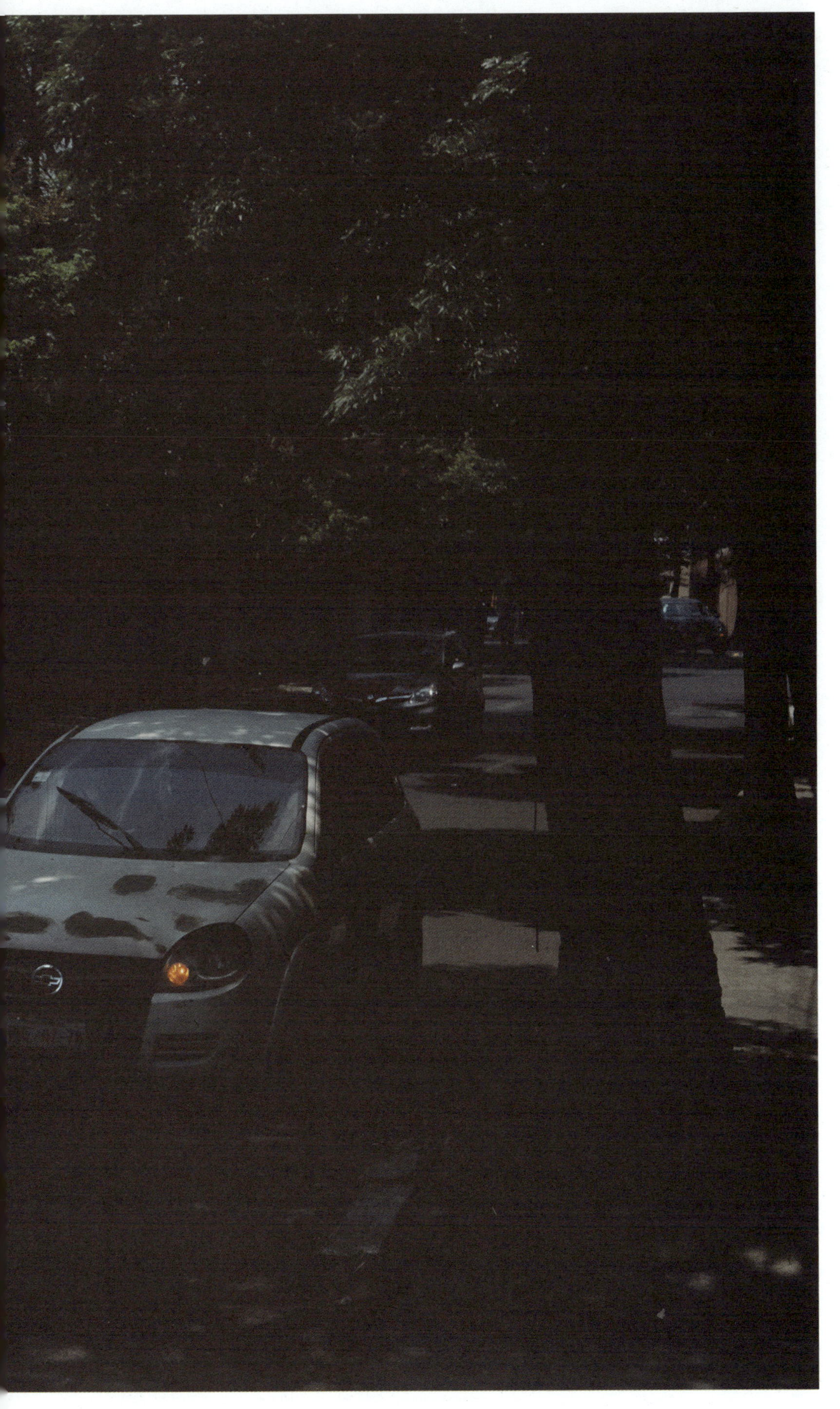

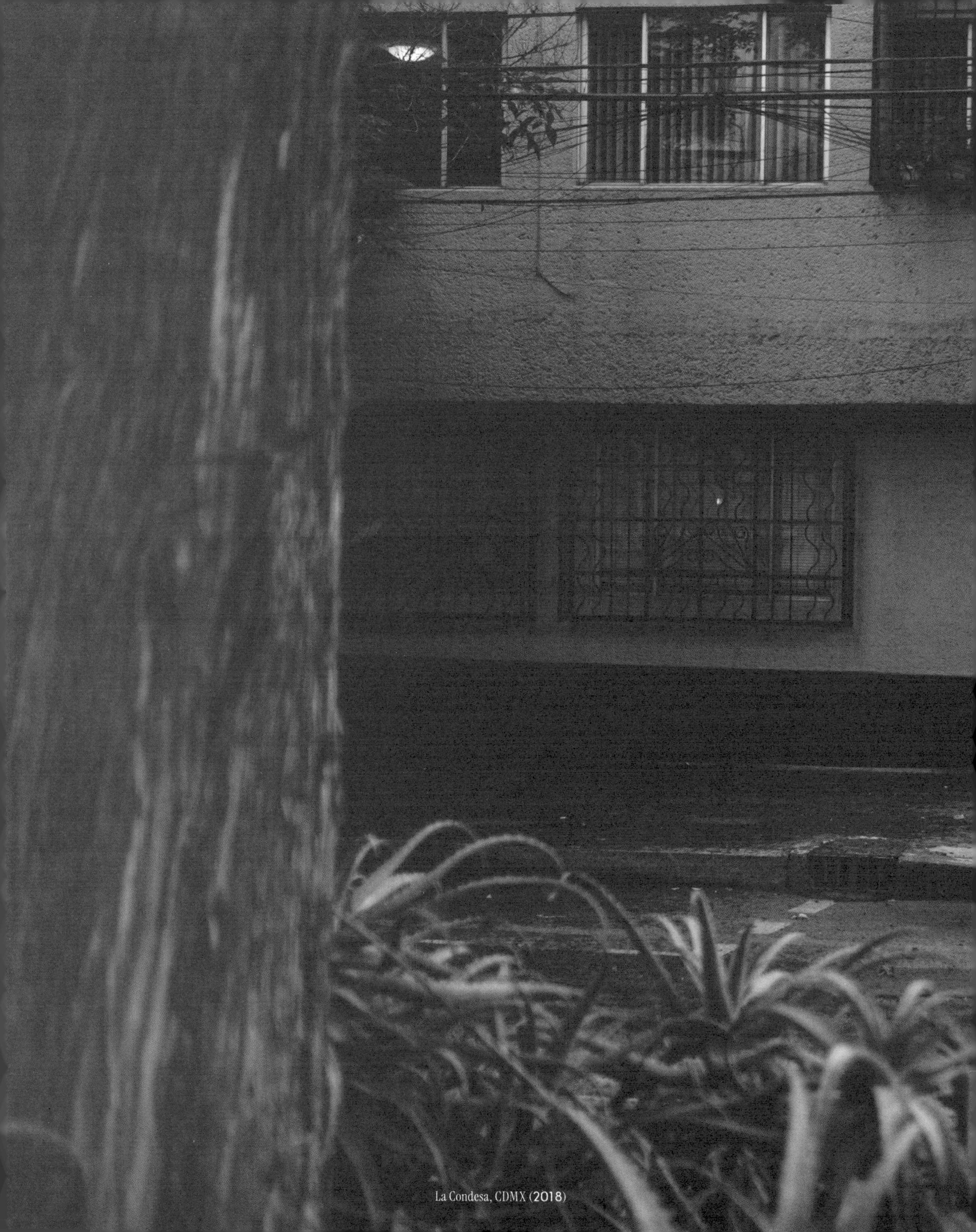

La Condesa, CDMX (2018)

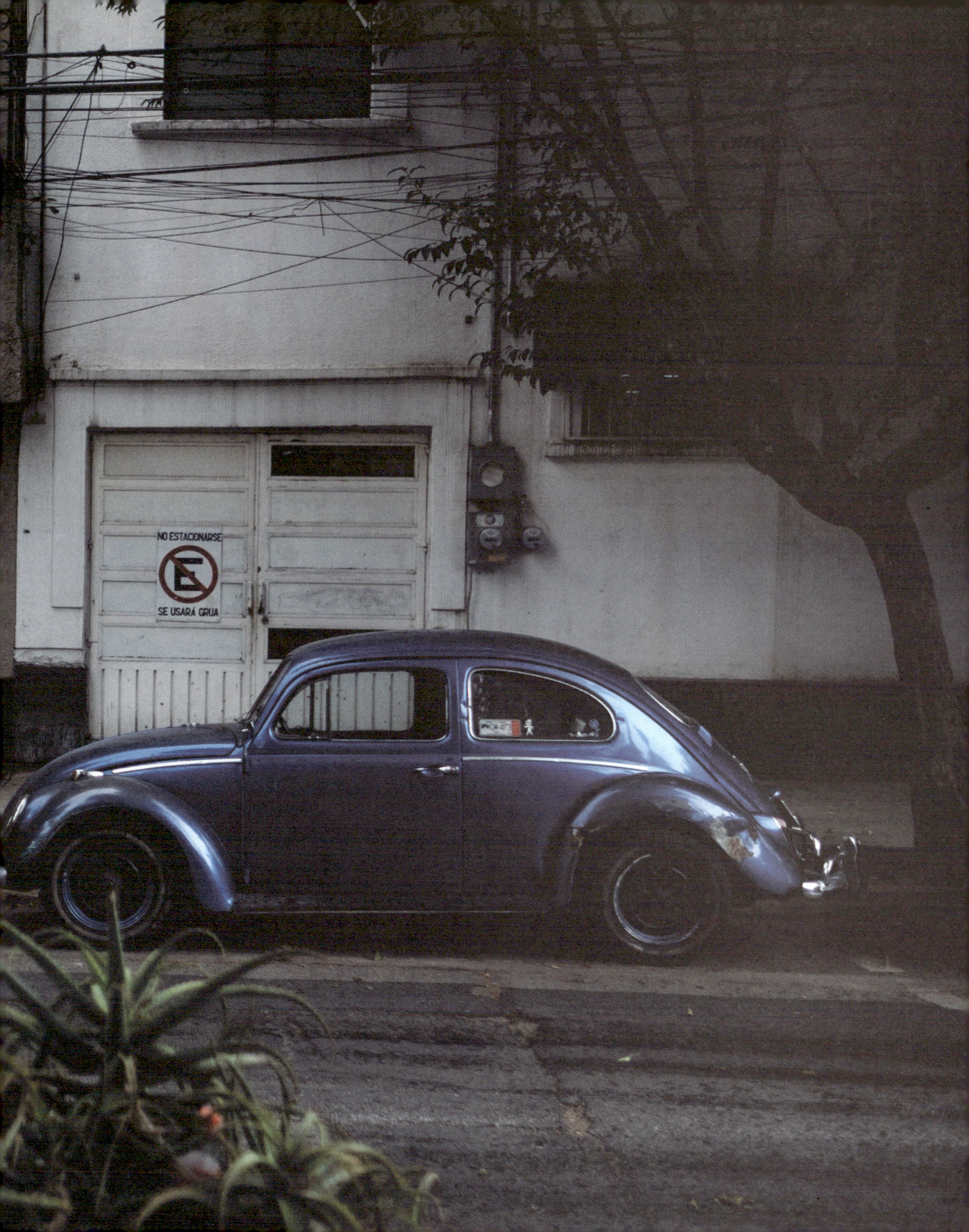
NO ESTACIONARSE
E
SE USARÁ GRUA

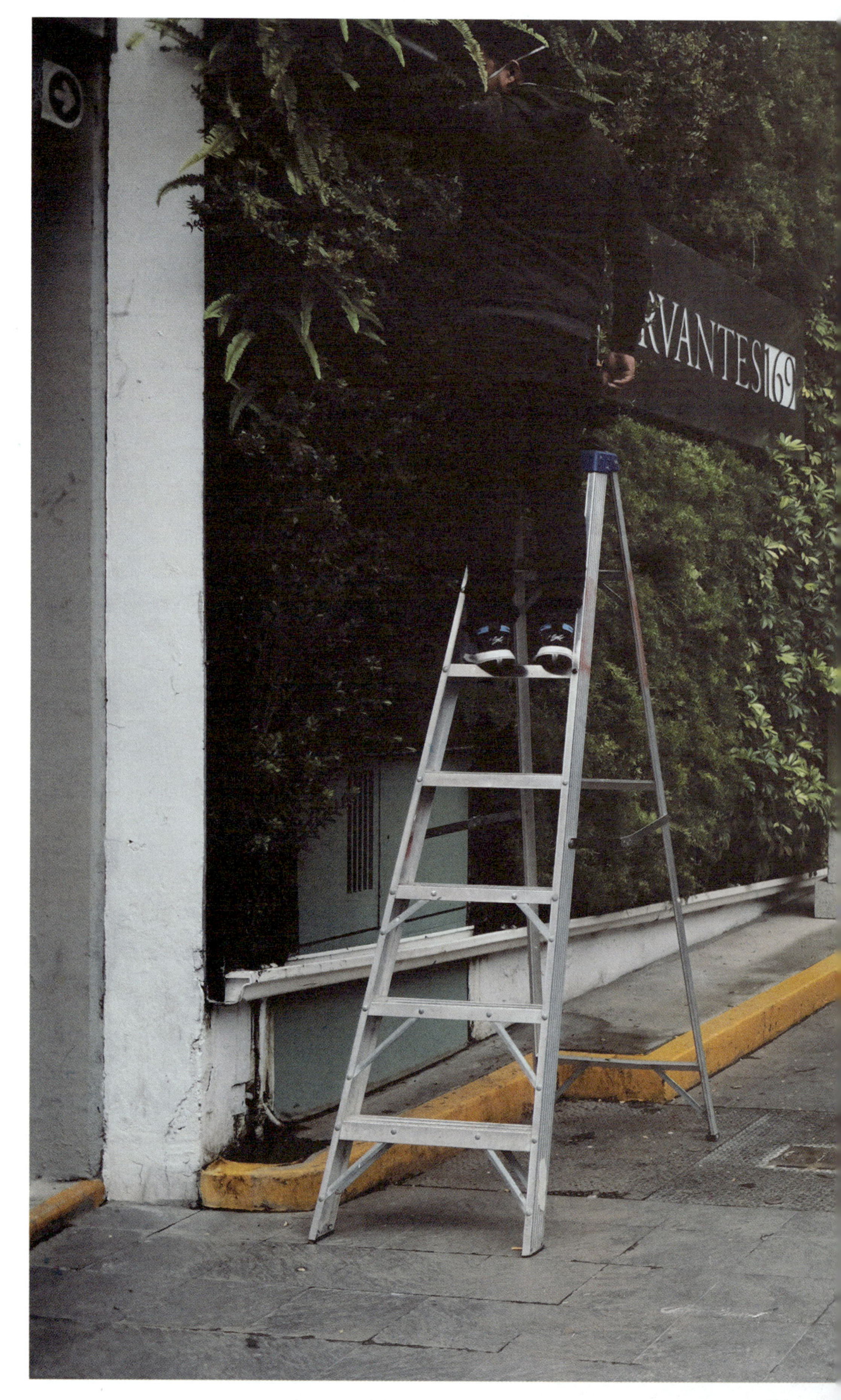
RVANTES 169

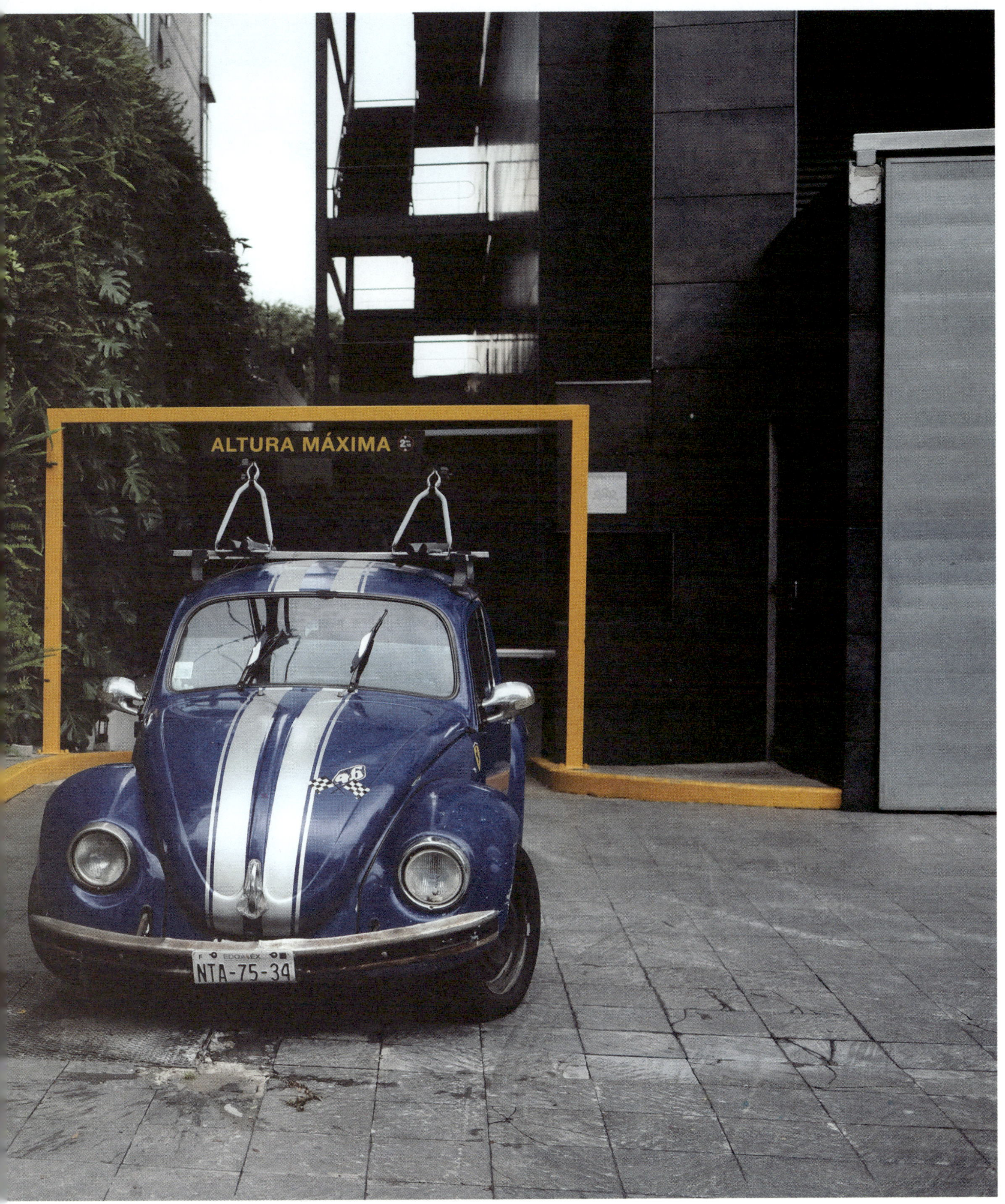

Polanco, CDMX (2020)

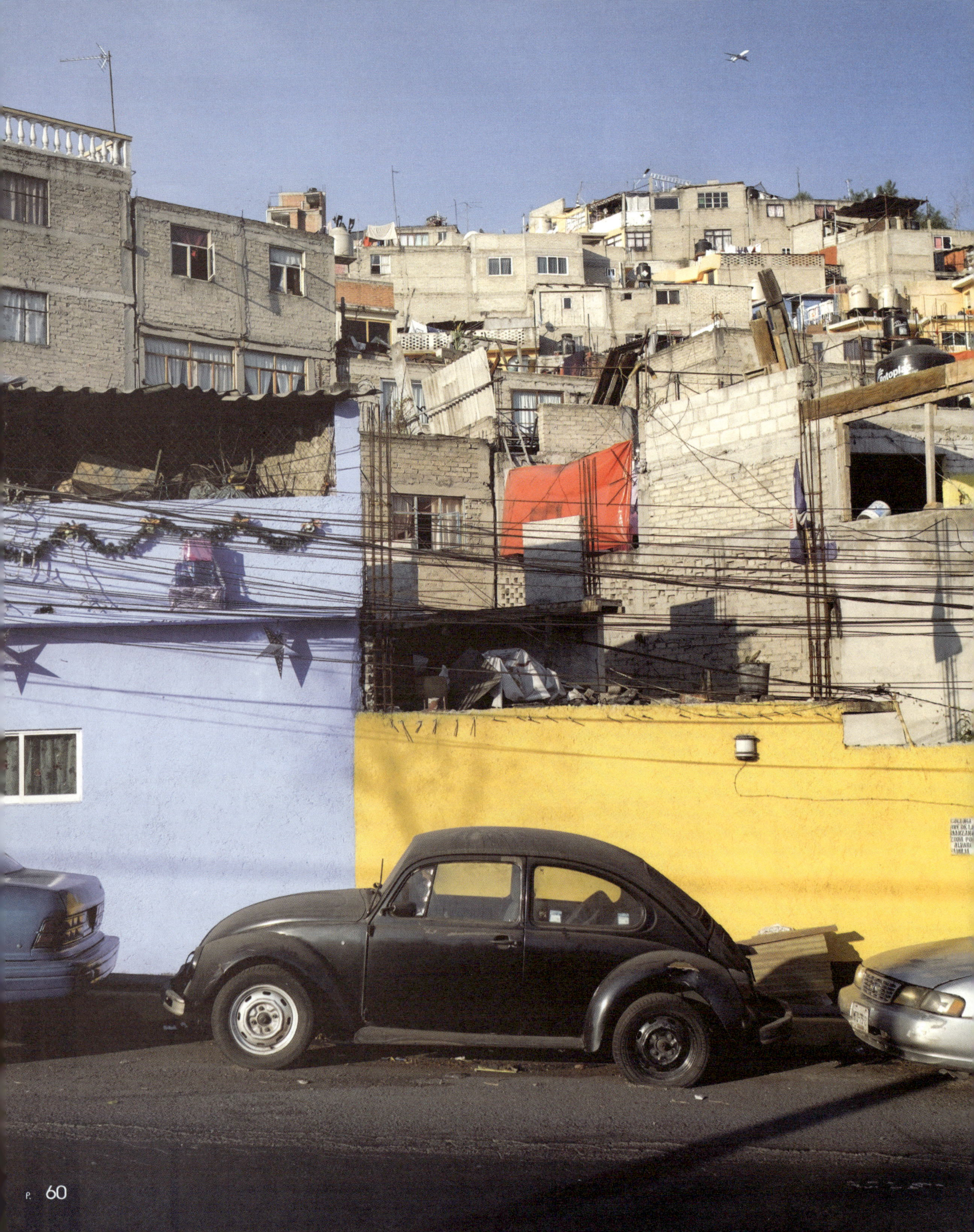

Colonia Obrera, CDMX (2018)

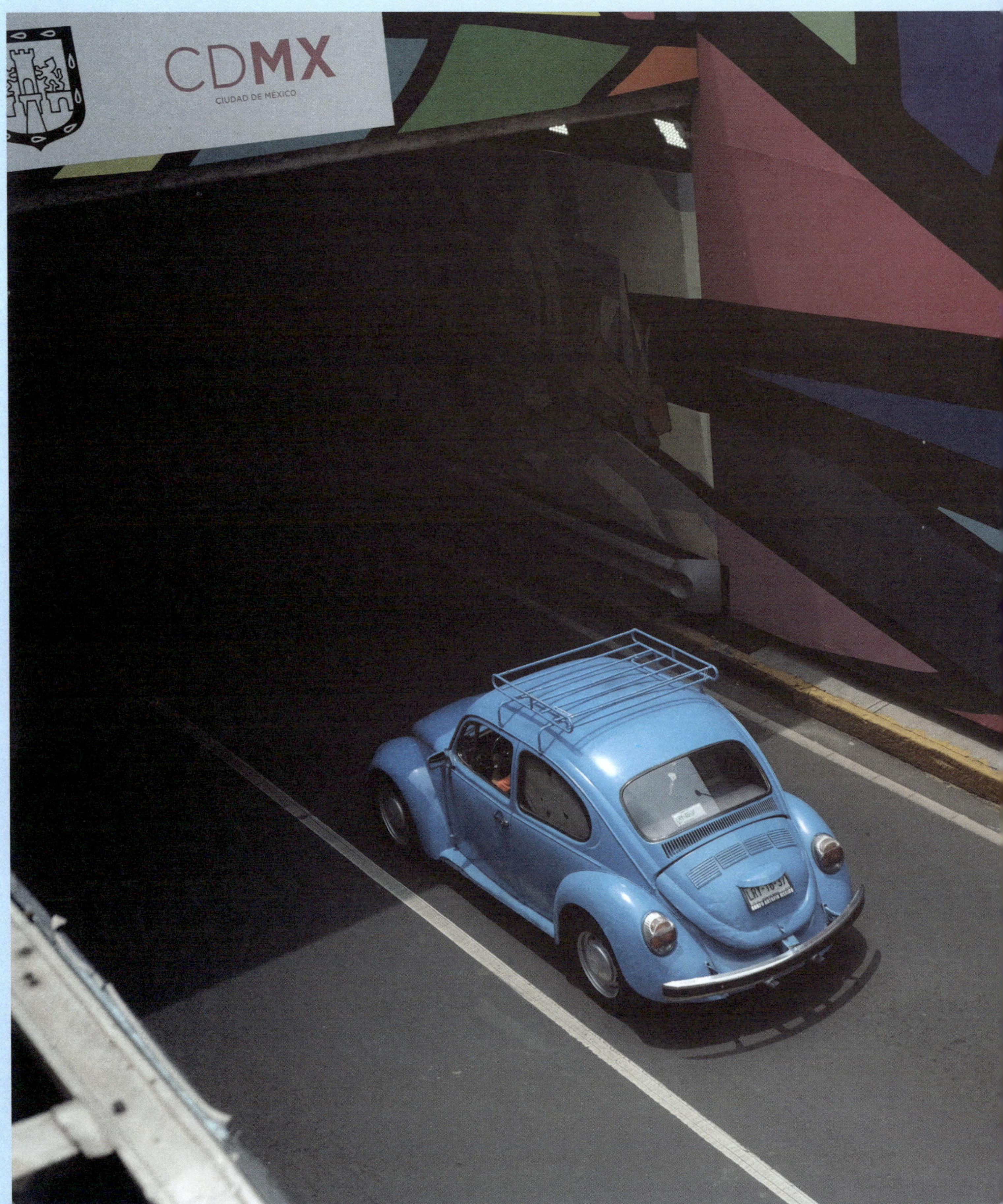
CDMX
CIUDAD DE MÉXICO

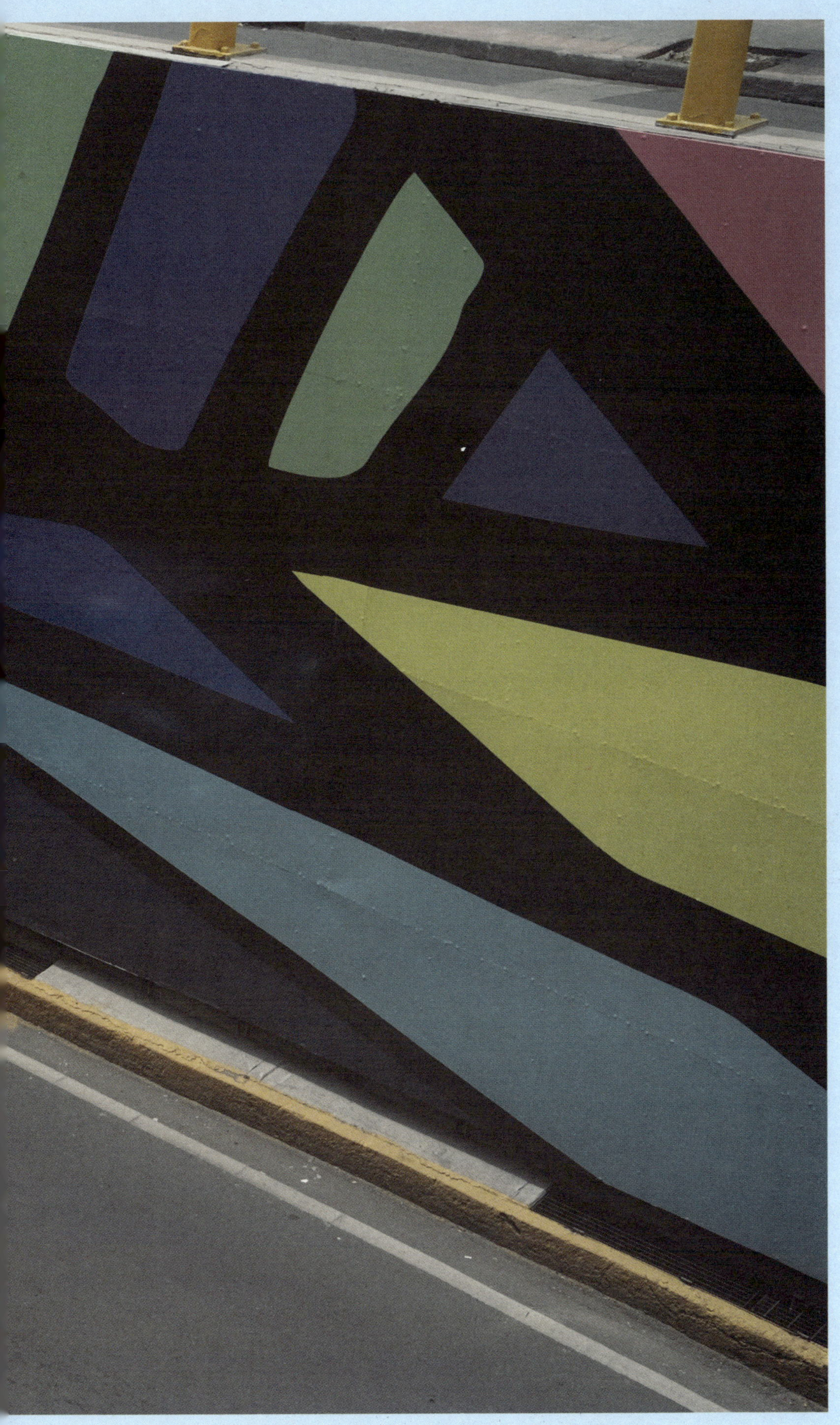

Av. Chapultepec, CDMX (2018)

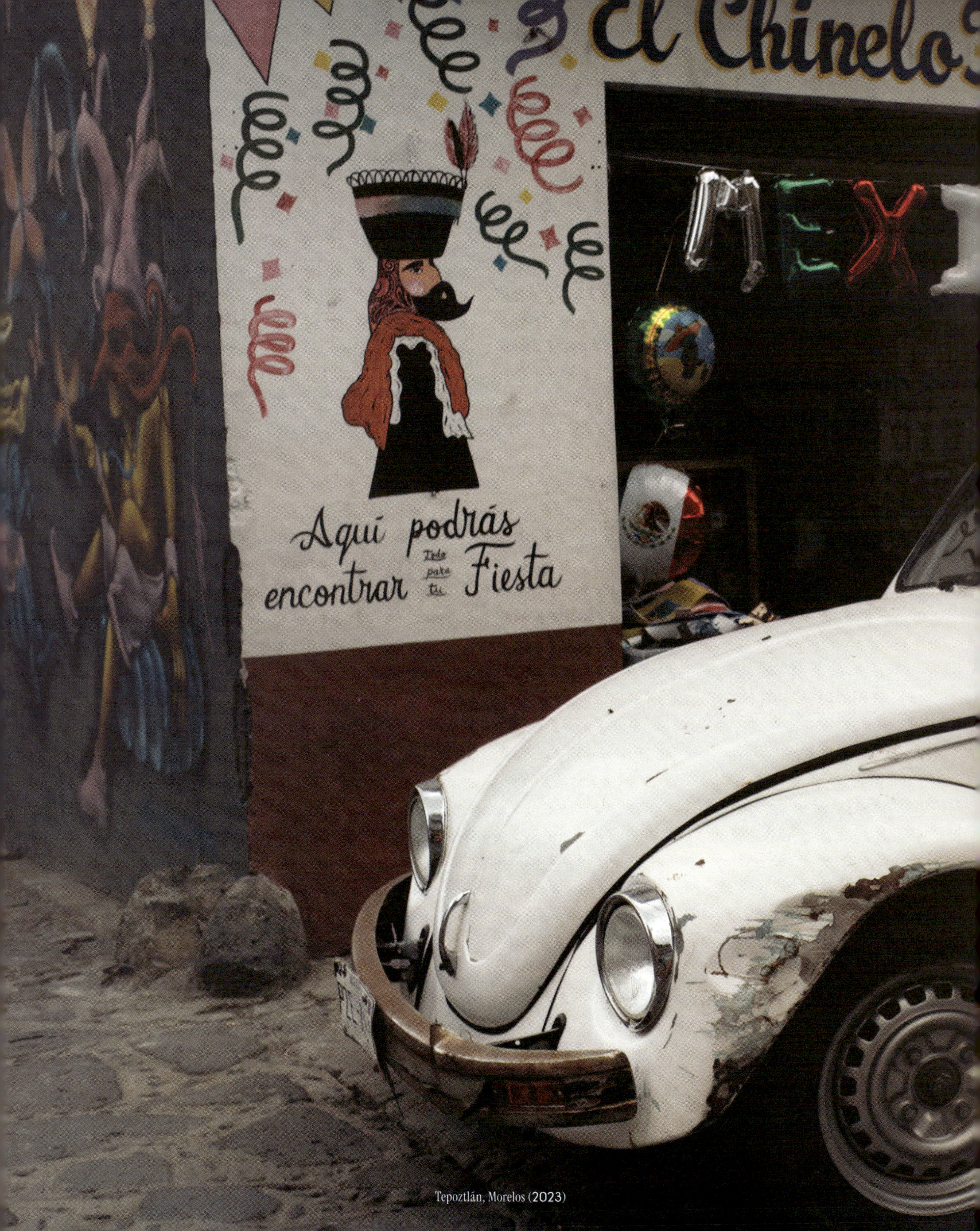

Tepoztlán, Morelos (2023)

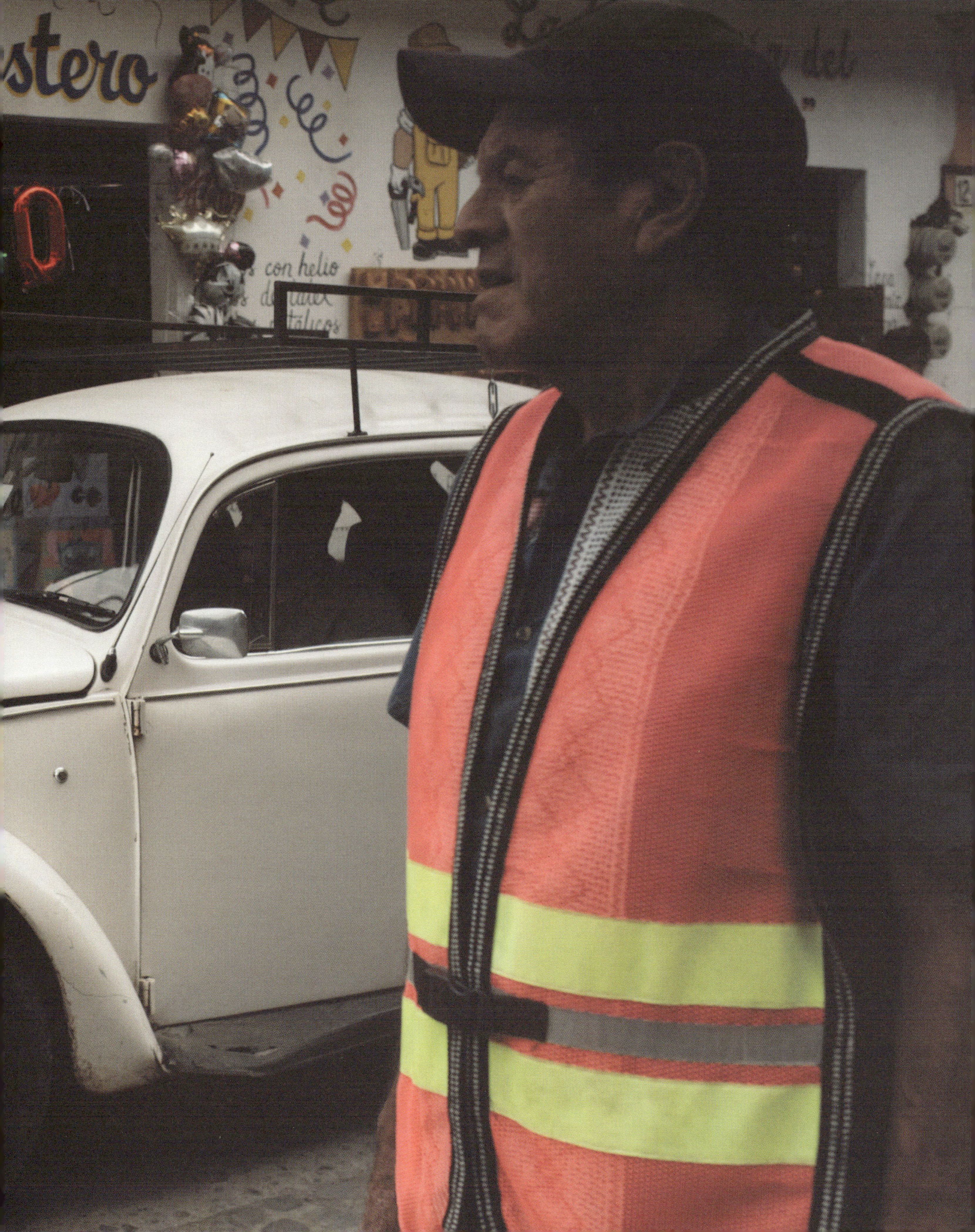
con helio

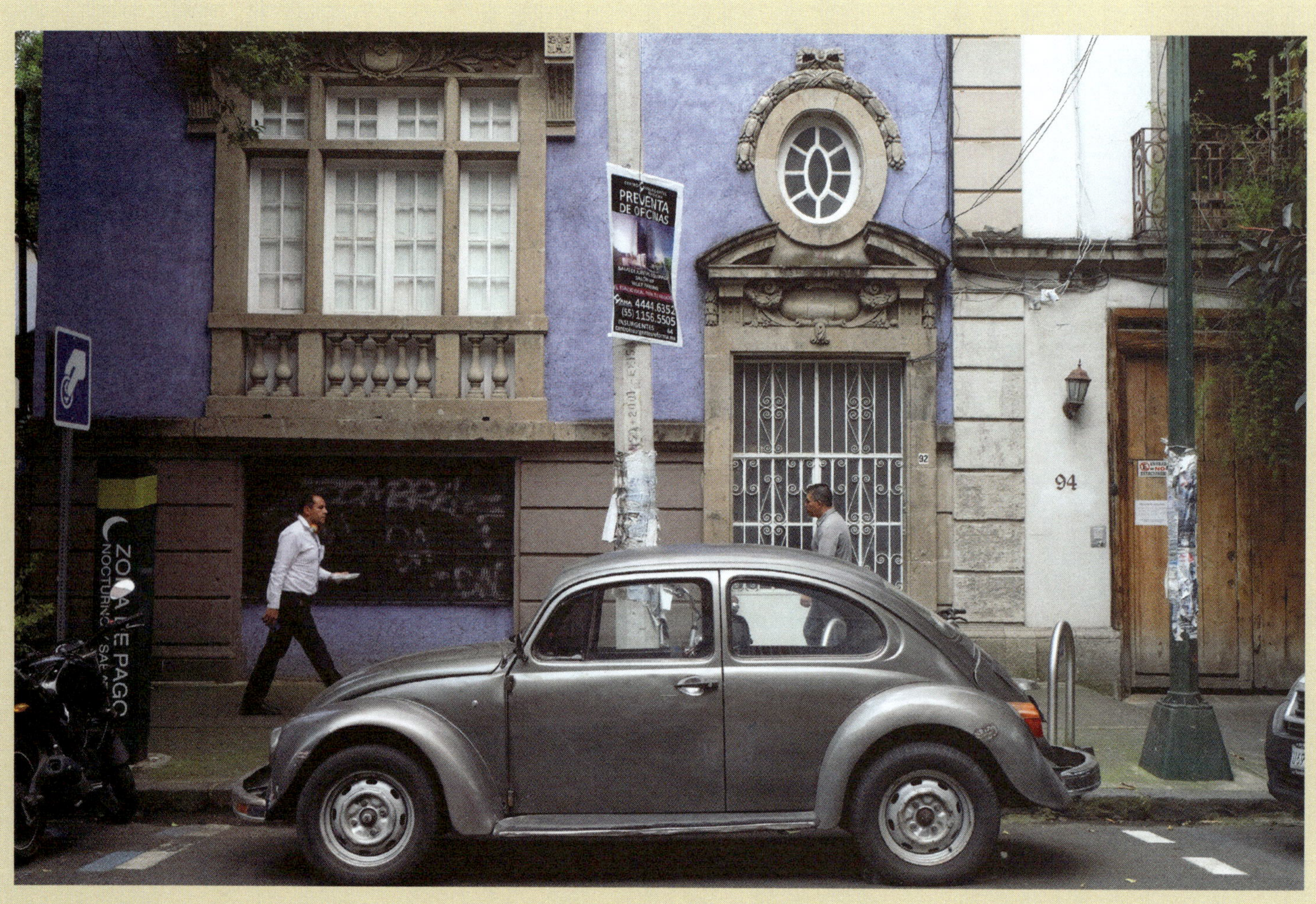

La Condesa, CDMX (2016)

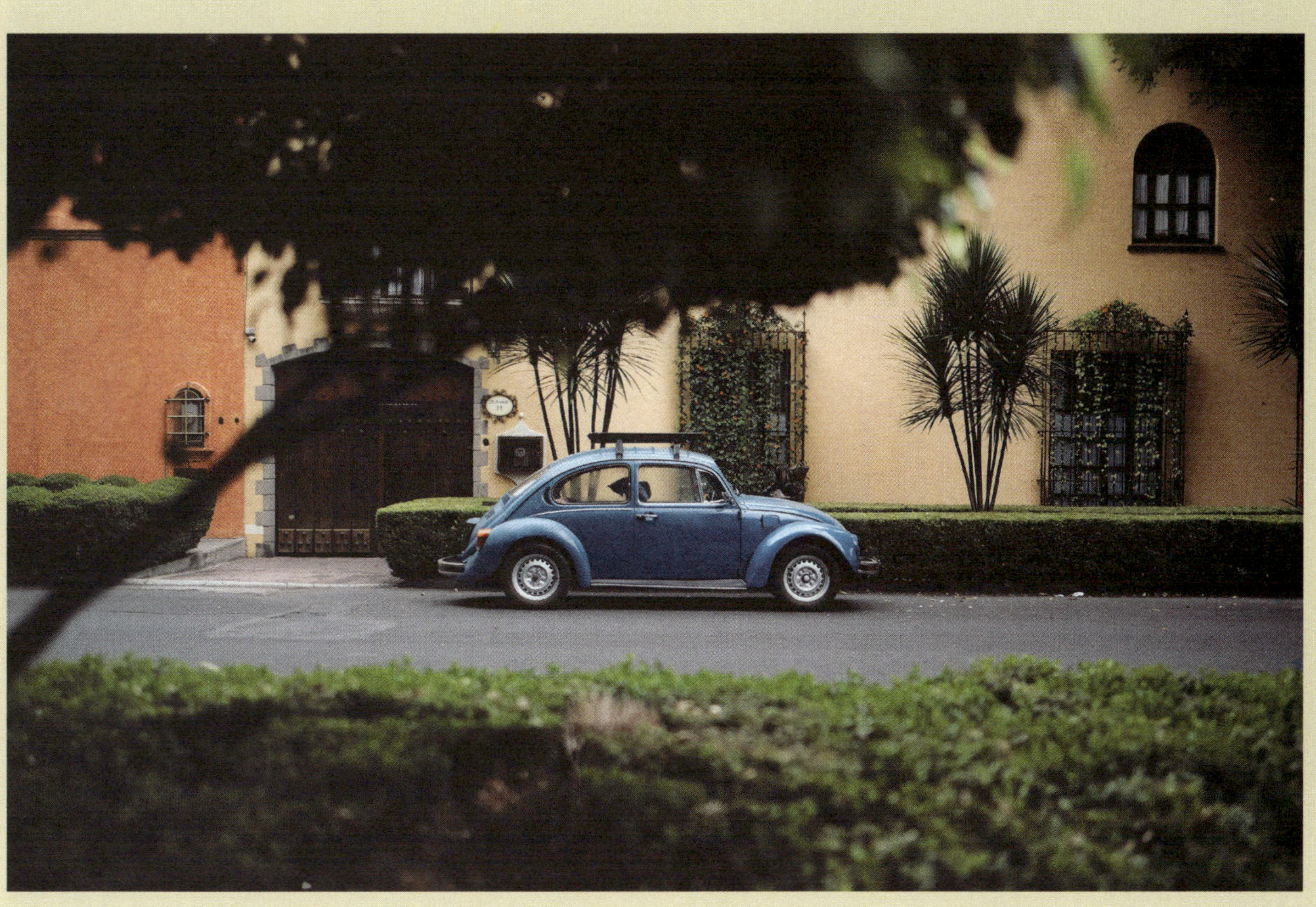

Coyoacán, CDMX (2020)

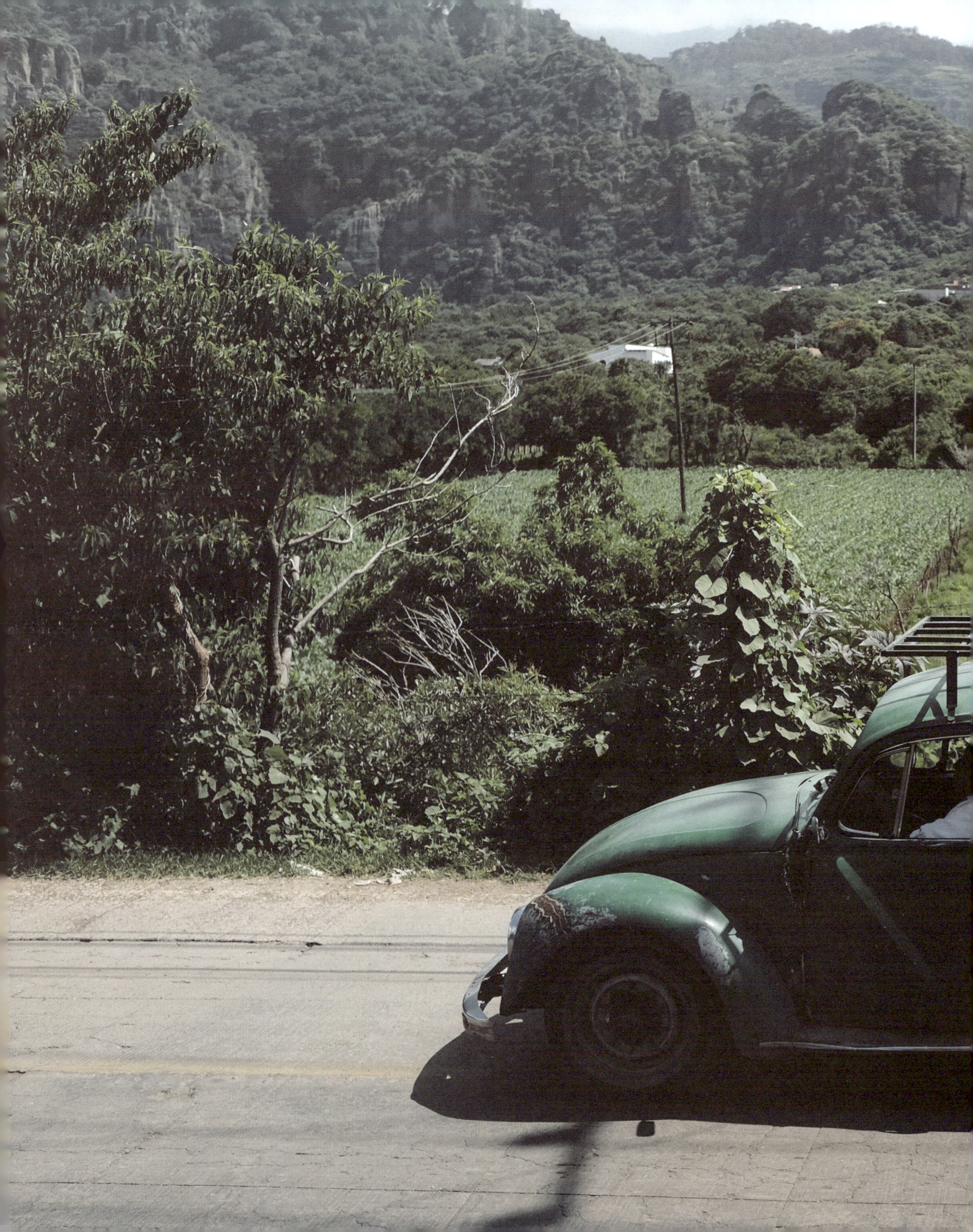

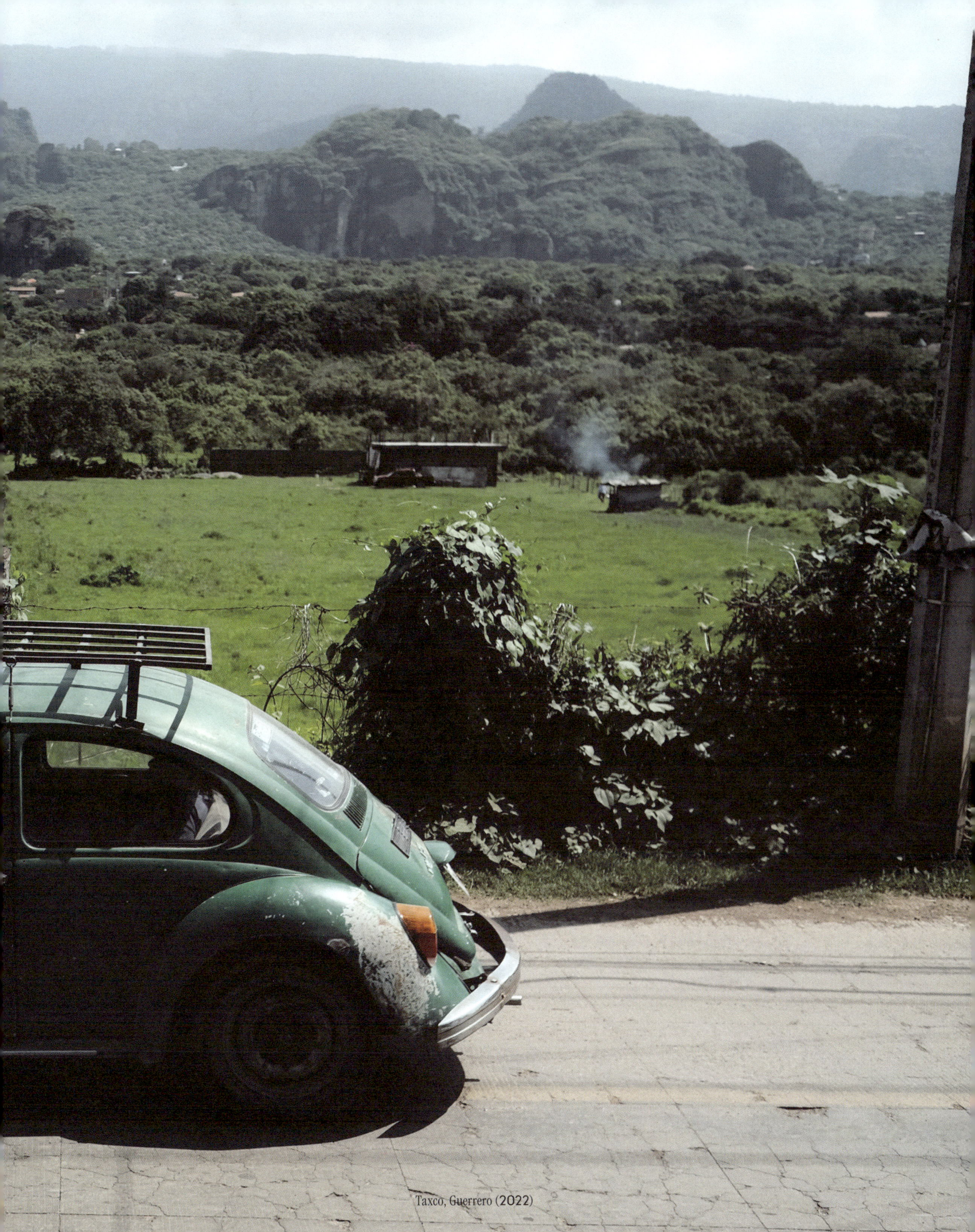
Taxco, Guerrero (2022)

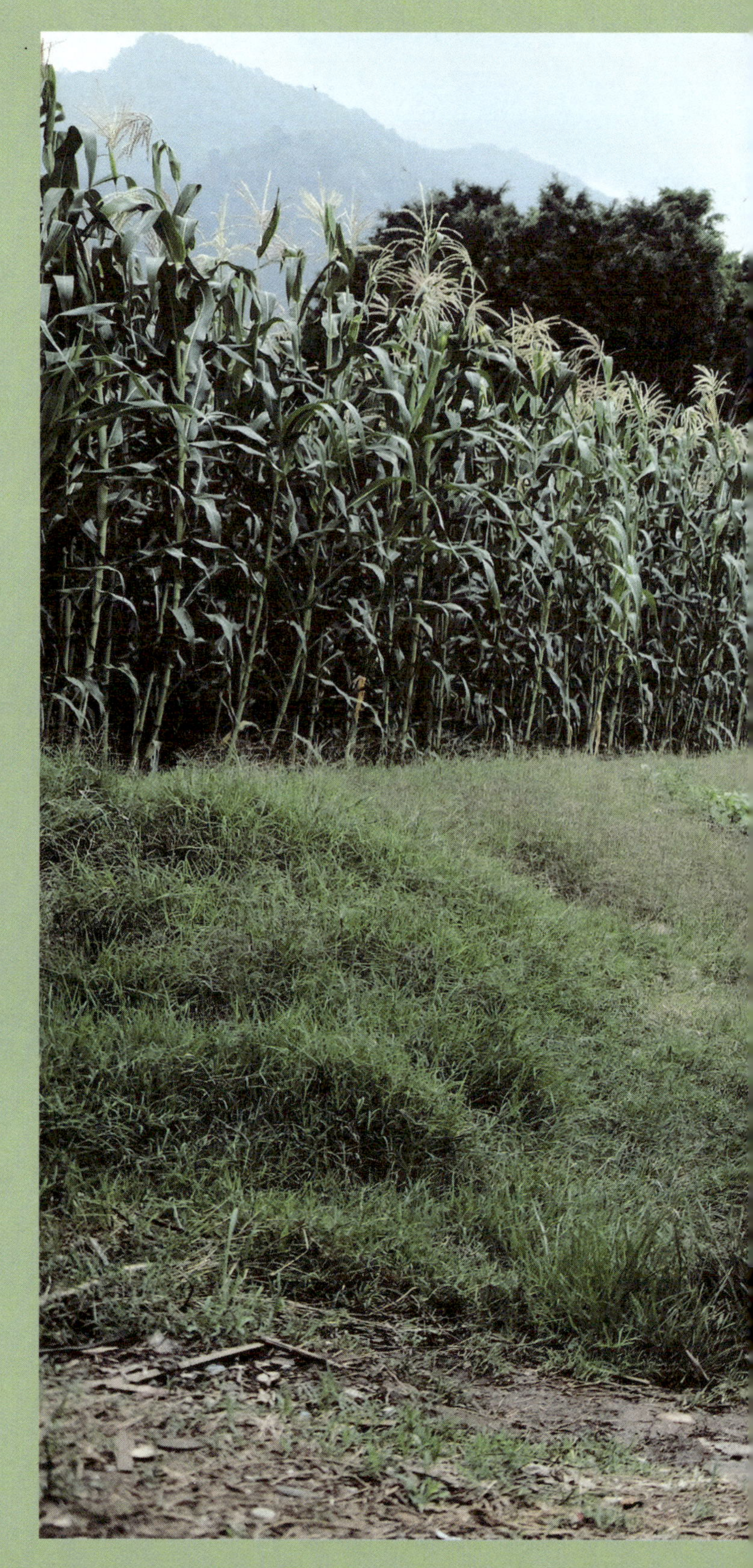

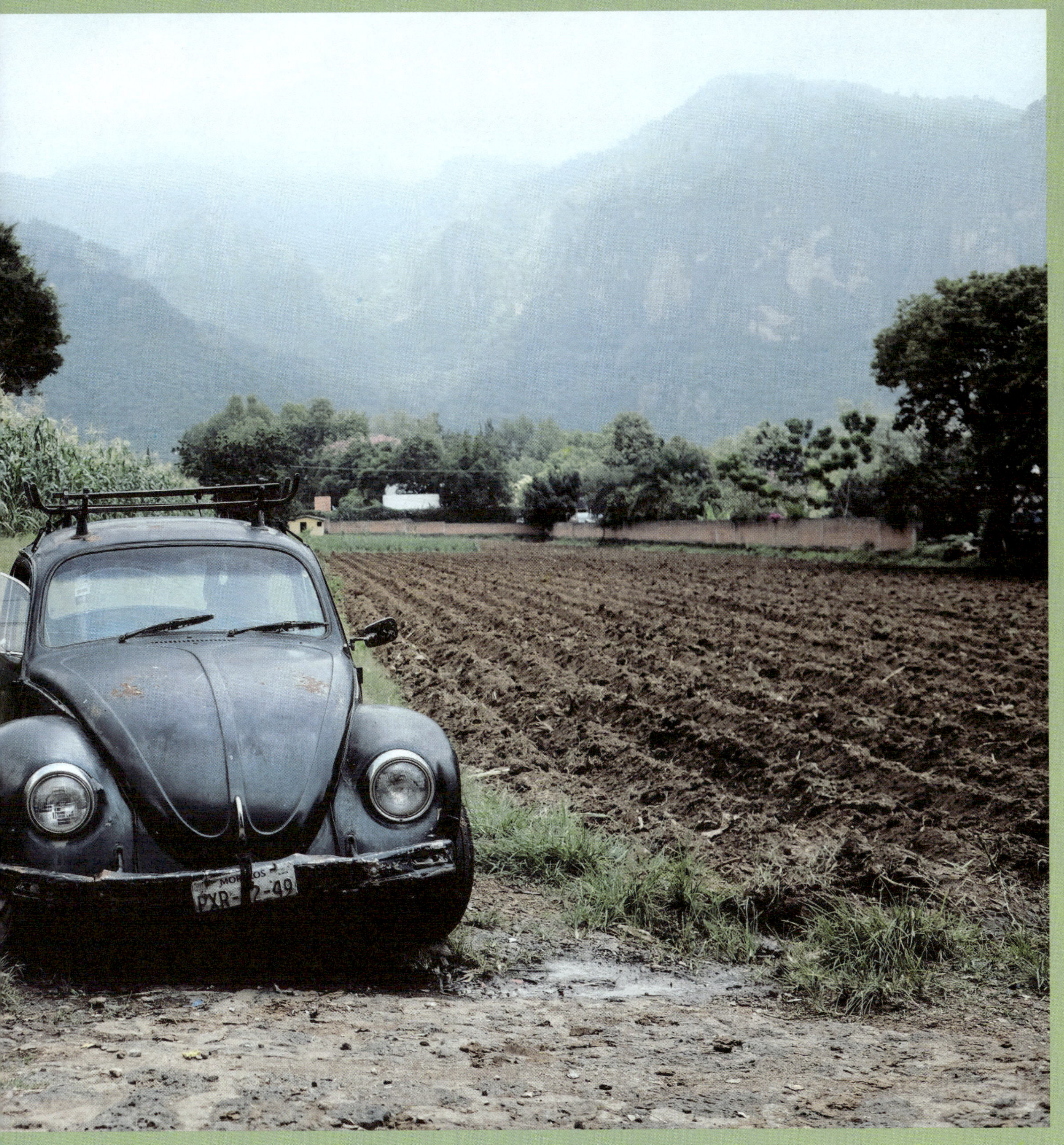

Tepoztlán, Morelos (2020)

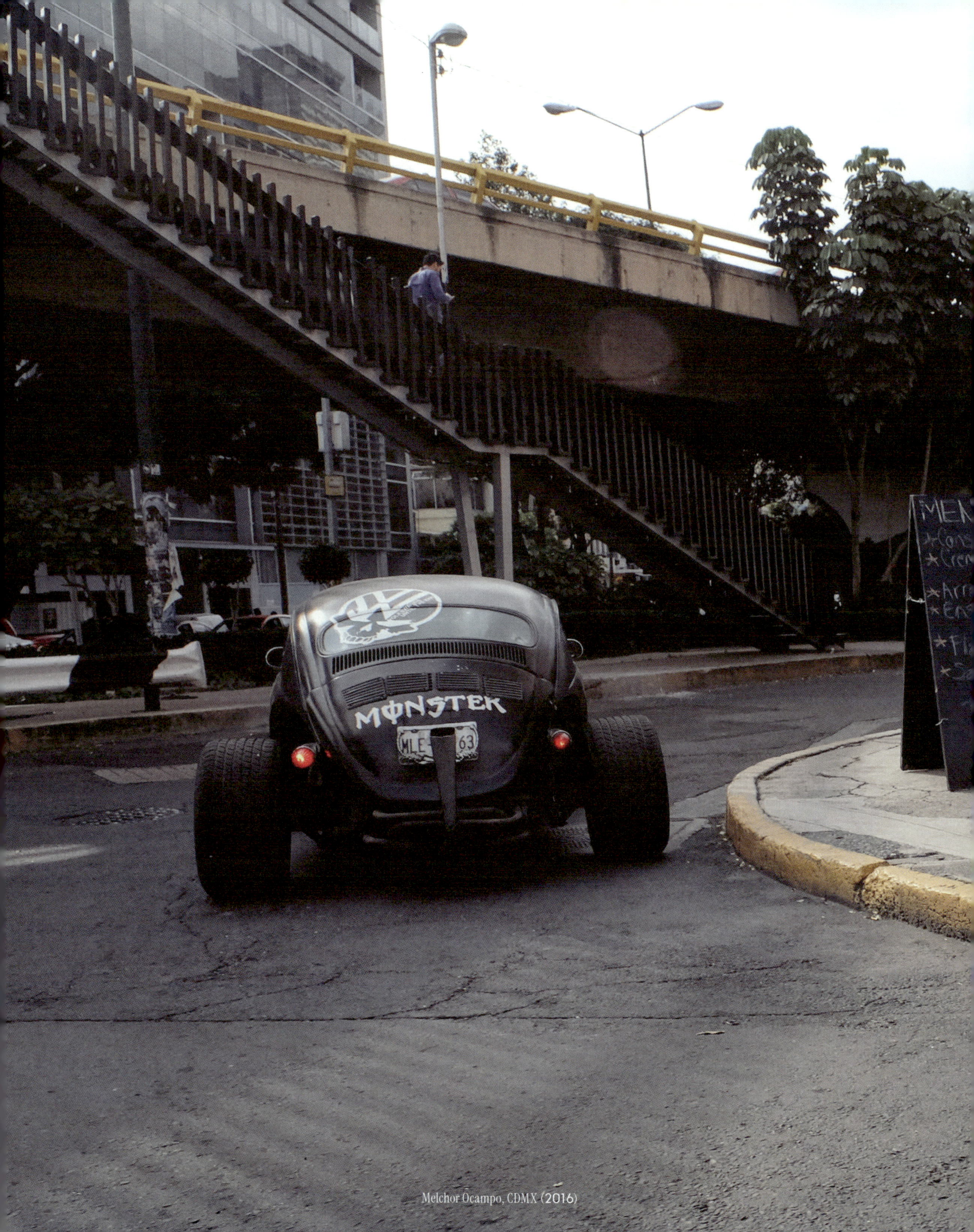

Melchor Ocampo, CDMX (2016)

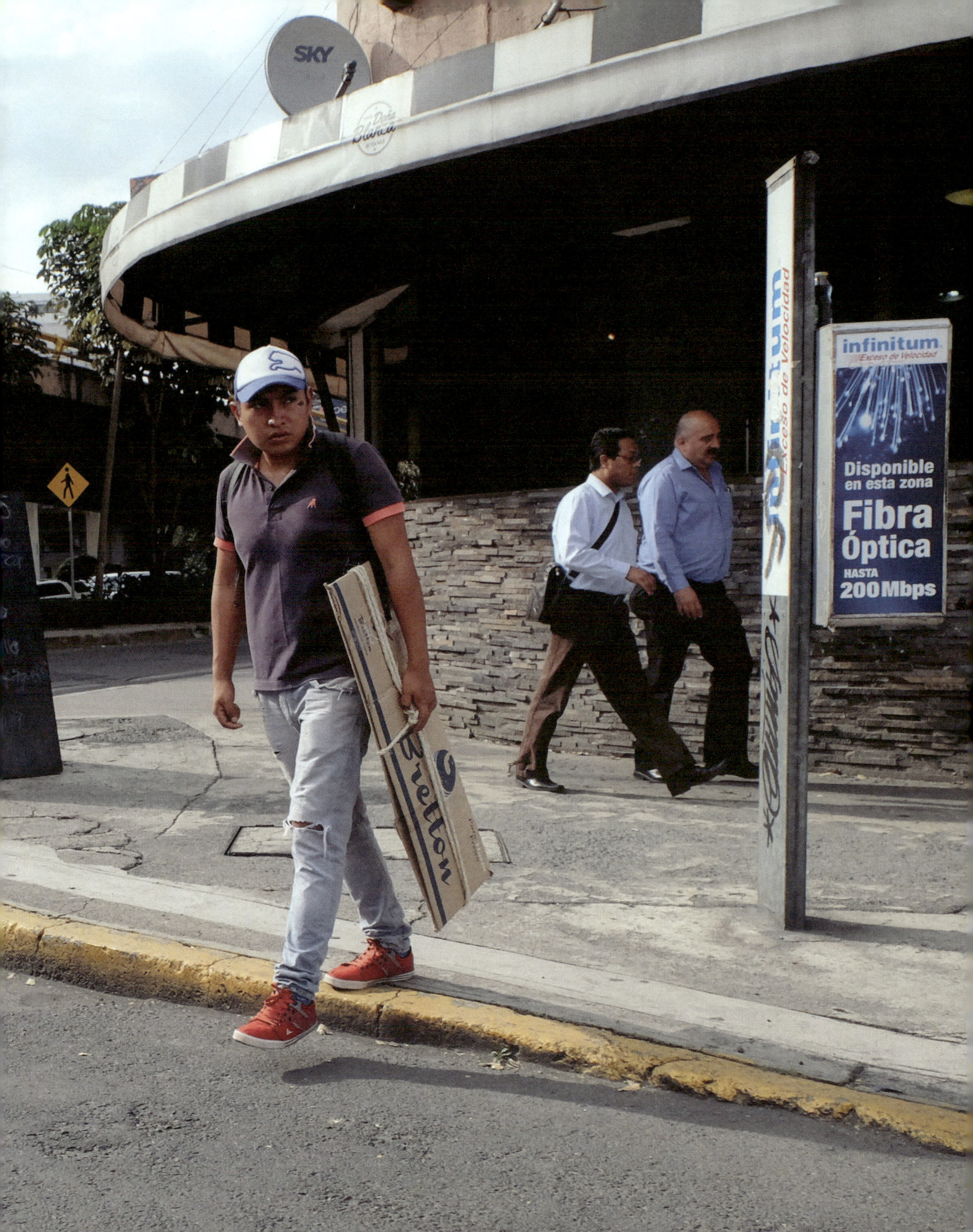
SKY
infinitum
Exceso de Velocidad
Disponible
en esta zona
Fibra
Óptica
HASTA
200 Mbps
Exceso de Velocidad

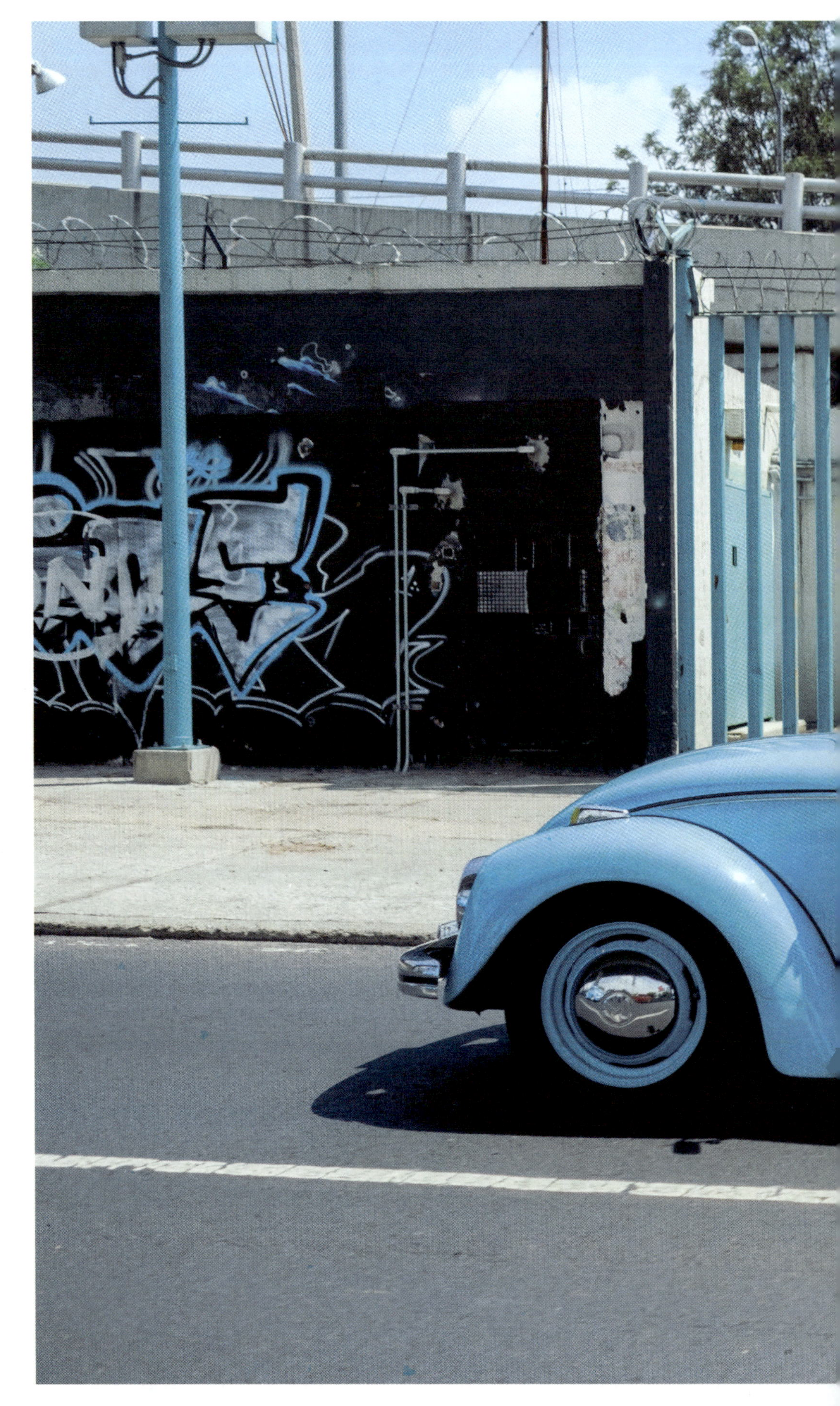

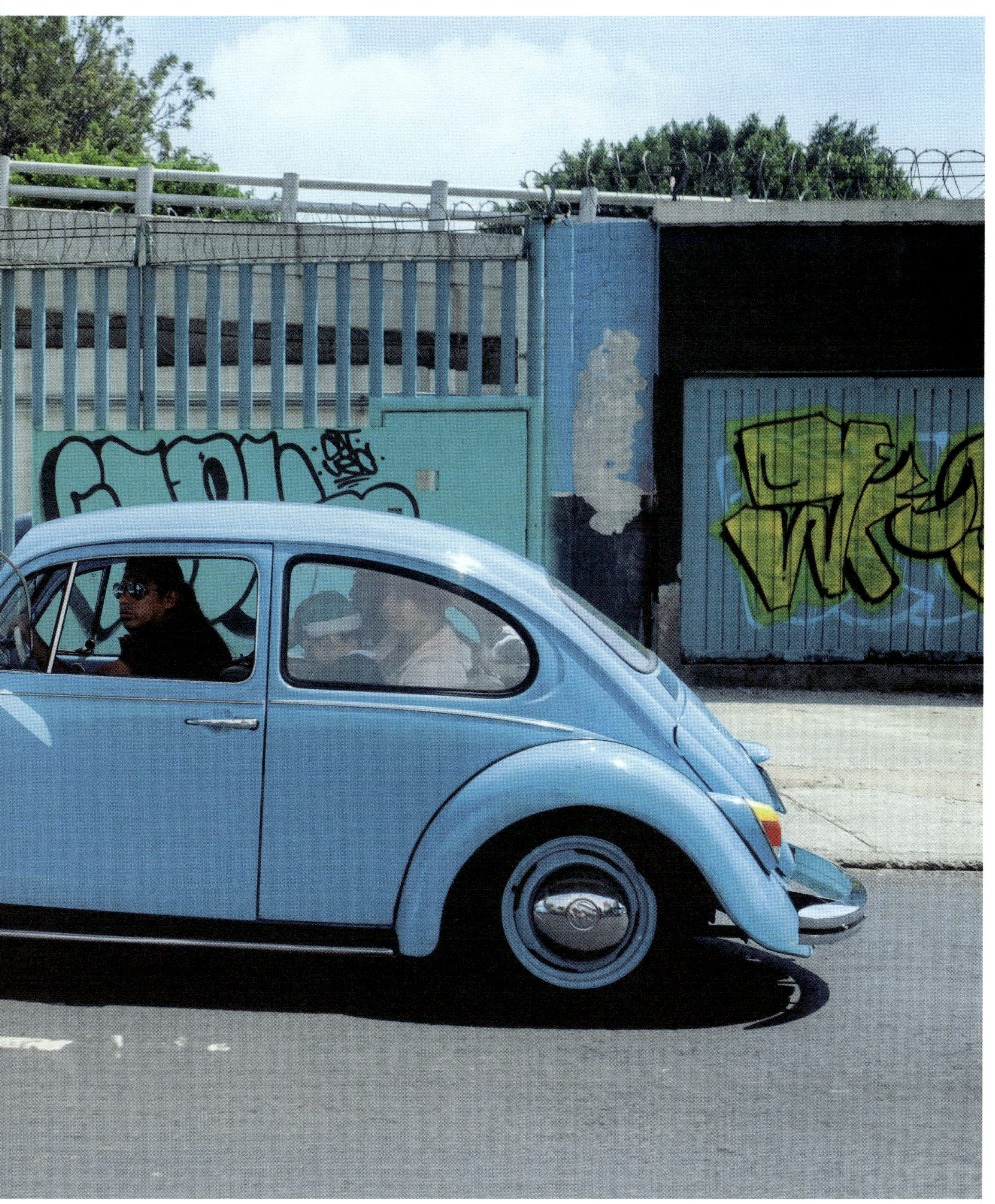

Caravana Vochero, Periférico, CDMX (2019)

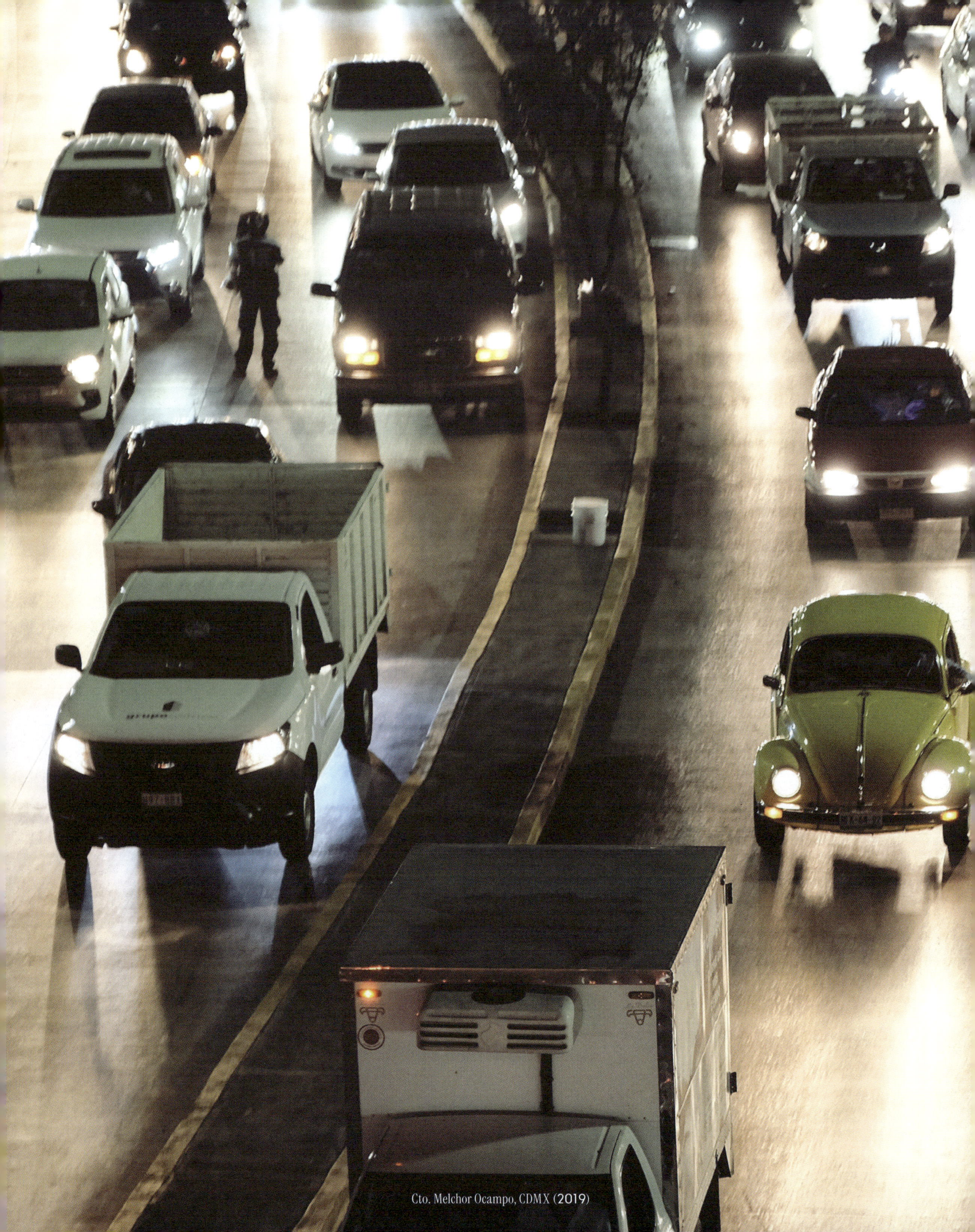

Cto. Melchor Ocampo, CDMX (2019)

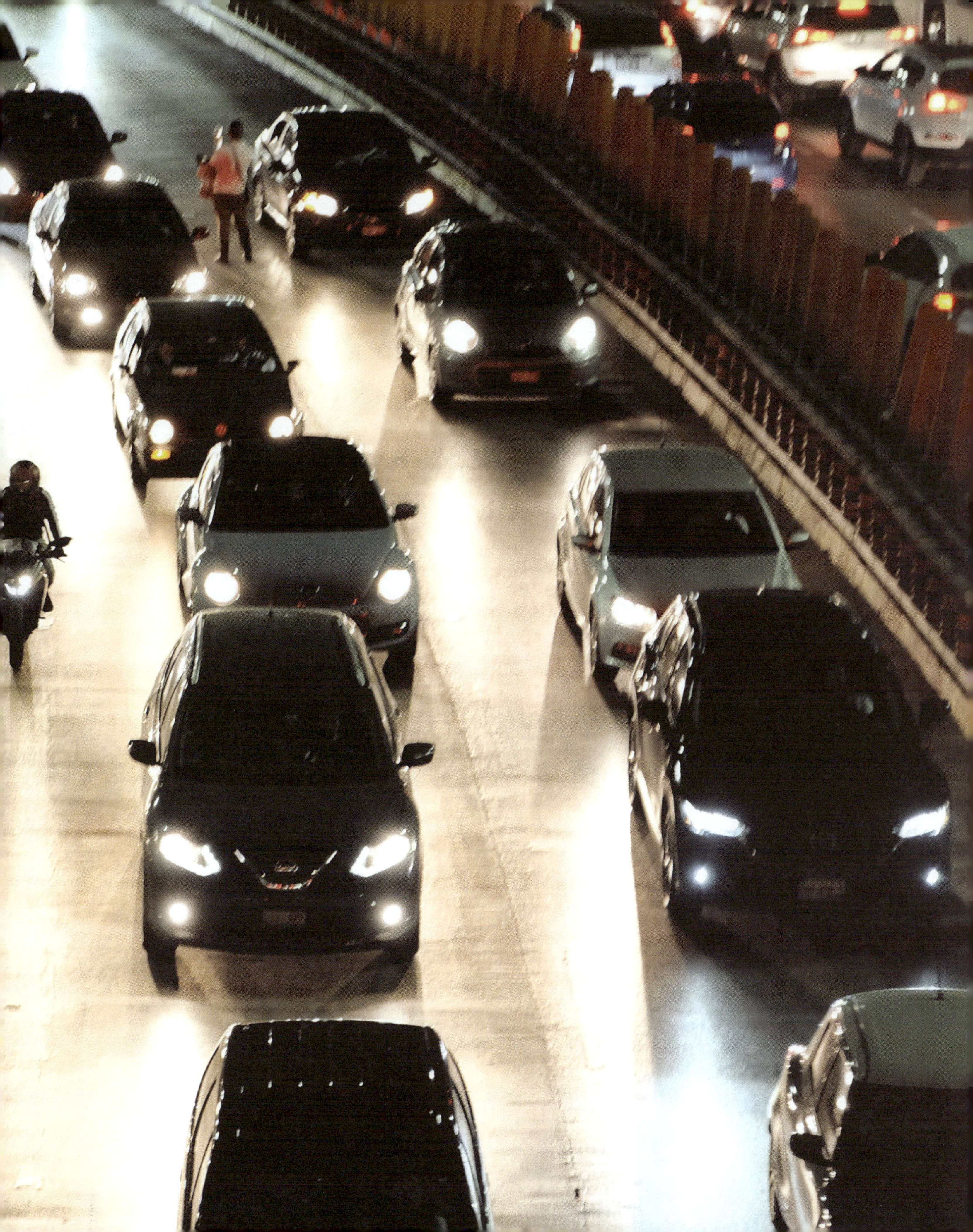

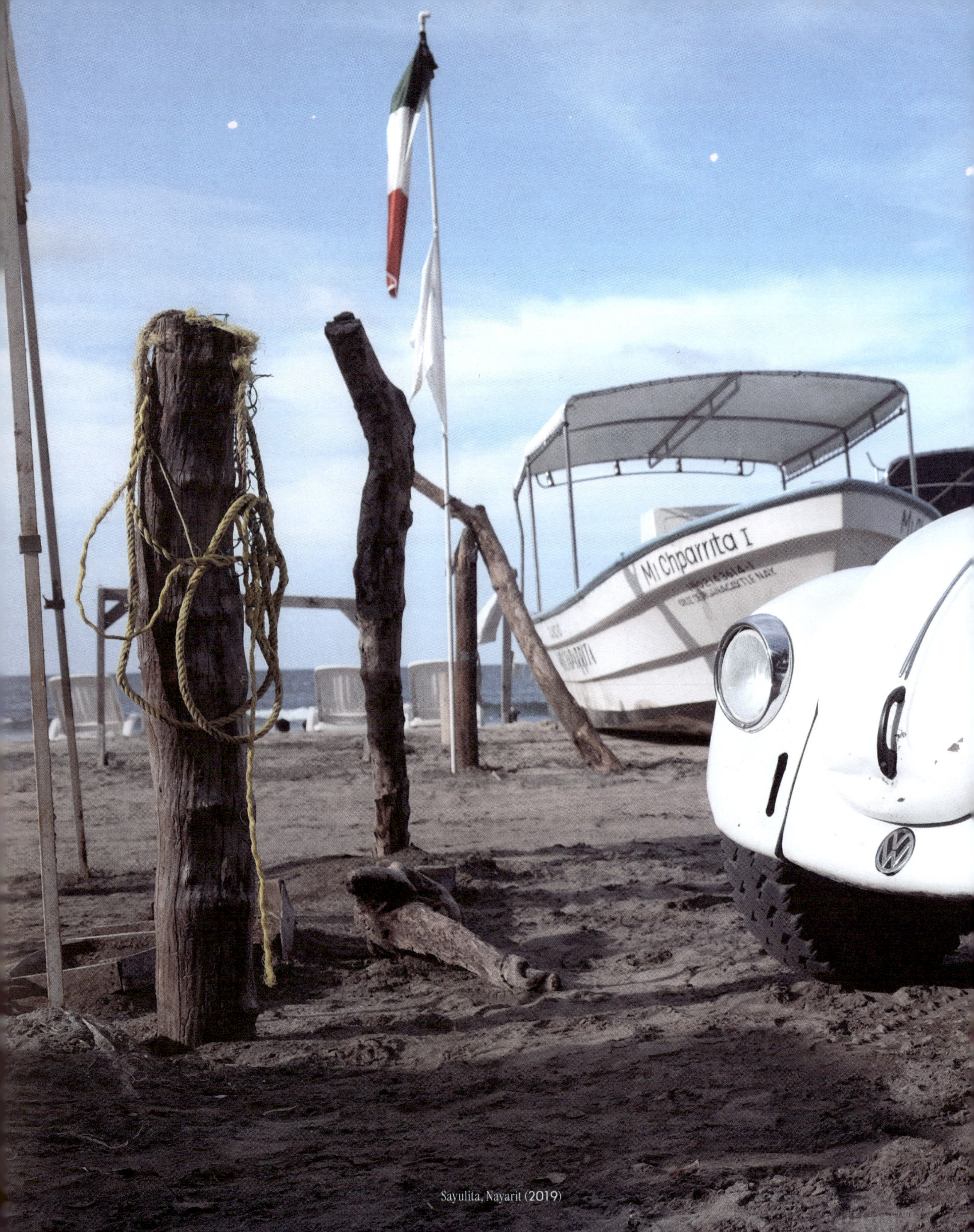

Sayulita, Nayarit (2019)

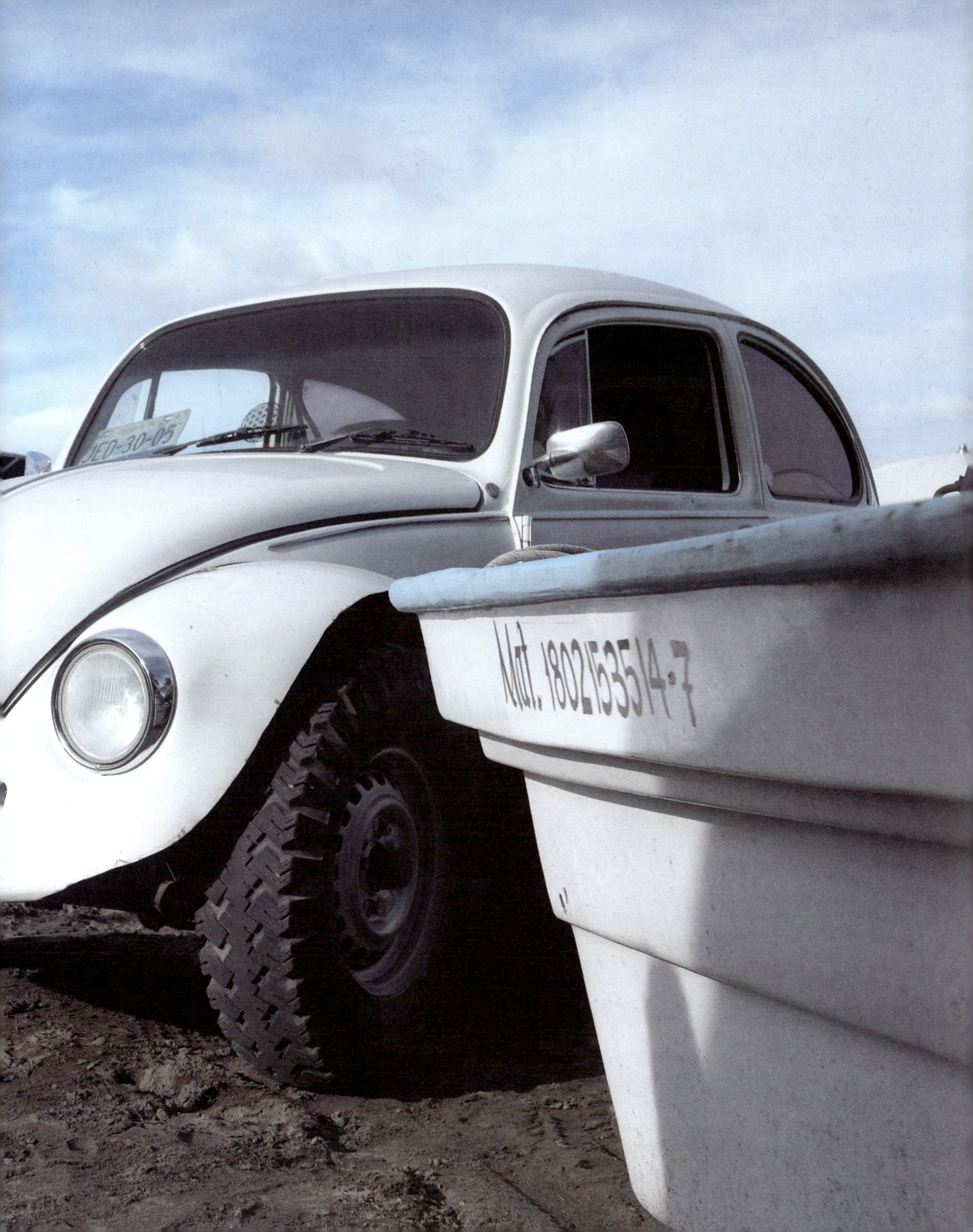
JED-30-05
Mat. 1802163514-7

C–2

'LO OCULTO'

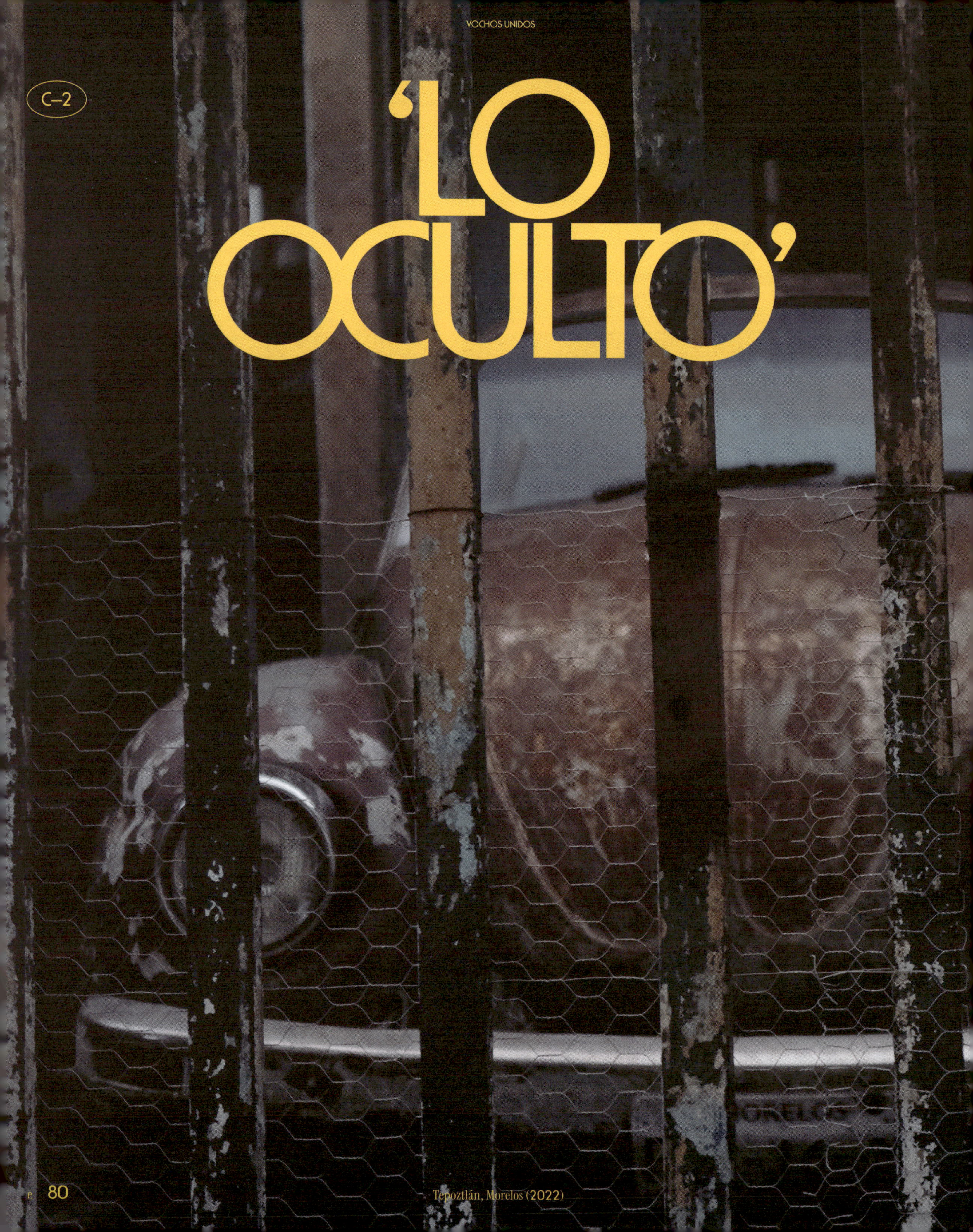

Tepoztlán, Morelos (2022)

De vez en cuando, ves vochos y no sabes hacia dónde se dirigen. Hoy están abandonados en algún campo, envenenando el paisaje. ¿Cómo llegaron aquí y dónde estarán mañana? ¿Serán encontrados y restaurados pronto? ¿O tal vez enviados al desguace? Es imposible saberlo.

Los vochos tienen sus problemas. Se fallan los frenos de tambor. Quiebran los cables del acelerador. El motor se enciende. Podría seguir con más ejemplos. Pero pase lo que pase, un vochero cree en su corazón profundo que su carro nunca le fallará. Por supuesto, esto es una ilusión. Los vocheros están perdidos en la magia, y ni siquiera pueden pensar que algo tan querido podría causar tanto dolor. En realidad, cada vocho en la carretera puede ser—y a menudo es—su peor pesadilla.

¿Cómo pudo hacerte eso, tu bienamado vocho? ¿Cómo pudo tu querido volverse malvado? Algunos podrían caer en la desesperación en estos momentos. Pero en México, uno se acostumbra al desamor. Los mexicanos entienden que para equilibrar la felicidad, debe haber lucha. Es parte del proceso y no corren de eso. De hecho, se aprende a aceptarla. Aprendes a celebrar y sentir el dolor, para poder apreciar mejor el viaje. Esto crea una perspectiva completa que es saludable y reflexiva. Un día morirás. Pero solo porque primero viviste.

México te mostrará si te acepta o no. En una noche al principio de mi estancia, cuando todavía estaba embelesado por la magia de mi alrededor, volví a casa tropezando (en lugar de coger un taxi) después de fotografiar una boda. Me sentía embriagado por un nuevo amor y el mezcal. Bajé la guardia. Amaba a México y México me quería a mi. Pero incluso en el amor, todo el mundo debe pagar sus cuotas. Mientras caminaba en la oscuridad, se acercó una figura ensombrecida. Se acercó más y cambió de rumbo para dirigirse directamente hacia mí. A la luz de la farola, pude distinguir el contorno de un machete a su lado. No tenía nada con qué protegerme, excepto por mi equipo fotográfico, que colgaba suelto alrededor de mi cuello y hombros. Un pobre sustituto. Así que corrí y no paré hasta que llegué a un puesto de tacos, comí y finalmente llegué a casa aturdido. Un escape por los pelos que podría haberse evitado, que debería haberse manejado con más cuidado. Cuando México celebre su ceremonia de iniciación, ¿cómo reaccionarás?

Es difícil creer que los vochos y los vehículos eléctricos modernos ocupar las mismas carreteras. Están tan alejados, uno del otro. El momento en que ocurre tiene, en cierto modo, su propia magia. Los vochos provienen de una época mucho más sencilla. Un medio de transporte sencillo a un precio sencillo tuvo un efecto dramático en todo un país. Hoy en día, la realidad de la seguridad en caso de choque, la verificación de la contaminación del motor y las cuestiones de comodidad son importantes. Esto afectó de lleno al vocho. Las regulaciones, la comodidad y la utilidad catapultaron al vocho a convertirse en una reliquia de nicho. Una selección del rebaño. Ya no tenía el atractivo masivo, ya que comenzó la tendencia de convertir los automóviles en computadoras.

En 2003, el último diseño del antiguo vocho salió de la cadena en Puebla, México. A pesar de sus casi 50 años de vida útil, el coche mantuvo su sorprendente bajo precio de venta al público, de alrededor de 11,000 dólares estadounidenses (ajustado a la inflación y las conversiones monetarias). Volkswagen vendió más de 23 millones en todo el mundo y se mantuvieron las economías de escala hasta que la modernización forzada puso fin a esta era. Fue el final de una era, pero también el comienzo de una nueva que, en última instancia, ha salvado innumerables vidas. Cinturones de seguridad, airbags, zonas de deformación. Sé por experiencia propia que muchas familias darían todo lo que tienen en el mundo por recuperar a sus seres queridos, si tuvieran la oportunidad.

Los vochos habían dejado de tener valor comercial. Pero aún podían ser una fuente de alegría. A menudo veía cómo se iluminaba el rostro de un niño cuando pasaba un vocho. Si fueran personalizados o de estándar de fábrica, desprendían personalidad y encanto, lo que, por supuesto, los hacía muy queridos en un lugar como México.

Transformando la oscuridad en luz: ¿cómo es posible que un coche que surgió de algunas de las peores atrocidades de nuestra historia moderna pueda aportar tanta alegría y luz a todos que lo ven hoy en día en las carreteras?

Los vochos que aún se conducen hoy en día han tenido, por lo general, múltiples vidas, pasando por múltiples manos. Las capas de pintura envejecidas son como los anillos de un árbol centenario en la cueva de Quetzalcōātl. Significan el paso del tiempo. El avance del progreso. Un recordatorio de lo que una vez fue. Al darles una nueva vida, nos permiten aceptar la totalidad de la luz y la oscuridad que hay en su interior. Hay belleza en el amor y en la lucha.

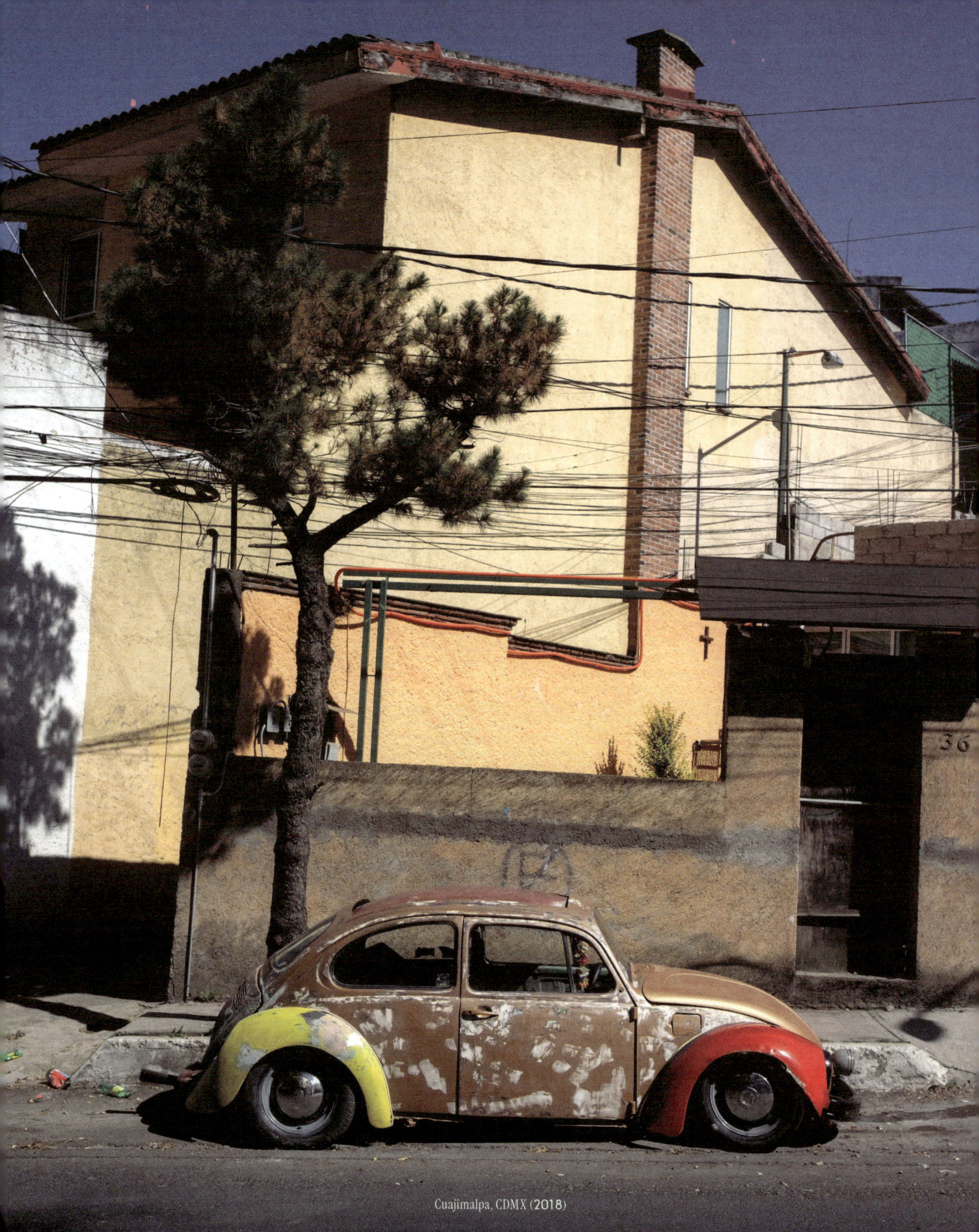

Cuajimalpa, CDMX (2018)

Chapter Two

'THE HIDDEN'

English Version

Sometimes, you see vochos and can't tell which direction they're heading. Today, it's withering away in some field, poisoning the landscape. How did it get here, and where will it be tomorrow? Soon to be found and restored? Or perhaps sent to the scrapyard. It's impossible to know.

Vochos have issues. The drum brakes fail. The throttle cables snap. The engines catch fire. I can go on. Yet somehow, a *vocho* owner believes in their heart of hearts that the car will never let you down. This is wishful thinking, of course. They are lost in the magic, and cannot fathom that something so beloved could cause pain. In reality, every vocho on the road can—and often will—become your worst nightmare. The moment comes. The unthinkable happens. The *vocho* strikes back. And that is how it ends up here, rotting in a field or twisted and torn into wreckage.

How could your precious *vocho* do this to you? How could your dearest turn to darkness? Some may turn to despair in these moments. But in Mexico, you become accustomed to heartbreak. Mexicans understand that in order to balance the magic, there must be struggle. It is part of the process. You do not run from it. In fact, you learn to embrace it. You learn to celebrate and feel the pain, in order to better appreciate the journey. It creates a full-picture perspective that is healthy and reflective. You will die one day. But only because first, you lived.

Mexico will tell you whether it wants you there or not. Early on in my stay, when I was still entranced by *la magia* of my surroundings, I stumbled home from photographing a wedding one night instead of taking a cab. I was overcome by new love and mezcal. I let my guard down. I loved Mexico and Mexico loved me back. But even in love, everyone must pay their dues. As I walked through the dark, a shadowy figure approached. He drew closer, and changed his course to aim directly for me. In the streetlight glow I could just make out the outline of a machete by his side. I had nothing to protect myself except some camera equipment, slung loosely around my neck and shoulders. A poor substitute. So I ran, and didn't stop until I made it to a taco stand, ate, and finally got home in a haze. A narrow escape that could have been avoided—should have been handled more thoughtfully. When Mexico holds its initiation, how will you respond?

It's hard to believe that *vochos* and modern electric vehicles occupy the same roads. They are so far removed from one another. The moment, when it happens, has it's own kind of magic, in a way. *Vochos* are from a much simpler time. Simple transportation for a simple price had a dramatic effect on an entire country. Today, the reality of crash safety, engine smog verification and comfort issues is significant. This met the *vocho* head on. Regulations, comfort and utility catapulted the vocho to a niche relic. A culling of the herd. No more mass appeal as the trends of turning a car into a computer began.

Fatefully in 2003, the last old vocho design drove off the factory floor in Puebla. Still, throughout its entire product life of nearly 50 years, the auto held on to its shockingly low sticker price around $11,000 USD (adjusted for inflation and currency conversions). Volkswagen sold more than 23 million worldwide, the economies of scale held up until forced modernization brought this chapter to a close. It was the end of an era, but it also began a new era which has ultimately saved countless lives. Seatbelts, airbags, crumple zones. I know personally that many families would trade everything in the world to get their loved ones back, if given the chance.

Vochos had outlived their business case. But they could still be a source of joy. Often I witnessed the face of a child light up with a spark as a *vocho* passed by. Custom or stock, they emanate personality and charm, which of course endears them to a place like Mexico.

Transmuting darkness into light: how can a car that developed from some of the worst atrocities in modern history bring so much joy and light to those who see them on the road today?

The *vochos* still being driven today have generally lived multiple lives, through multiple hands. Paint layering age like the rings of an old growth tree in the *Cueva de Quetzalcóatl*. They signify a passage of time. The march of progress. A reminder of what once was. As they are given new life, they allow us to accept the totality of light and darkness within. There is beauty in the love and in the struggle.

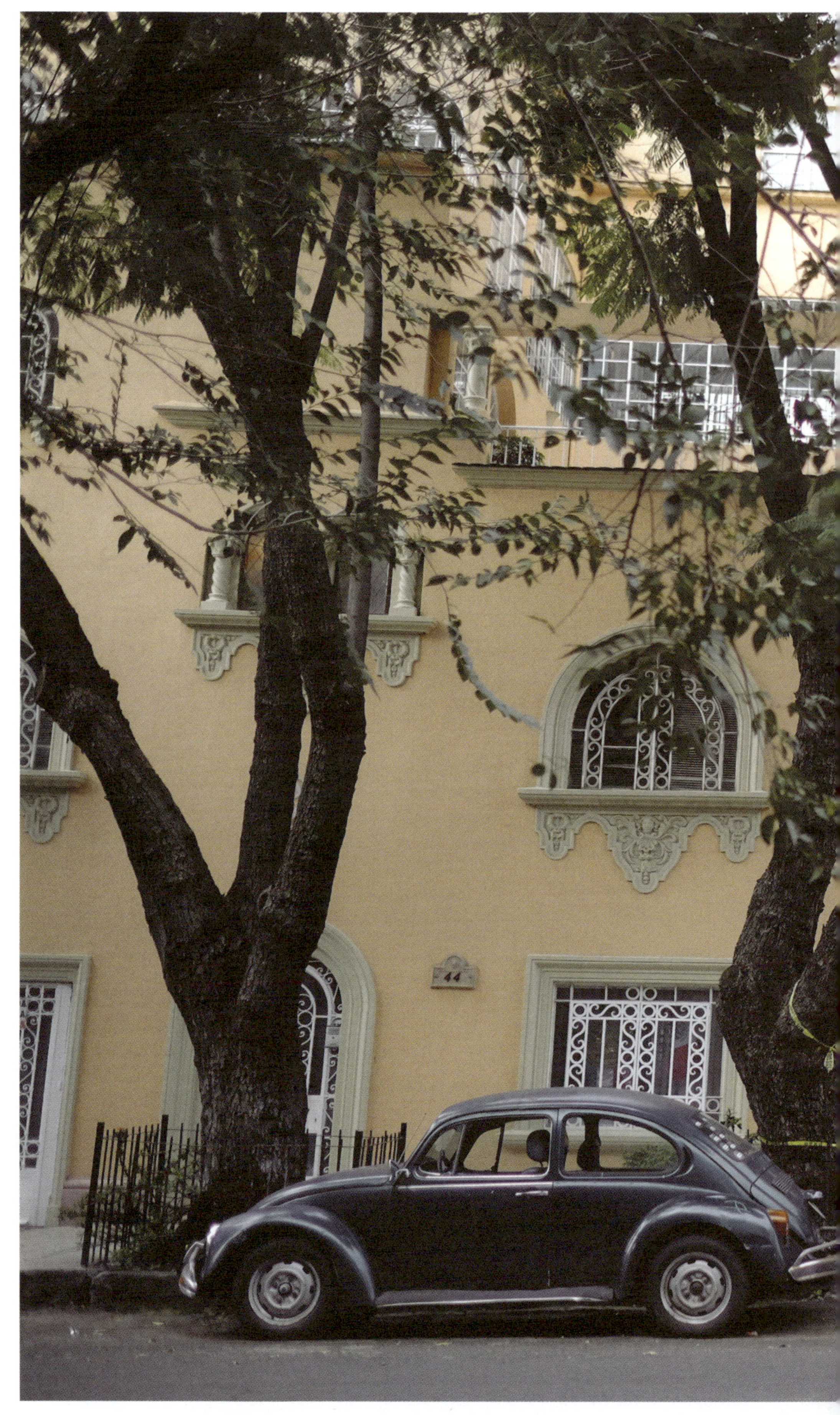
44

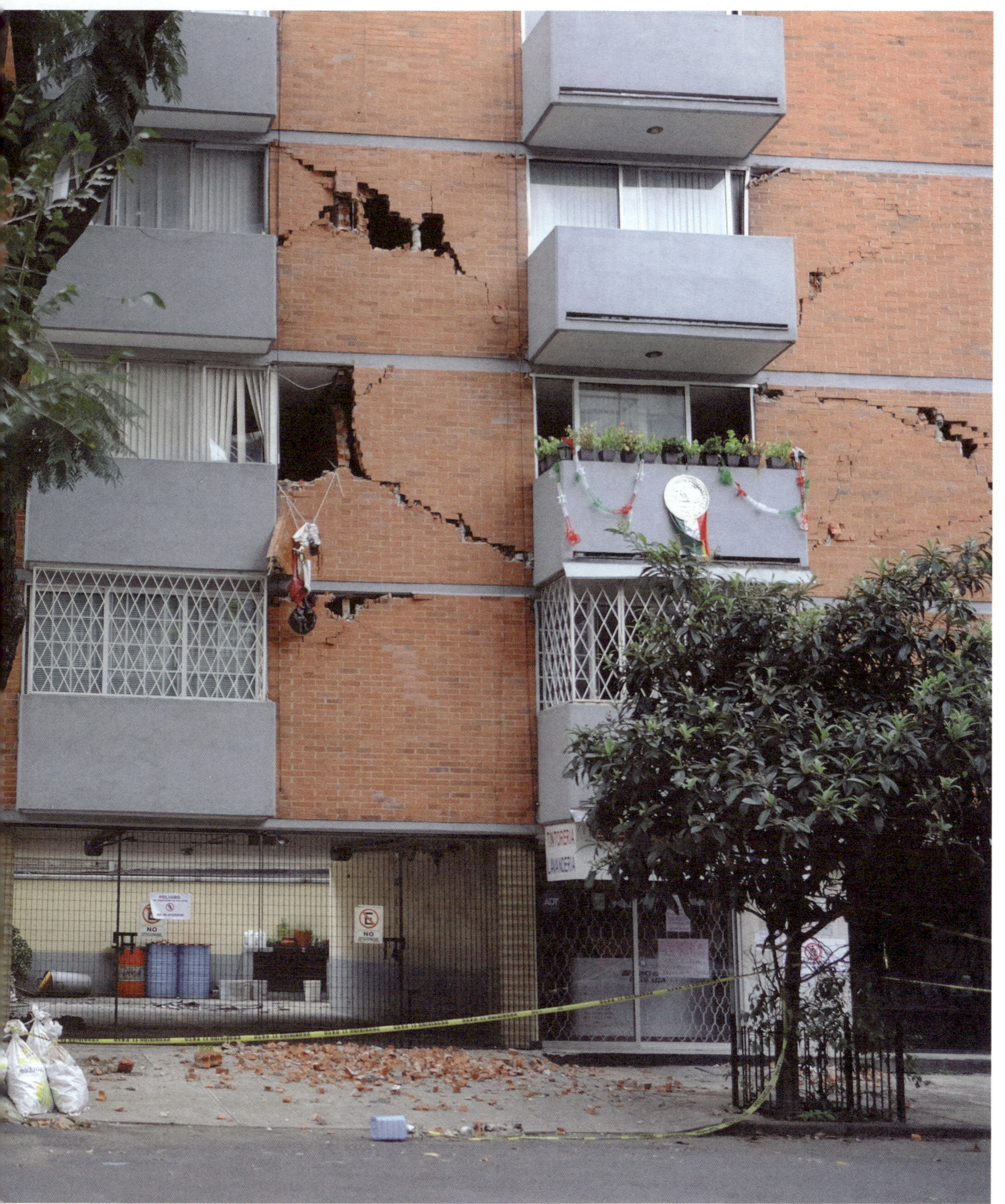

La Condesa, CDMX (**2017**)

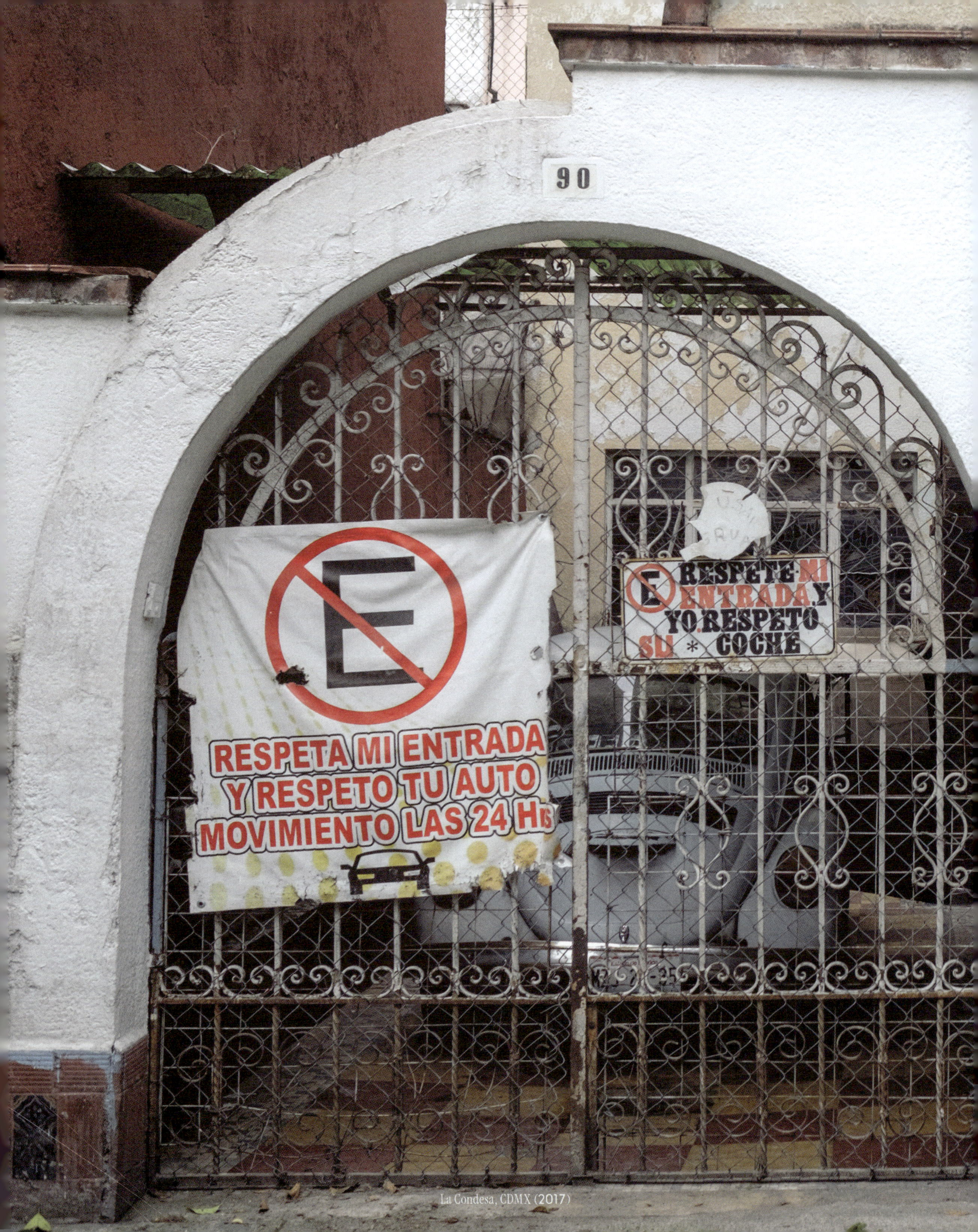

La Condesa, CDMX (2017)

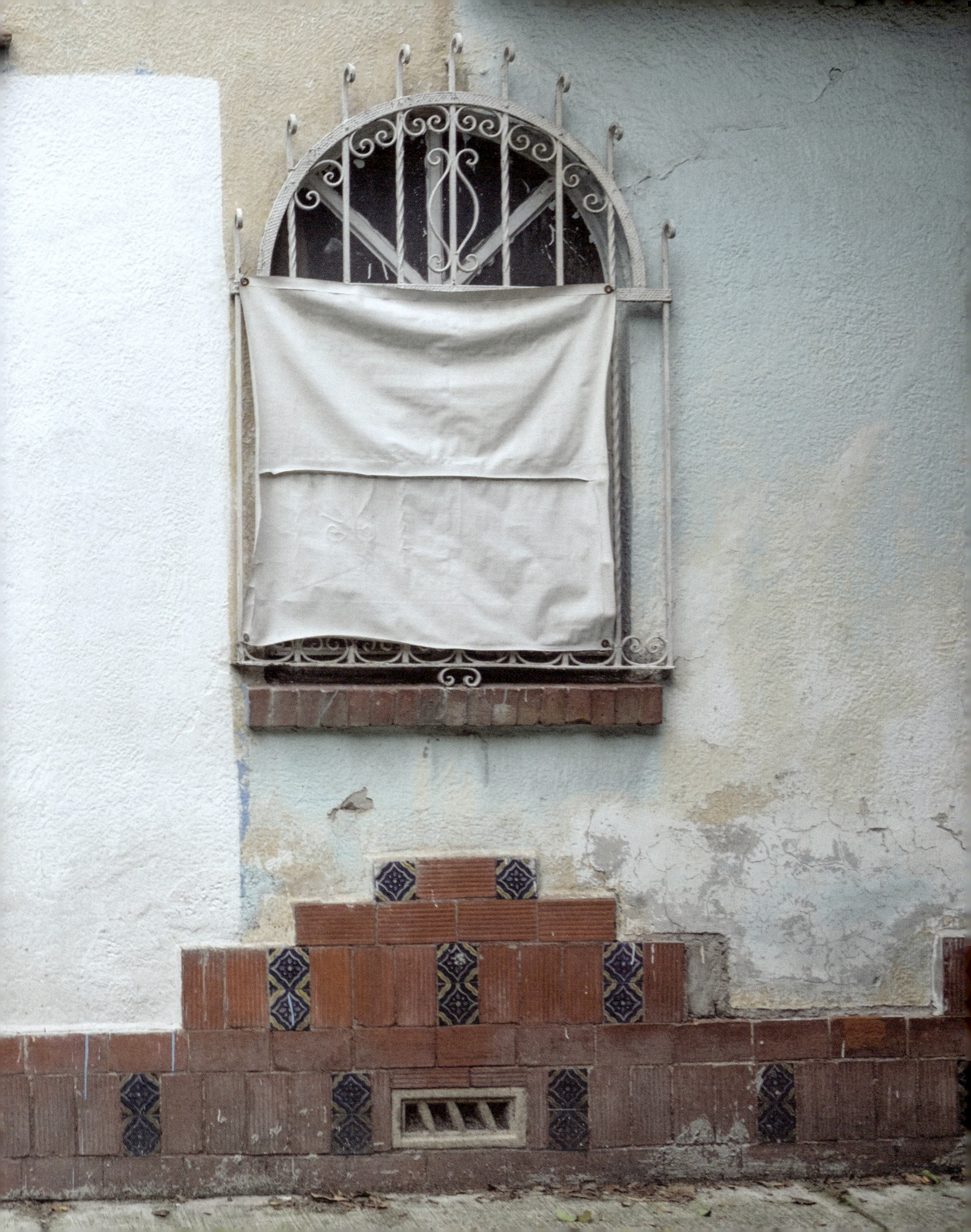

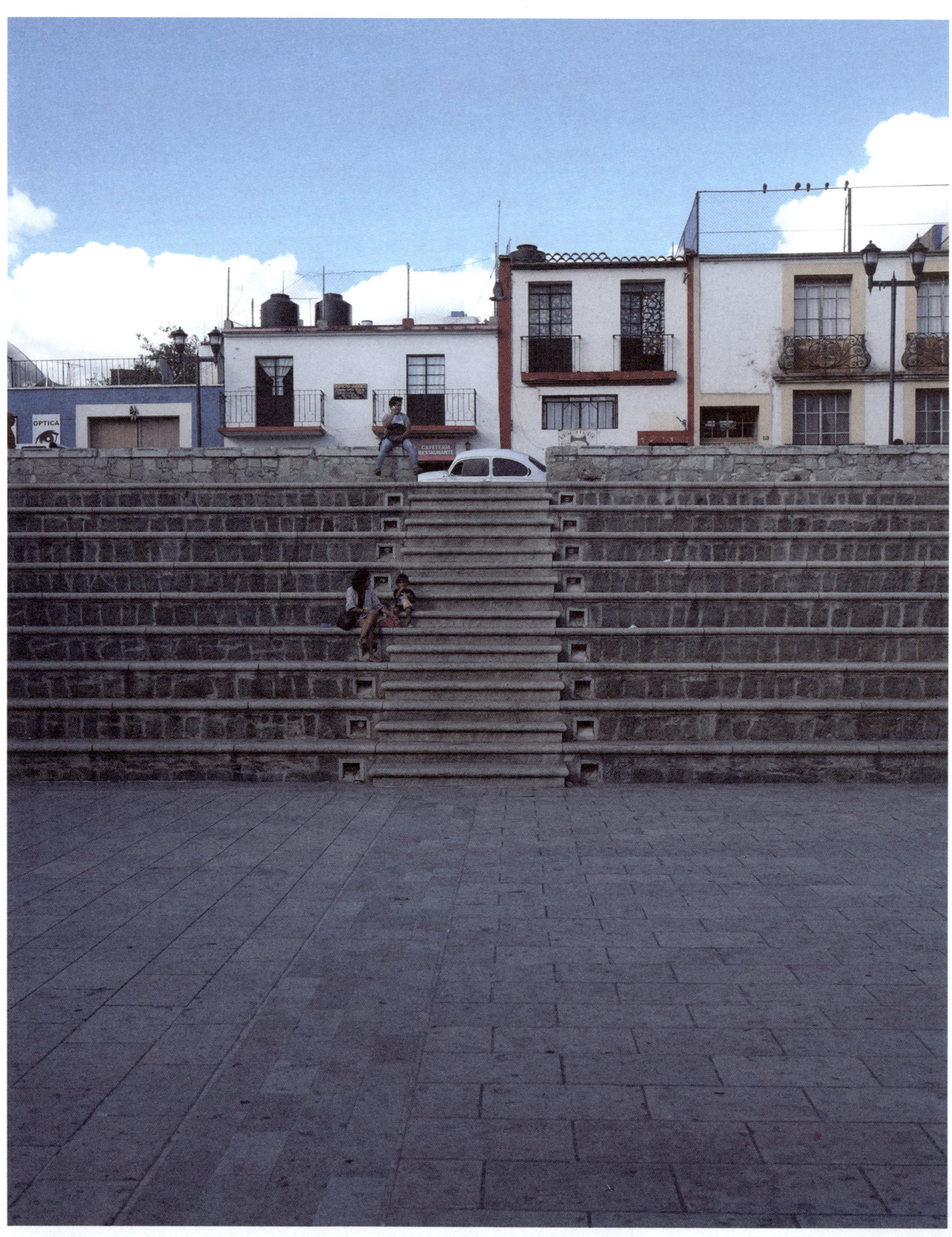

Oaxaca, Oaxaca (2019)

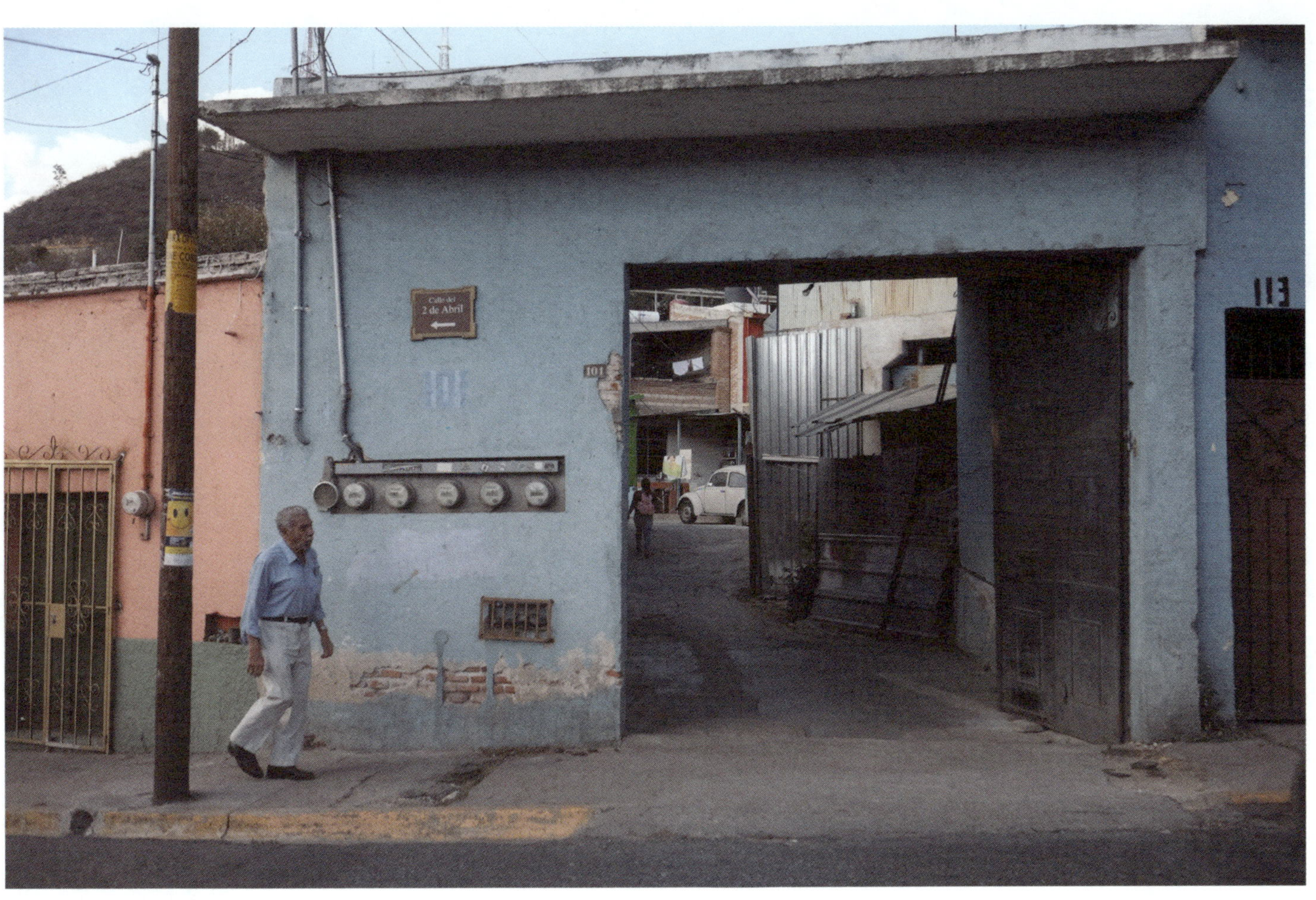

Oaxaca, Oaxaca (2019)

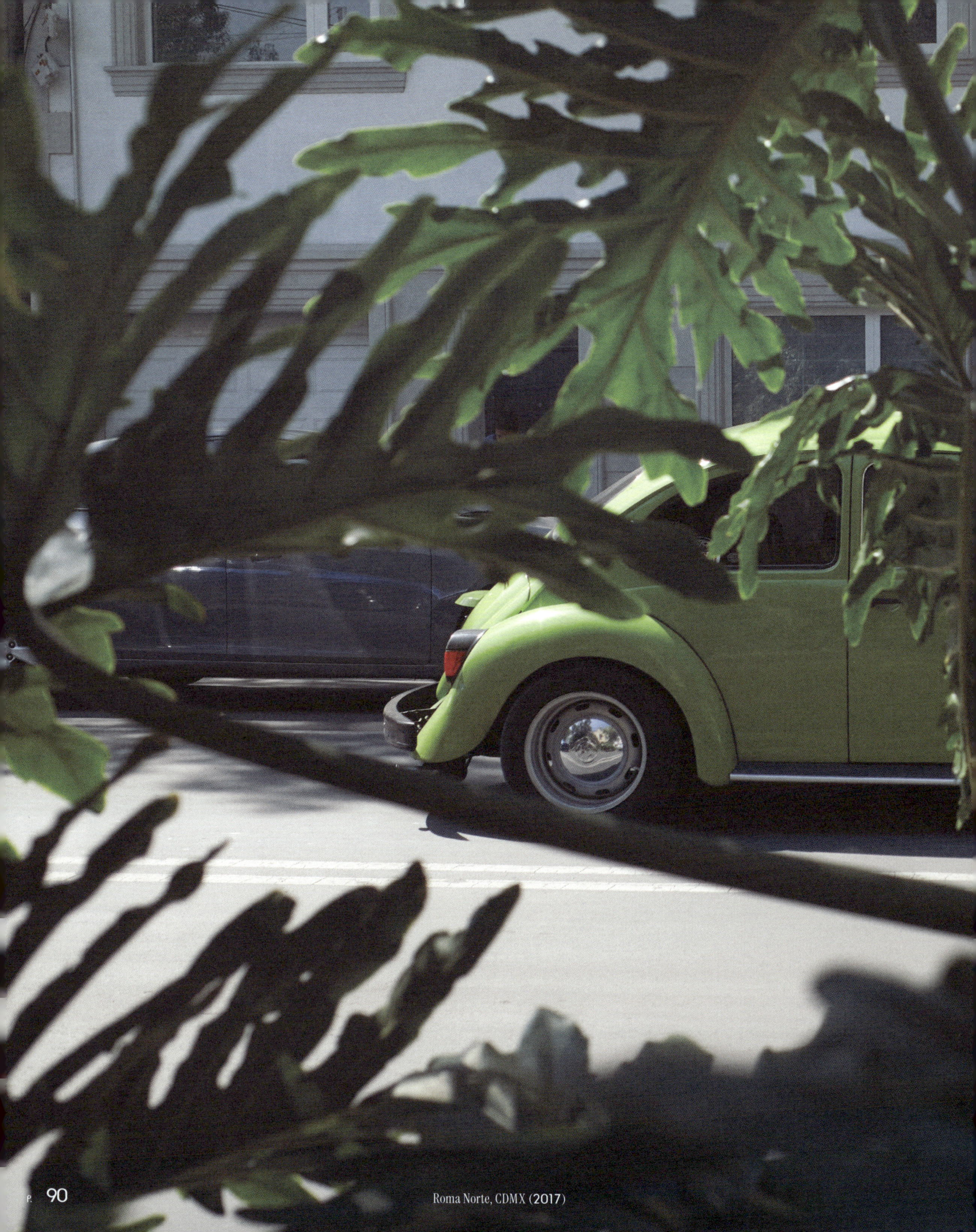

Roma Norte, CDMX (2017)

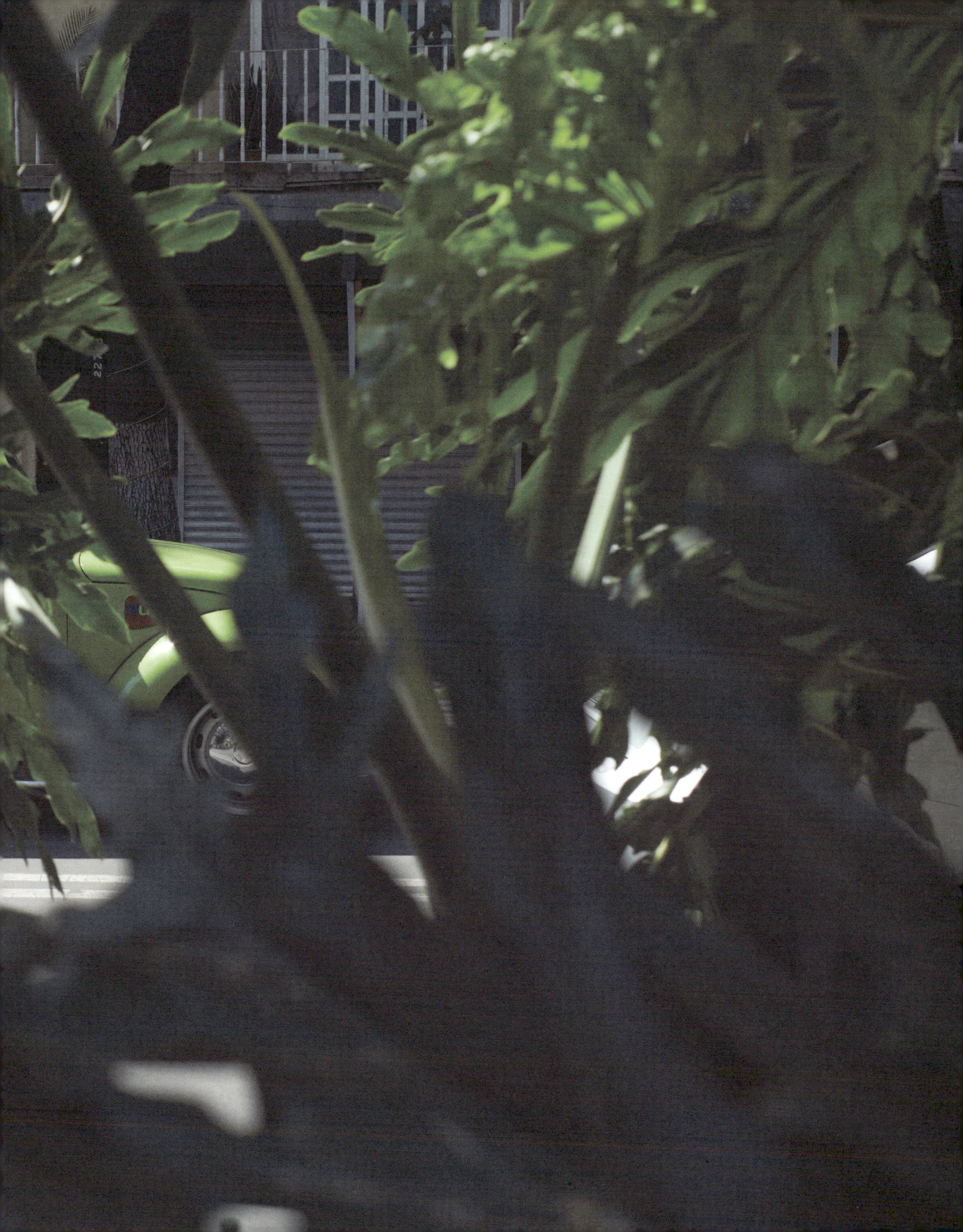

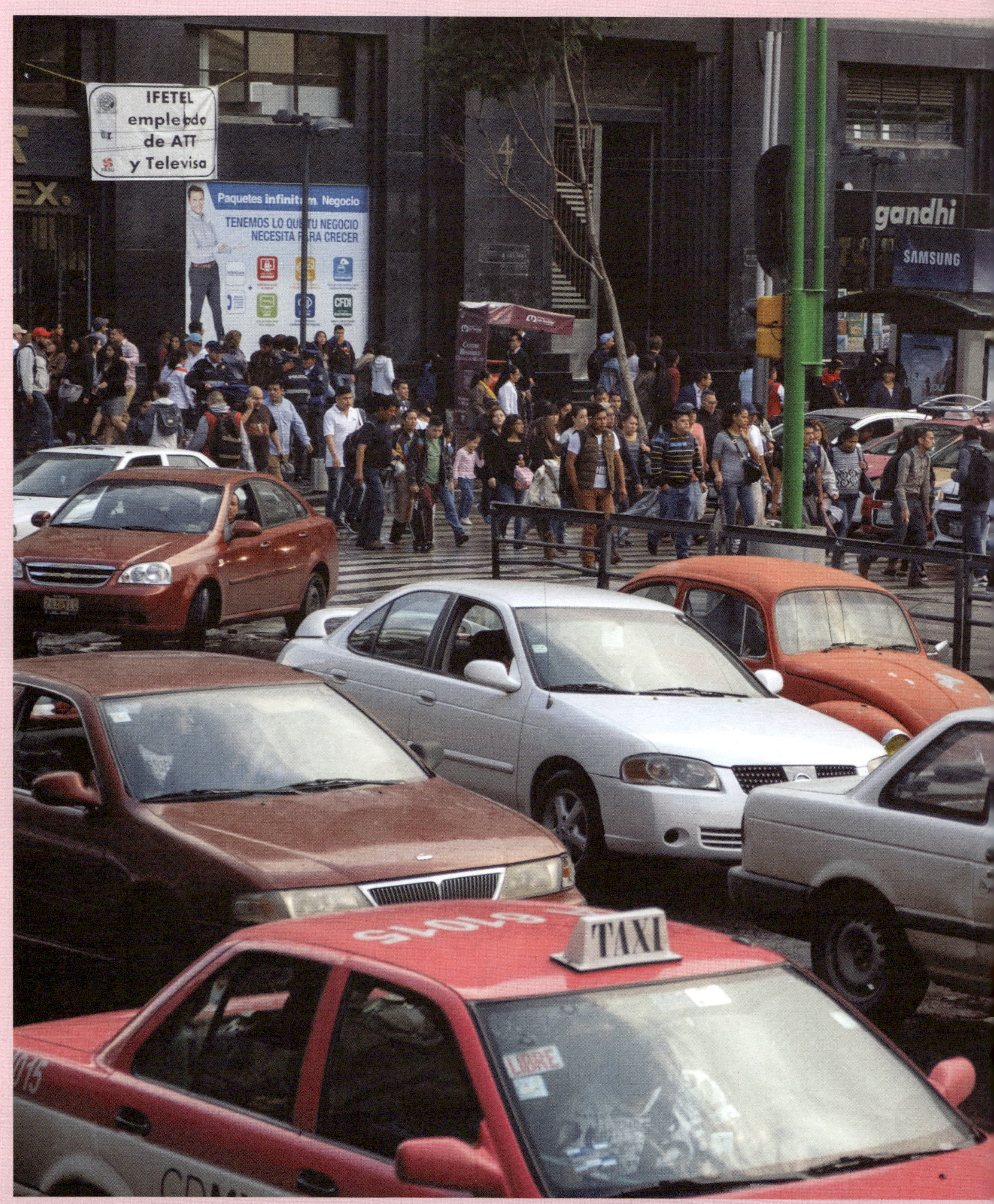

Centro Histórico, CDMX (2017)

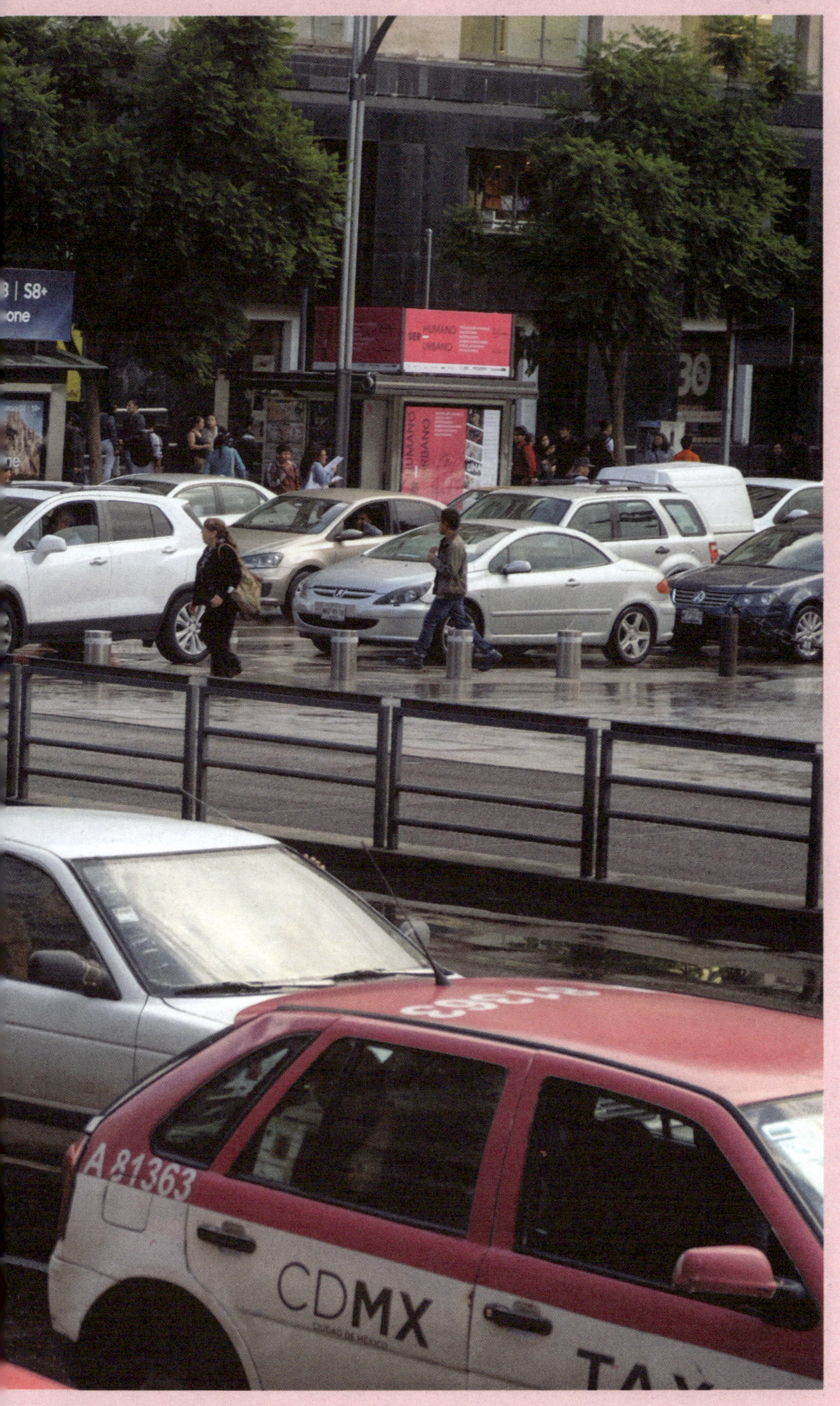
A 81363
CDMX

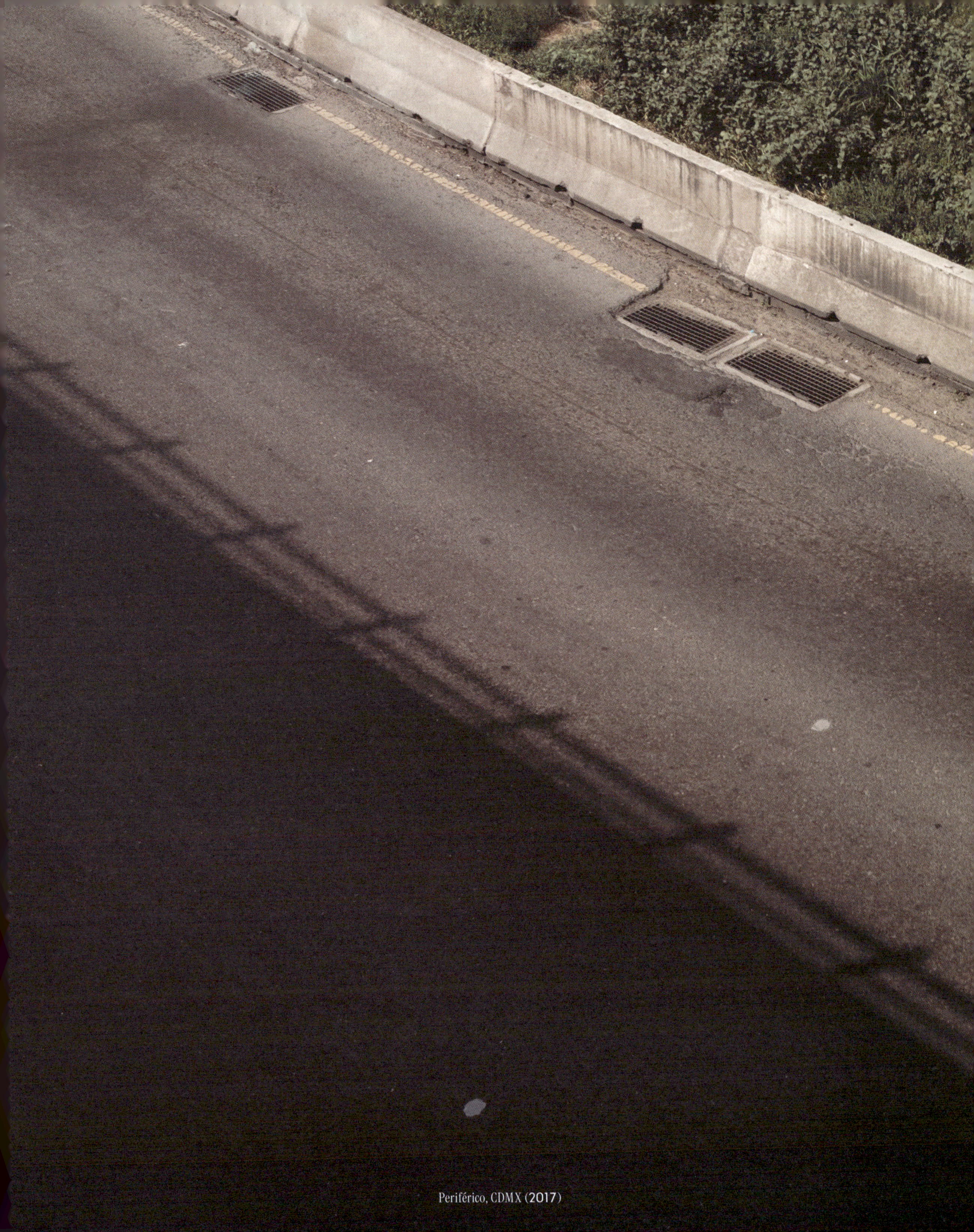

Periférico, CDMX (2017)

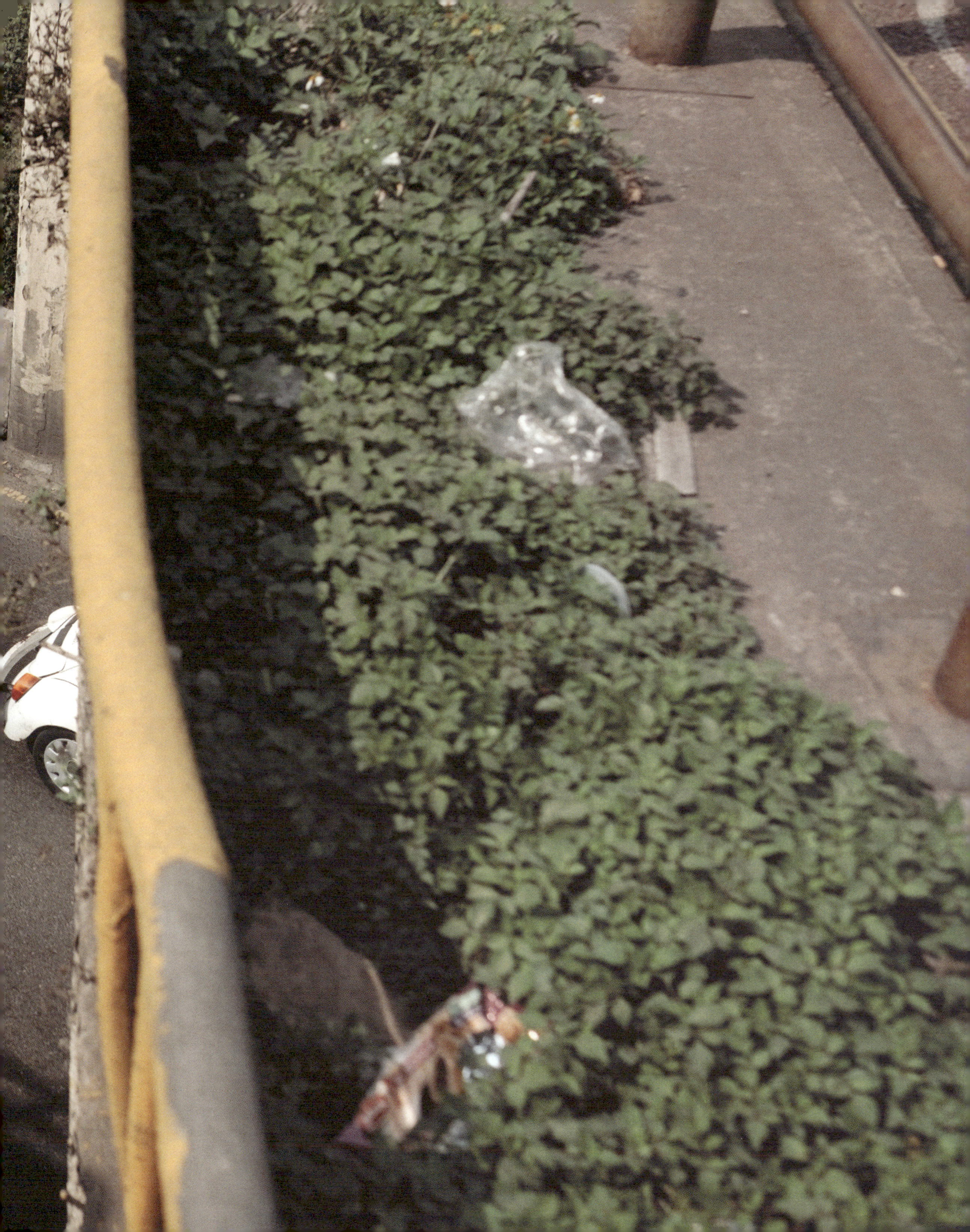

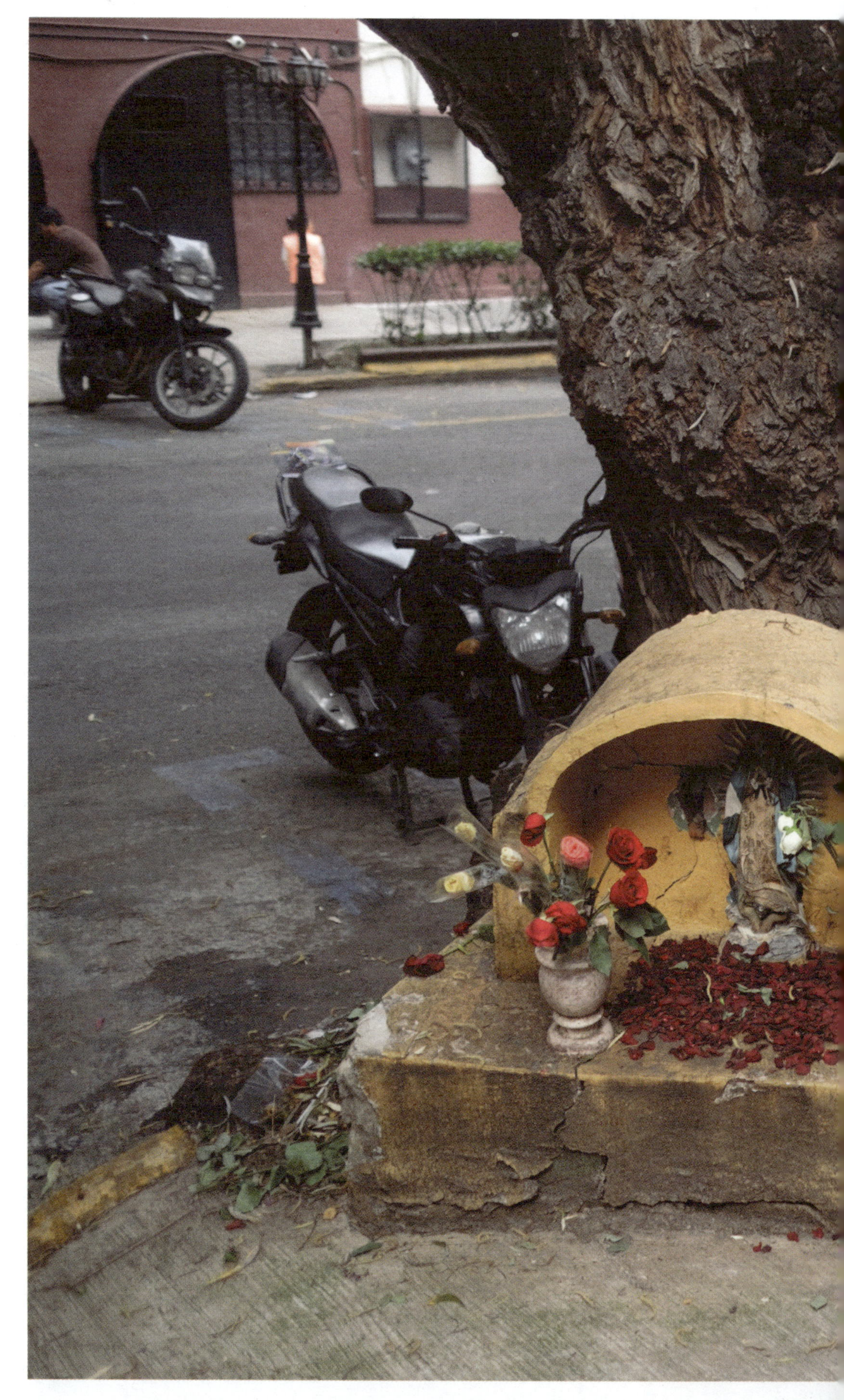

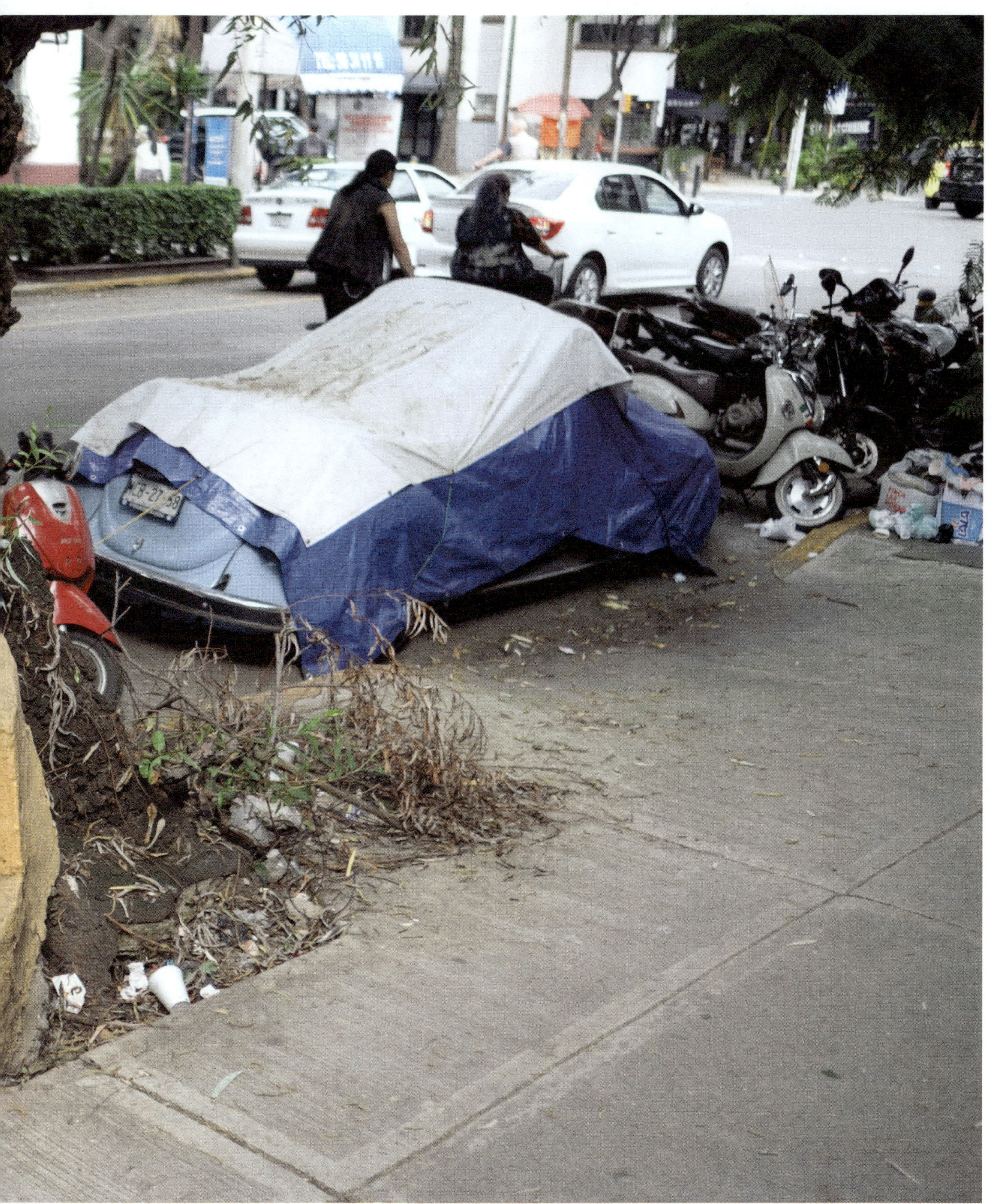

La Condesa, CDMX (2017)

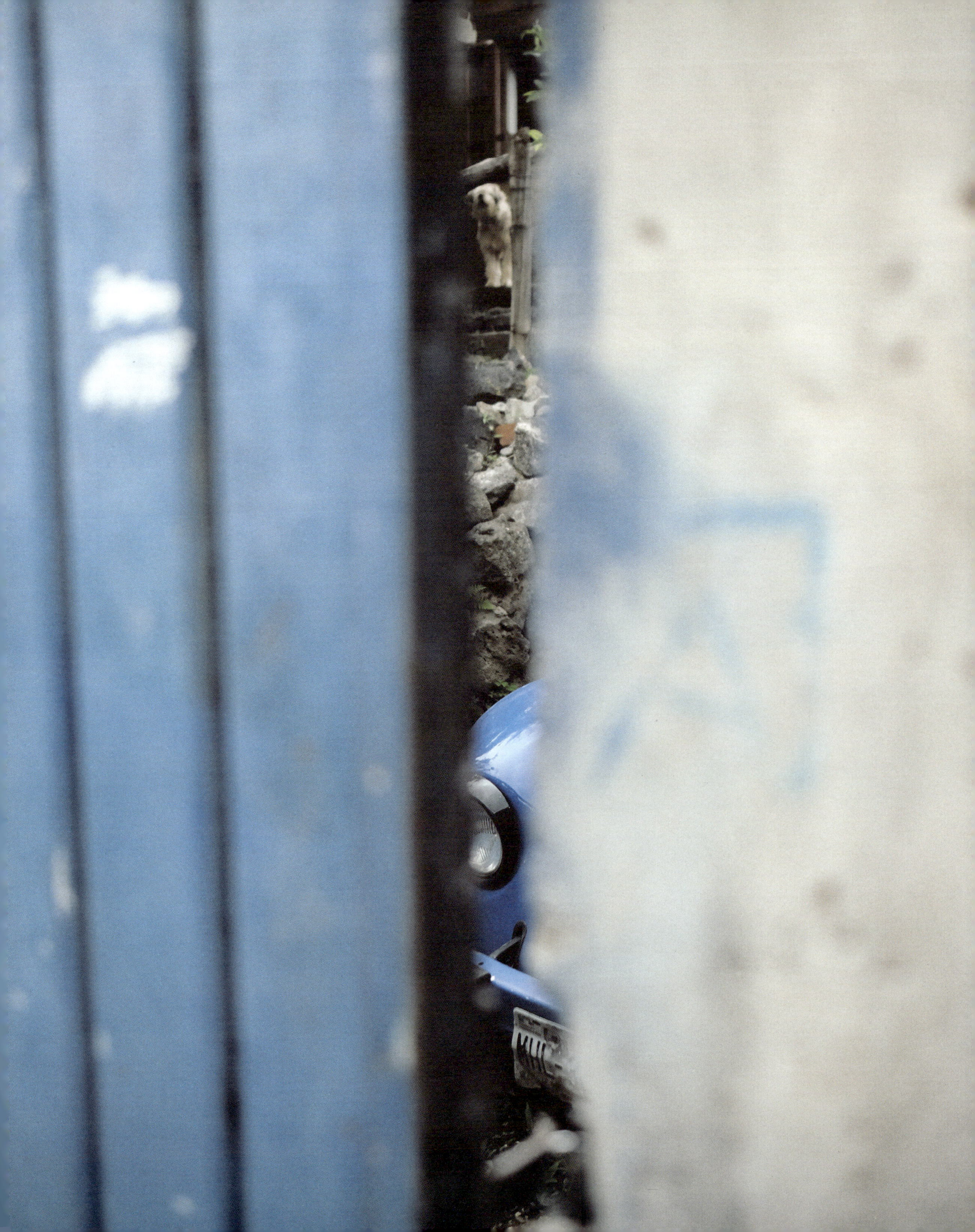

‘MÉXICO TE MOSTRARÁ SI TE ACEPTA O NO.’

‘MEXICO HAS A WAY OF TELLING YOU WHETHER OR NOT IT WANTS YOU THERE.’

Tepoztlán, Morelos (2020)

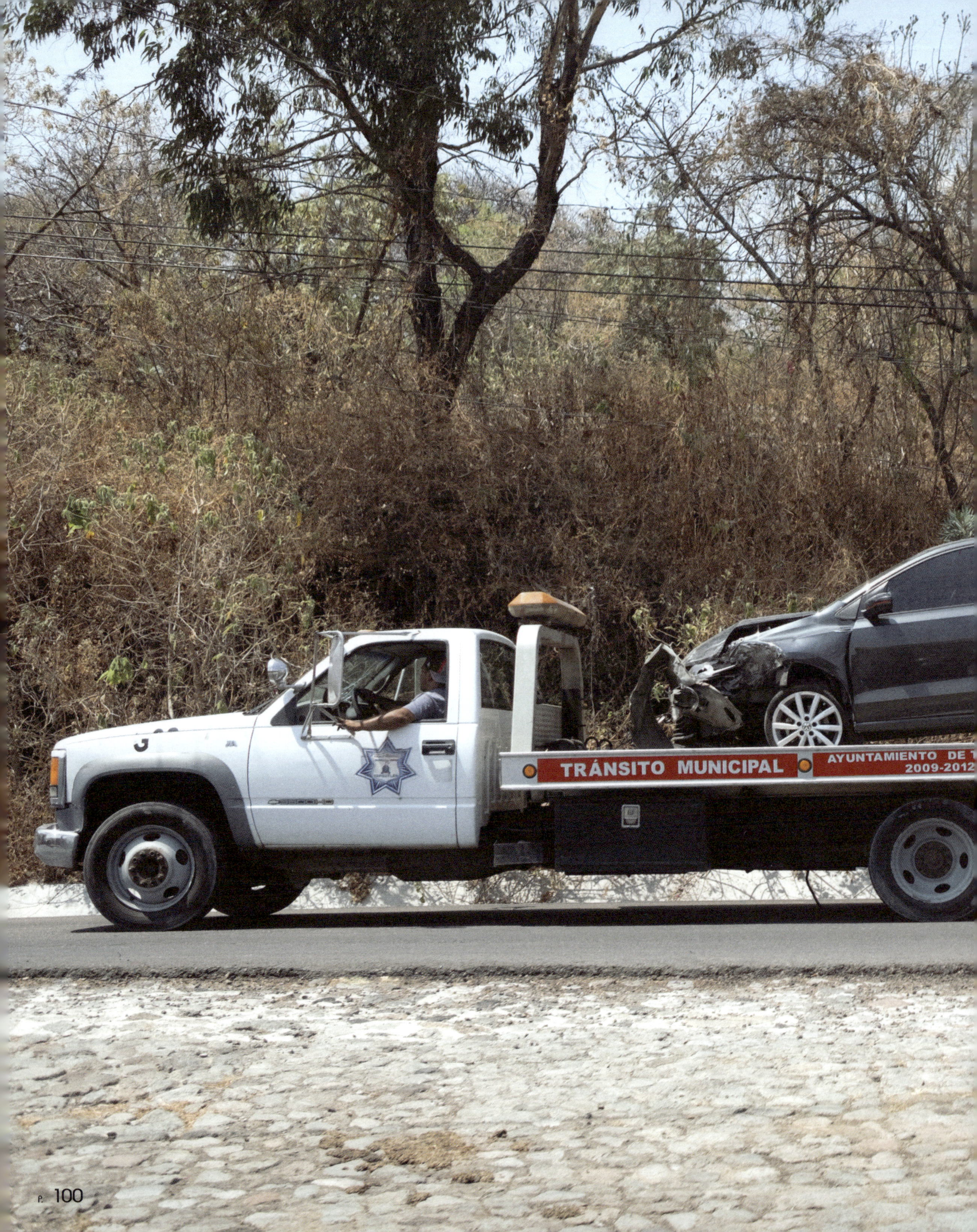
TRÁNSITO MUNICIPAL
AYUNTAMIENTO DE T
2009-2012

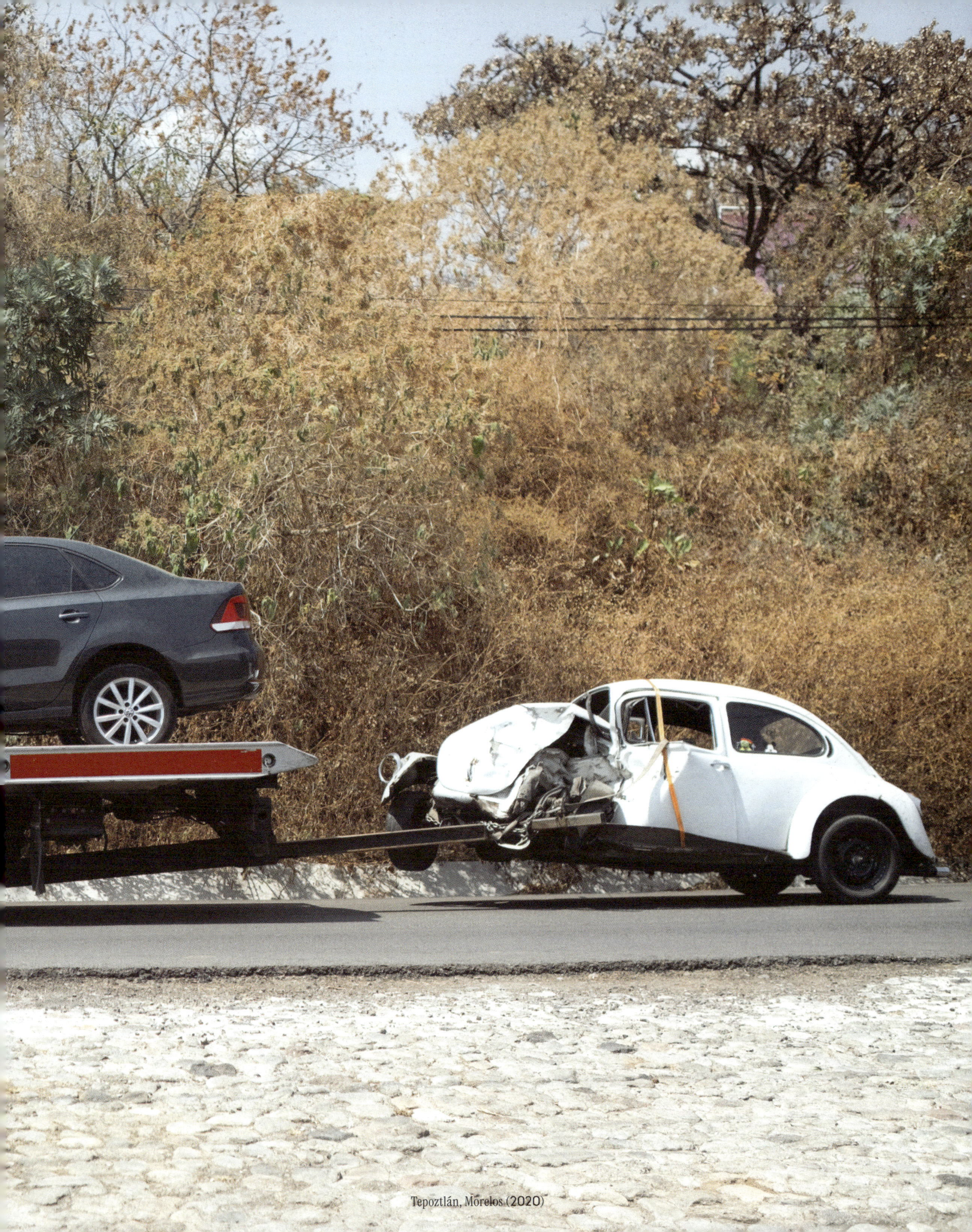

Tepoztlán, Morelos (2020)

F
CDMX
A96-ARZ
CIUDAD DE MÉXICO
TRANSPORTE PRIVADO AUTOMÓVIL

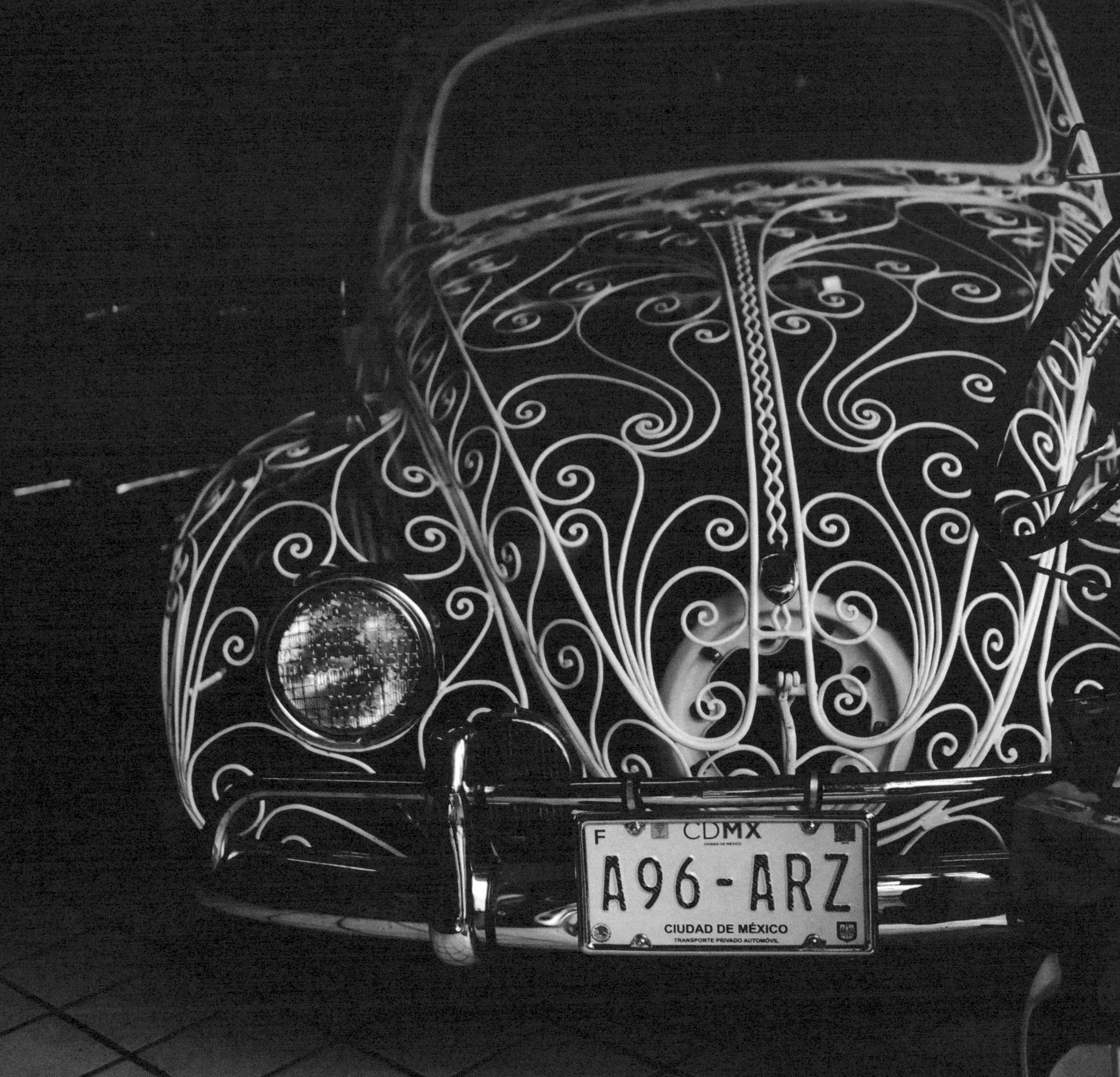

CDMX (2020)

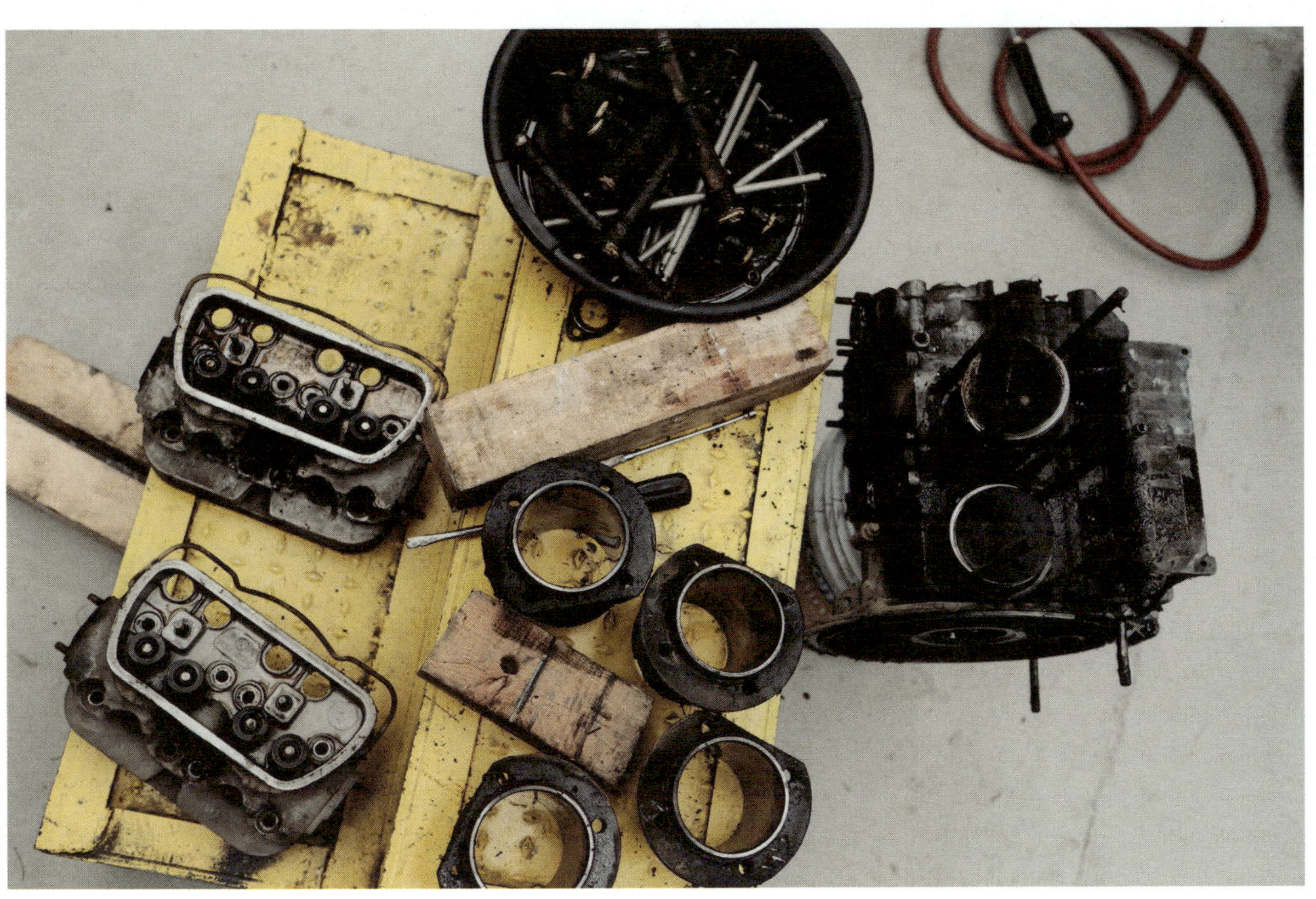

Cuajimalpa, CDMX (2020)

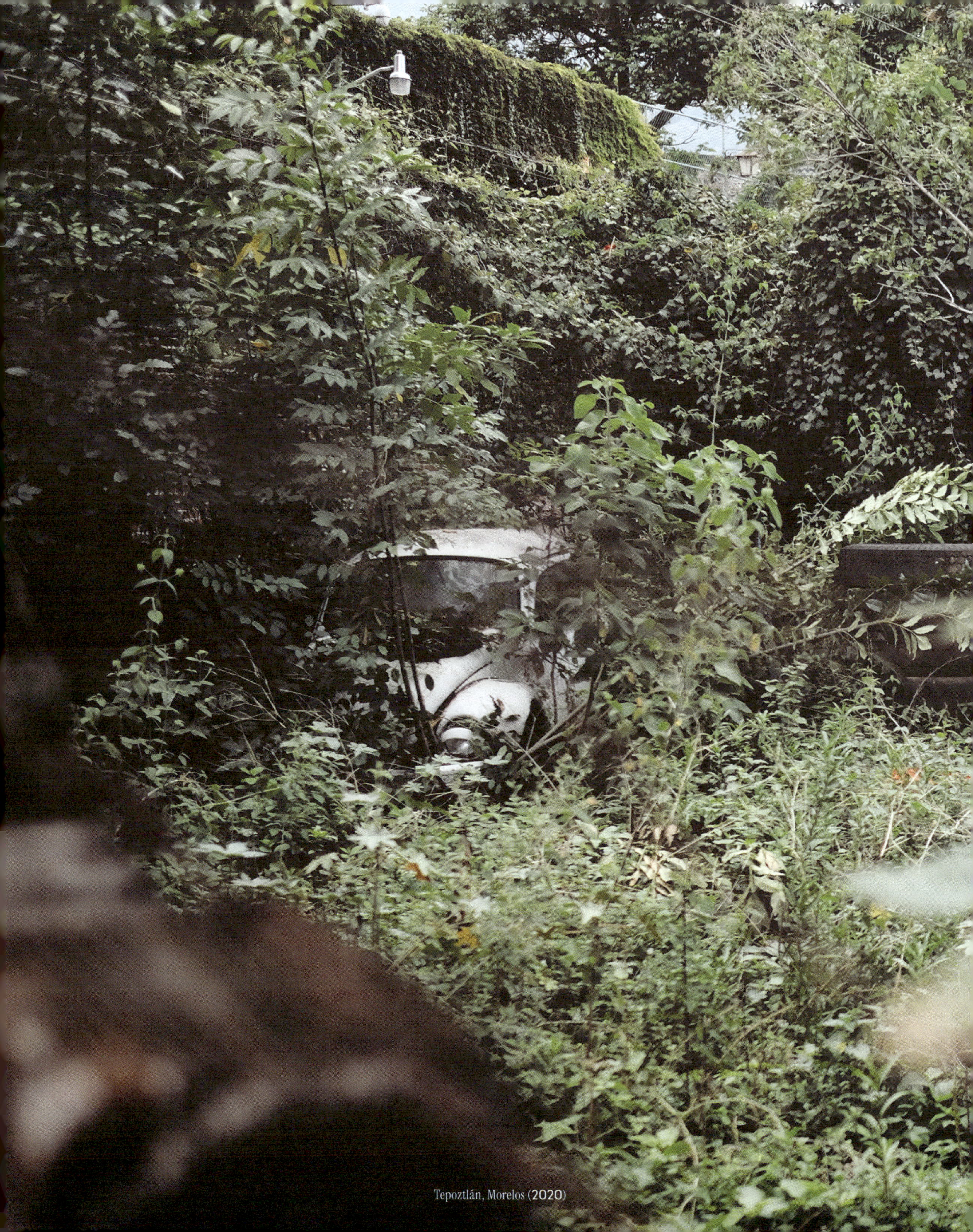

Tepoztlán, Morelos (2020)

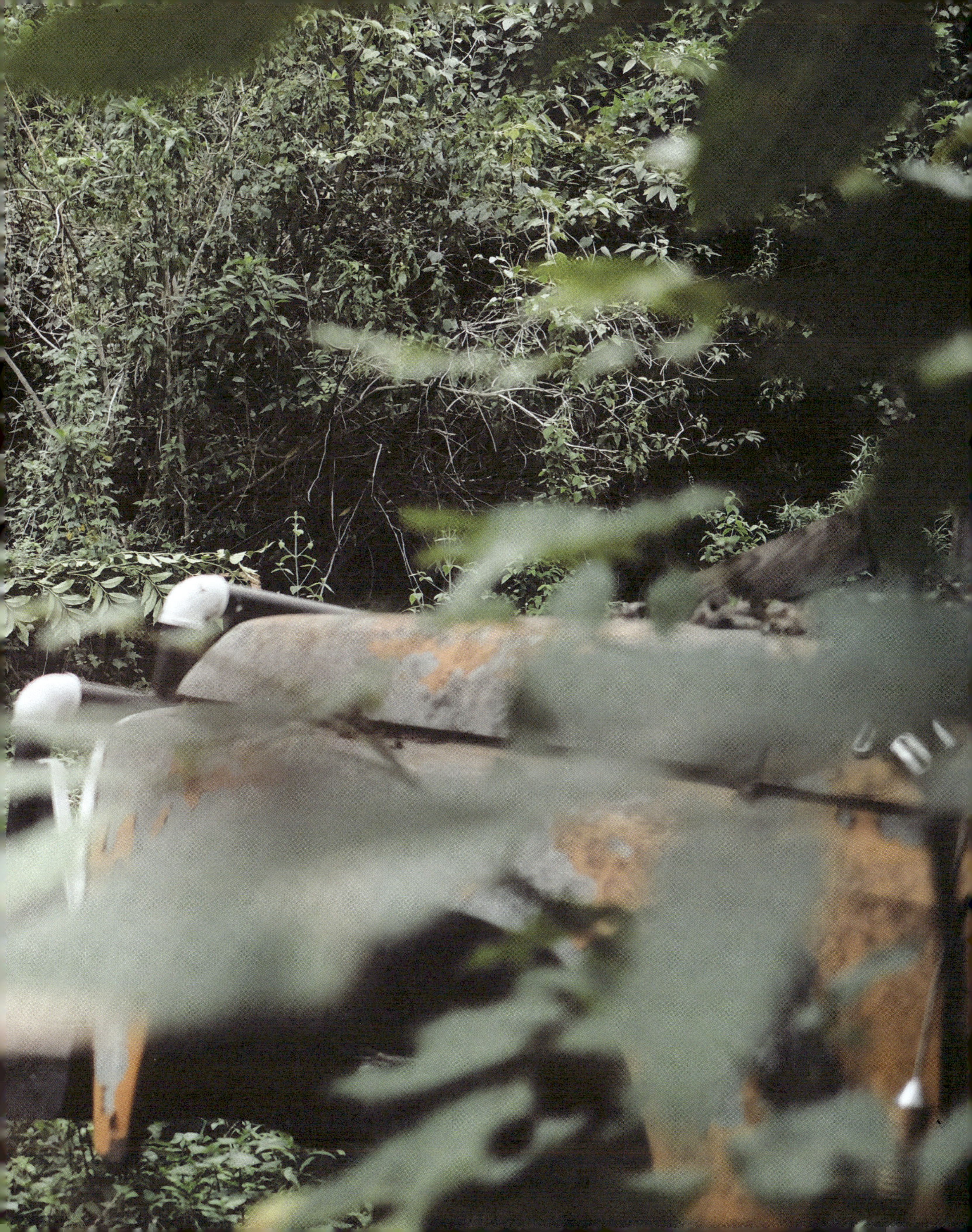

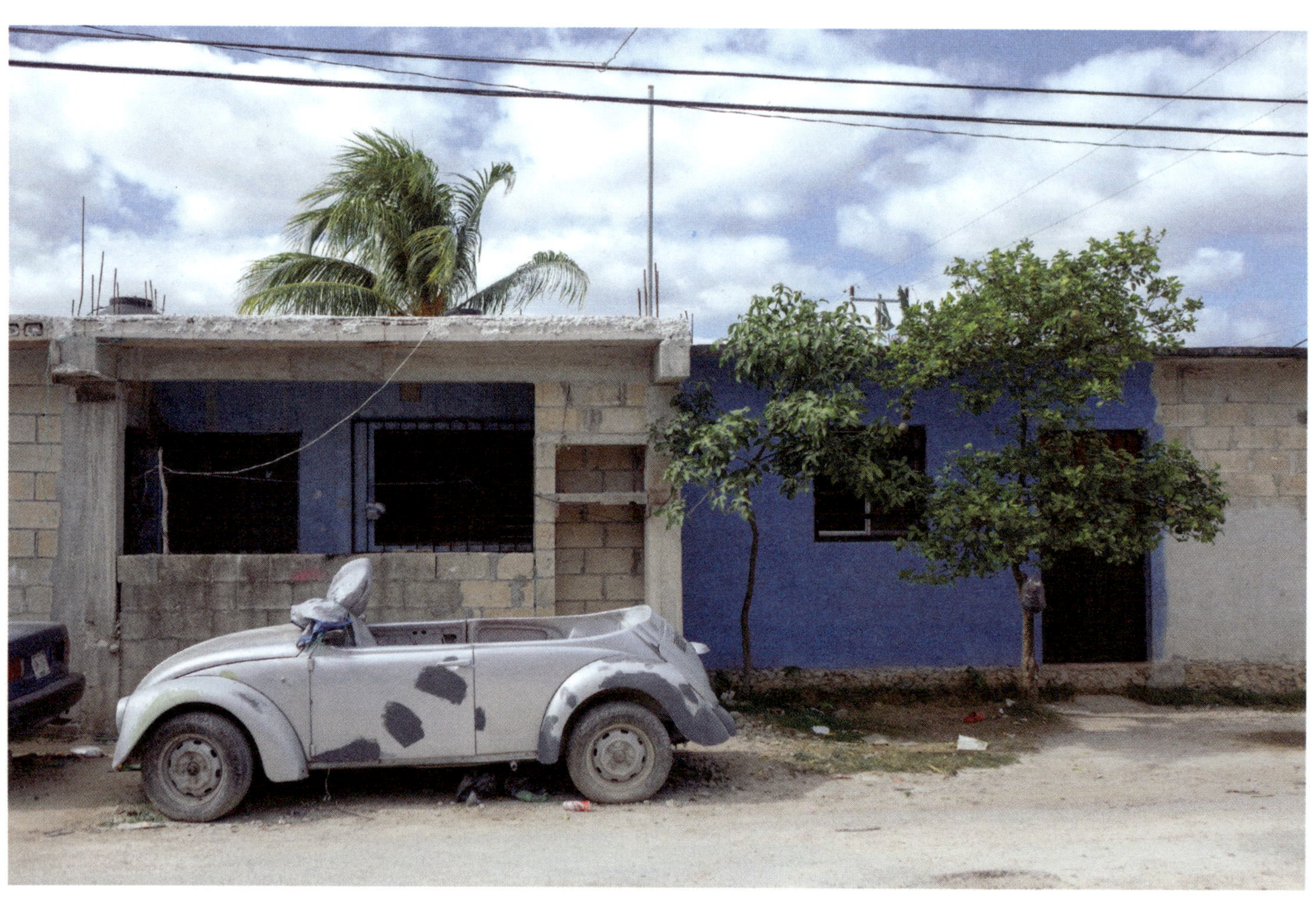

Tulum, Quintana Roo (2018)

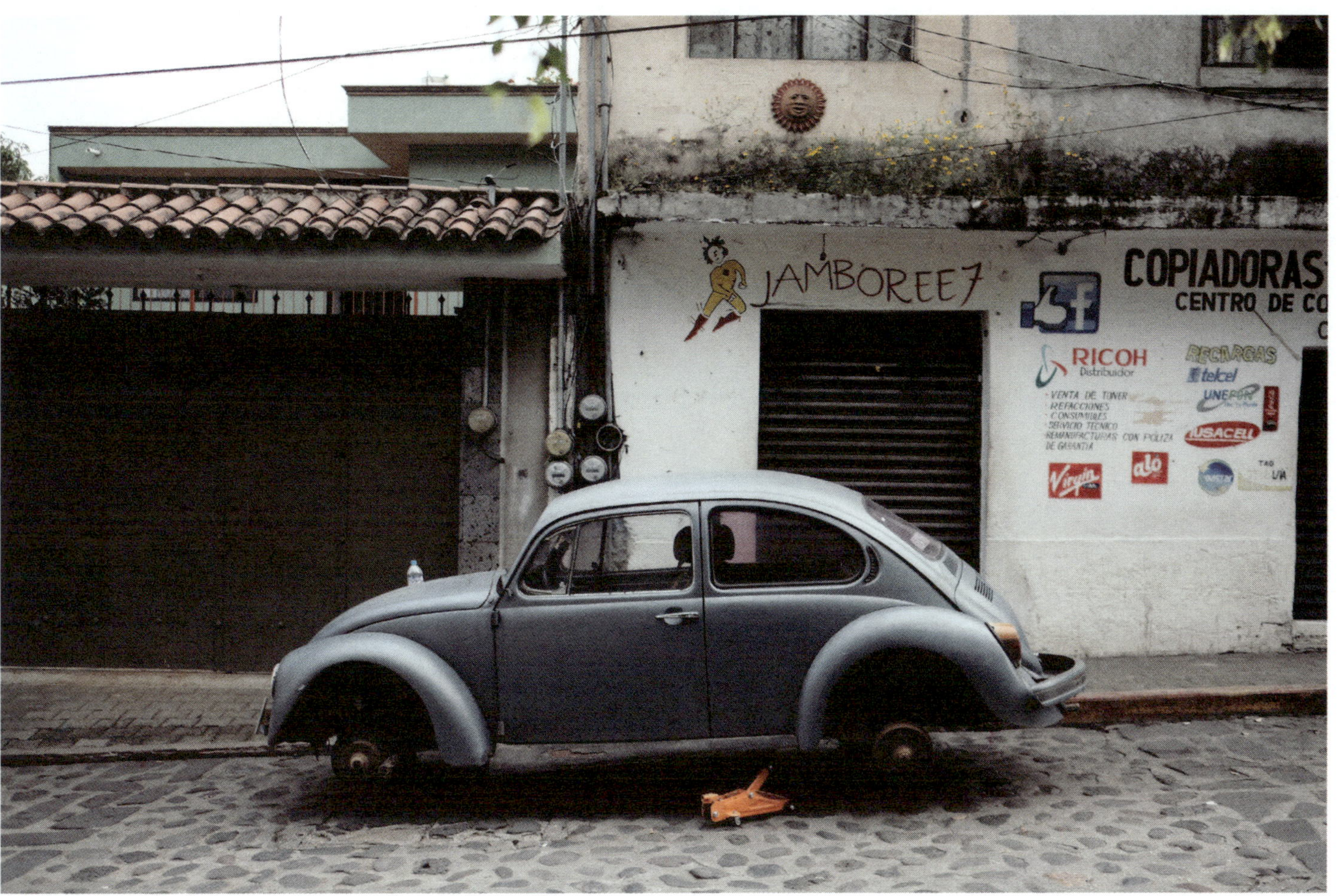

Tepoztlán, Morelos (2020)

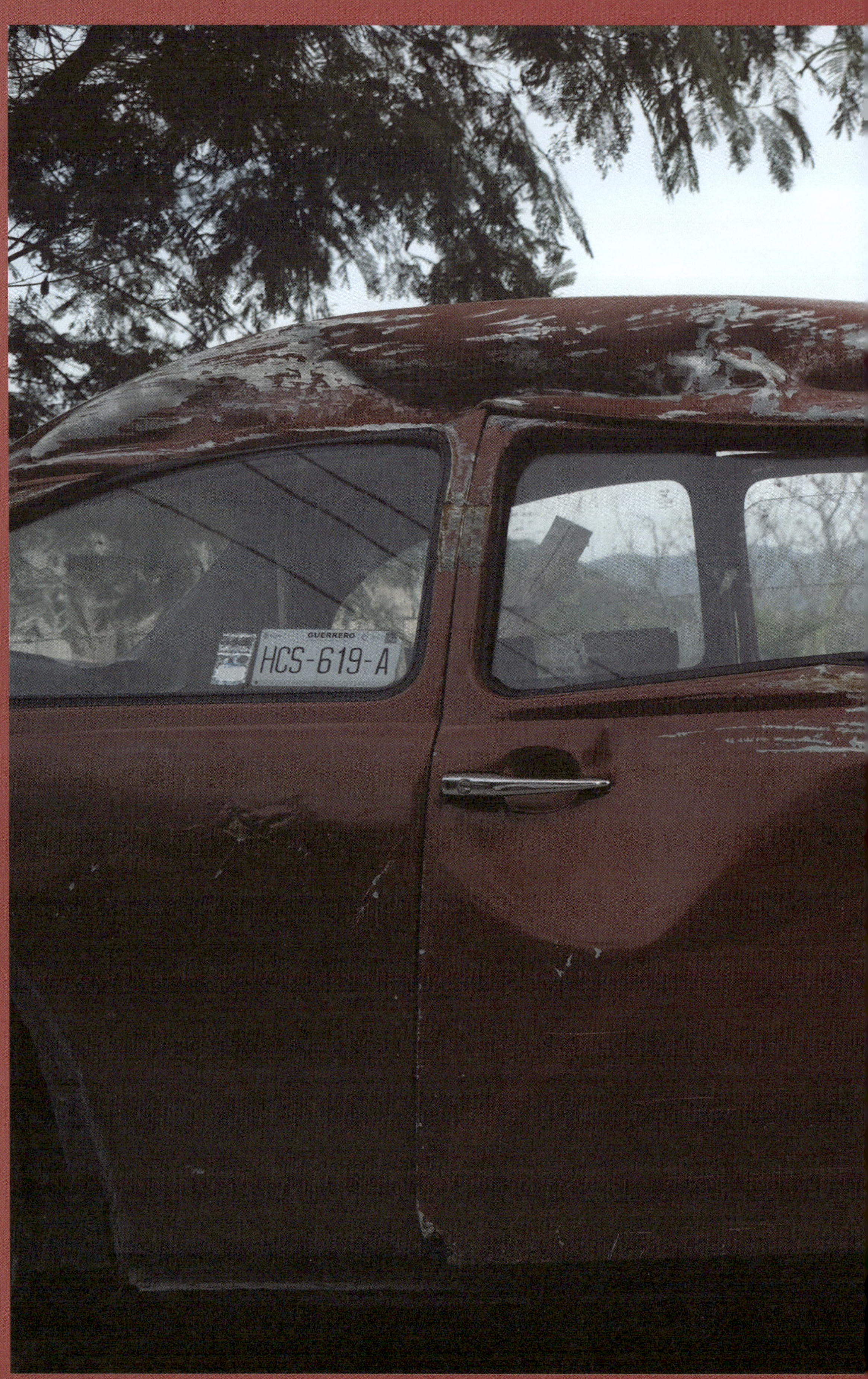

Texcaltitla, Guerrero (2022)

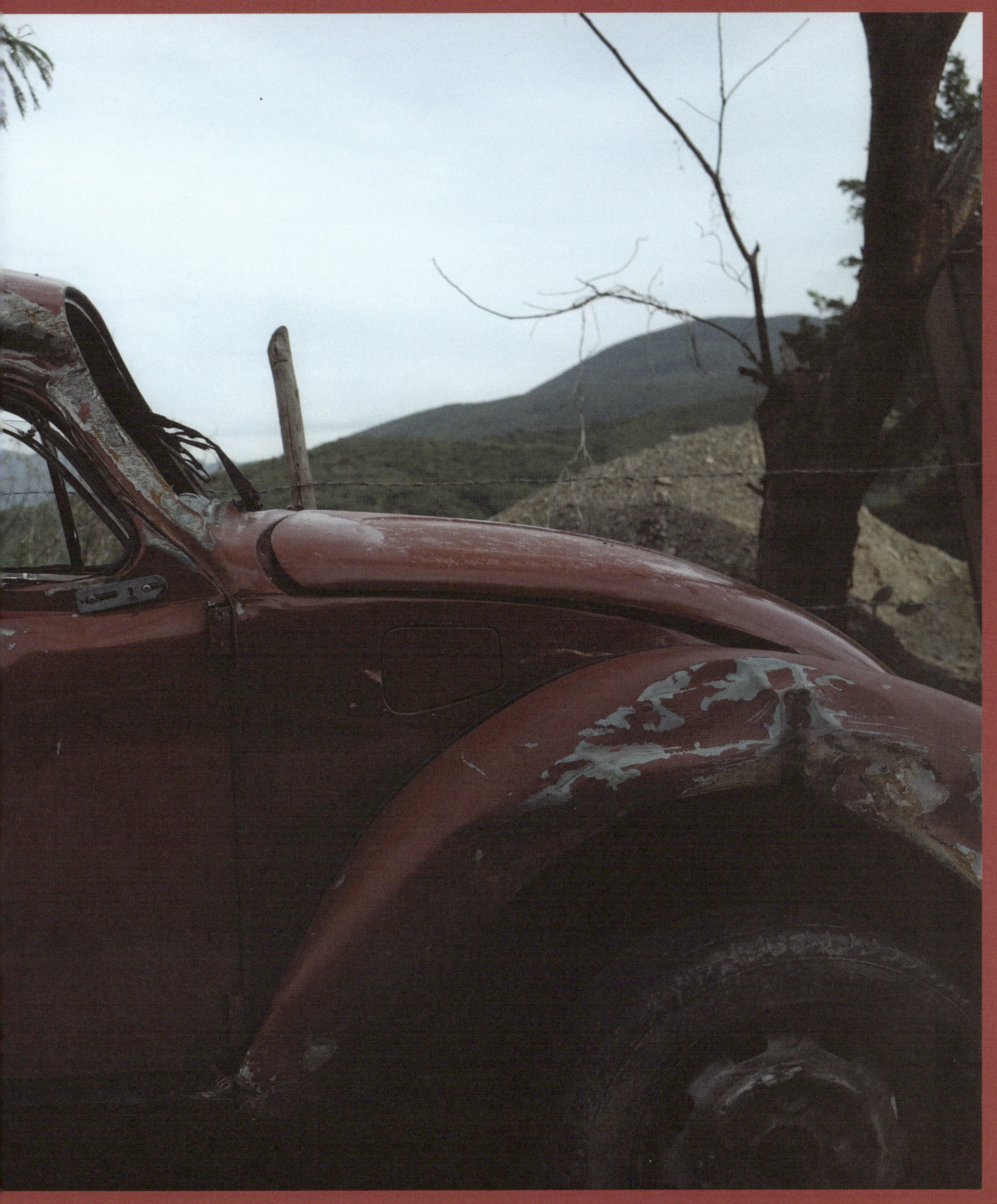

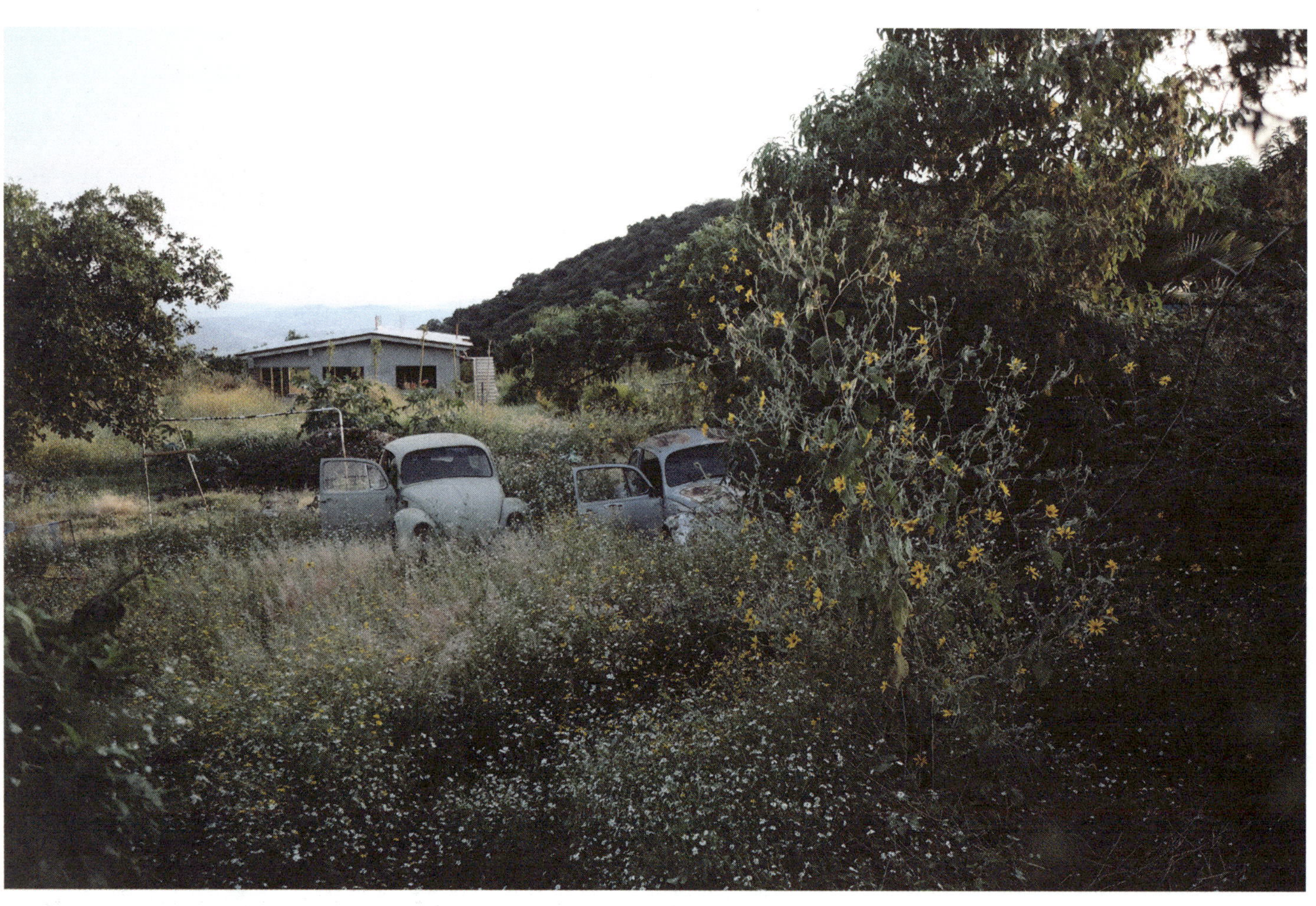

Amatlán de Quetzalcóatl, Morelos (2020)

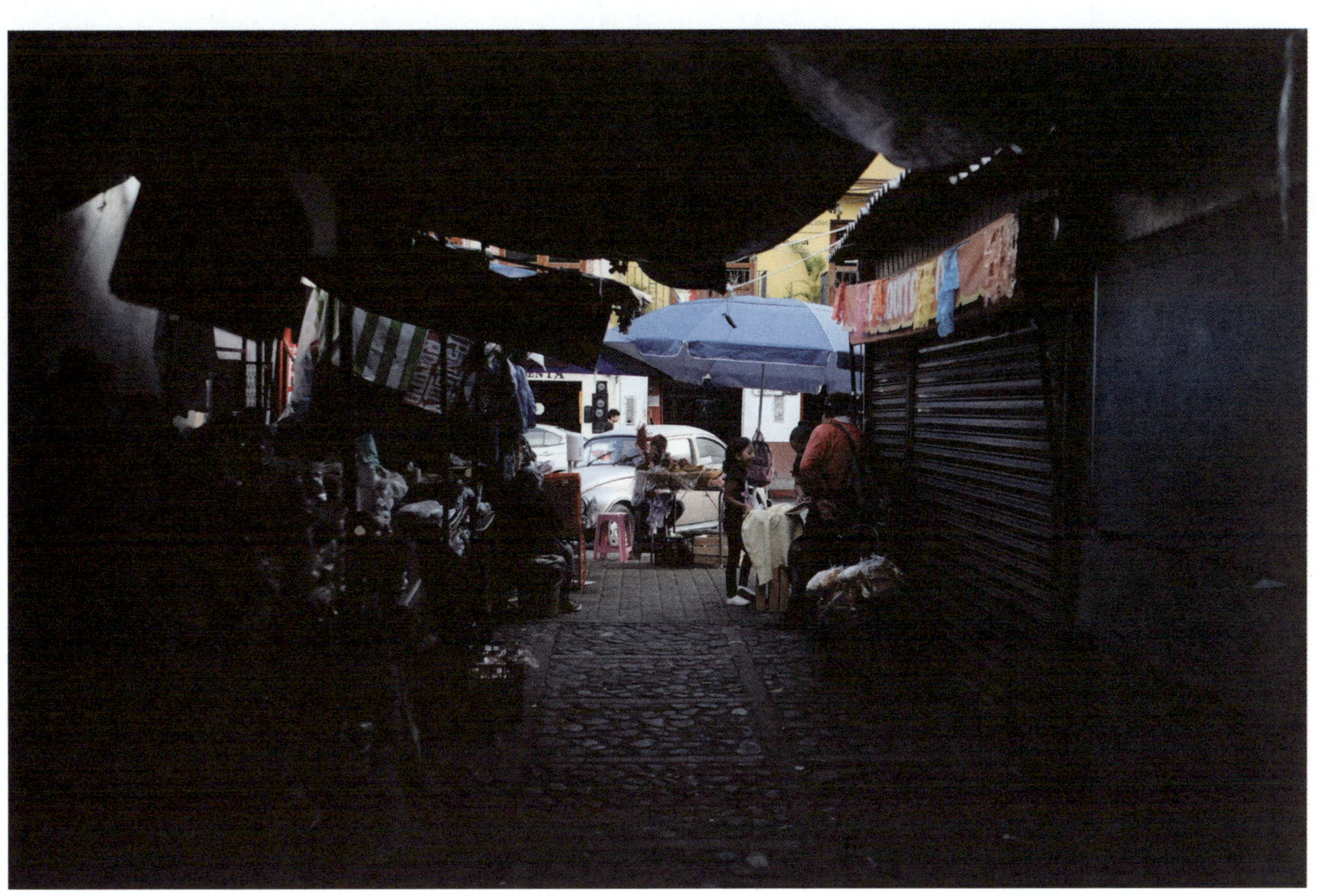

Tepoztlán, Morelos (2020)

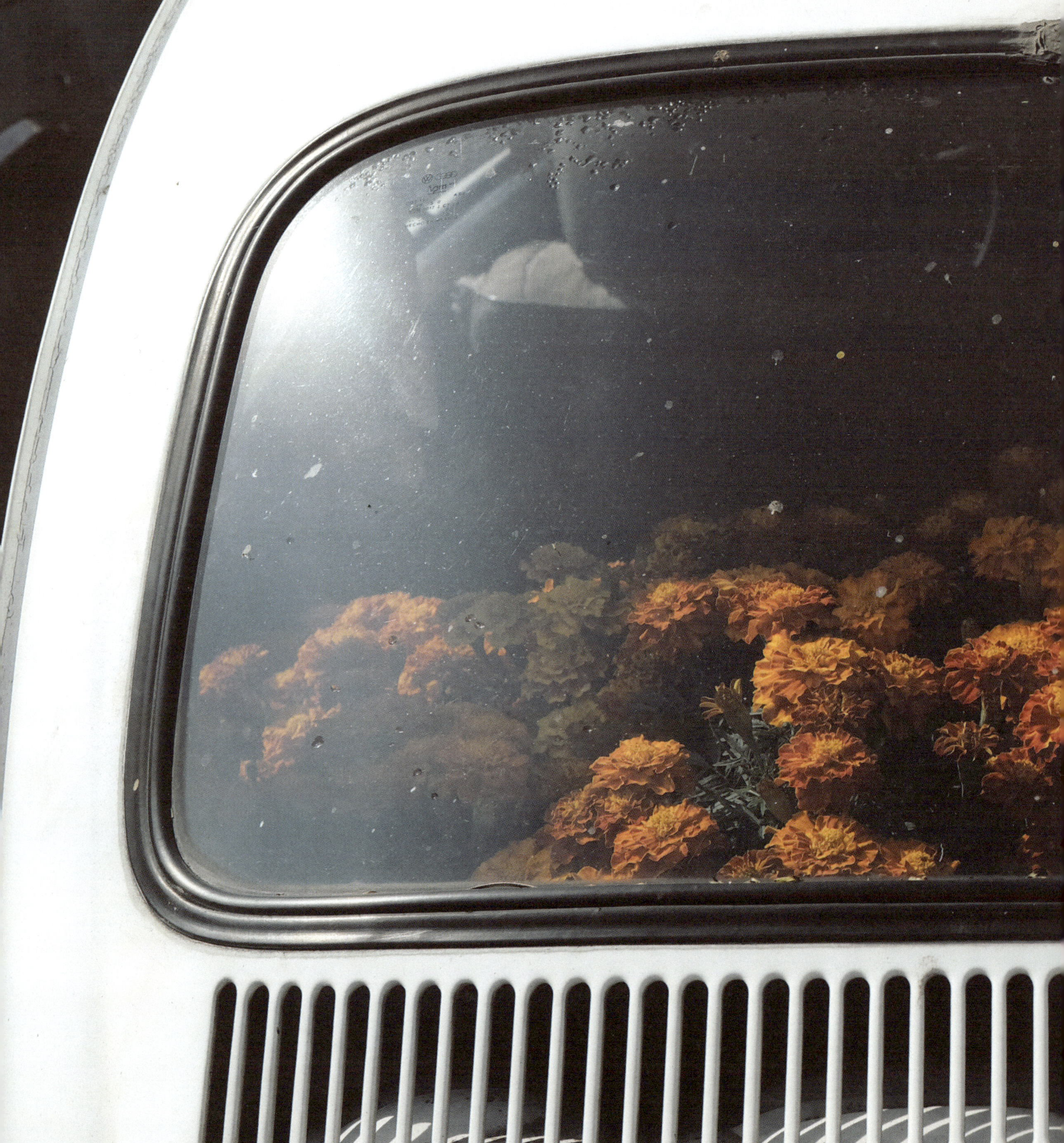

Tepoztlán, Morelos (2020)

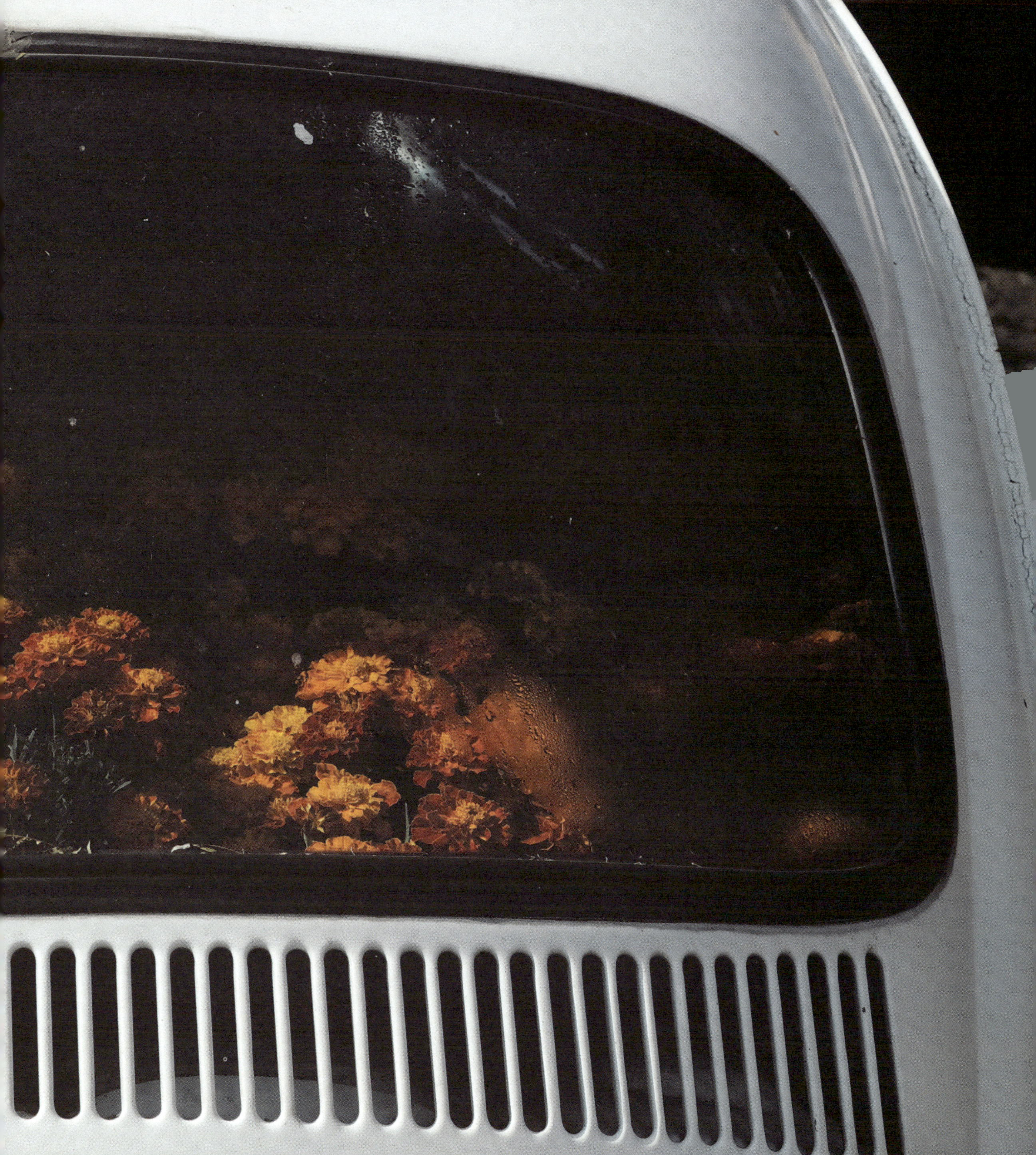

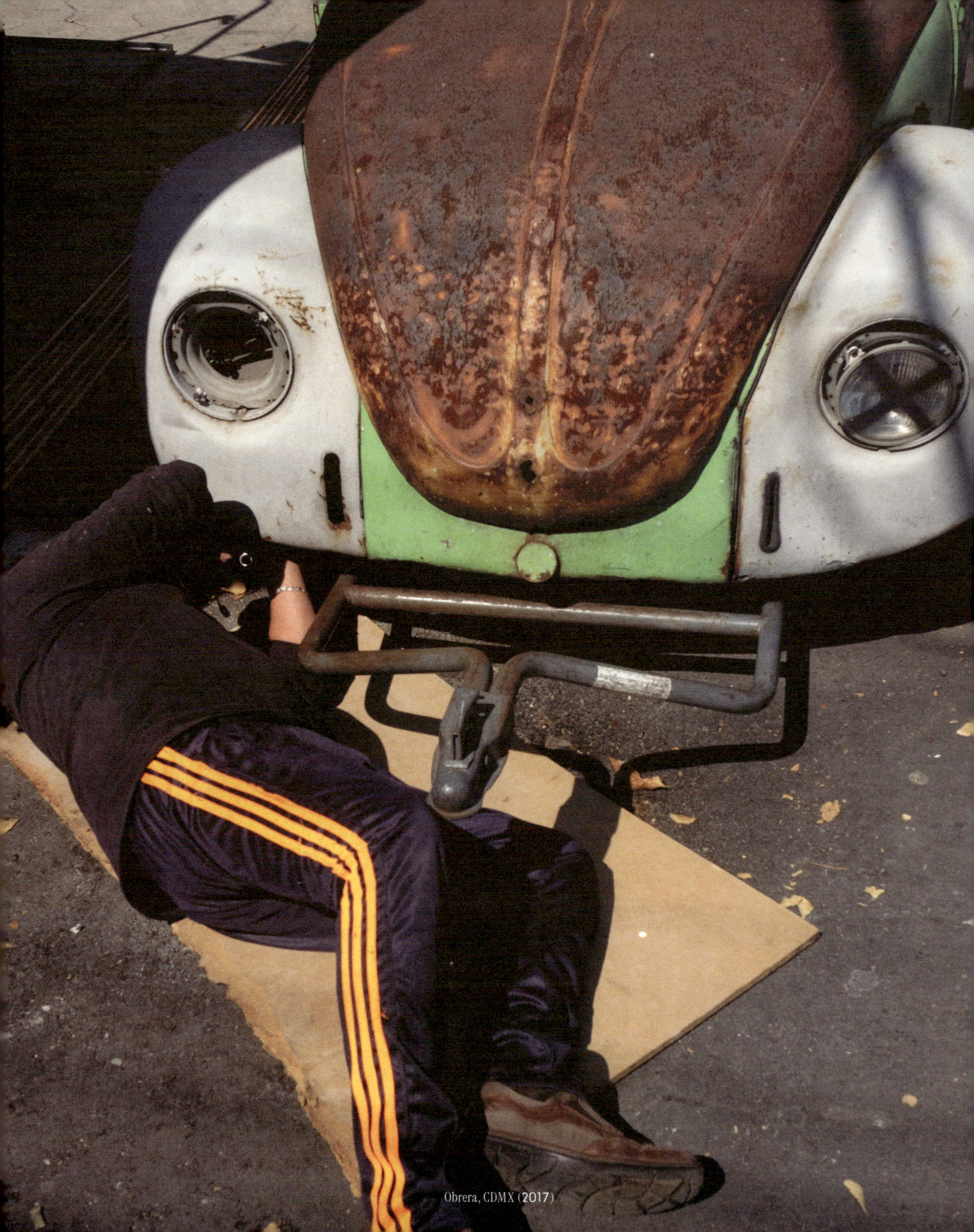

Obrera, CDMX (2017)

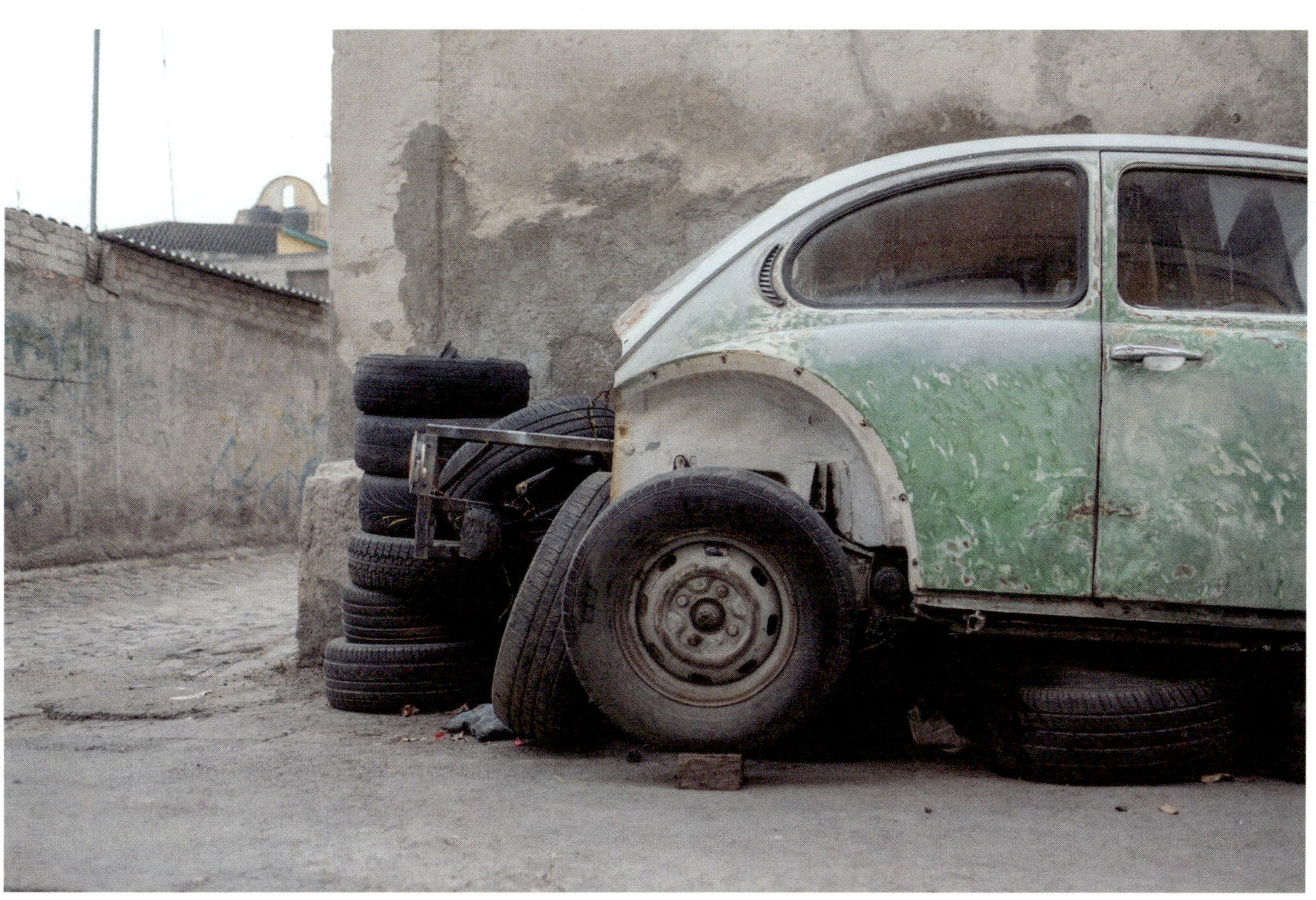

Xochimilco, CDMX (2018)

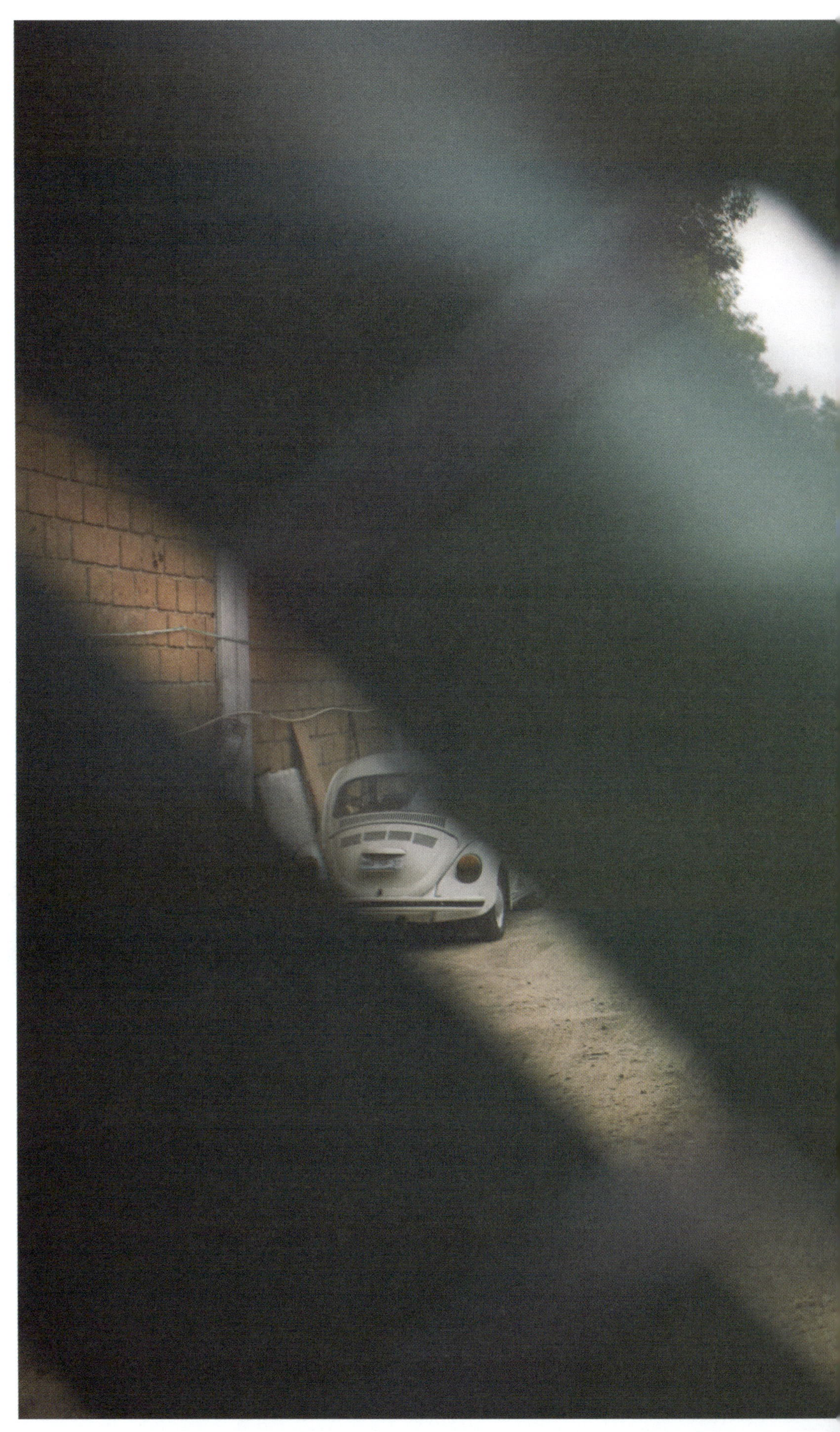

Cuajimalpa, CDMX (2018)

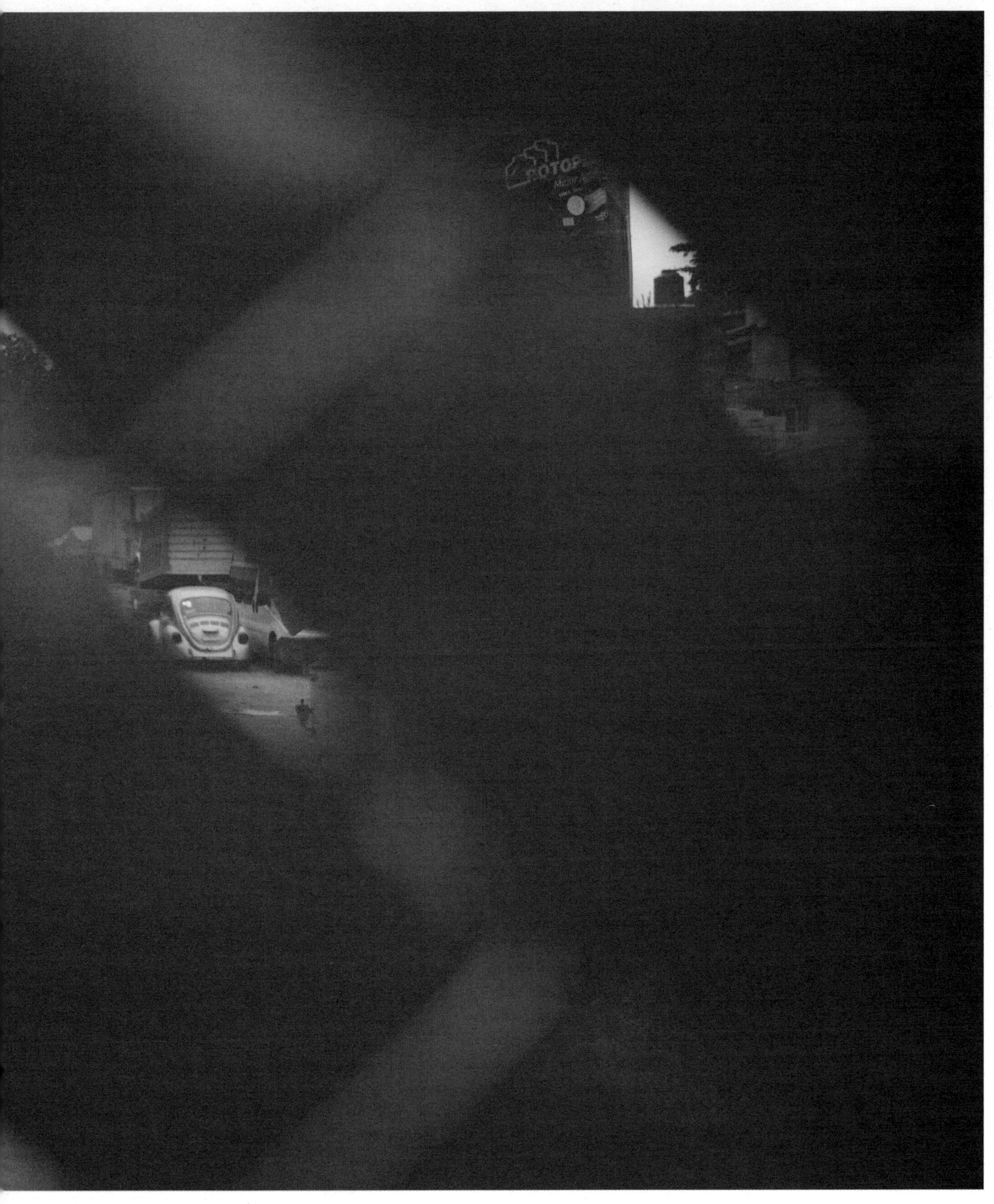

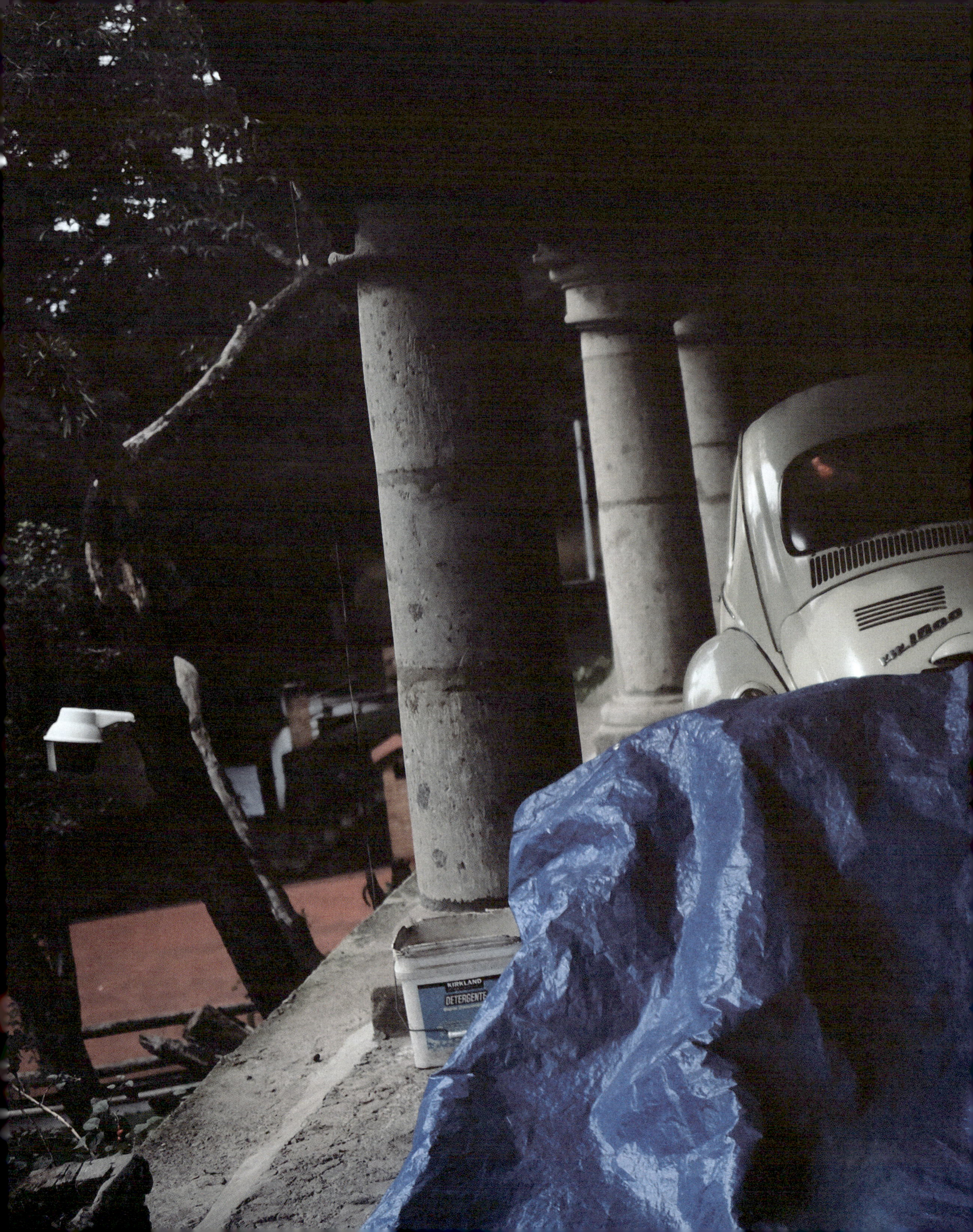
KIRKLAND

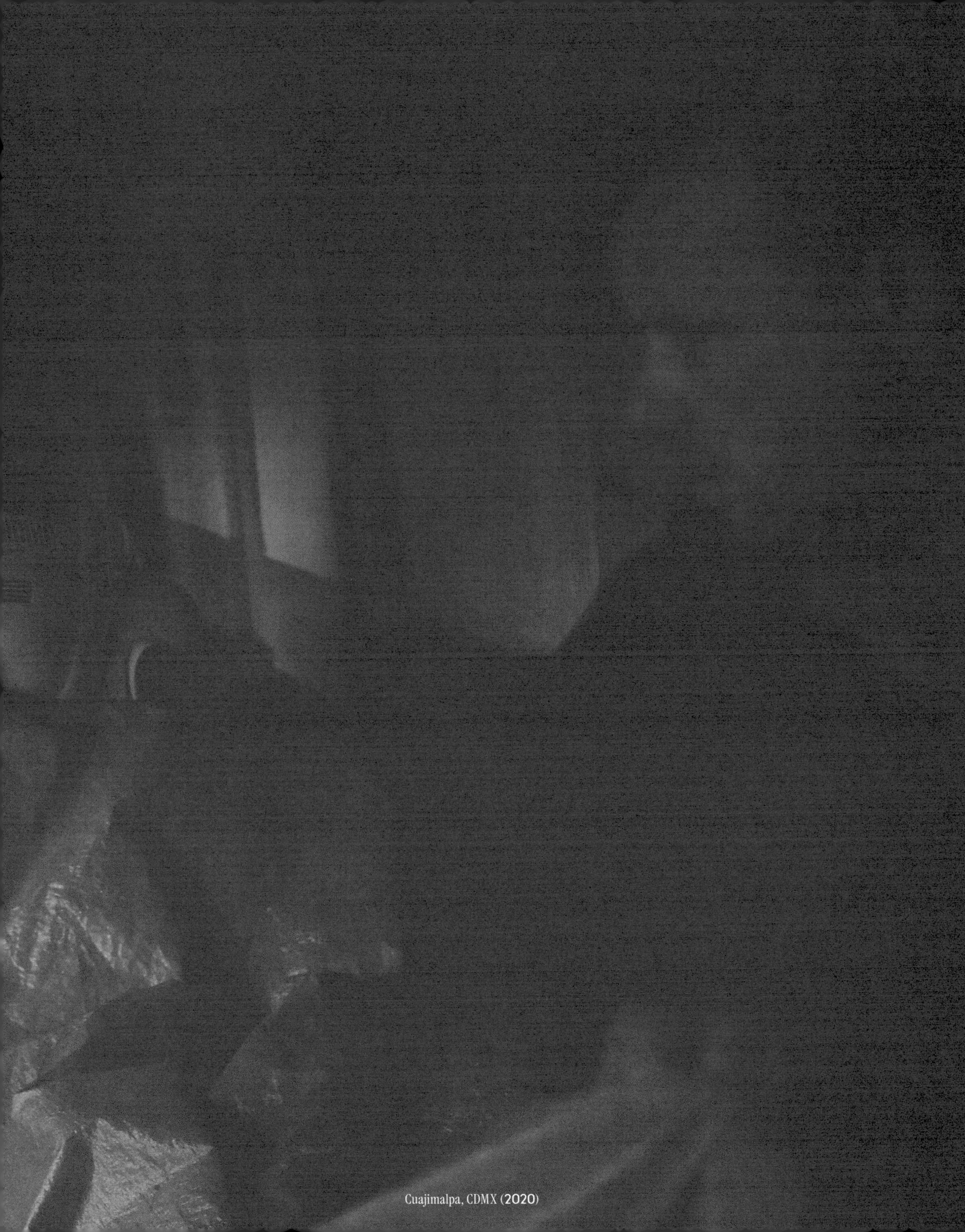

Cuajimalpa, CDMX (2020)

C–3

'LA GENTE'

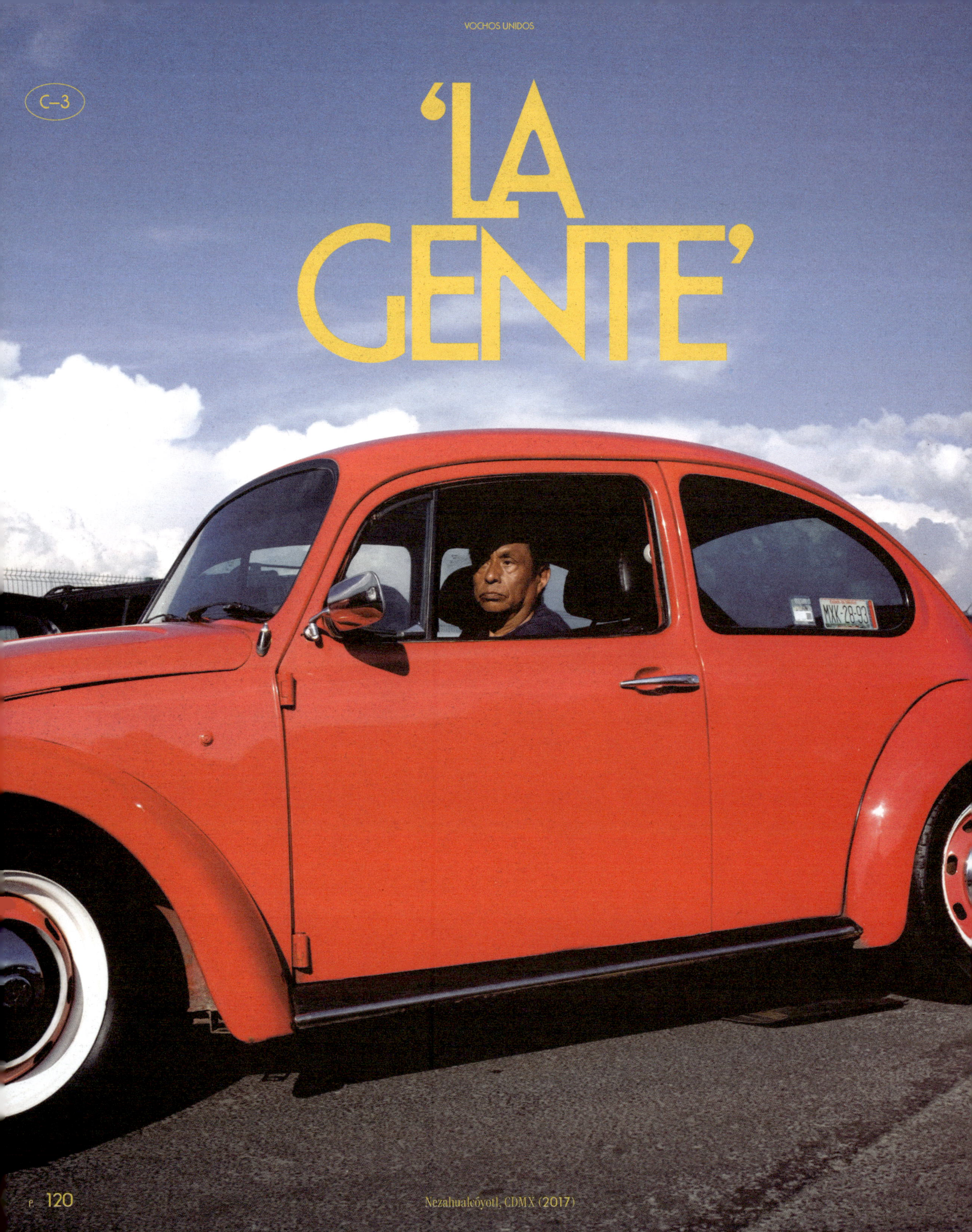

Nezahualcóyotl, CDMX (2017)

El fascino de la larga y sinuosa carretera. Una carretera que parece ilimitada y traicionera. Pero primero, la lista de comprobación: ¿Ha revisado el aceite recientemente? ¿Y el ajuste de las válvulas? ¿Lleva el extintor en el coche? ¿Lleva repuestos en el coche? Al principio, la lista de comprobación puede parecer interminable, pero poco a poco se convierte en un motivo de orgullo comprender todos los aspectos mecánicos del coche. Diseñado con principios básicos donde se unen la utilidad y la moda. Un objeto redondo en un mundo cuadrado.

Vocheros son los guardianes de la llama. El ruido, las vibraciones, los colores, las vistas, una experiencia visceral. Donde el espacio entre el interior y el exterior se difumina un poco. Sientes la carretera y oyes cómo el motor de 1600cc hace vibrar el coche mientras te deslizas en tu asiento agarrándote con fuerza en las curvas rápidas. Hueles la gasolina y la combustión que te impulsan a pasar junto a gente que se gira sonriendo, saludando y haciendo fotos. Te sientes como una pequeña celebridad cuando los transeúntes se acercan a ti en el aparcamiento y te preguntan de qué año es, qué tipo es, o comparten sus propias historias; casi te piden un autógrafo.

Excelentemente restaurados, modificados para todoterreno, recién comprados en un granero o simplemente el coche que siempre han tenido, se pueden encontrar coches en cualquier estado. Los mejores vochos probablemente pertenecen a mecánicos profesionales. Si se combina la pasión con la experiencia, se obtienen las máquinas más creativas y precisas. Pero siempre son un reflejo de la vida actual de su propietario.

Como extranjero, la comunidad del vocho me aceptó por completo. Ampliaron mi visión de México tanto geográfica como emocionalmente. Viajar en un vocho es tan relevante culturalmente como subir a la cima de las pirámides de Teotihuacan o comer tacos al pastor en un tronco gigante giratorio con llama abierta. Ahora me encuentro viajando en una caravana con cientos de vochos que se desplazan por las autopistas como un río embravecido de gasolina. Es algo que todo el mundo debería hacer al menos una vez en la vida. El atractivo de la caravana detiene a los desconocidos en seco. Como una migración de aves, el espectáculo te deja temblando de alegría por haber presenciado una maravilla natural del mundo. El tiempo se detiene mientras el vocho se abre paso por el gigantesco mar de asfalto.

Cada vochero está igual de emocionado por hablar sobre su creación, o sea monstruo de Frankenstein u original. El club al que representan o cómo empezaron, independientemente de si son los propietarios actuales, todos comparten la misma obsesión. Tras haber luchado contra el alcoholismo, ha encontrado consuelo y paz en su familia, y estabilidad a través del trabajo duro como chef. Compró una serie de coches usados, incluyendo cuatro vochos, y se dio cuenta de que siempre había sido un vochero. Pronto un grupo de jóvenes de La Neza lo invitó a sus reuniones de Kollegenwagen y a sus paseos por la Ciudad de México. Don Chuy encajó perfectamente. Hoy en día, es un sabio anciano para los demás miembros. Comparte una broma que su familia ha escuchado muchas veces: «Oh, cómo amo a mi familia, ya que los amo solo un poco más que a mi vocho». Pero él sabe que el amor, la alegría y la comunidad son sus verdaderas musas. El coche simplemente encaja perfectamente con ese estilo de vida.

Me despierto a las 3:00 de la mañana para reunirme con otro vochero. Encuentro a Arturo, a su esposa Vani y a sus dos hijas en su casa en Xochimilco, CDMX. La noche anterior recibieron a un gran grupo de vocheros que visitaban la ciudad desde todas partes de México. Su clásico vocho azul permanece hoy inactivo. A su lado hay un par de furgonetas aparcadas en doble fila, cargadas hasta los topes con suministros para el único día del año por el que la familia ha trabajado todo el año: Xochivolks. Se trata de una de las mayores concentraciones de coches VW del país, que se celebra en el legendario Estadio Azteca de la ciudad. Los Díaz, que son en parte organizadores comunitarios, empresa de logística, recaudadores de fondos, comercializadores y ahora anfitriones de un fotógrafo, emprenden un breve viaje al estadio para abrir las puertas. A las 5:00 de la mañana empiezan a llegar llamadas. ¿Quién tiene las llaves de la puerta? ¡Ya hay una fila de coches! Vochos y combis, o microbuses, hasta donde alcanza la vista. La gente espera para montar sus puestos y vender piezas, juguetes y mercancías. Mientras se gestiona este caos, vocho tras vocho comienzan a ocupar su lugar. Uno a uno, más de 500 vochos y combis llenan el aparcamiento para la celebración del día.

En la calle, en el salvaje, es un buen <<día de caza>> si ves un vocho en unas pocas horas de caminata. Es muy raro que llame la atención. «Es un vochito». Es solo un pequeño vocho. Pero cuando se juntan todos, es diferente. El caravaning es cuando un grupo de propietarios de coches recorren la misma ruta a la vez. Esto puede causar serios problemas con los punch buggies y los cuellos torcidos. Tanto adultos como niños quedan cautivados al ver esta manada de vochos nadando por su barrio. Uno tras otro, un recuerdo de recuerdos atesorados, apurandose a sacar sus teléfonos y documentar este fugaz momento mágico. A veces es mejor quedarse quieto. Escuchar y ver pasar los años.

Xochivolks, caravanas, estos eventos son para que la familia y los amigos se reúnan y disfruten de su comunidad. Compartir historias y risas, dejando que su niño interior se emocione. ¡Lo único que hay que tomarse en serio es quién trae el pozole!

Rodeado de tantos coches, es fácil imaginar los numerosos ciclos de vida y muerte que experimentará cada vochos. Desde la fábrica hasta el reciclaje en el desguace, cada propietario sucesivo vuelve a encender el motor para satisfacer sus propias necesidades e interpretaciones personales. Imagina que todo el colectivo es un solo vocho que lo experimenta todo. Con todos.

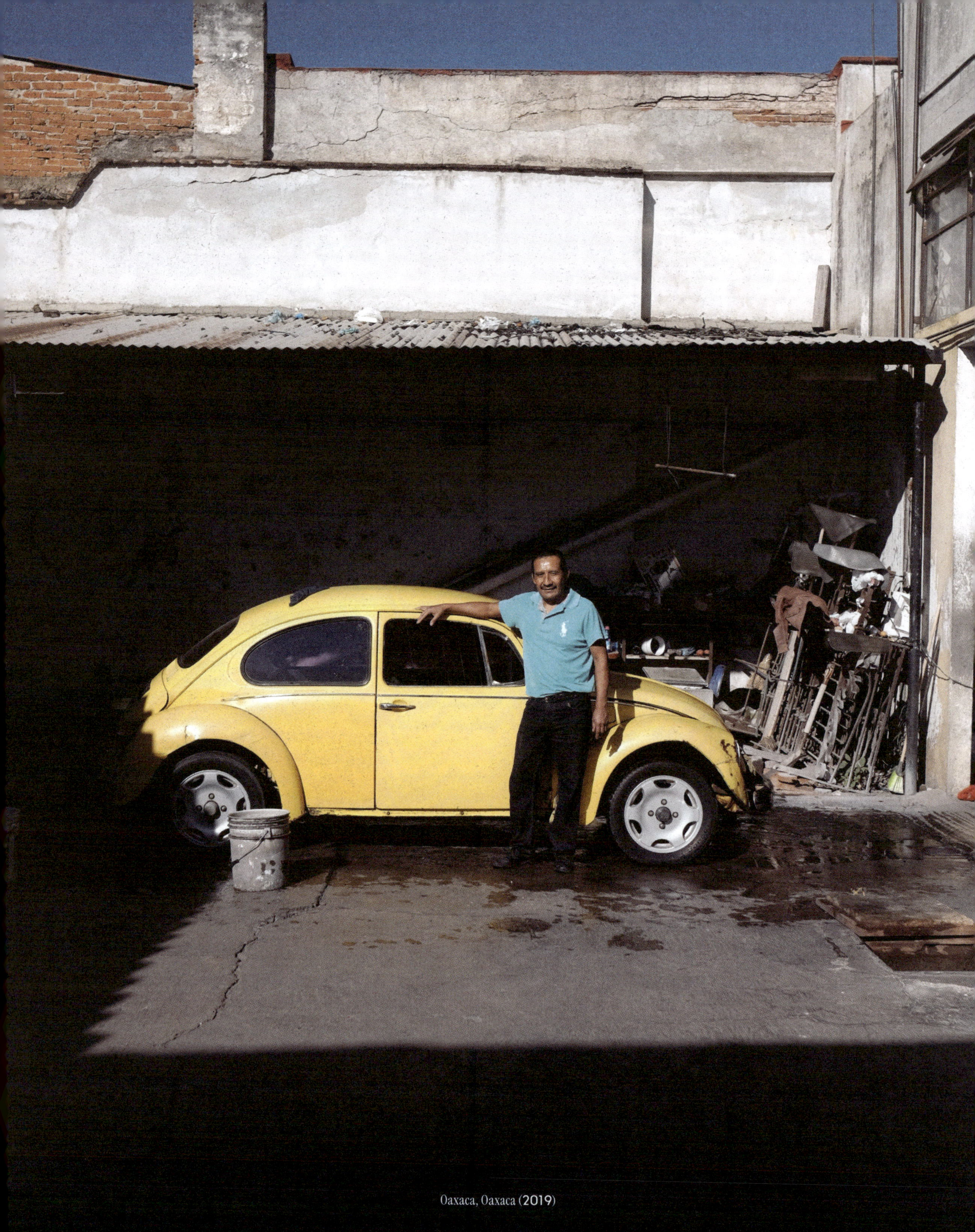

Oaxaca, Oaxaca (2019)

Chapter Three

'THE PEOPLE'

English Version

The allure of the long winding road. One that both seems boundless and treacherous. But first, the checklist: Have you checked the oil recently? How about the valve adjustments? Is the fire extinguisher in the car? Did you pack spare parts? The checklist can seem endless, but it's also a point of pride. It represents an understanding of the full mechanics of the car, and what it takes to keep it moving.

Vocheros are keepers of the flame. The noise, vibrations, smells, sights—it's a visceral experience. Inside a vocho, the space between the inside and outside are a bit blurred. You feel the road, and hear the 1600cc engine vibrate the car as you slide around in your seat. Holding on tight for fast curves. You smell the gasoline and sense the combustion propelling you past people turning, smiling, waving, taking pictures. A bit of a mini celebrity as passers-by come up to you in the parking lot and ask what year it is, what type, or share their own stories. Everything short of asking for an autograph.

Excellently restored, off-road modified, recently purchased barn-find, or just the car they've always had—you will find them in every condition. The nicest vochos likely belong to actual mechanics. Combine passion with expertise and you get the most creative and precise machines. But always, each *vocho* is a reflection of the owner in their current life.

As an outsider, the *vocho* community fully embraced me. They expanded my view of Mexico both geographically and emotionally. Riding in a *vocho* is as culturally relevant as climbing to the top of the pyramids in Teotihuacan, or having tacos al pastor off a giant, rotating, open-flamed *tronco*. Now, I find myself riding in a caravan with hundreds of *vochos* cascading through the highways like a raging river of petrol. It's something everyone should do at least once. The pull of the caravan stops strangers in their tracks. Like a migration of birds, the spectacle leaves you shaking with joy that you've witnessed a natural wonder of the world. Time stops, as the *vocho* parts the giant asphalt sea.

Each *vochero* is as excited as the next to chat about their creation, whether Frankenstein or original. What club they're representing, or how they got started, regardless of their current ownership status—they all share the same obsession. It's something that's born within you, according to Don Chuy. Having battled with alcoholism, he found solace and peace through his family, and grounding through hard work as a chef. He purchased a series of used cars, including four *vochos*, and realized he had always been a *vochero*. Soon a young group of kids from *La Neza* were inviting him along on their Kollegenwagen meets and cruises around CDMX. Don Chuy fit right in. Today, he's a wise elder to the other members. He shares a joke that his family has heard many times: "Oh how I love my family, as I love them just a bit more than I do my *vocho*." But he knows that love, joy and community are his true muses. The car just happens to fit with that lifestyle exactly.

An early 3:00am wake up call to meet with another *vochero*. I find Arturo and his wife Vani, and their two girls at their home in Xochimilco, CDMX. The night before they hosted a large group of *vocheros* visiting from all around Mexico. His classic blue *vocho* sits idly today. Double parked by a couple of vans, loaded up to the brim with supplies for the one day the family has worked the entire year for, Xochivolks. It's one of the country's largest gatherings of VW cars, held at the legendary Estadio Azteca in the city. Part community organizer, logistics company, fundraiser, marketer and now host of a photographer, the Diazes embark on a short trip to the stadium to open the gates. At 5:00am there are calls coming in. Who's got the keys to the gate? There's already a line of cars! *Vochos* and combis, or Microbuses, as far as you can see. People are waiting to set up their booths to sell parts, toys and merchandise. While managing this chaos, *vocho* after vocho begins to take their place. One by one by one, more than 500 *vochos* and combis fill the parking lot for the day's celebration.

On the street, out in the wild, it's a good day of "hunting" if you happen to see one *vocho* within a few hours of walking. Very rarely does it turn heads. '*Es un vochito.*' It's just a little *vocho*. But when they all get together, it's different. Caravaning is when a group of car owners drive the same route at once. This can cause serious issues with punch buggies and twisted necks. Adults and kids alike pause everything to watch this pod of *vochos* swim through their neighborhood. One after another, a reminder of cherished memories, scrambling to get phones ready to document this fleeting moment of magic. Sometimes it's just better to stand still. Hear and watch the years roll by.

Xochivolks, caravans, these events are for family and friends to gather and find joy in their community. Sharing stories and laughs, letting their inner child roar with excitement. The only thing to take seriously is who's bringing the pozole!

Surrounded by so many cars, it's easy to imagine the many life and death cycles that every *vocho* will experience. From factory floor to junkyard recycling, each subsequent owner reignites the engine for their own personal need and interpretation. Imagine the entire collective as merely one *vocho*, experiencing it all. With everyone.

Oaxaca, Oaxaca (2019)

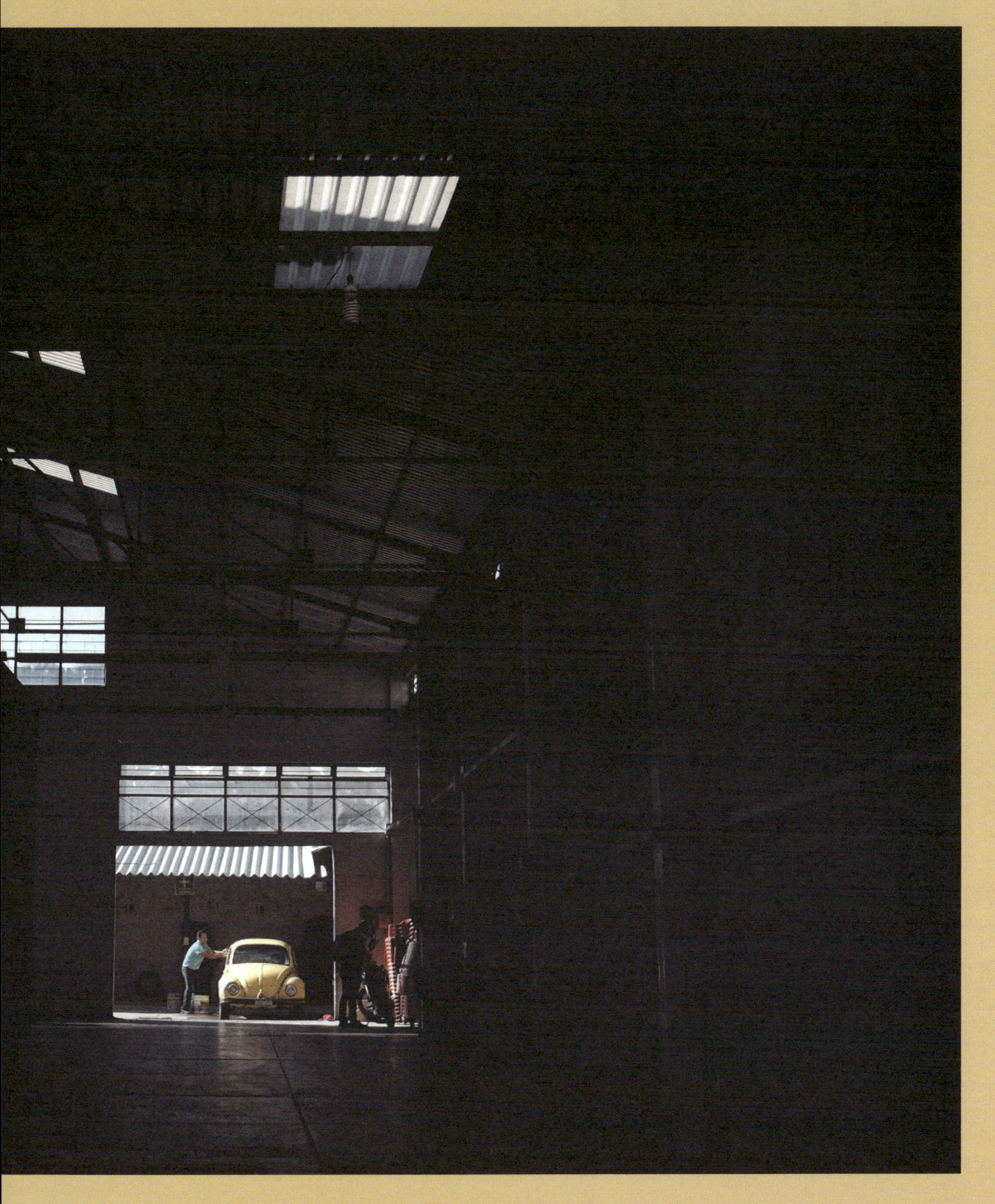

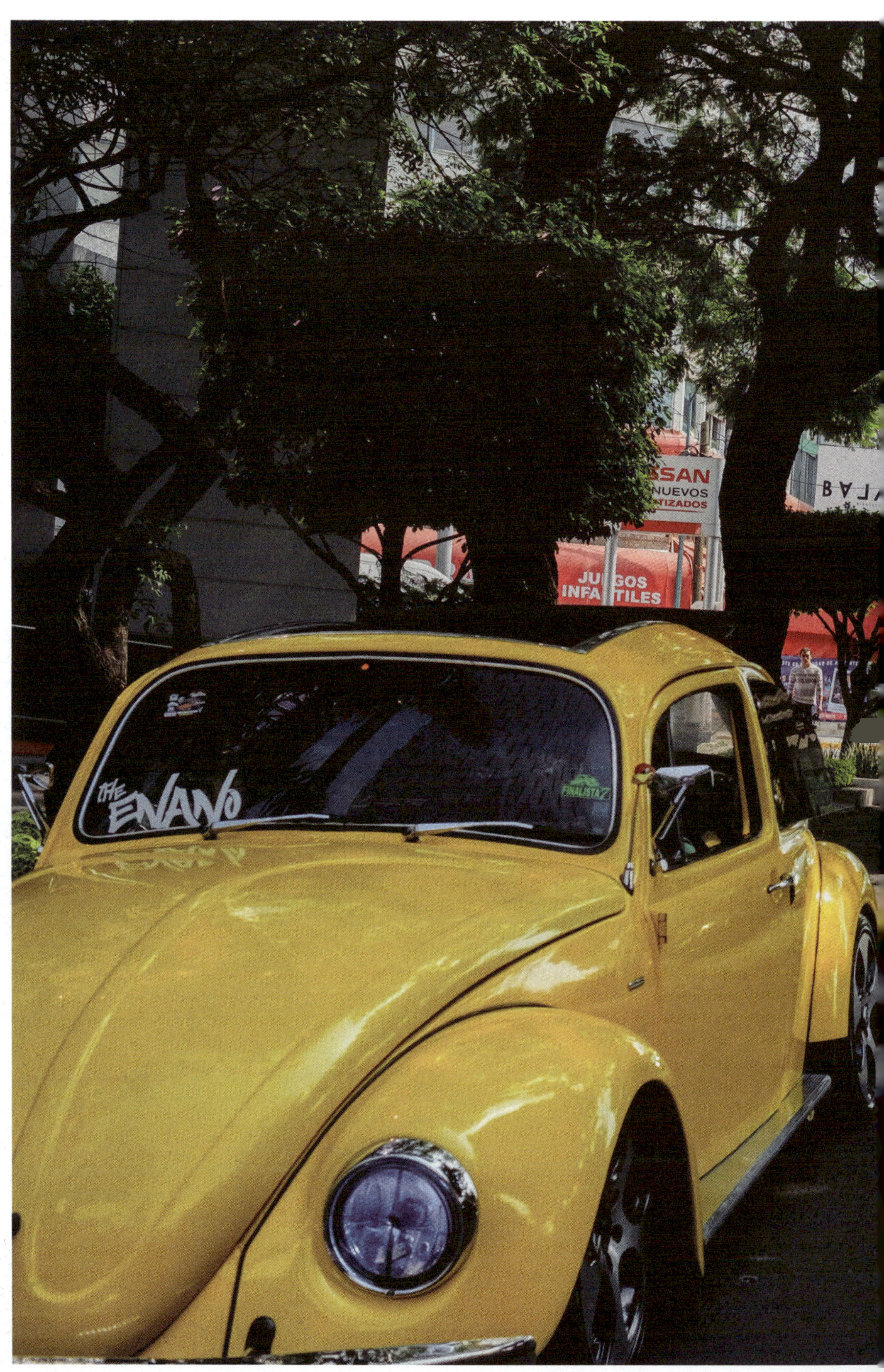

Caravana Vochero, CDMX (2019)

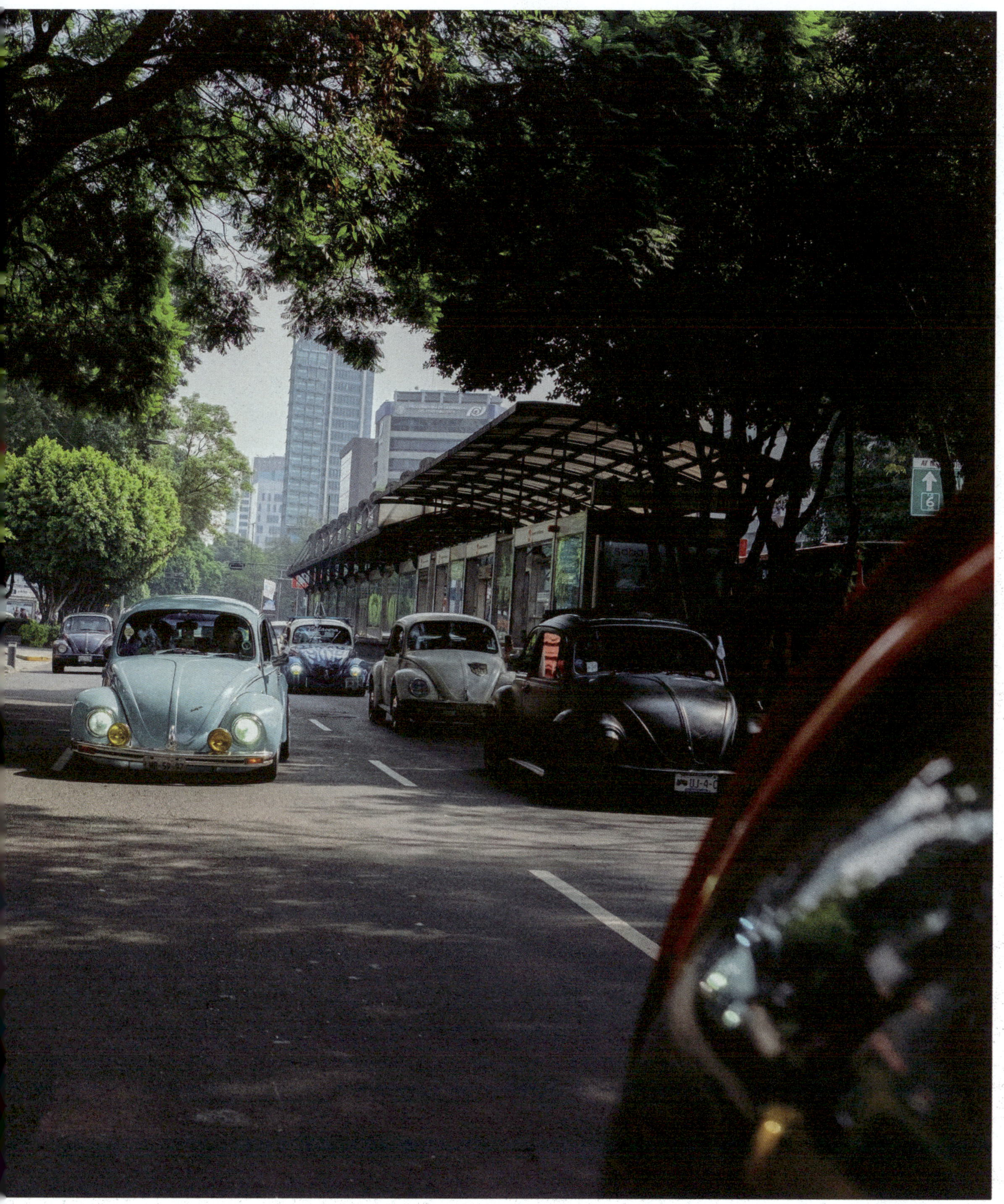

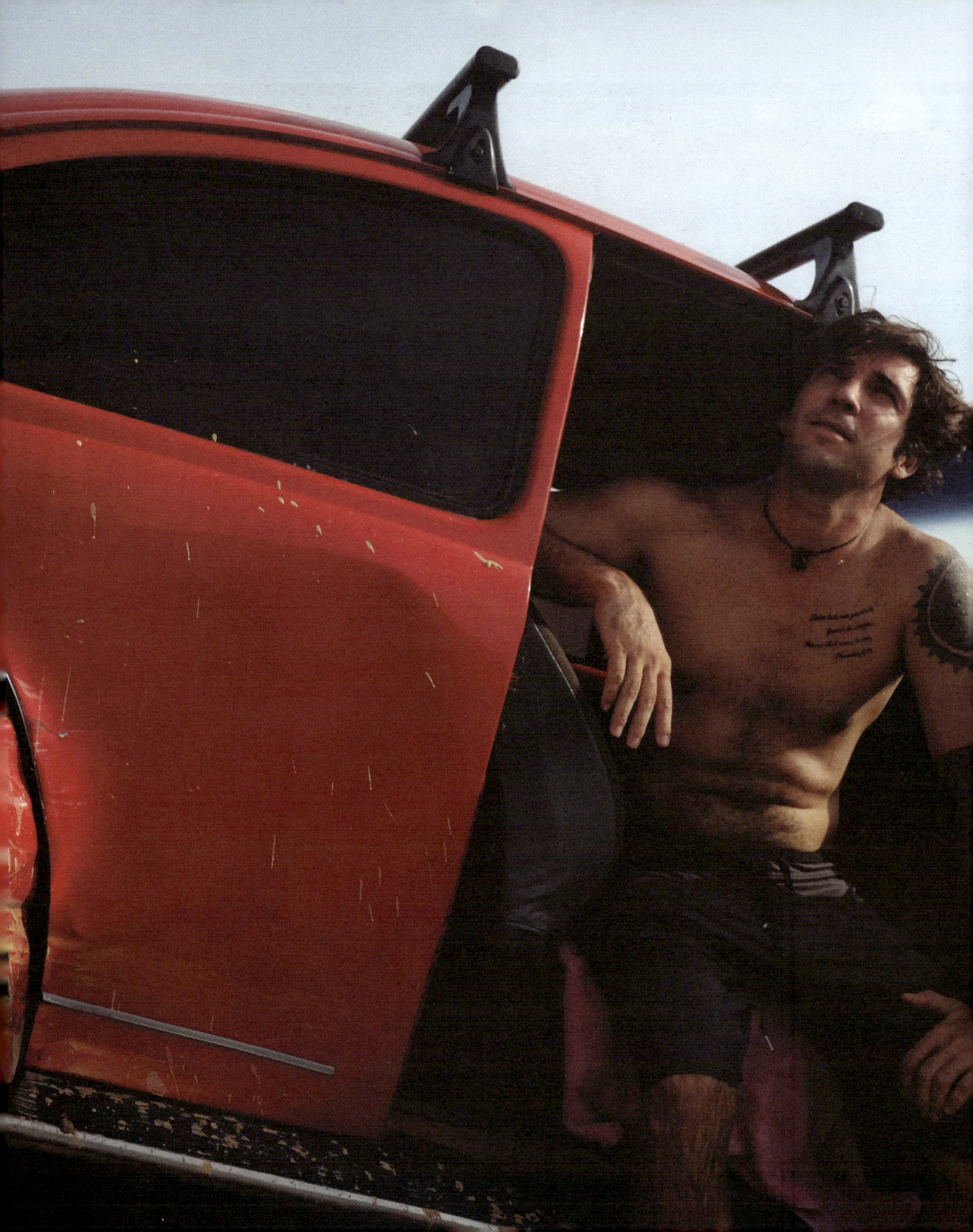

Salina Cruz, Oaxaca (2018)

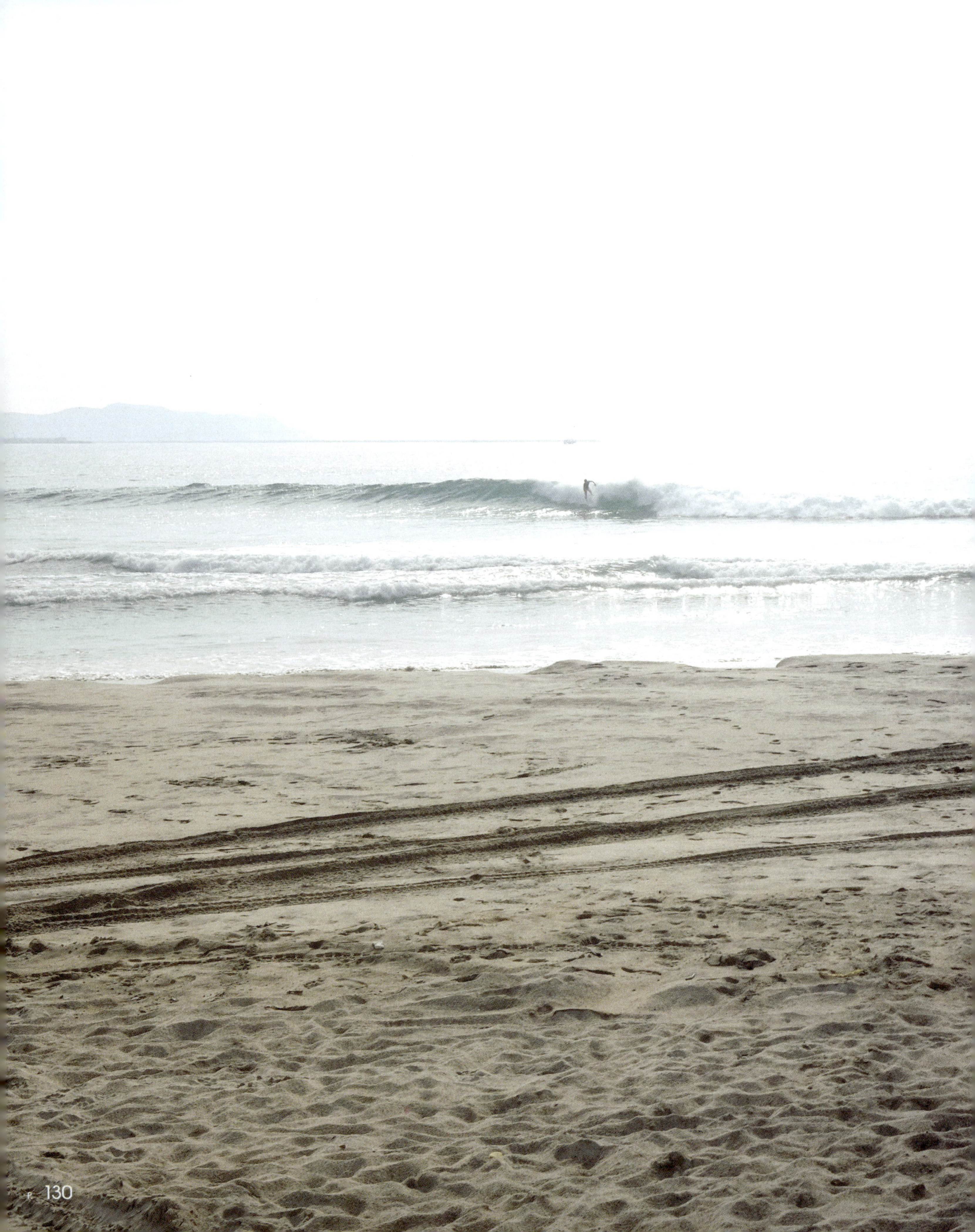

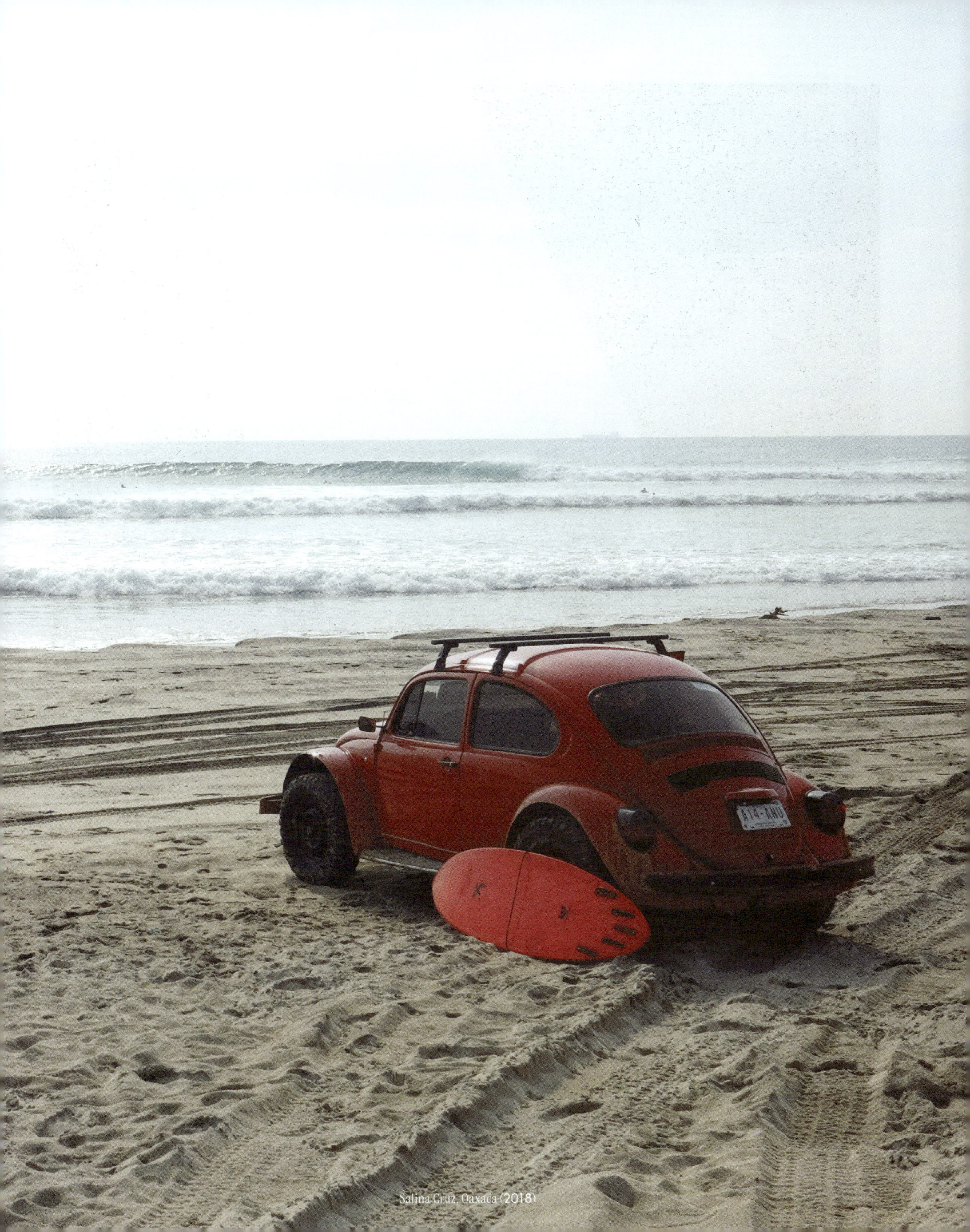

Salina Cruz, Oaxaca (2018)

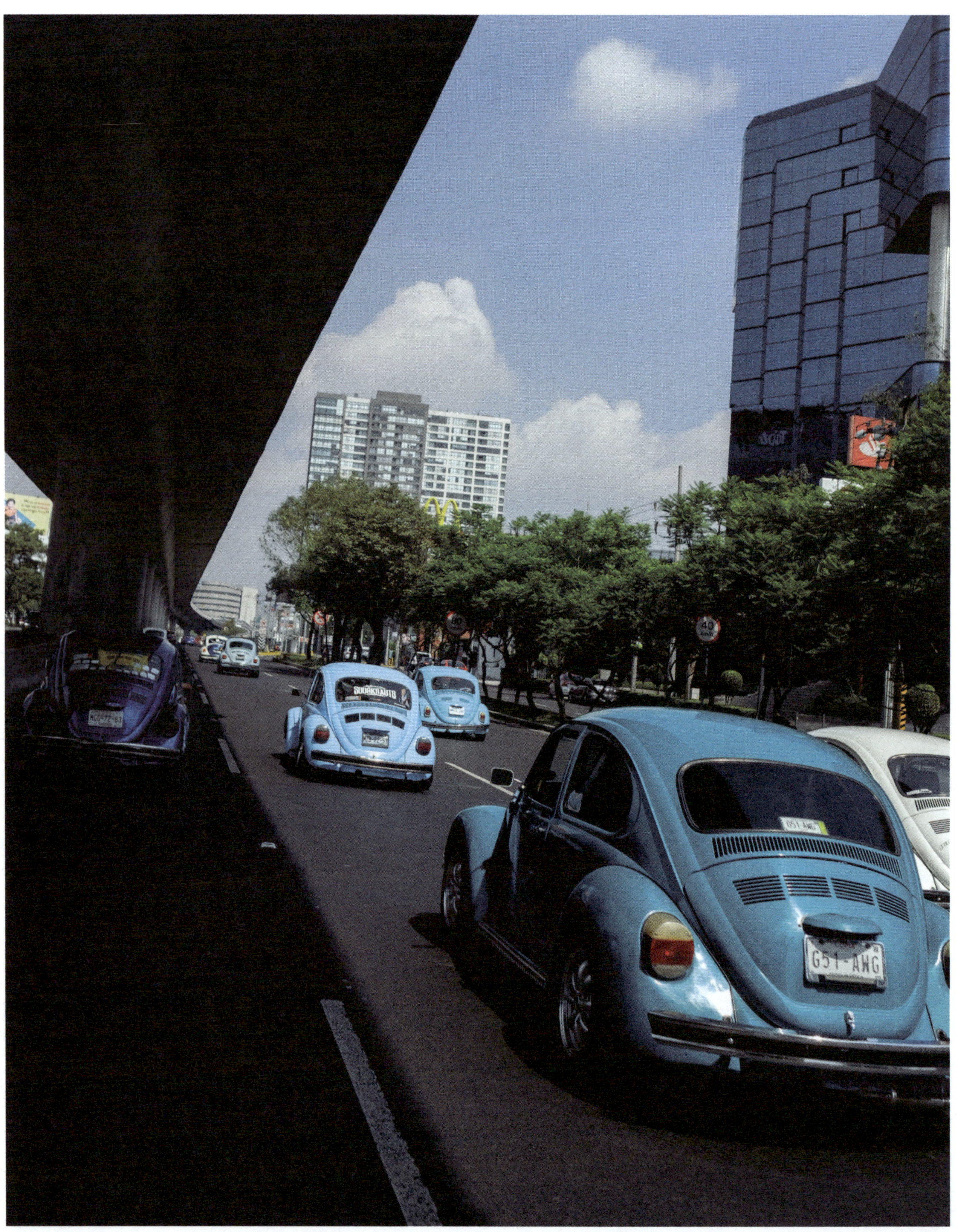

Caravana Vochero, Periférico, CDMX (2019)

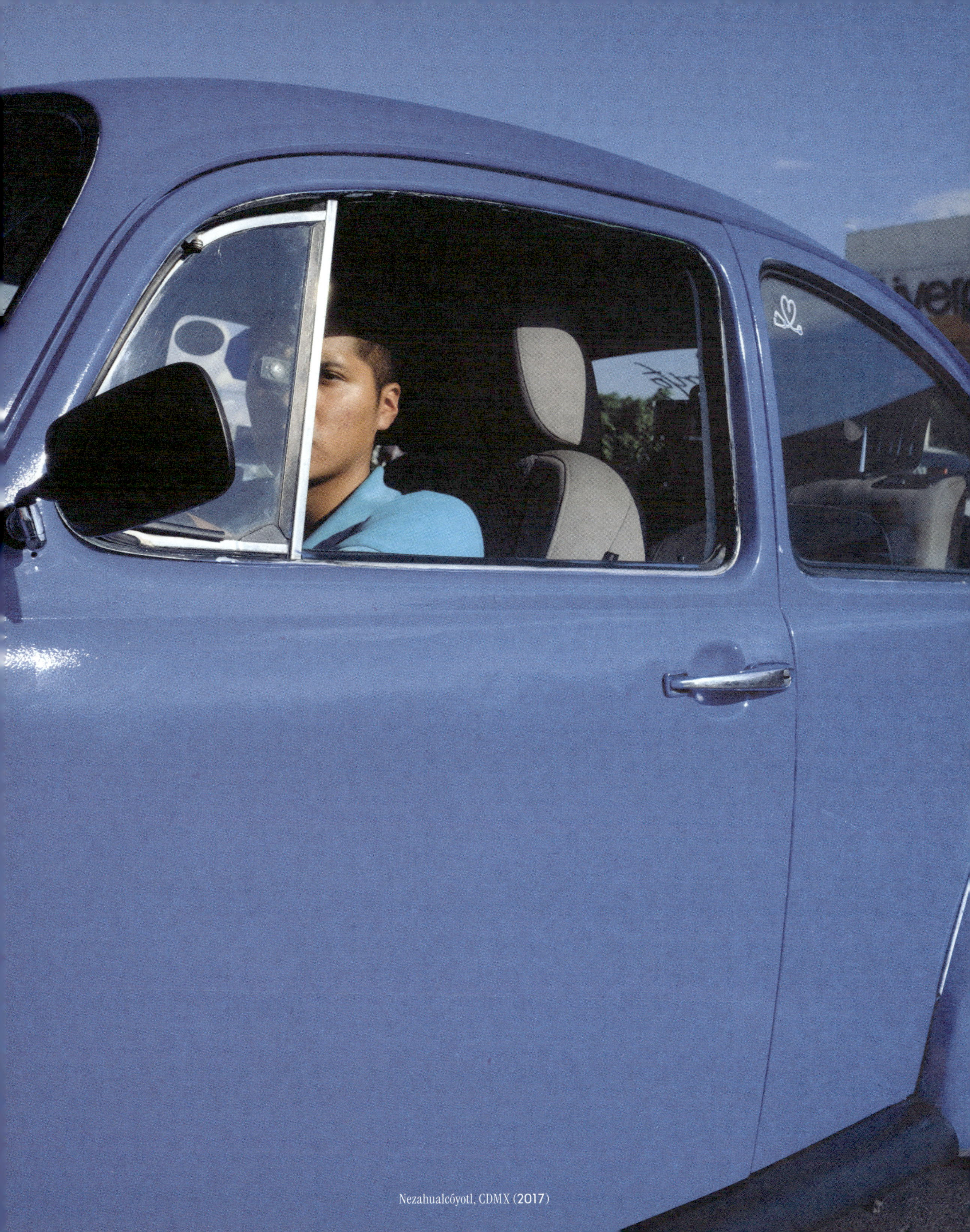

Nezahualcóyotl, CDMX (2017)

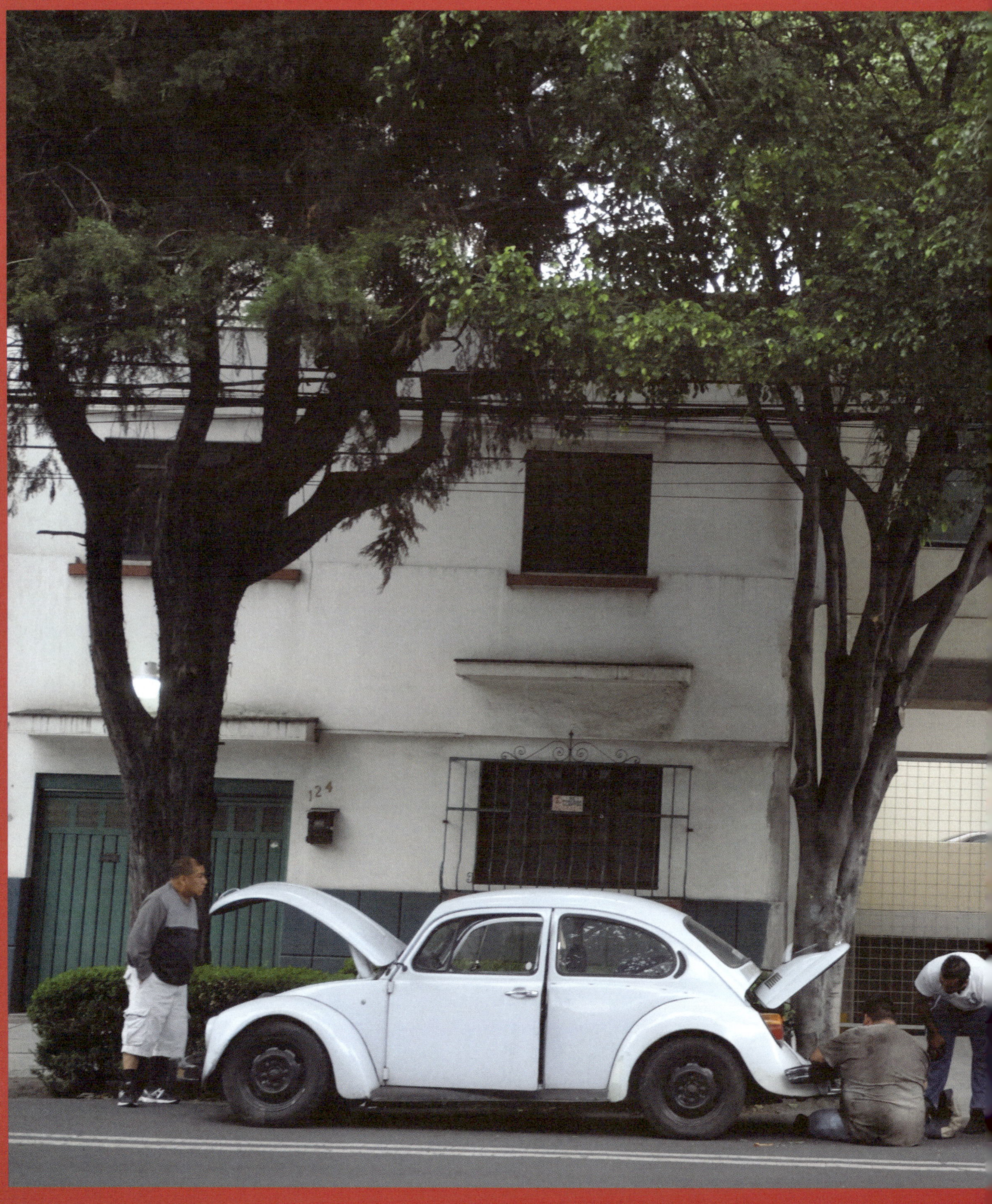
124

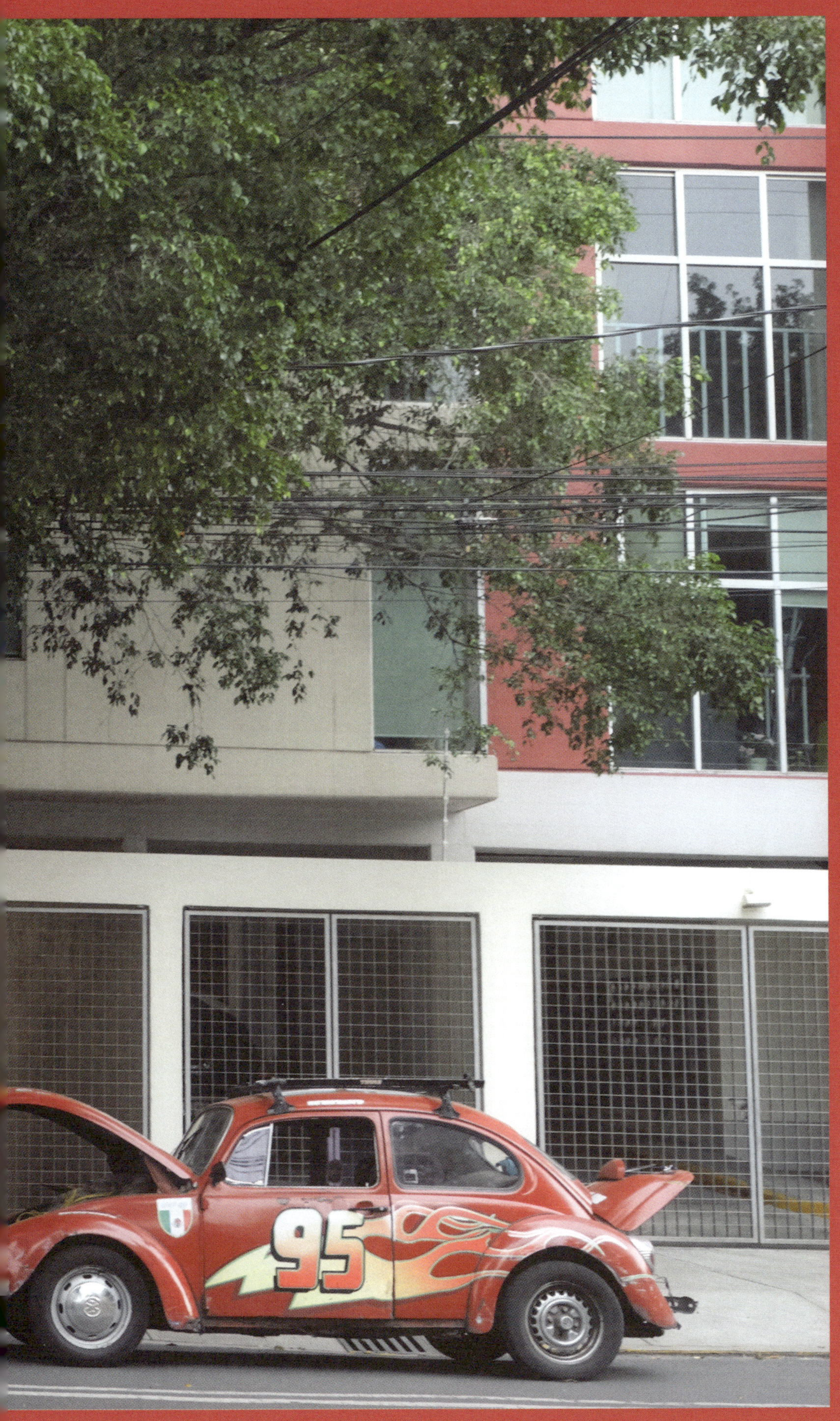

Narvarte, CDMX (2016)

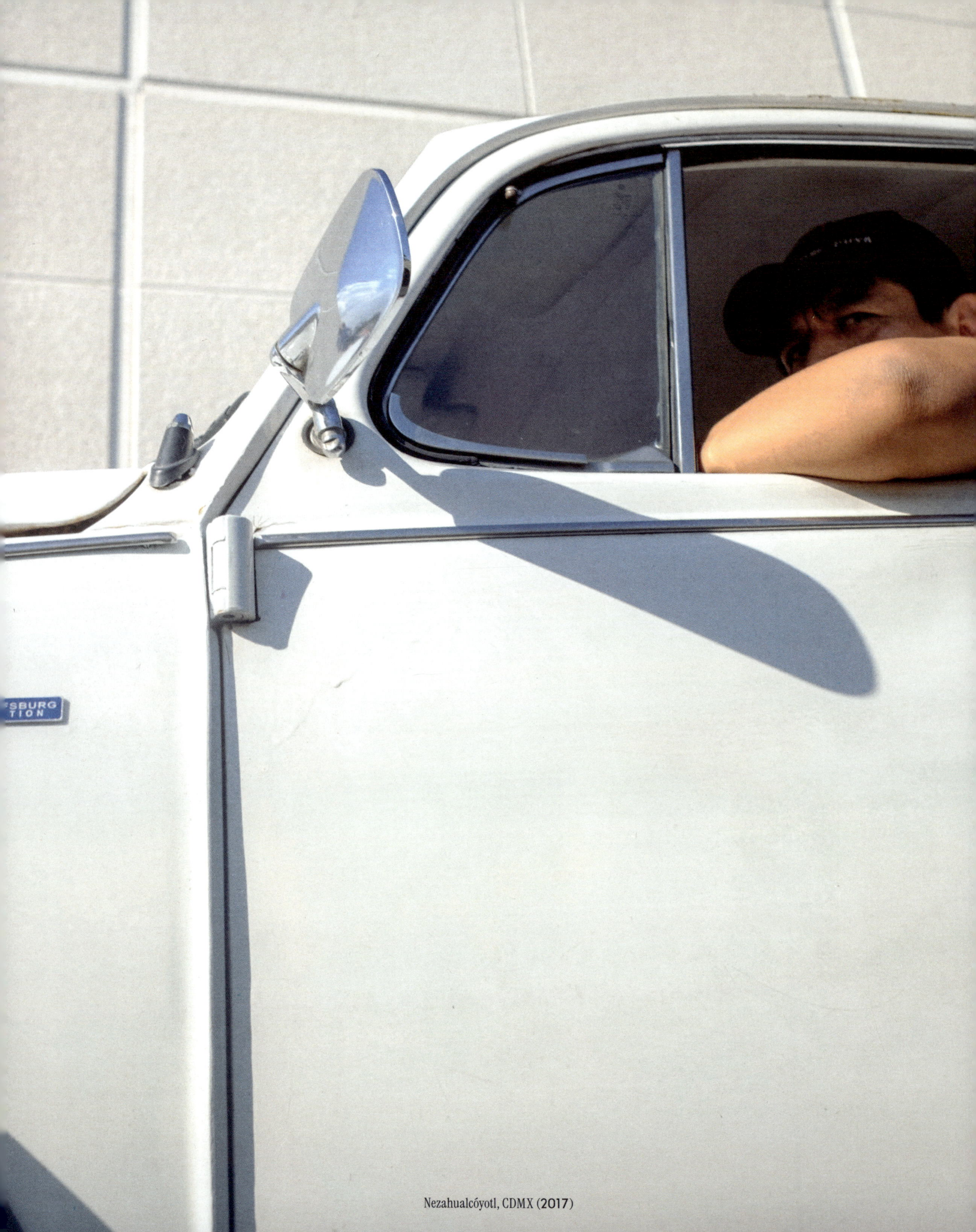

Nezahualcóyotl, CDMX (2017)

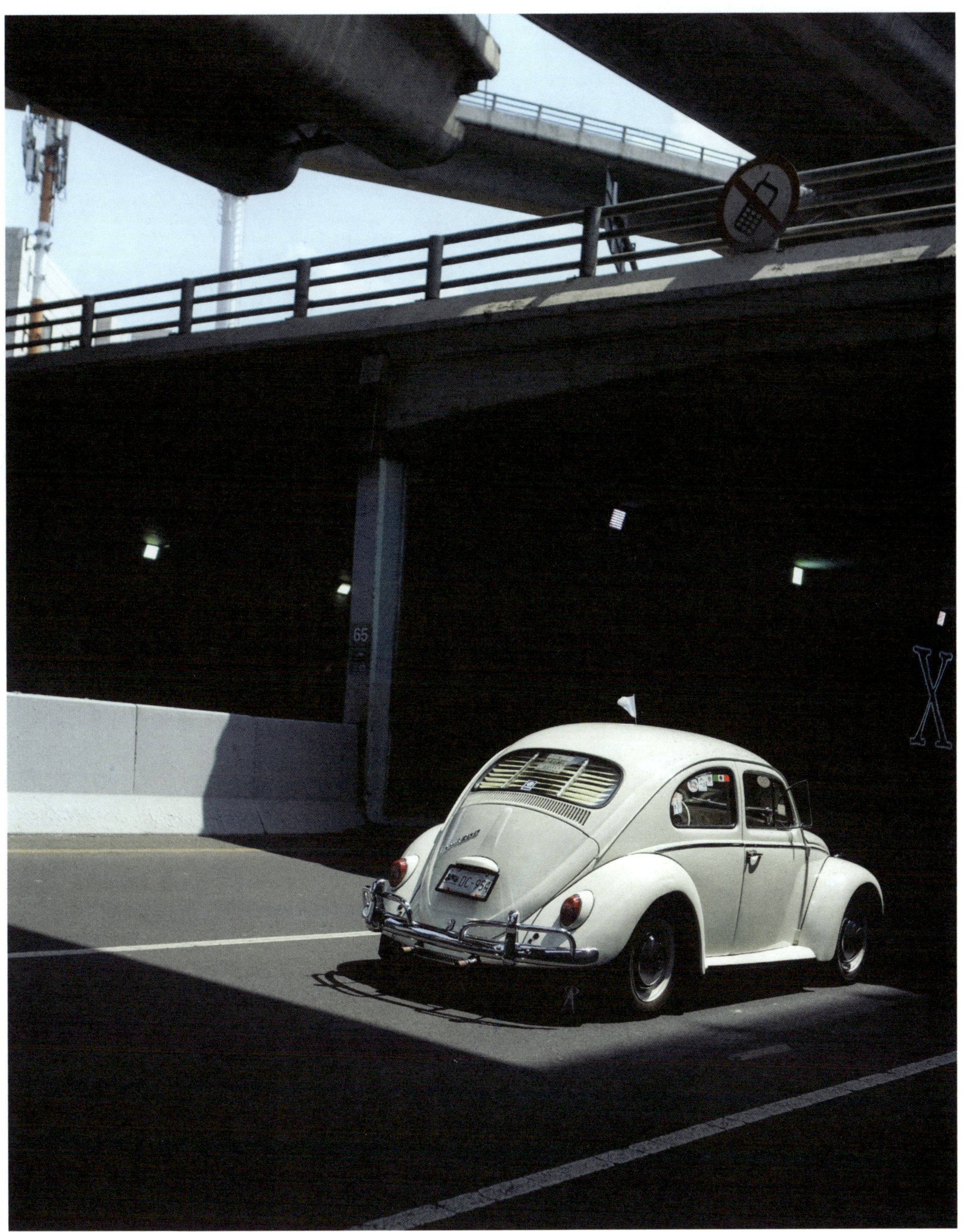

Caravana Vochero, Periférico, CDMX (2019)

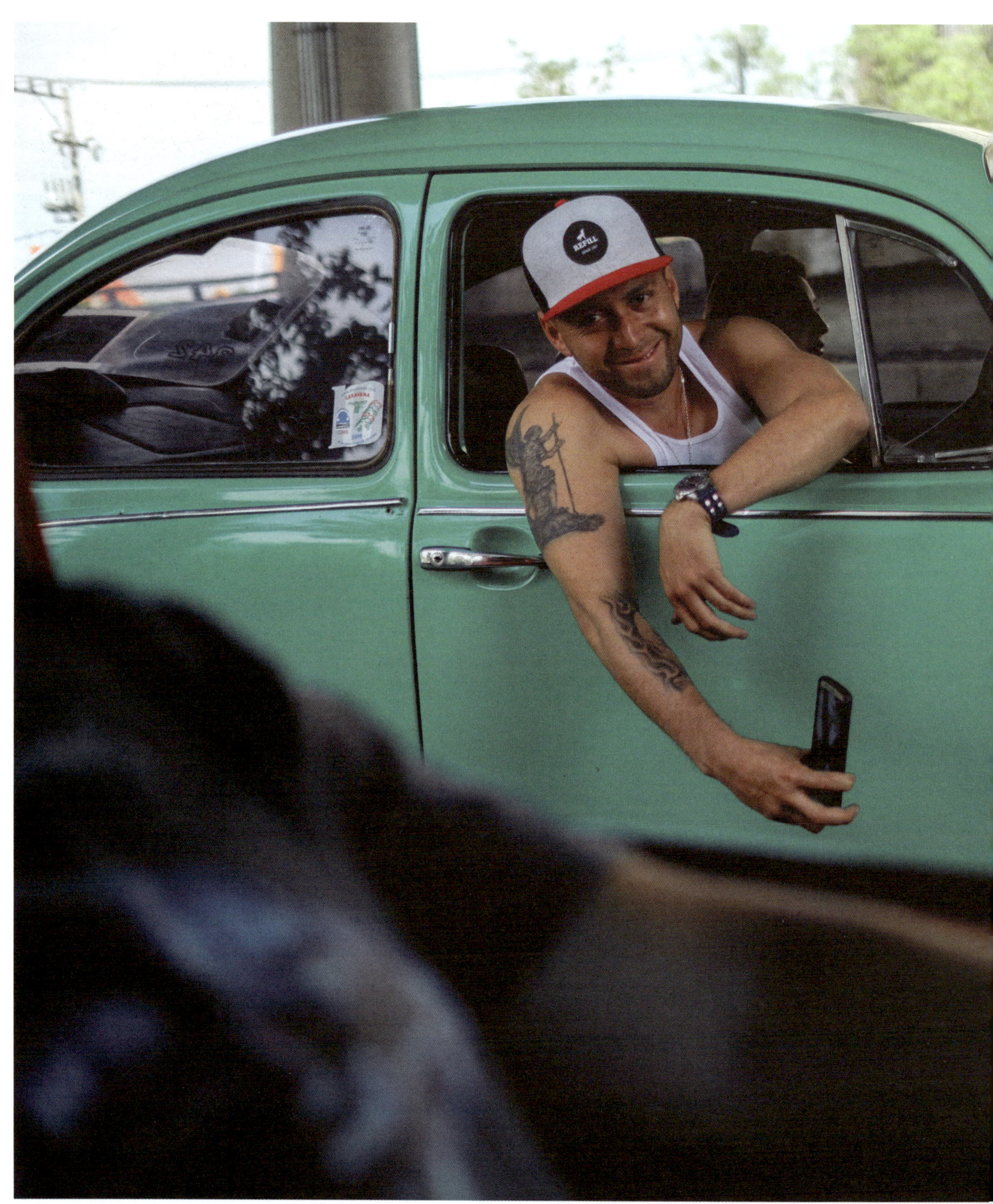

Caravana Vochero, Periférico, CDMX (2019)

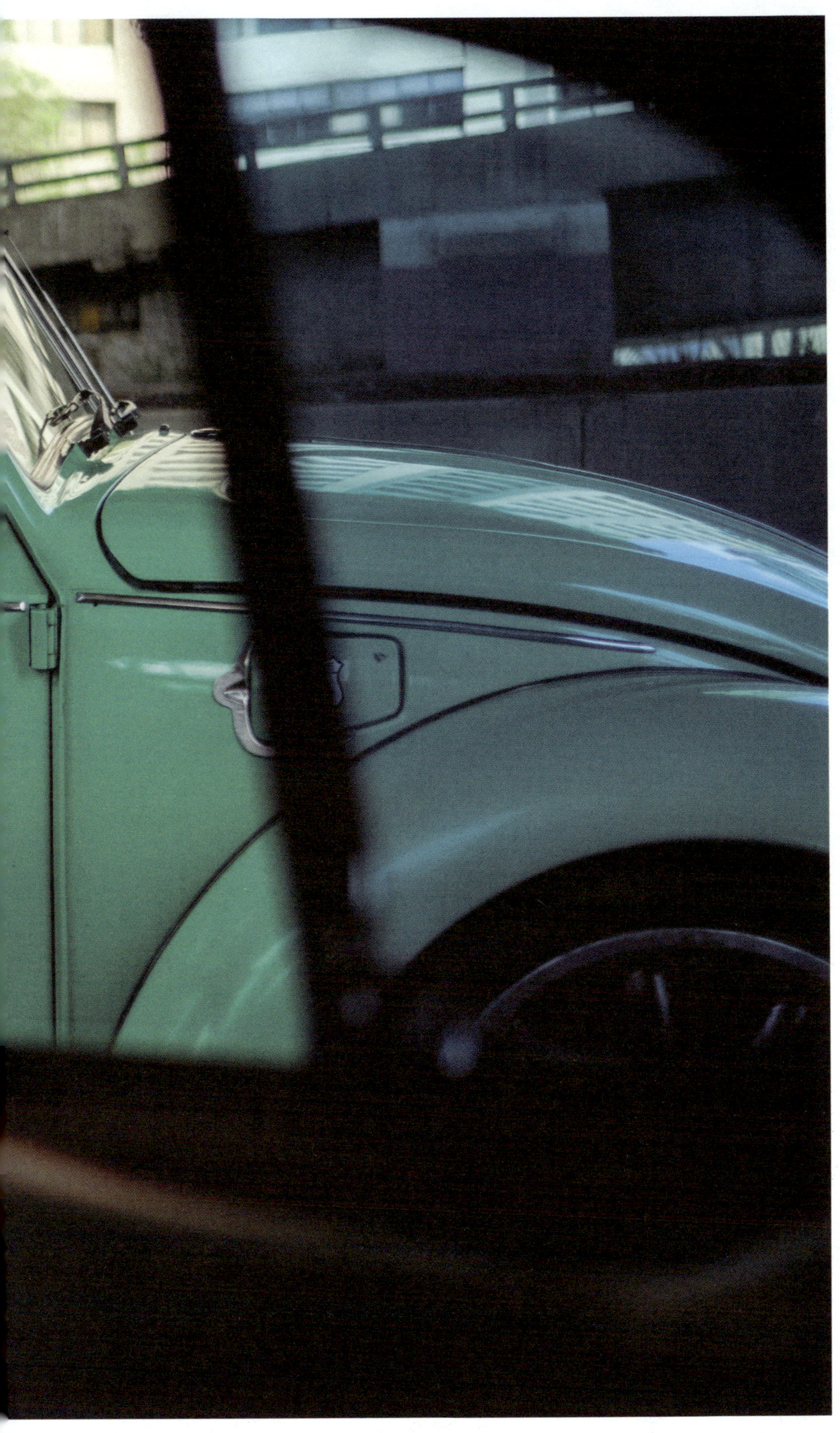

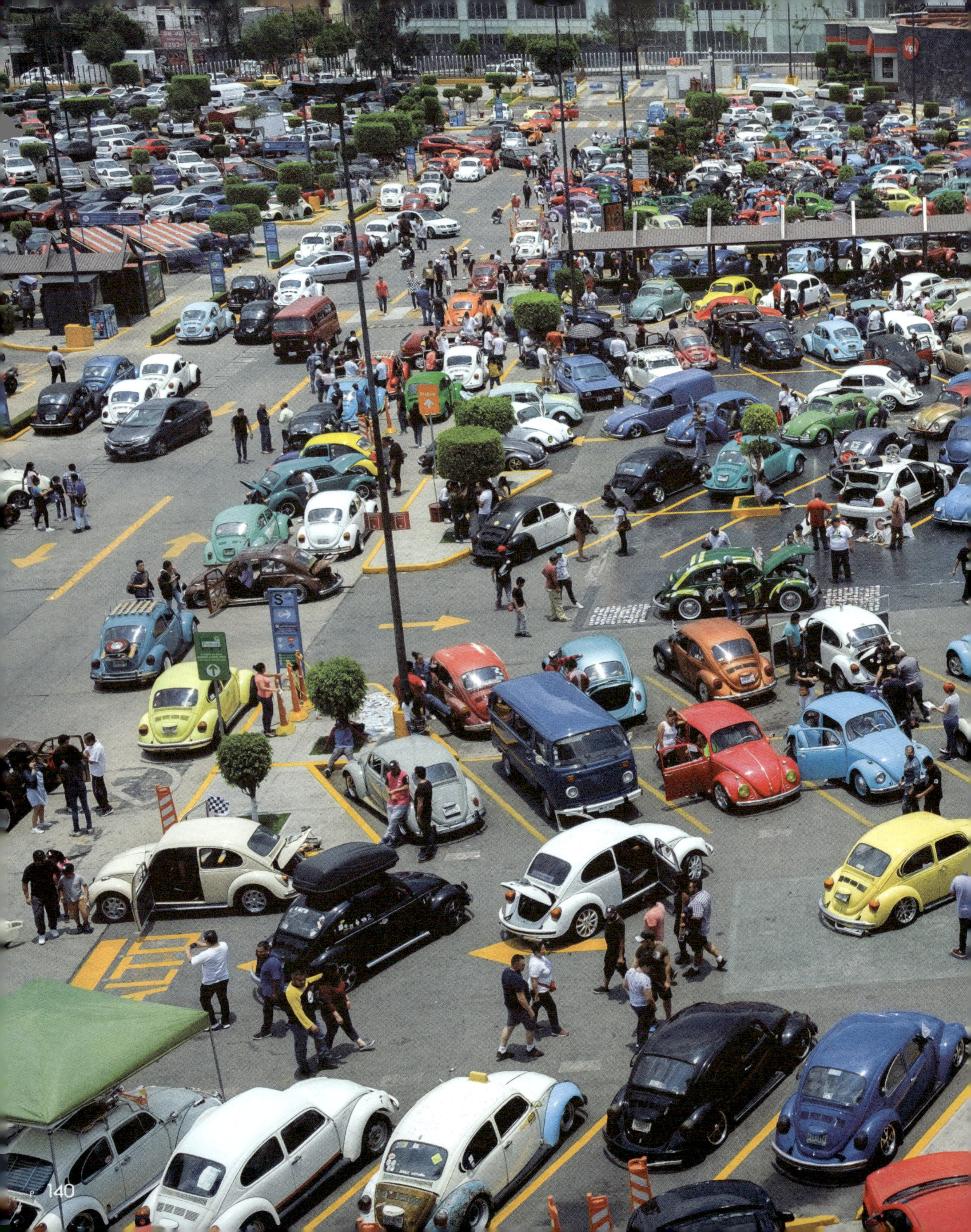

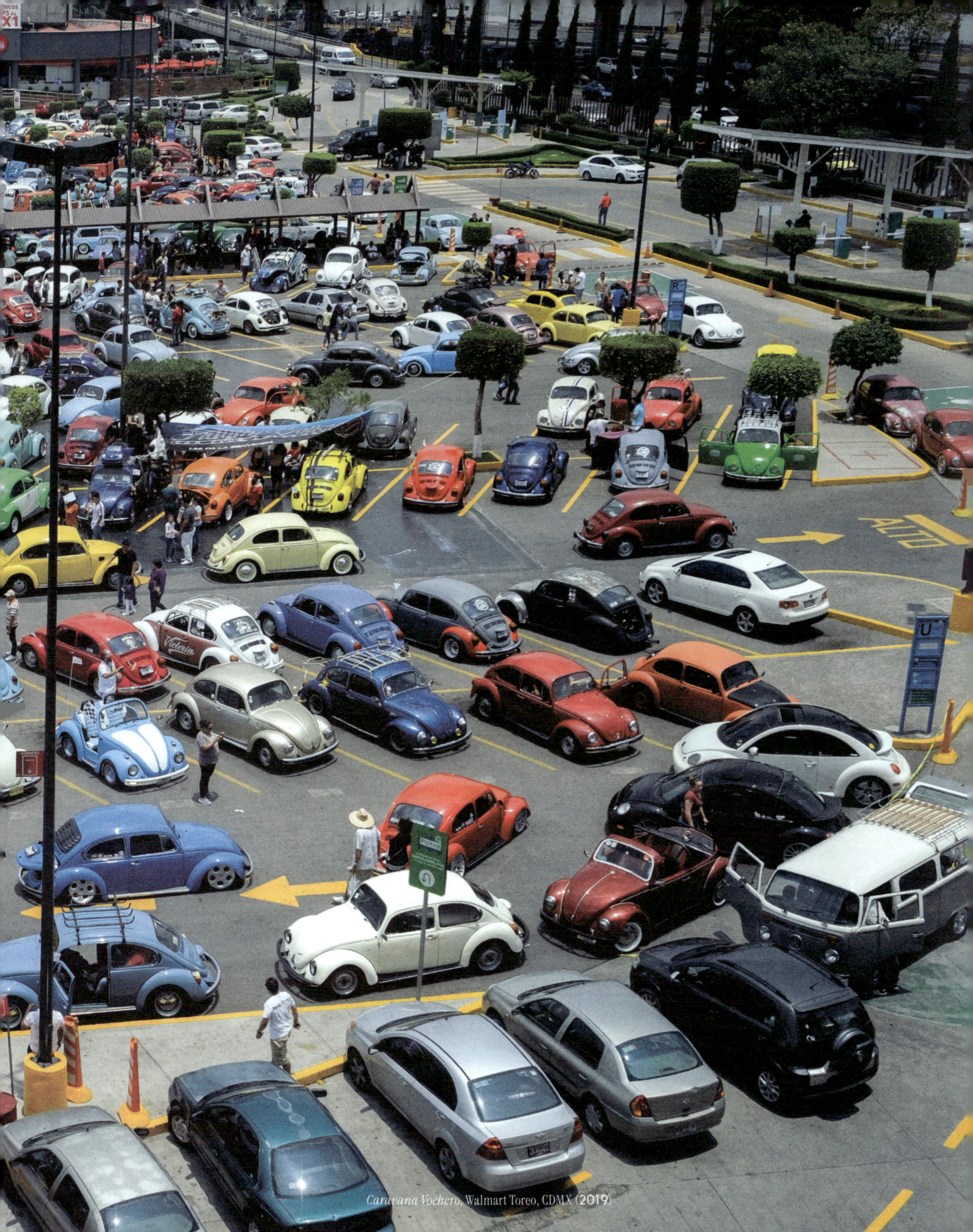

Caravana Vochero, Walmart Toreo, CDMX (2019)

‘LOS VOCHEROS SON LOS GUARDIANES DE LA LLAMA.’

‘VOCHEROS ARE KEEPERS OF THE FLAME.’

Nezahualcóyotl, CDMX (2017)

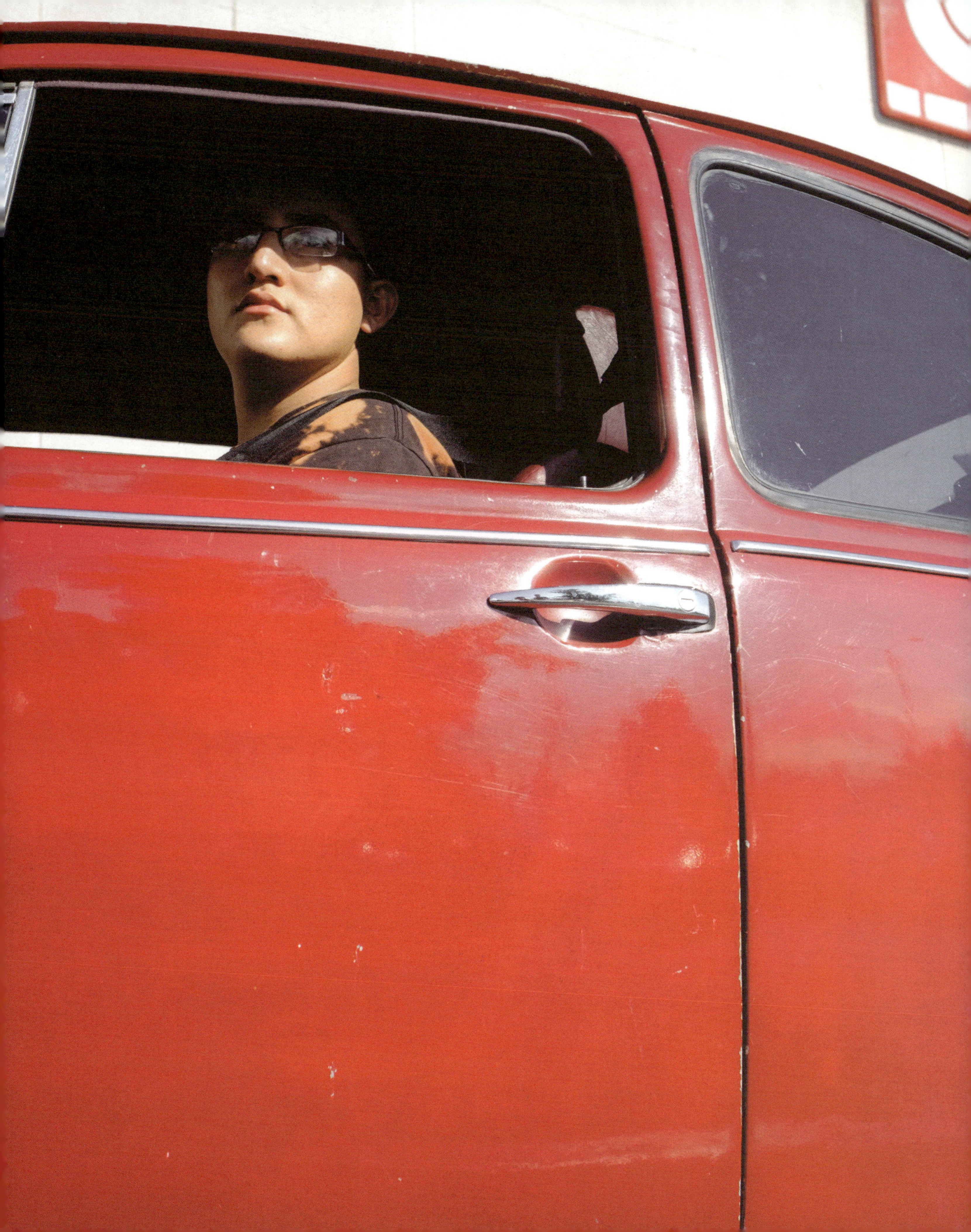

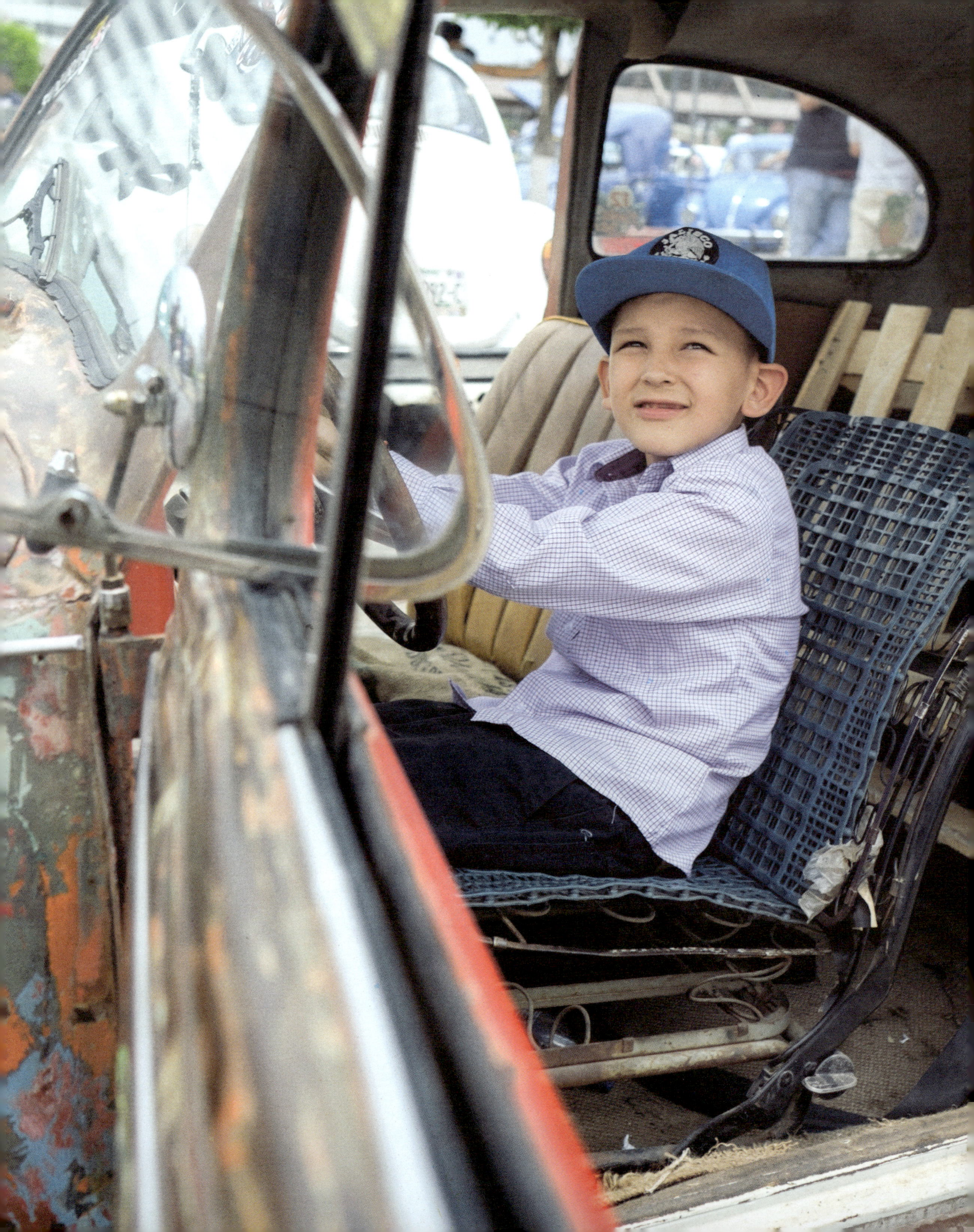

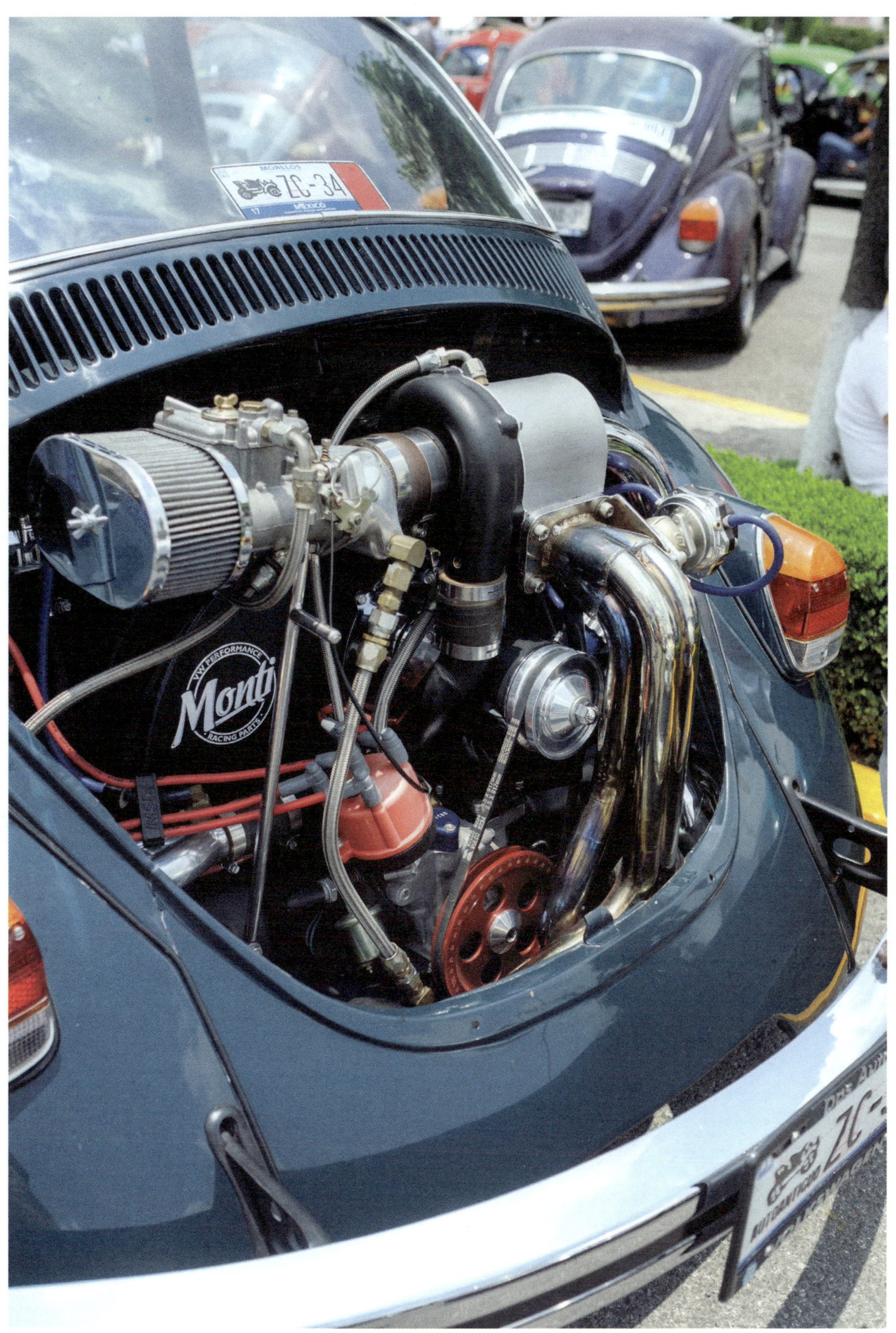

Caravana Vochero, Walmart Toreo, CDMX (2019)

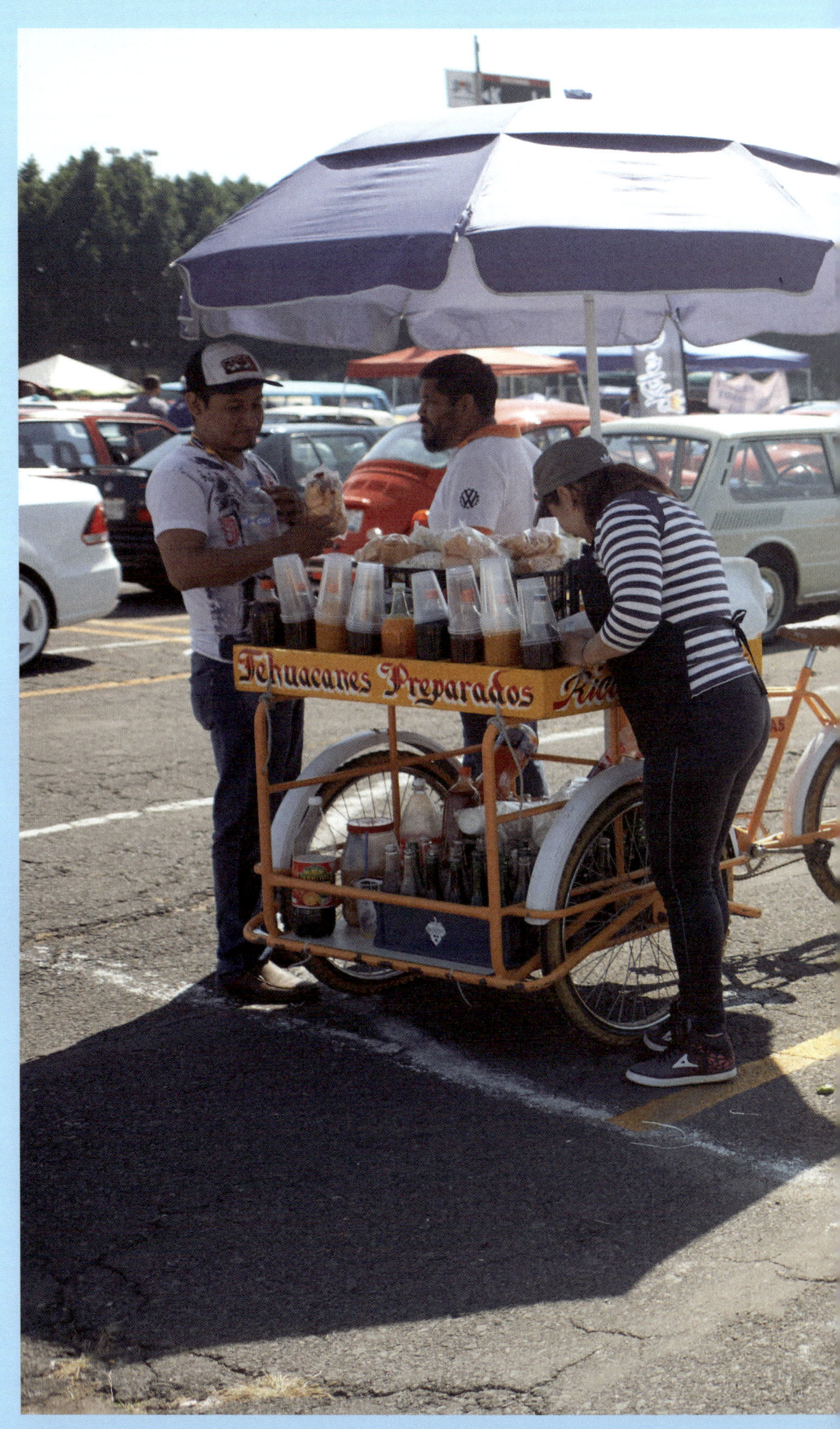

Xochivolks, Estadio Azteca, CDMX (2017)

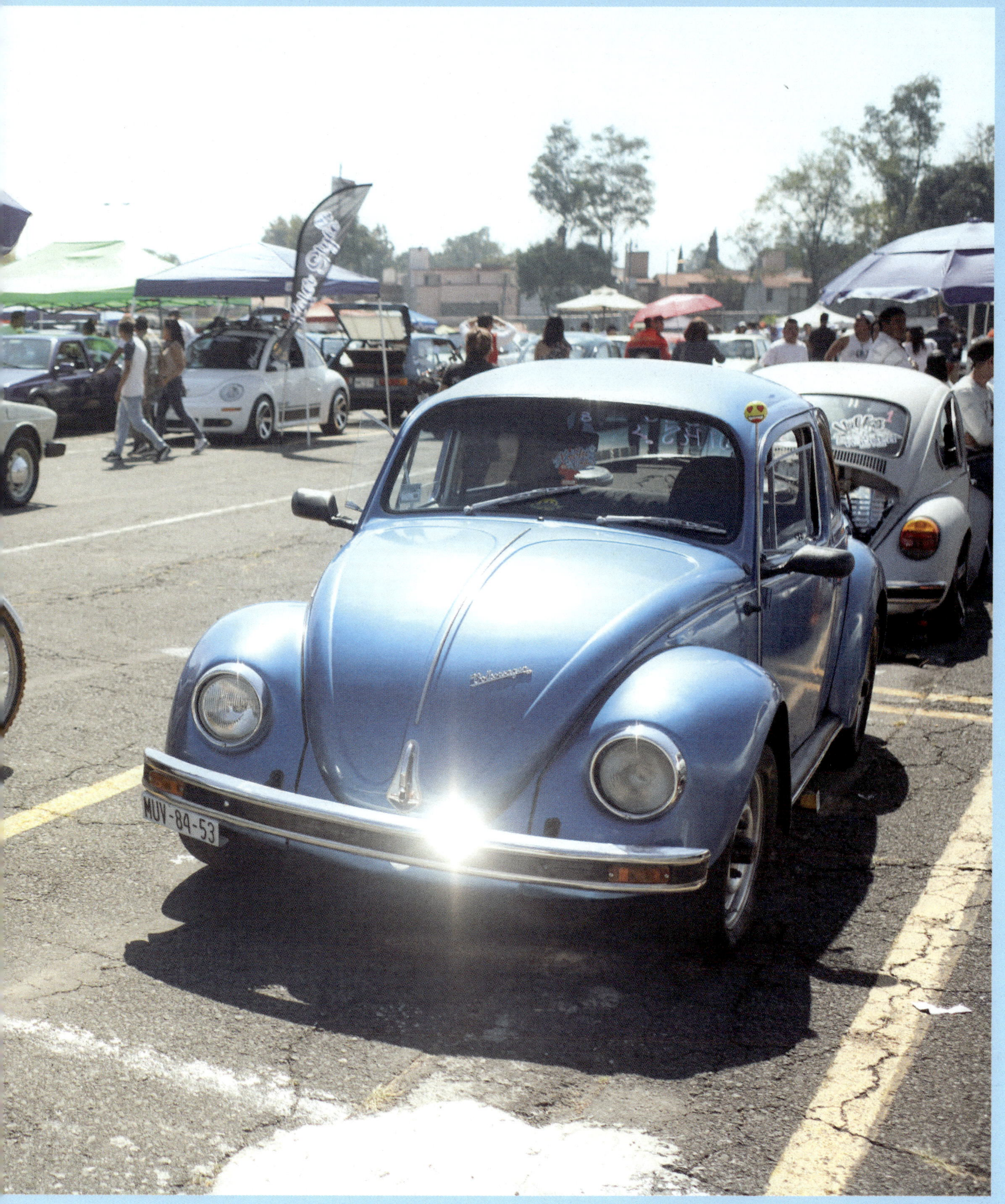
MUV-84-53

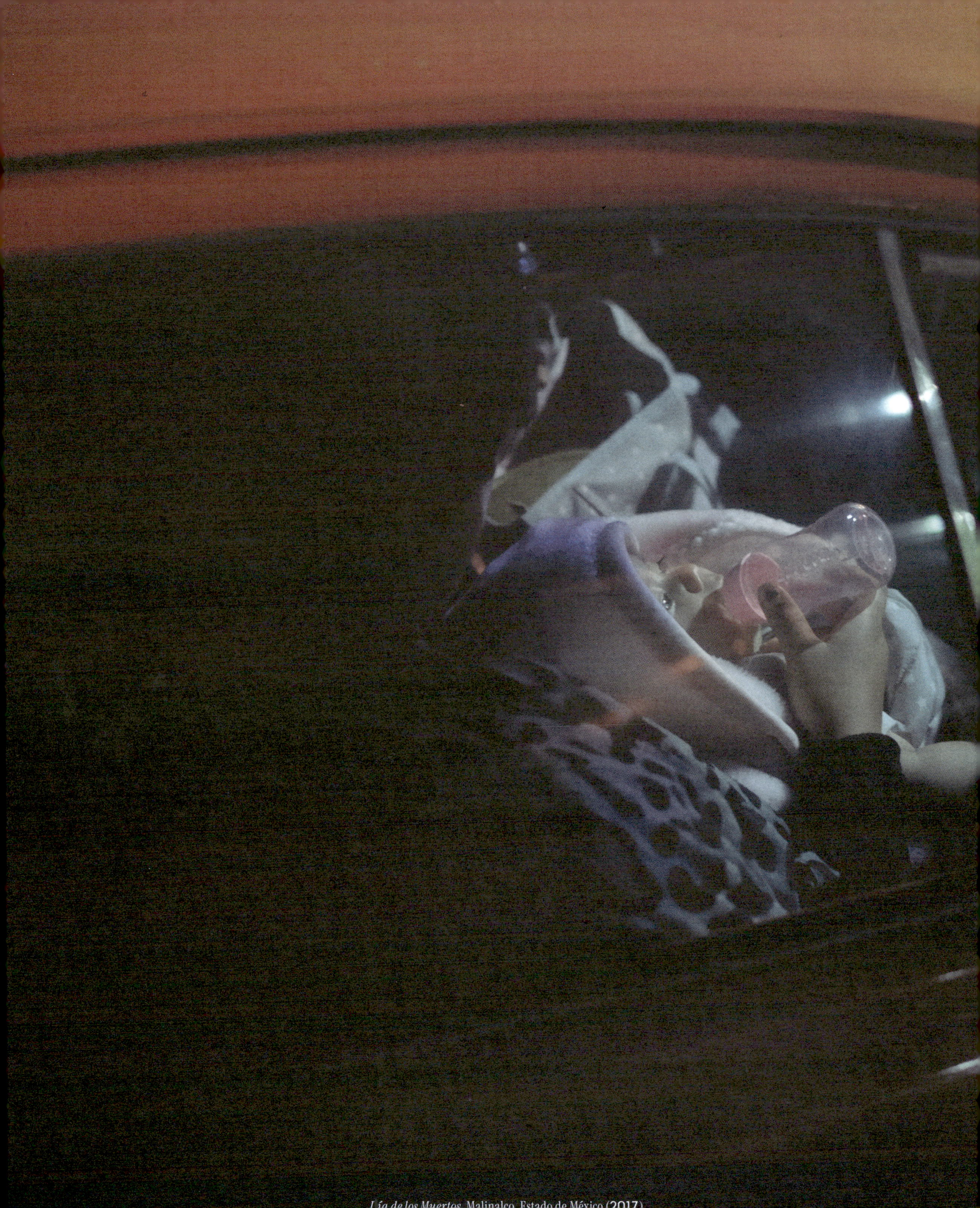

Día de los Muertos, Malinalco, Estado de México (2017)

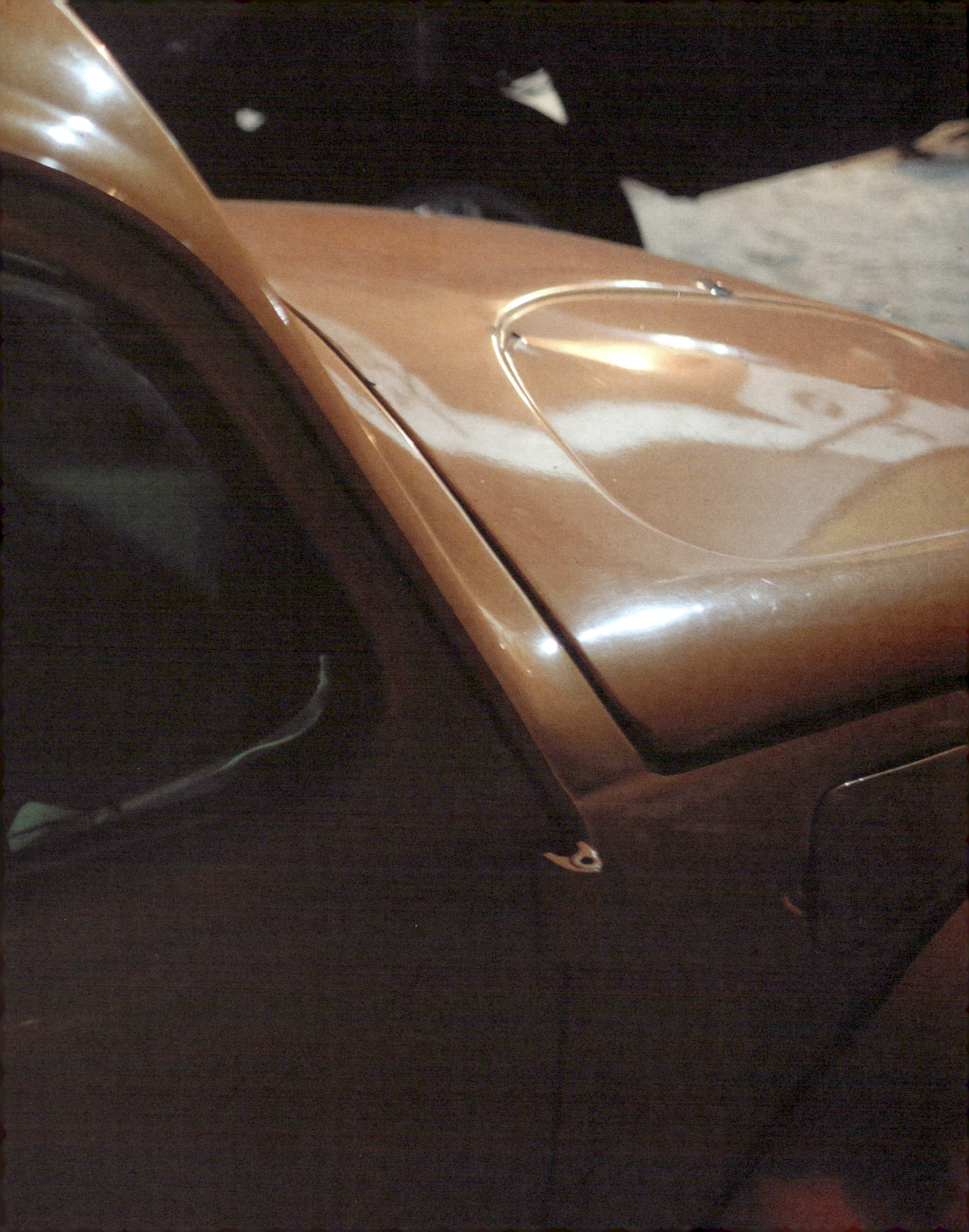

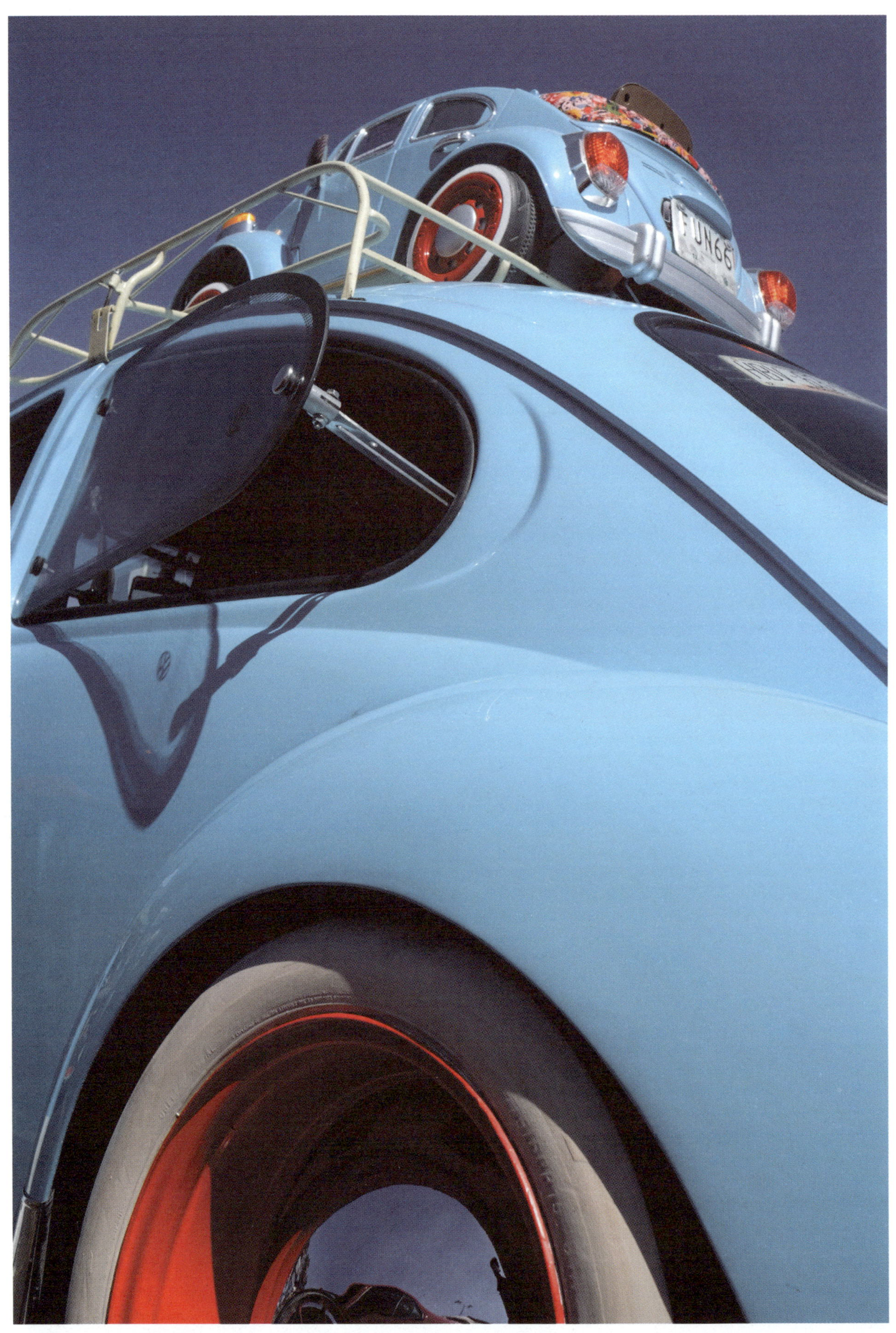

Xochivolks, Estadio Azteca, CDMX (2017)

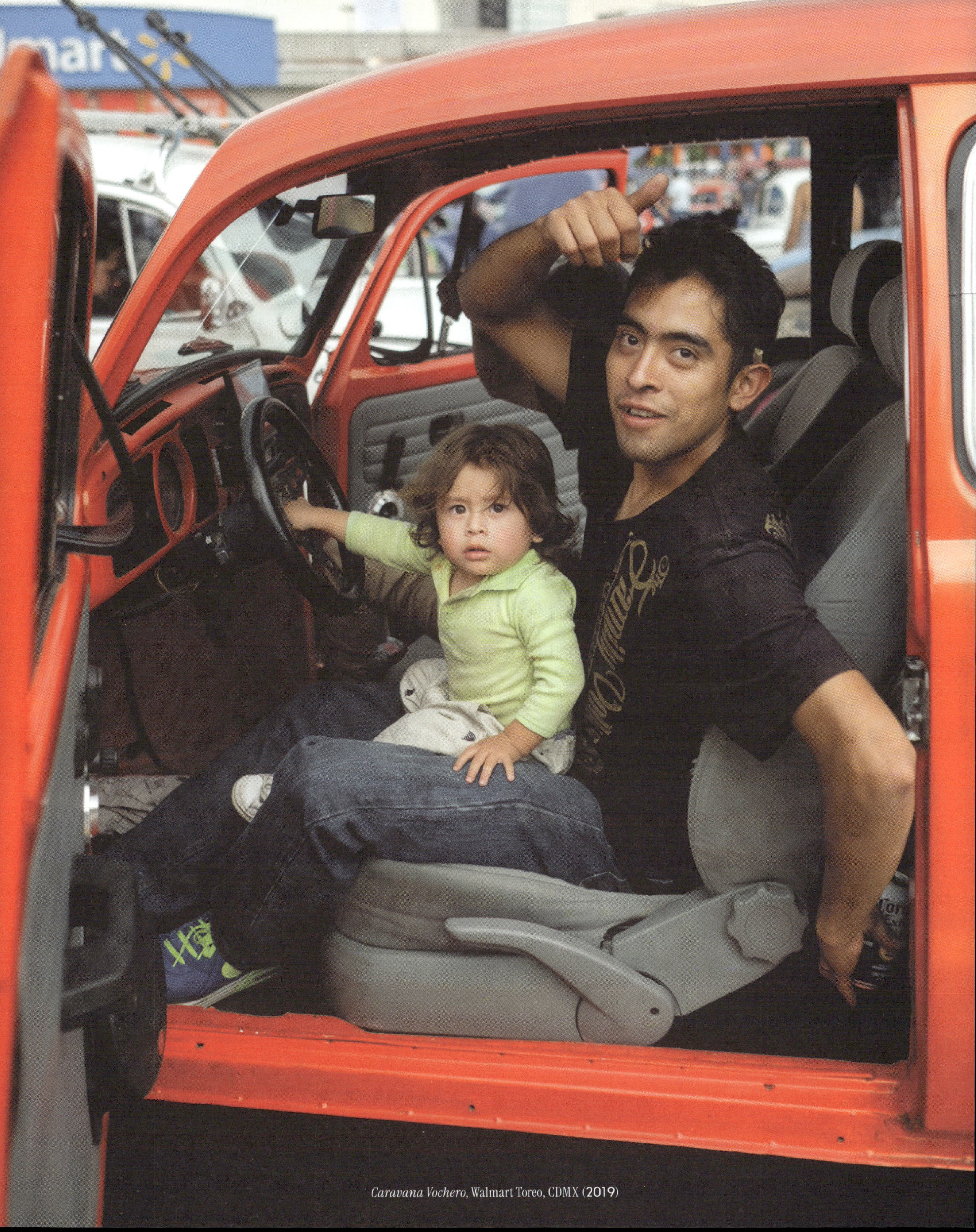

Caravana Vochero, Walmart Toreo, CDMX (2019)

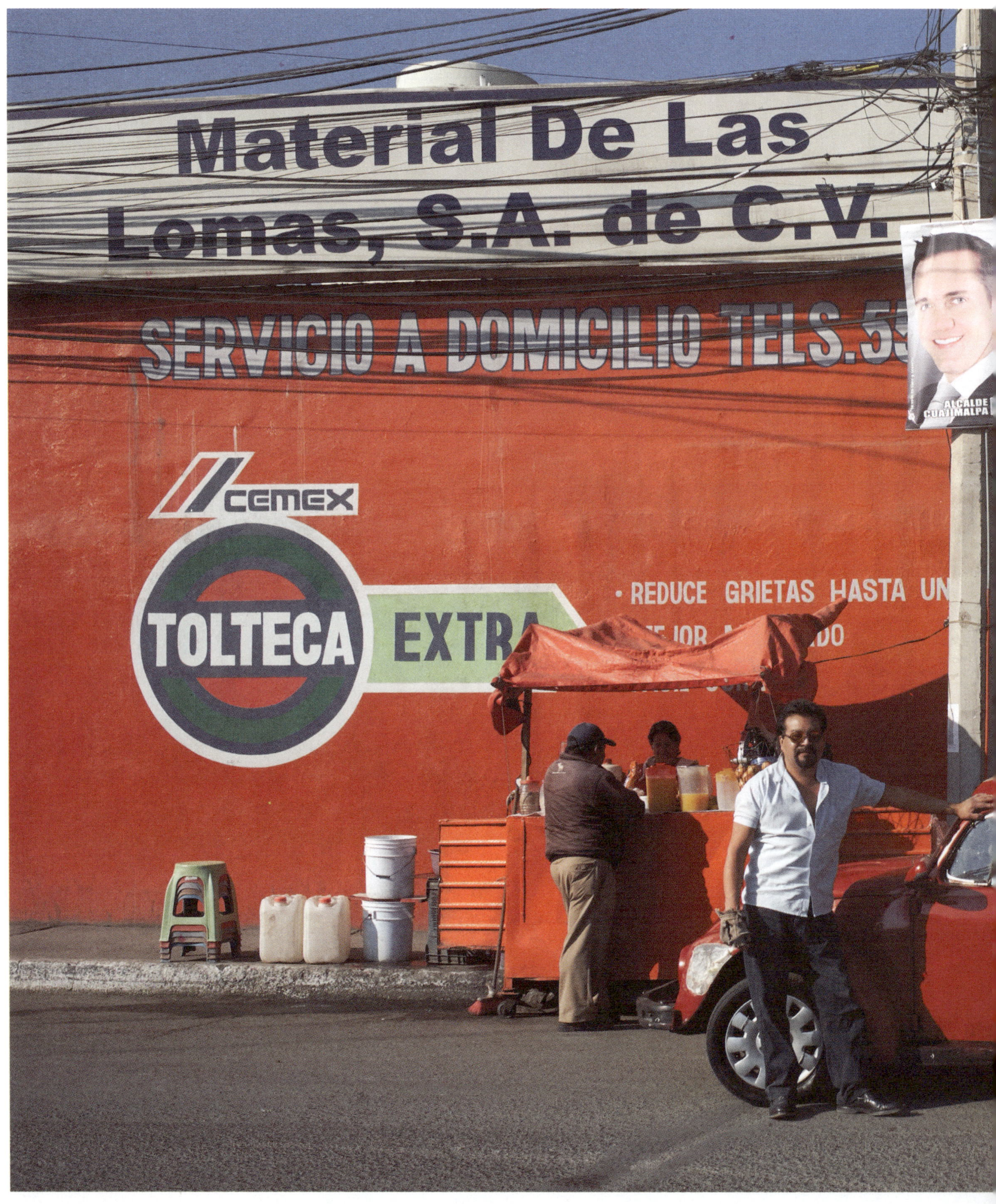
Material De Las
Lomas, S.A. de C.V.
SERVICIO A DOMICILIO TELS.
CEMEX
TOLTECA
EXTRA
• REDUCE GRIETAS HASTA UN
ALCALDE
CUAJIMALPA

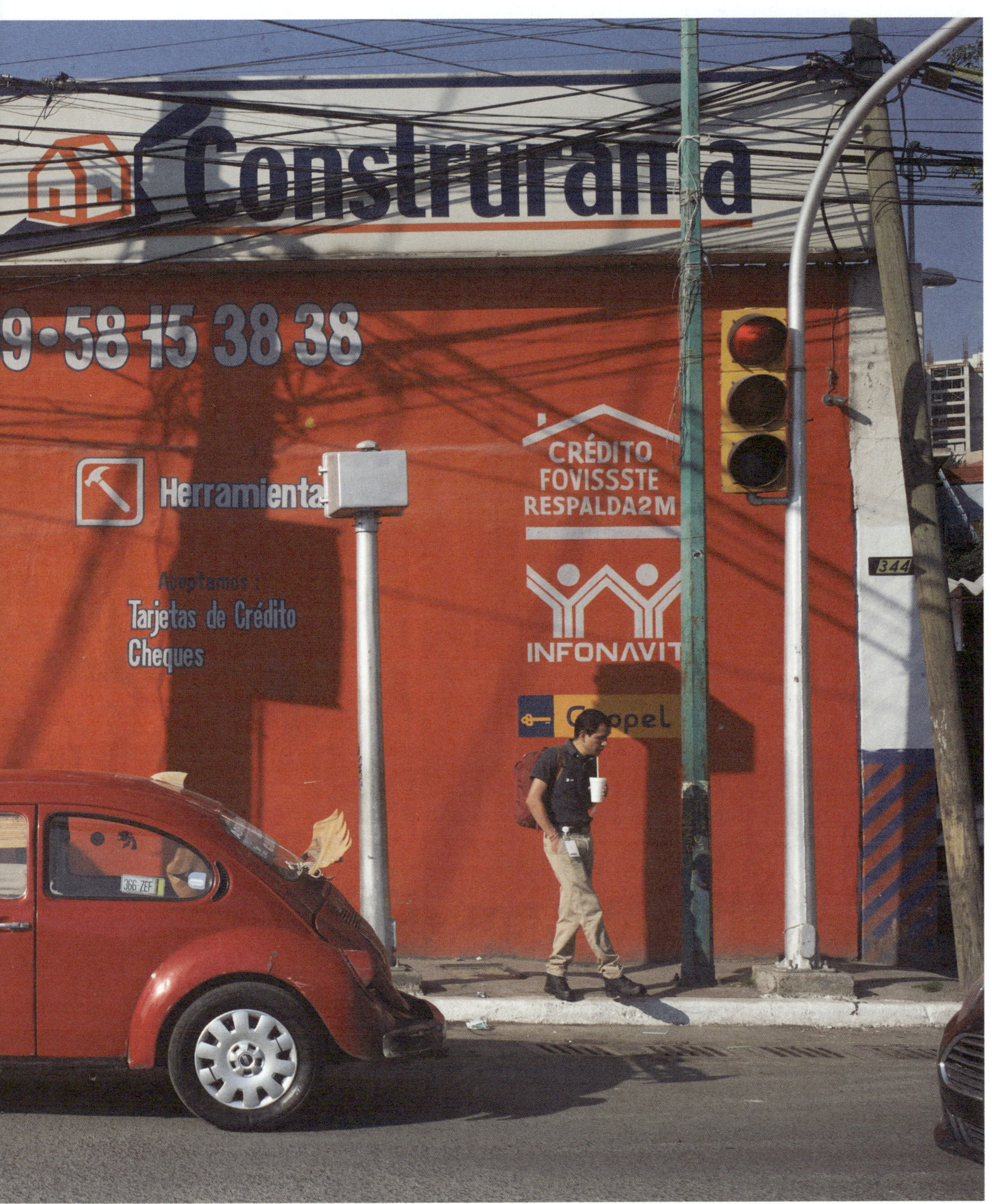

Cuajimalpa, CDMX (2018)

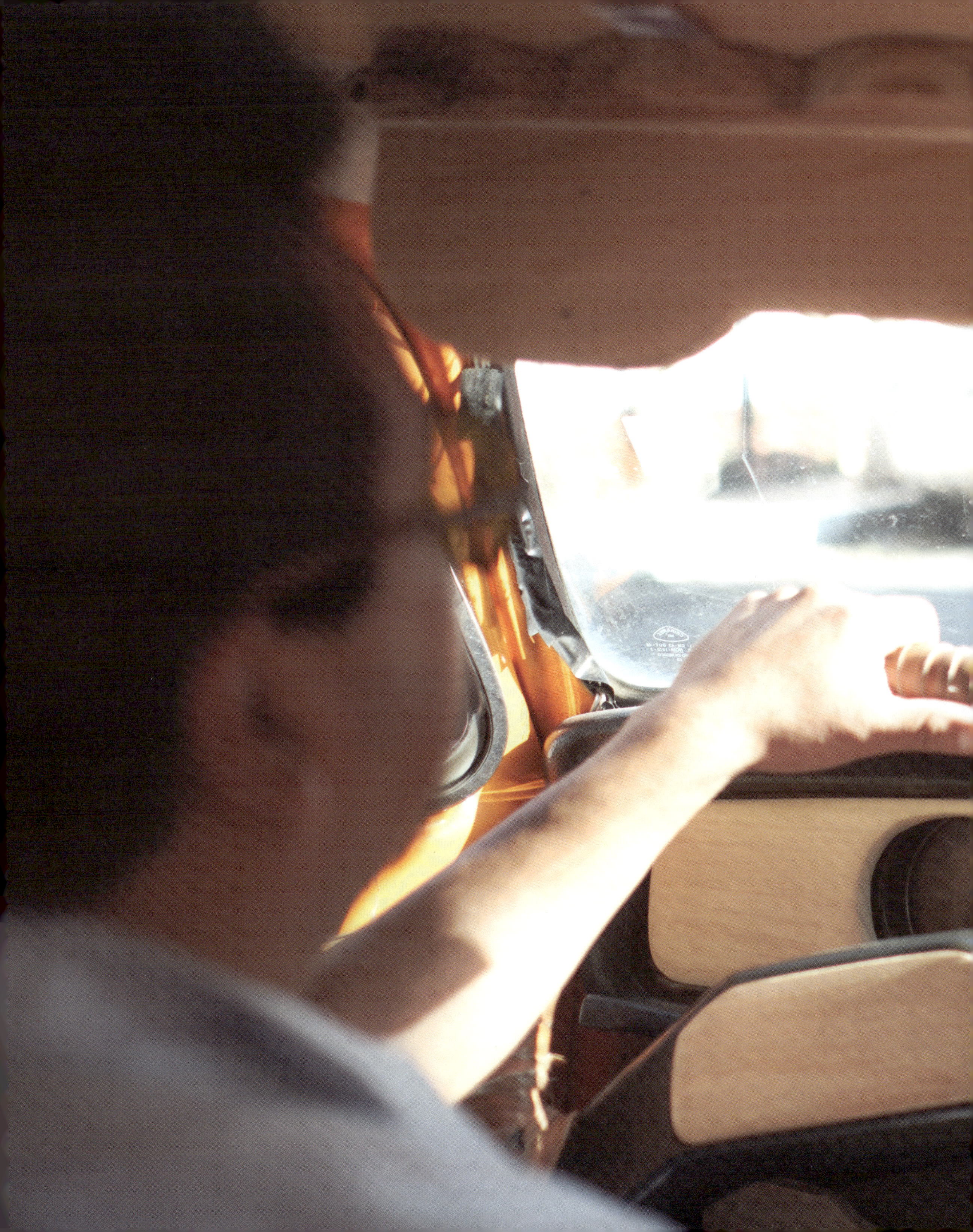

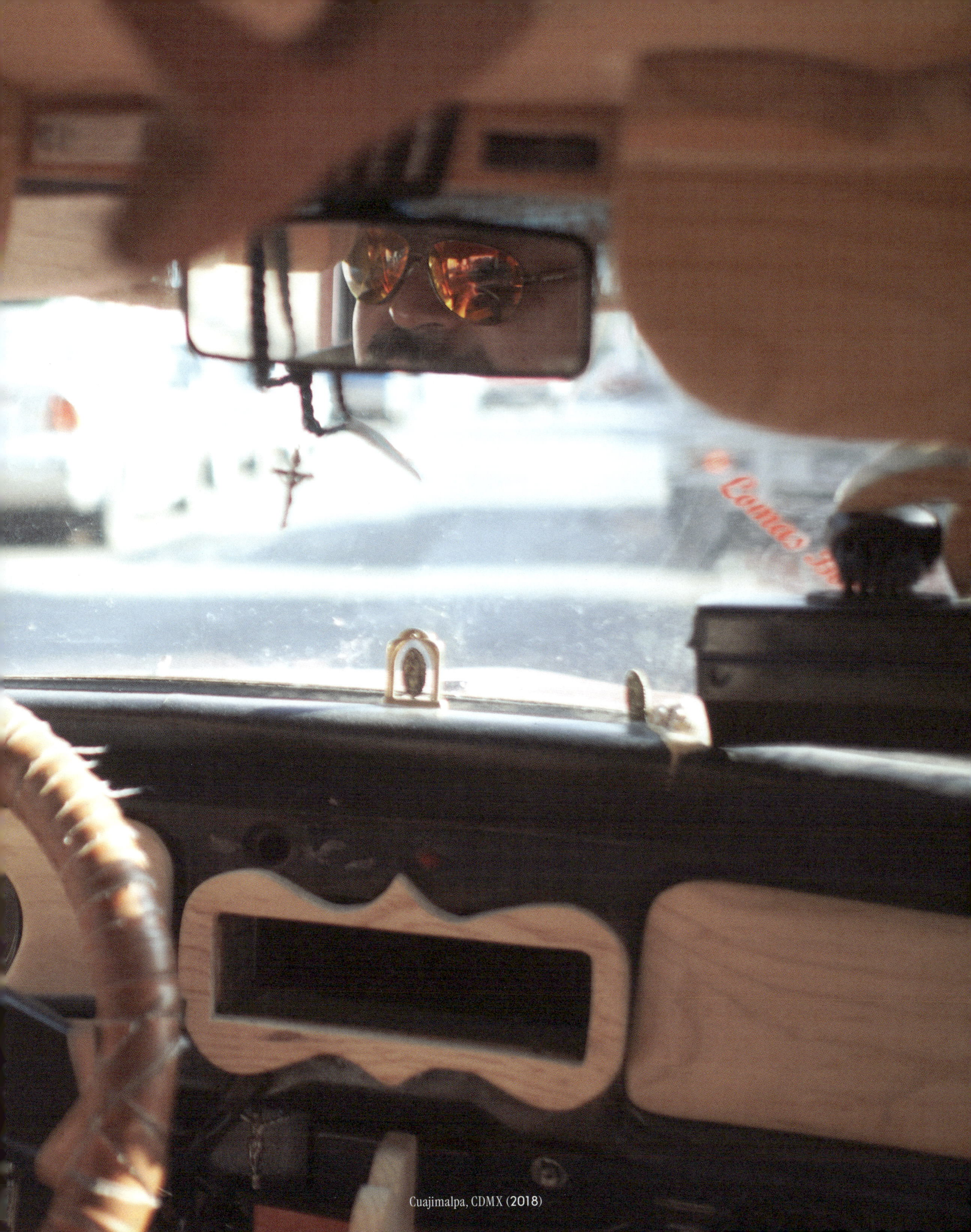

Cuajimalpa, CDMX (2018)

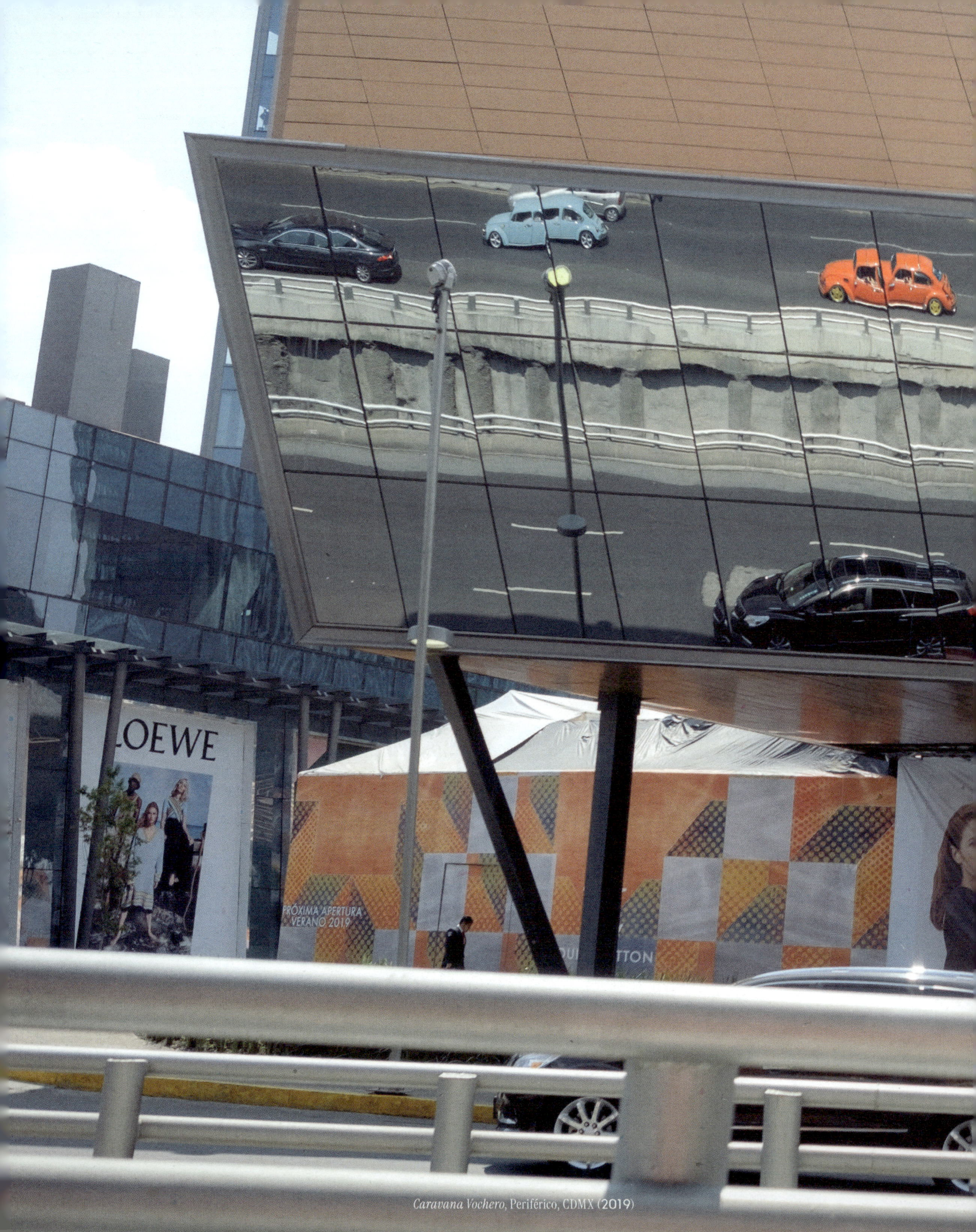

Caravana Vochero, Periférico, CDMX (2019)

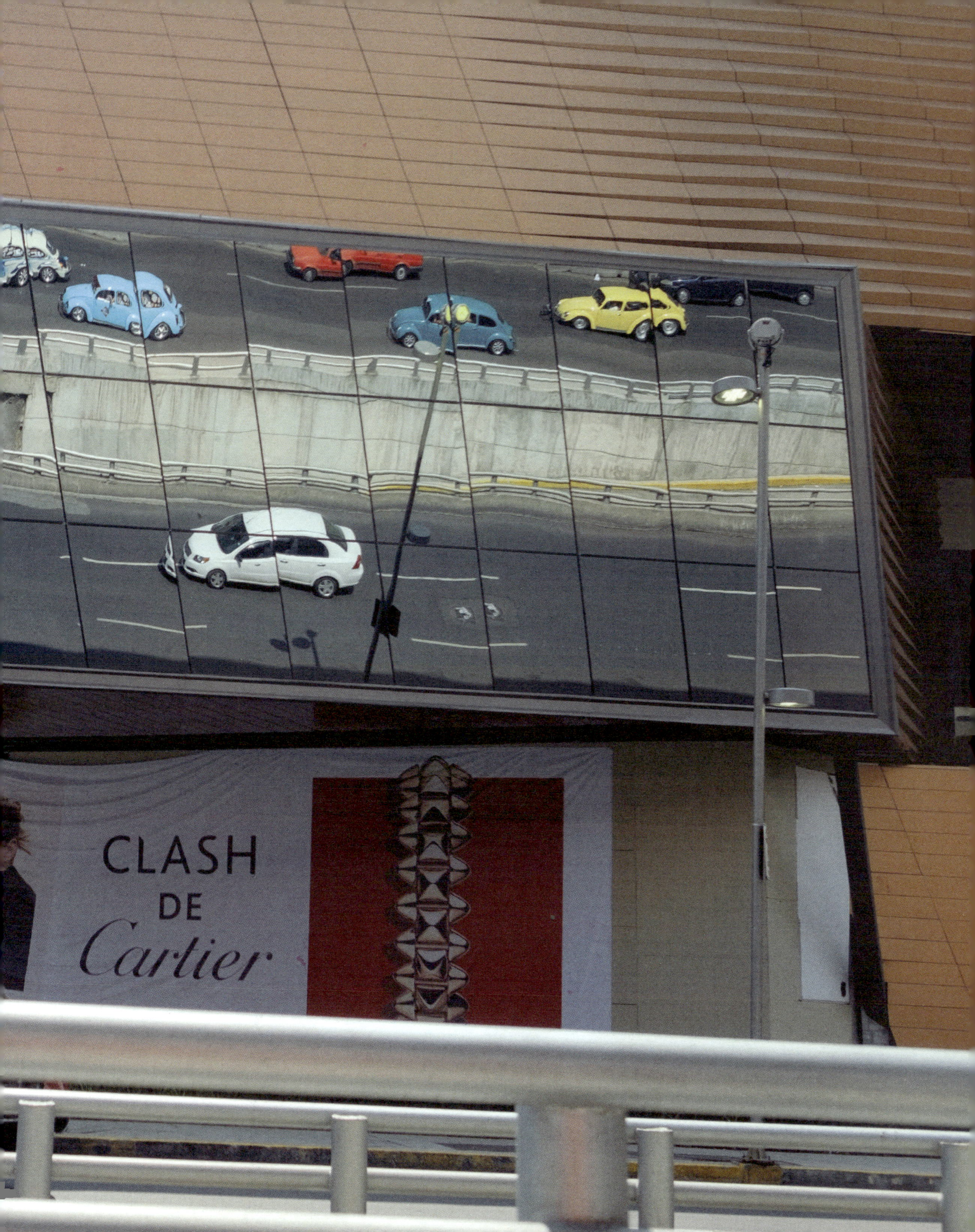
CLASH
DE
Cartier

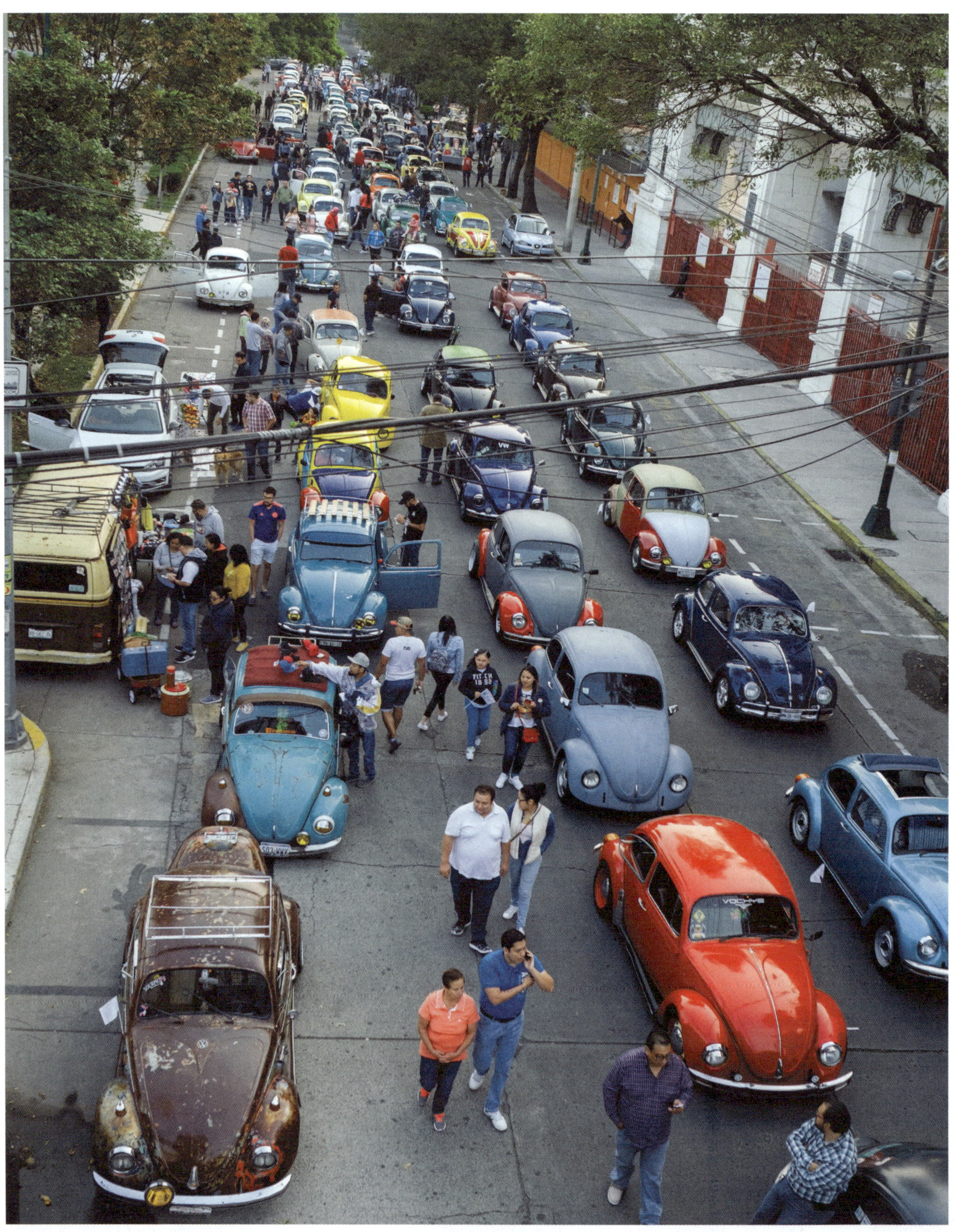

Caravana Vochero, Plaza México, CDMX (2019)

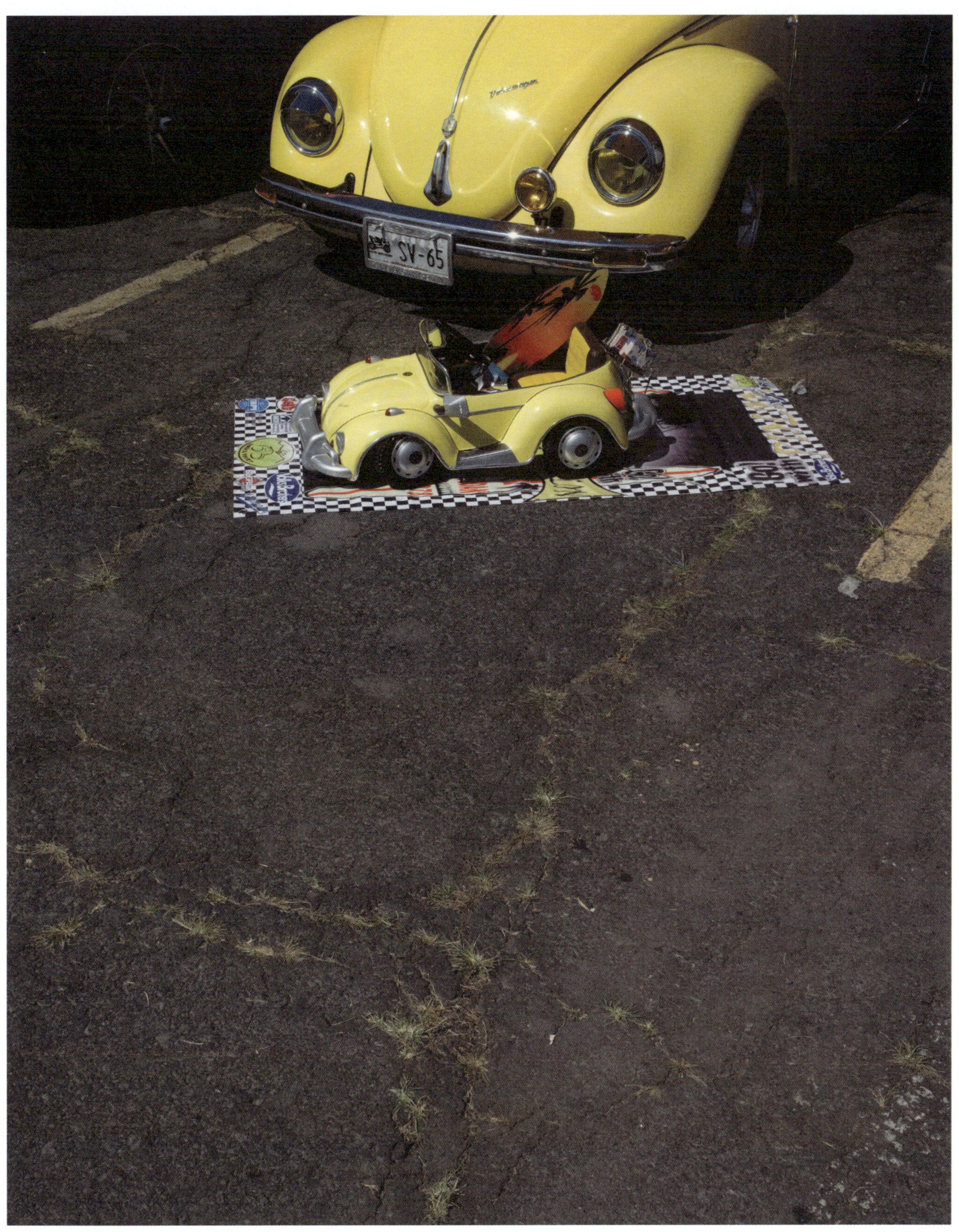

Xochivolks, Estadio Azteca, CDMX 2017)

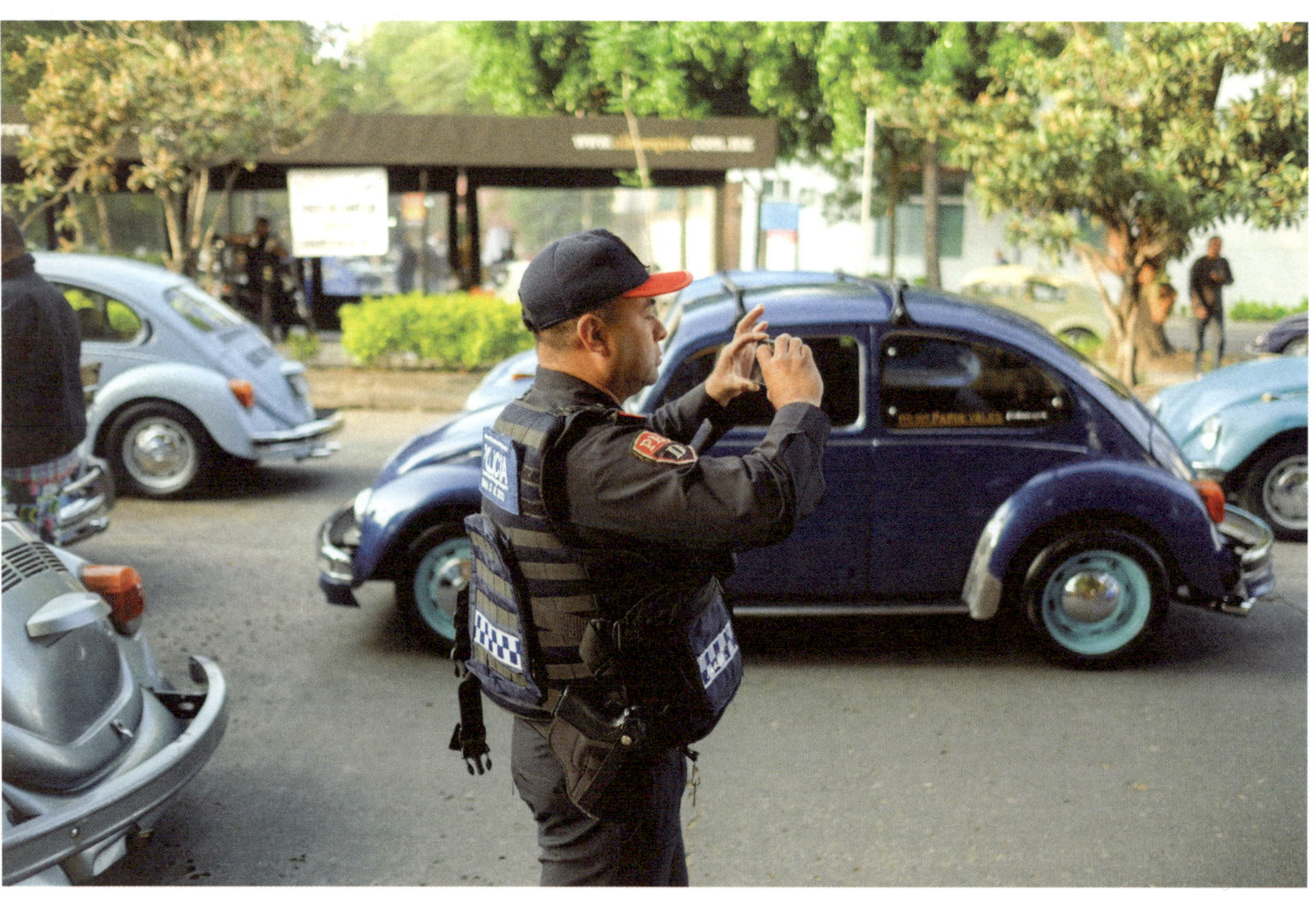

Caravana Vochero, Plaza México, CDMX (2019)

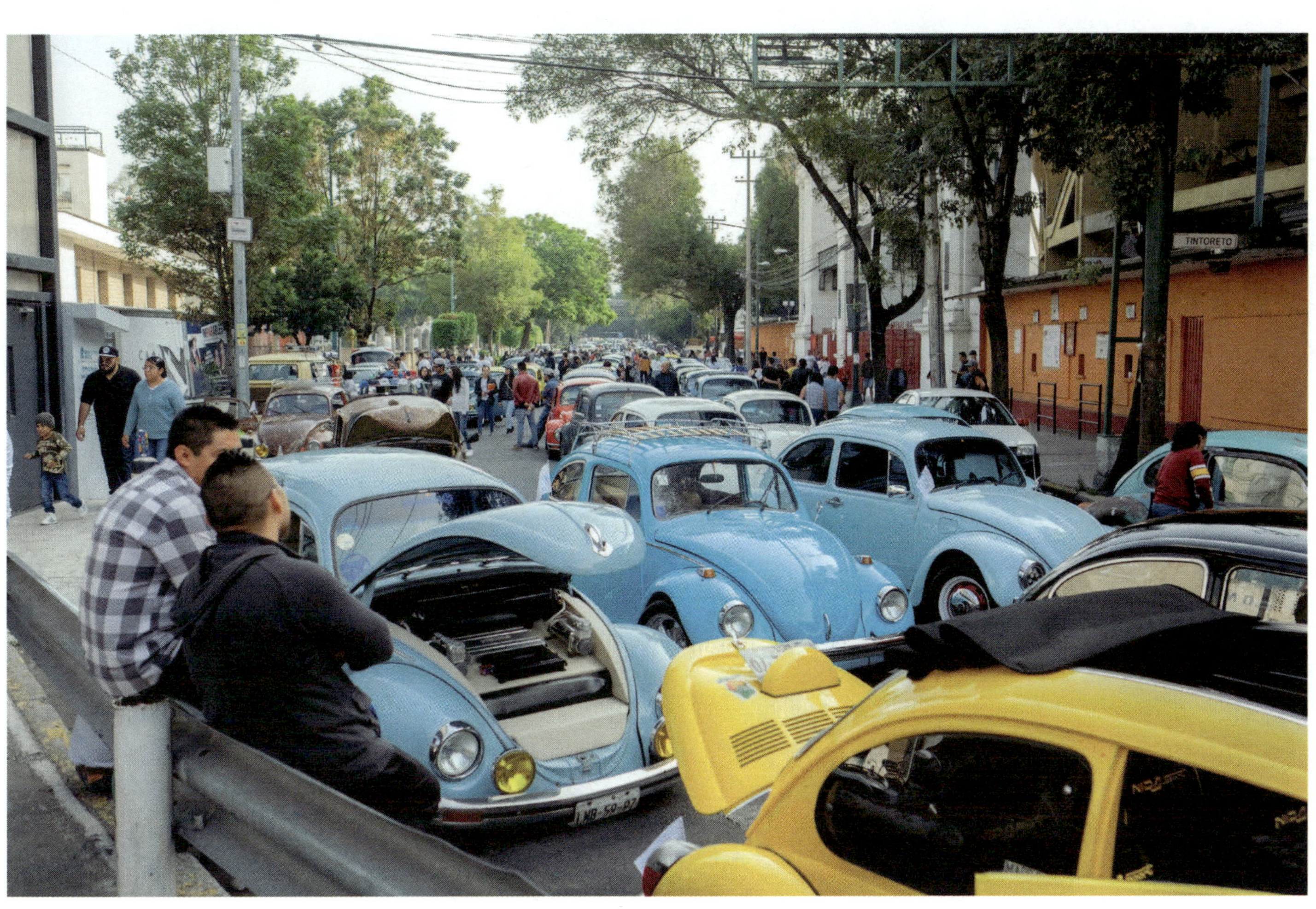
TINTORETO

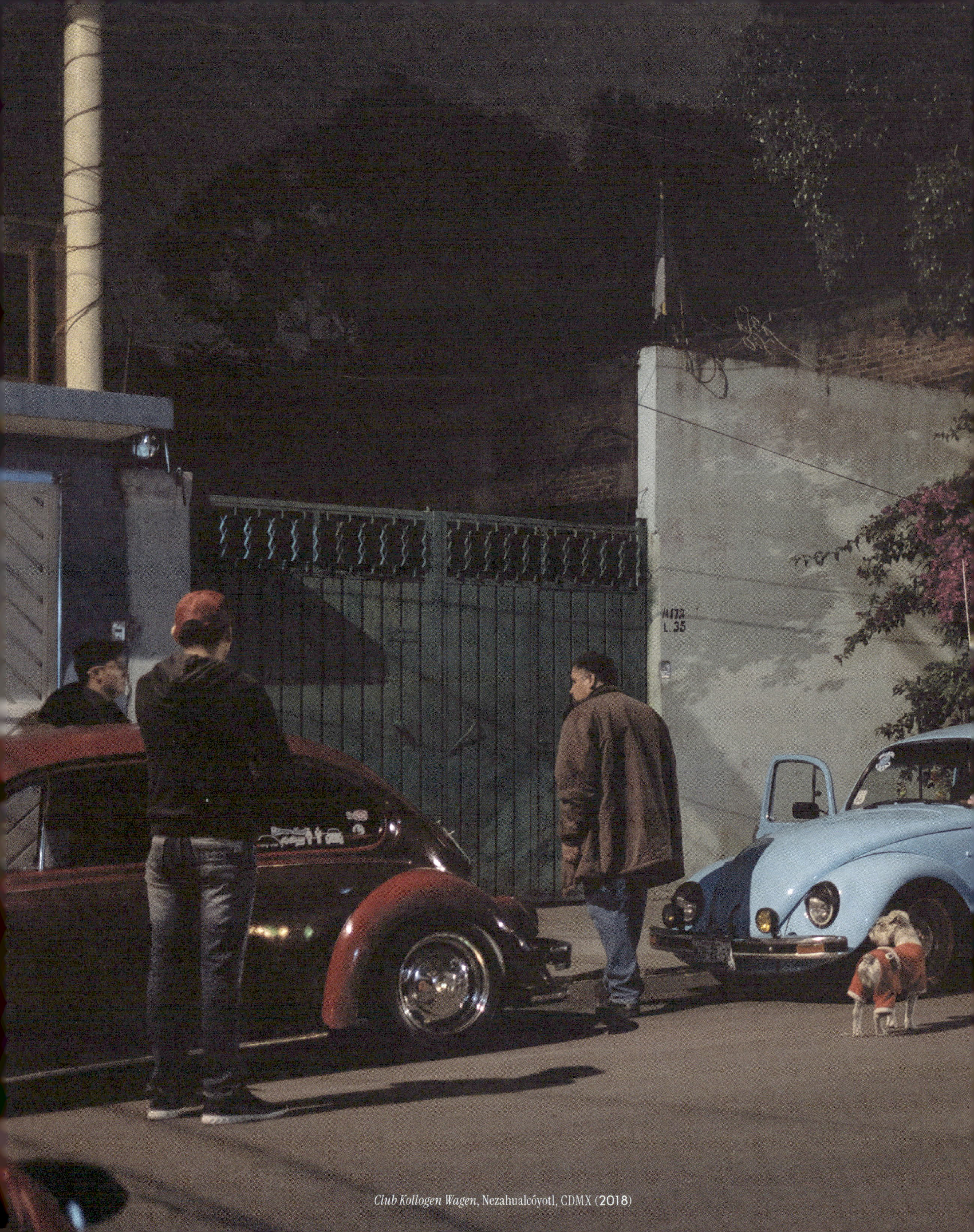

Club Kollogen Wagen, Nezahualcóyotl, CDMX (2018)

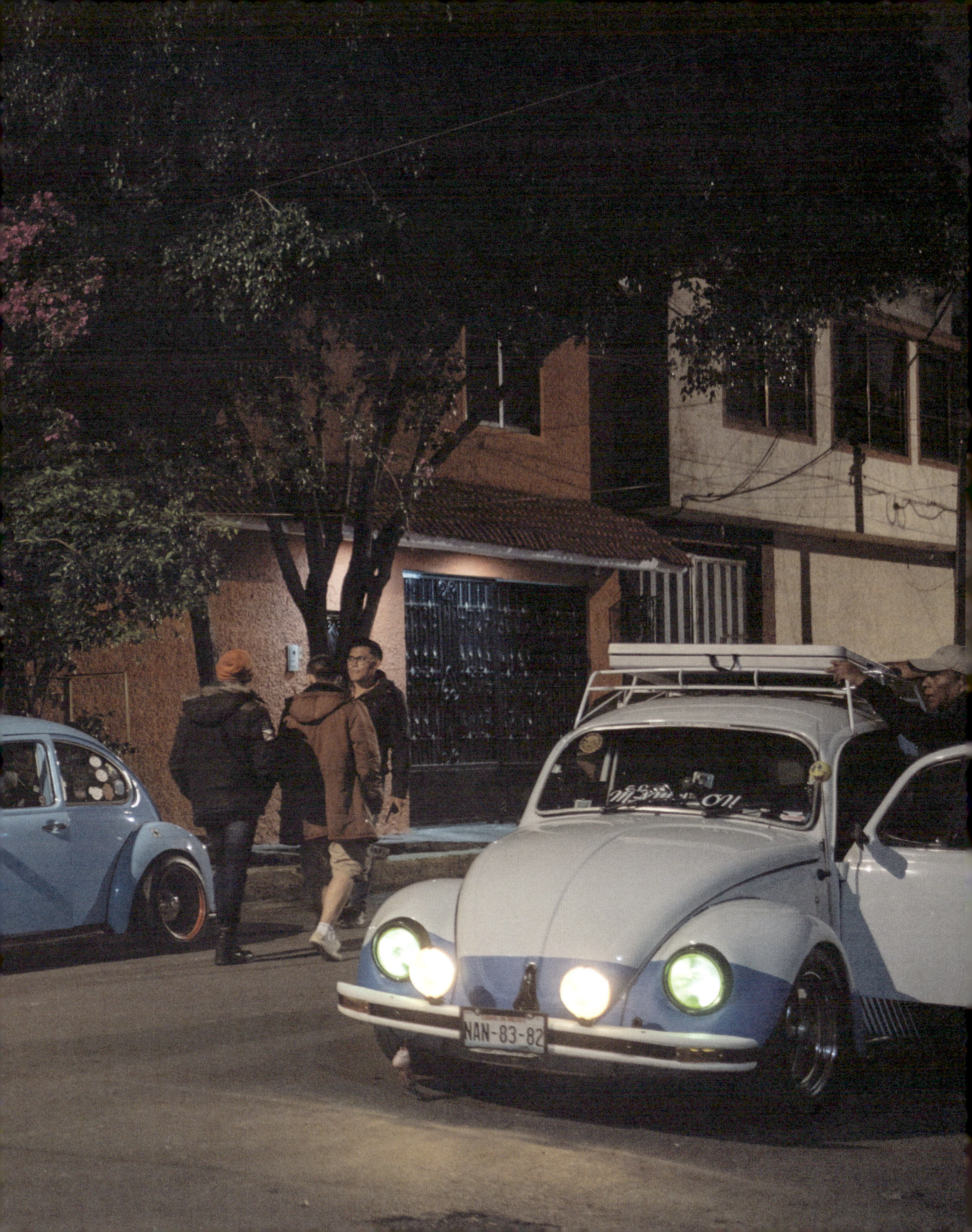
NAN-83-82

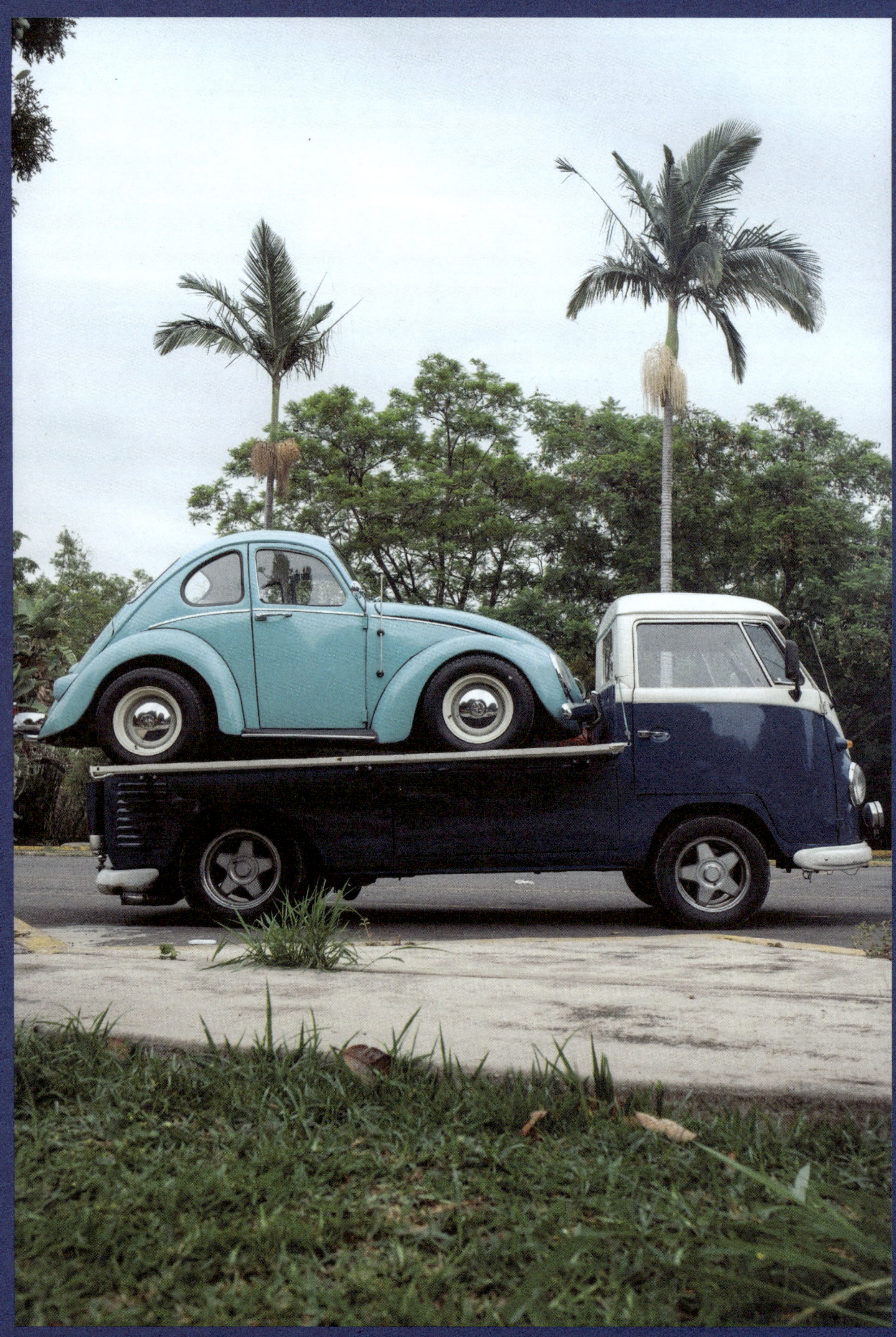

Cuernavacazo Vochero, Oaxtepec, Morelos (2018)

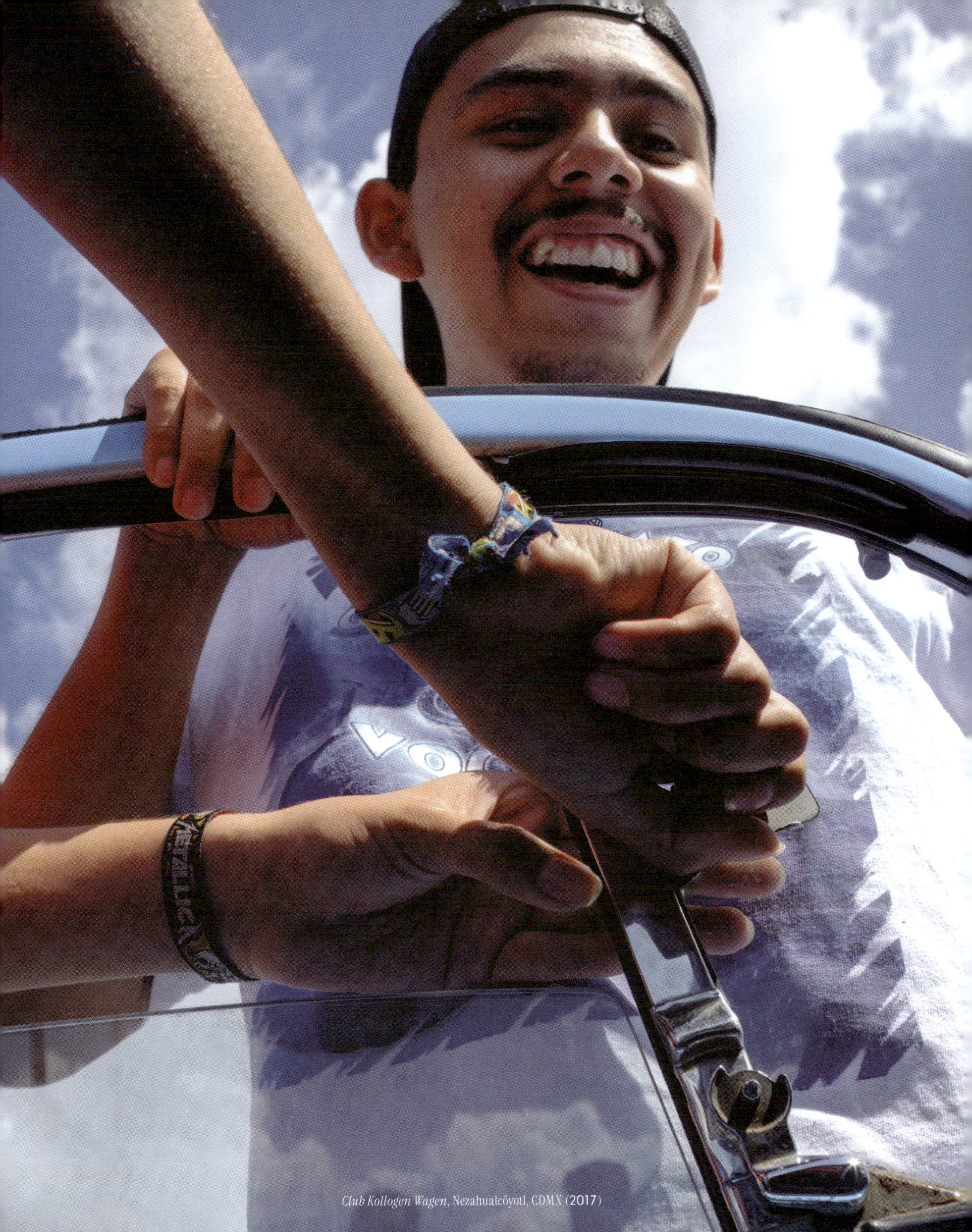

Club Kollogen Wagen, Nezahualcóyotl, CDMX (2017)

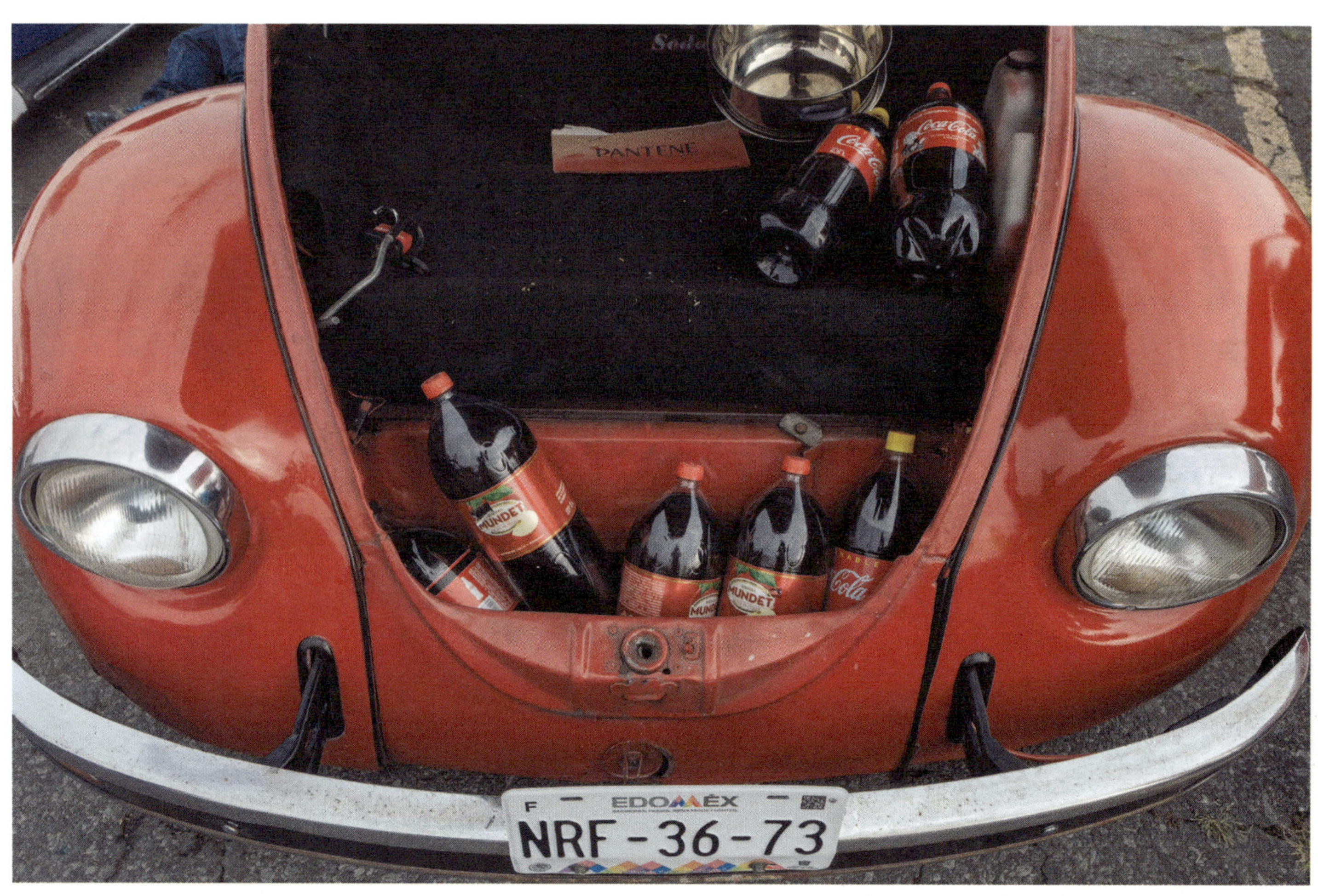
PANTENE
Coca-Cola
MUNDET
F
EDOMÉX
NRF-36-73

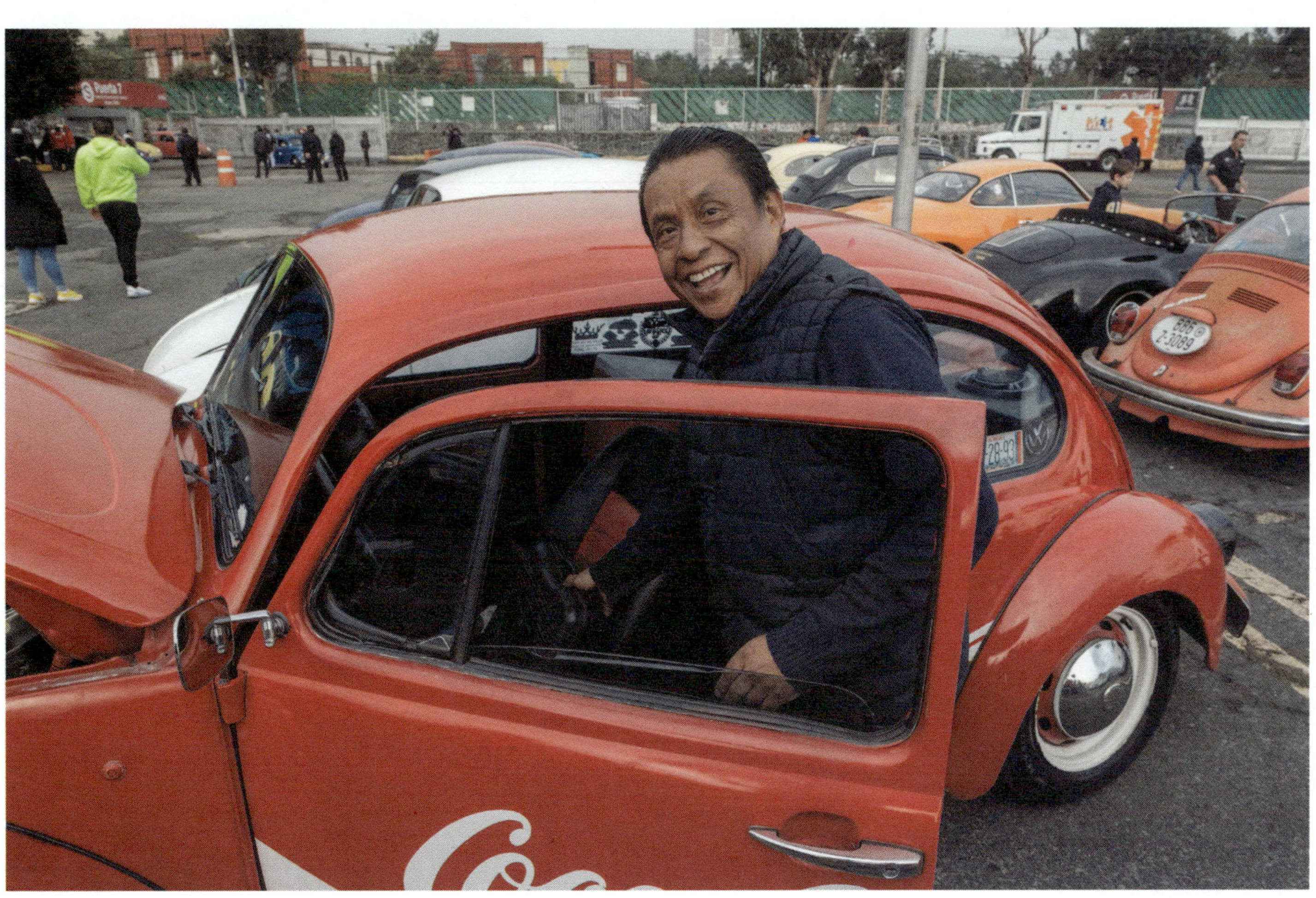

Xochivolks, Estadio Azteca, CDMX (2018)

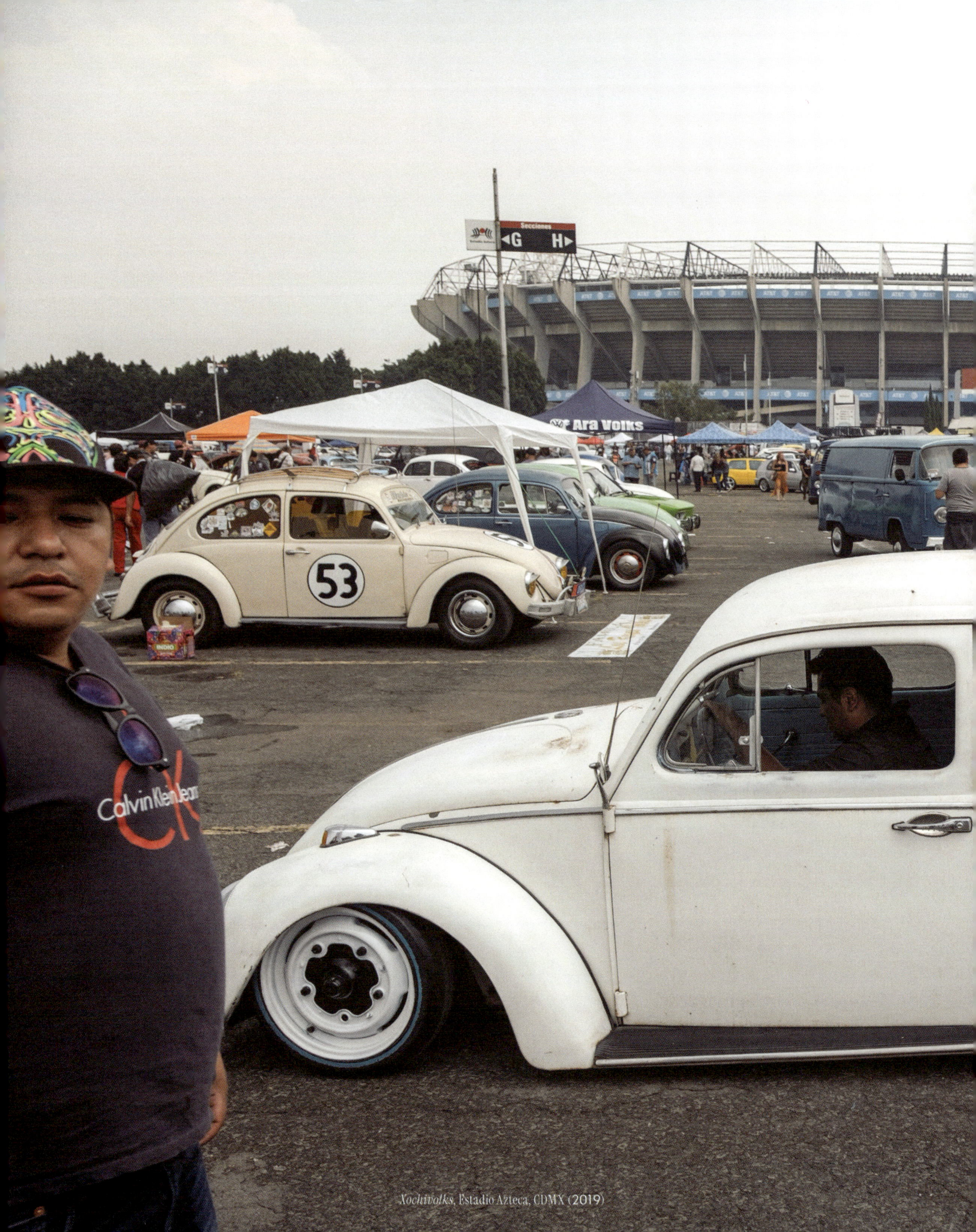

Xochivolks, Estadio Azteca, CDMX (2019)

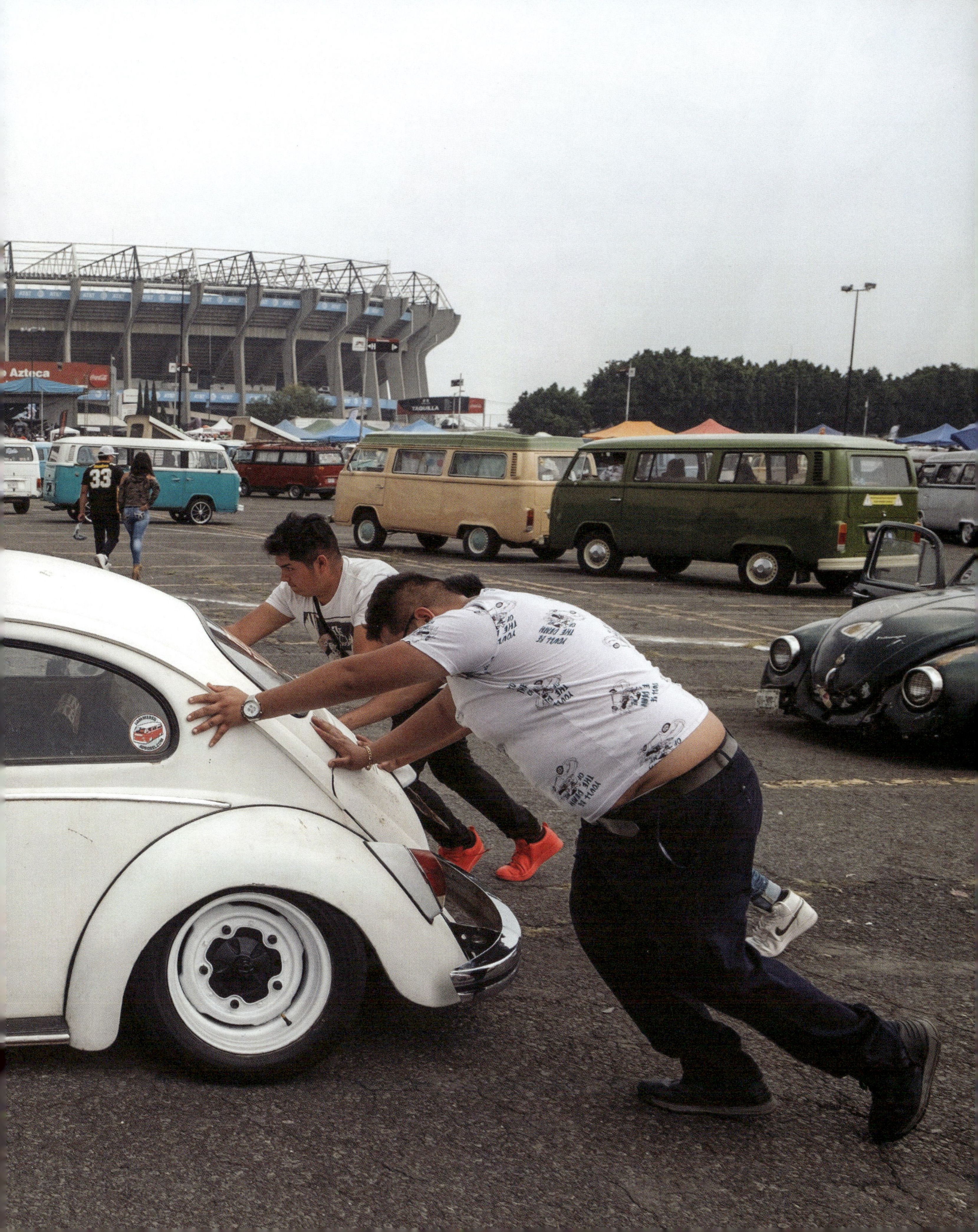
Azteca
TAQUILLA
33

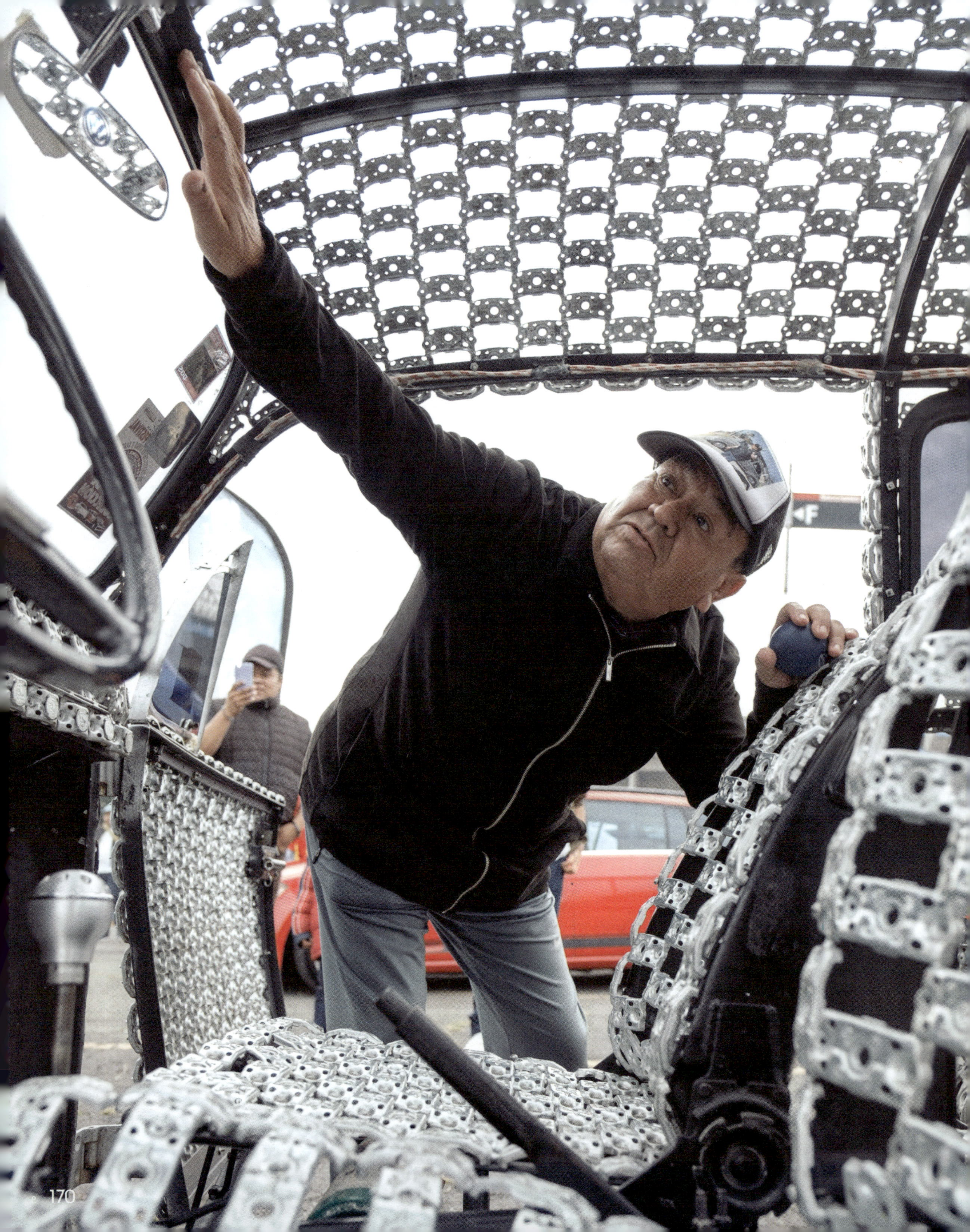

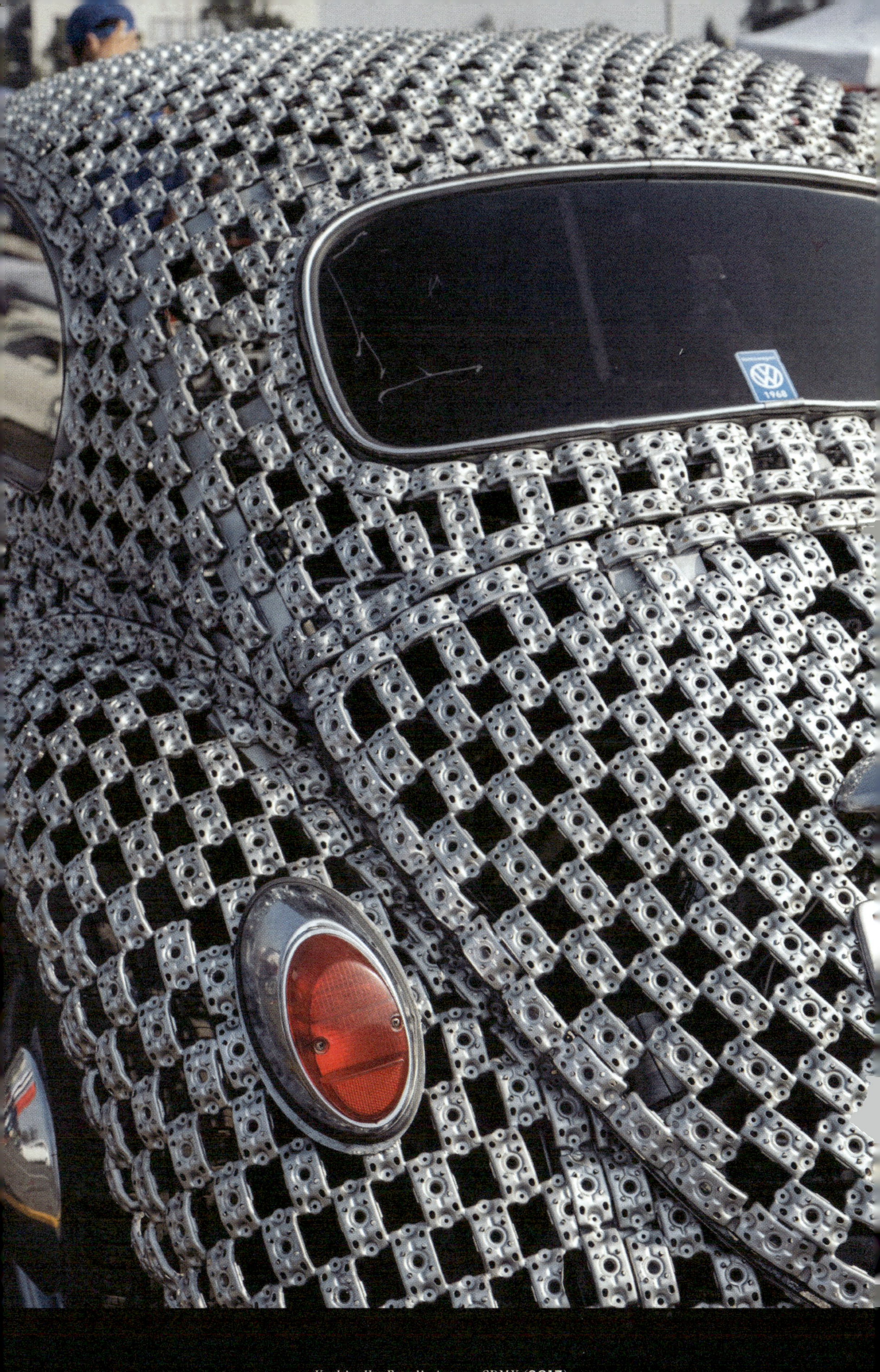

Xochivolks, Estadio Azteca, CDMX (2017)

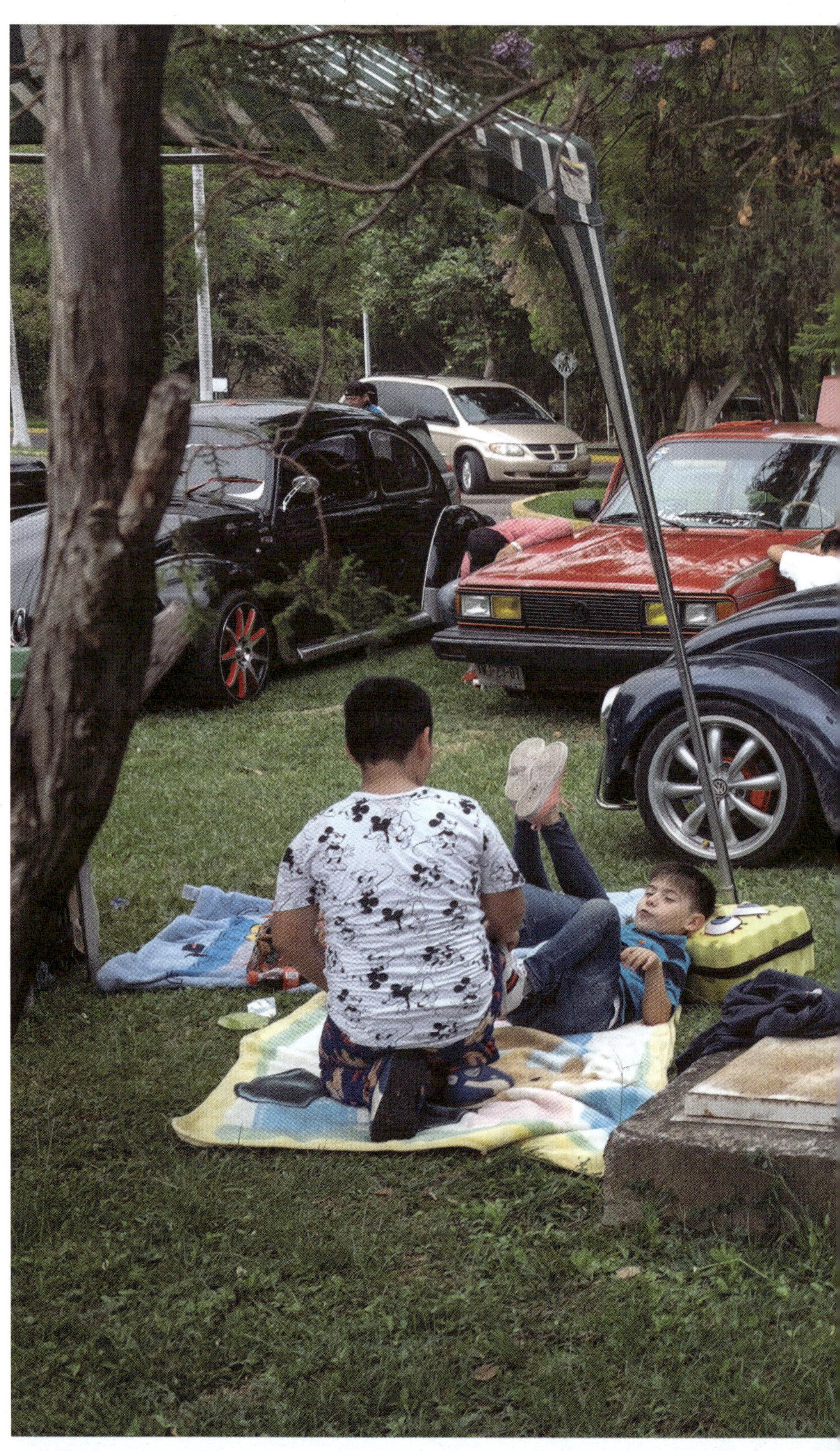

Cuernavacazo Vochero, Oaxtepec, Morelos (2018)

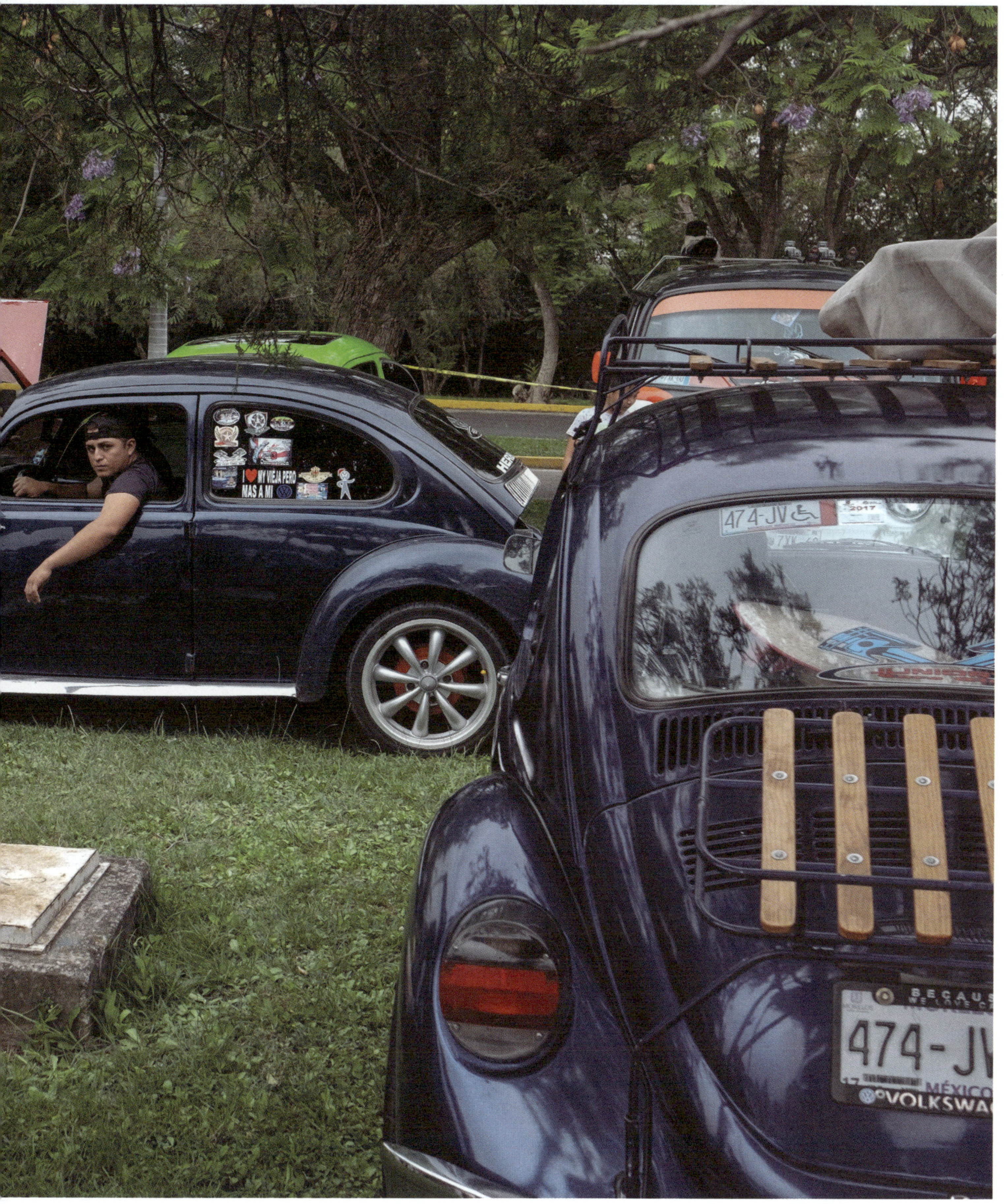
I ♥ MY VIEJA PERO
MAS A MI
474-JV
2017
MÉXICO

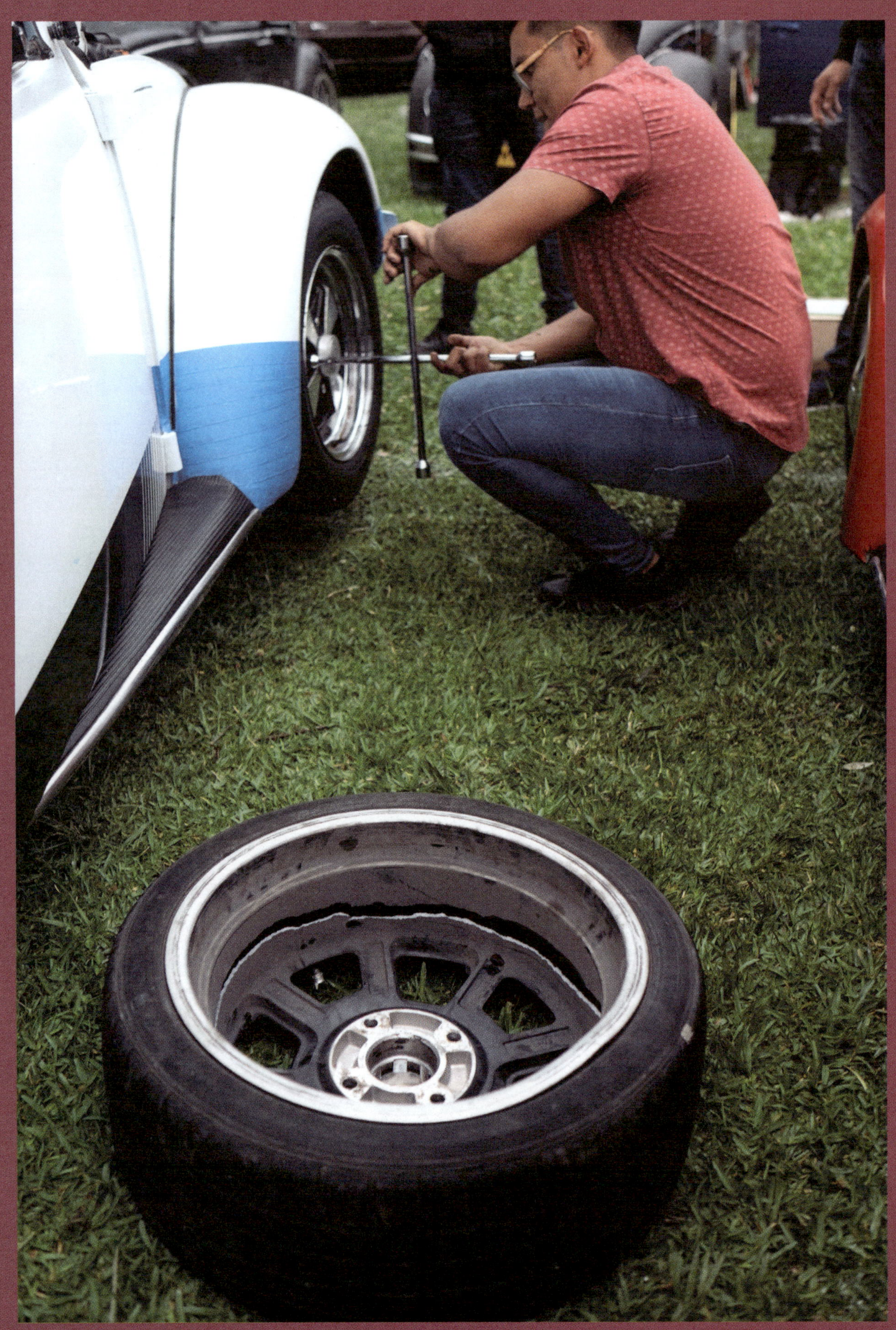

Cuernavacazo Vochero, Oaxtepec, Morelos (2018)

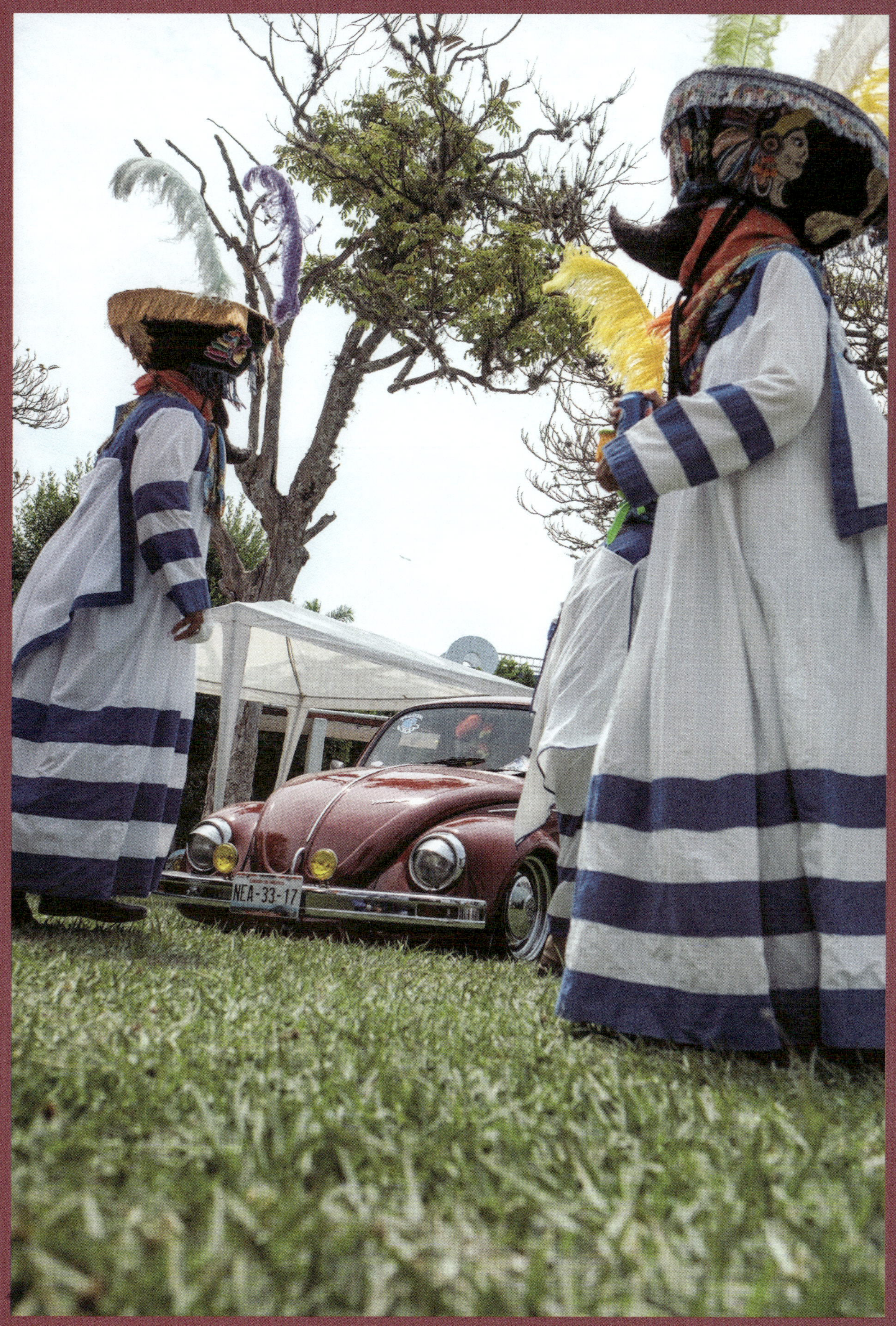
NEA-33-17

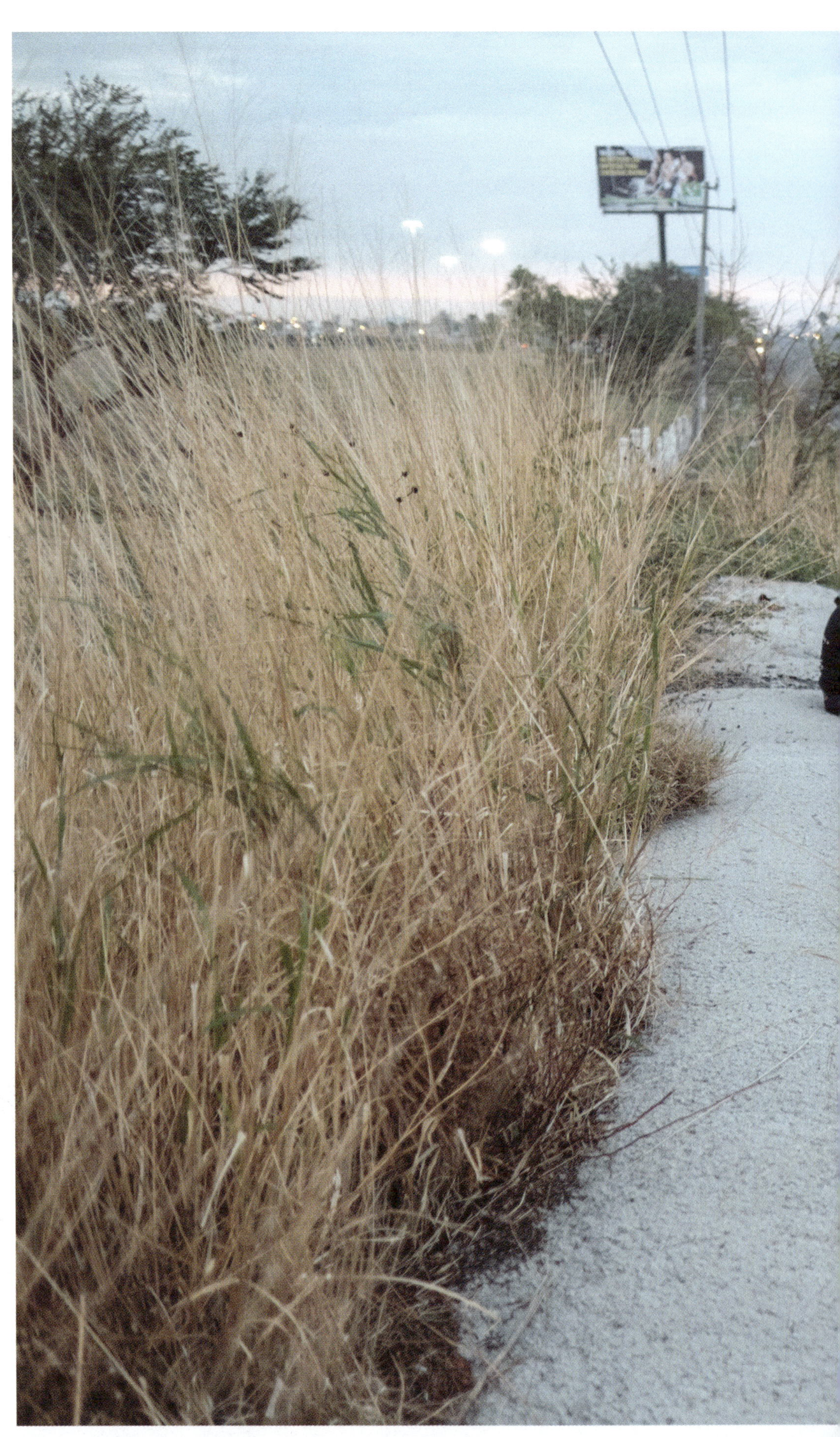

Camino a *Cuernavacazo Vochero* (2018)

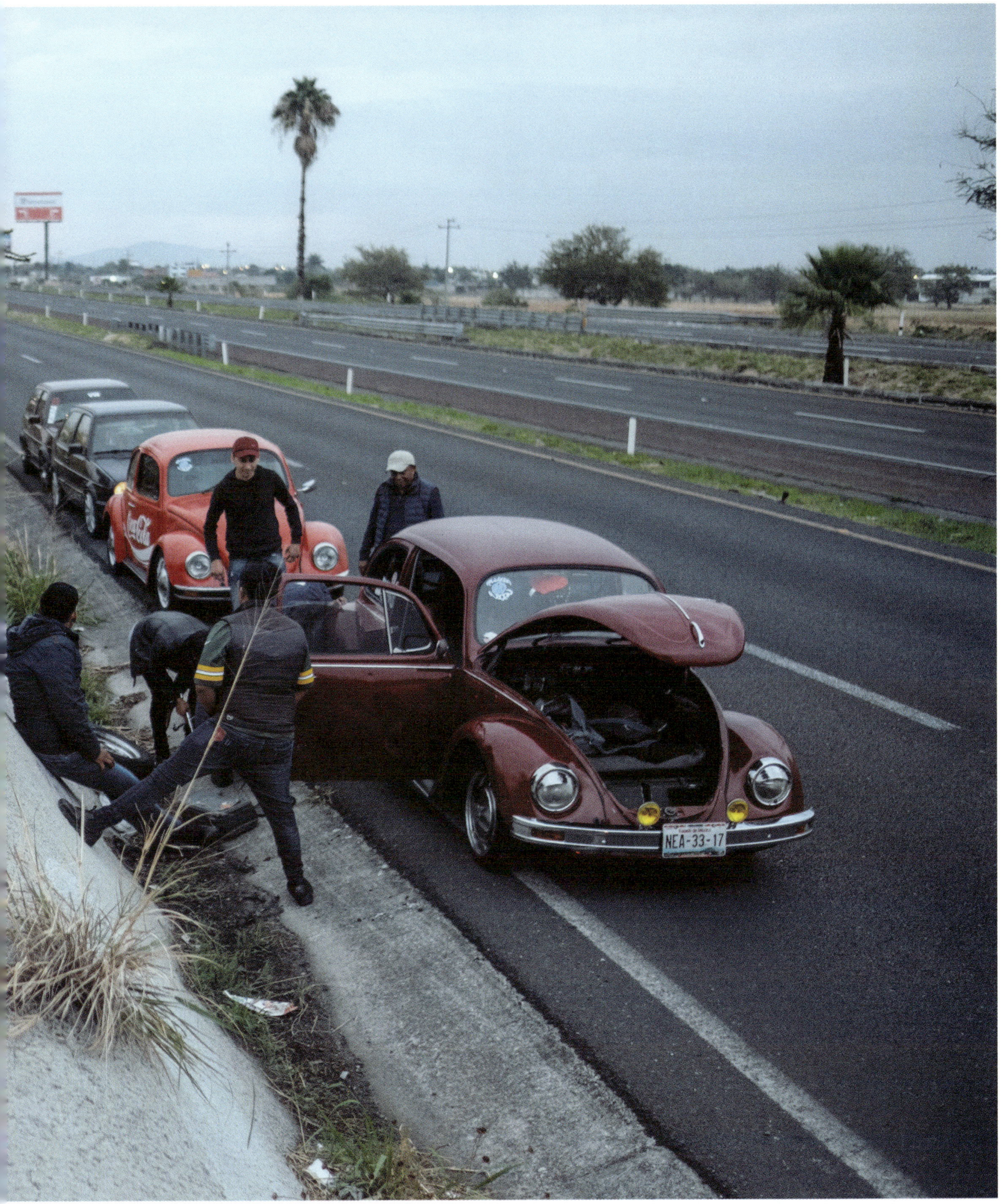
NEA-33-17

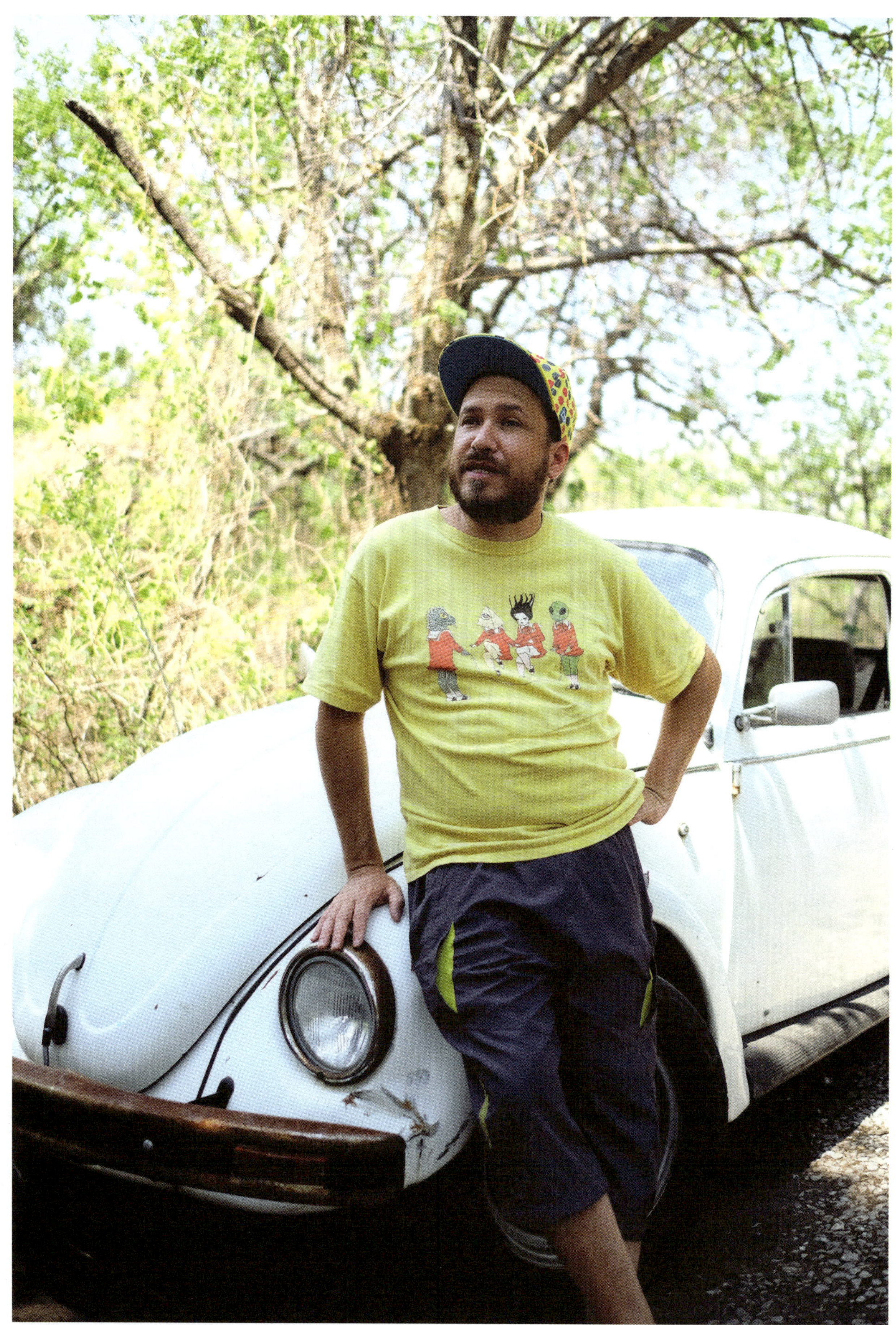

Tepoztlán, Morelos (2020)

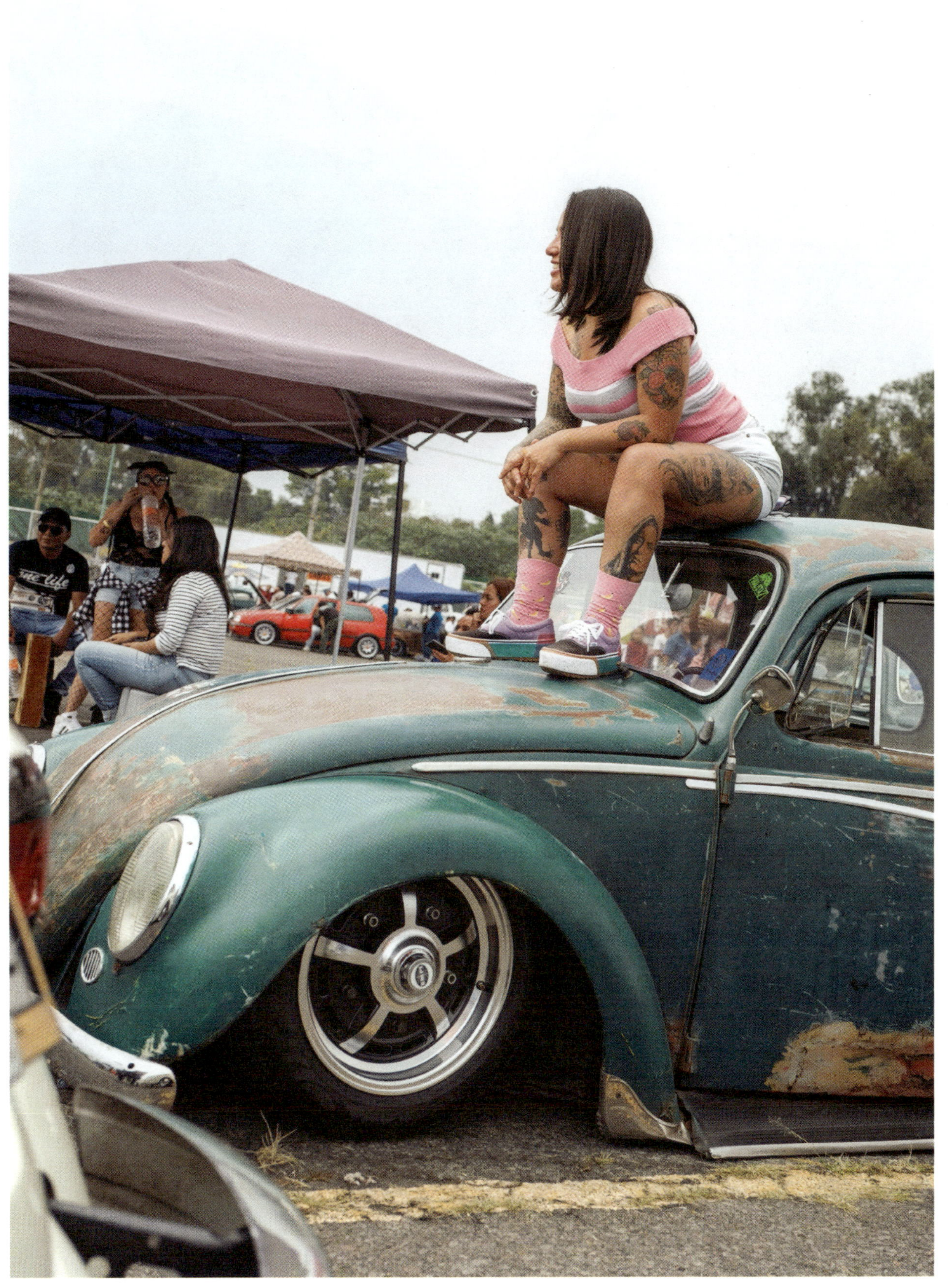

Xochivolks, Estadio Azteca, CDMX (2019)

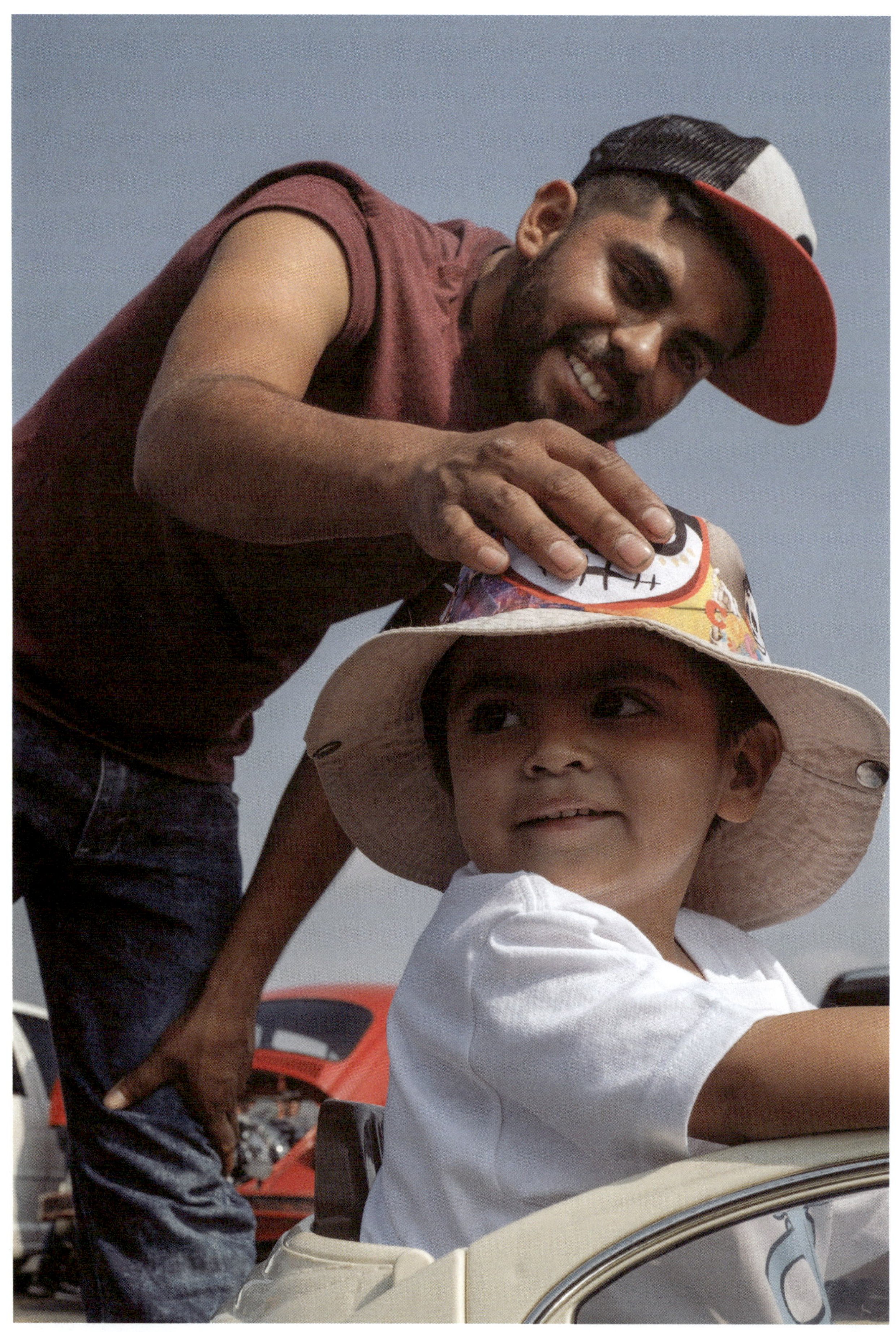

Xochivolks, Estadio Azteca, CDMX (2019)

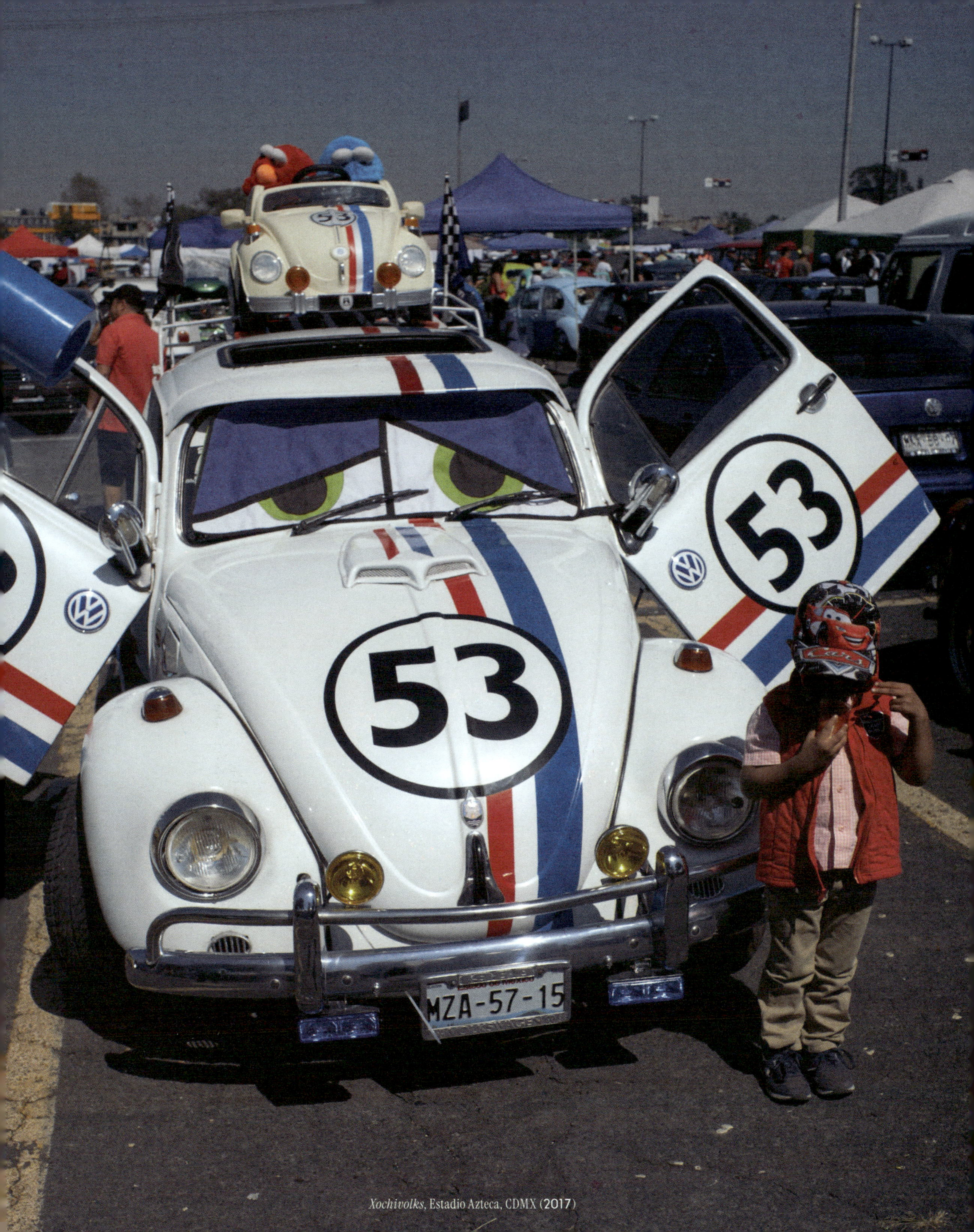

Xochivolks, Estadio Azteca, CDMX (2017)

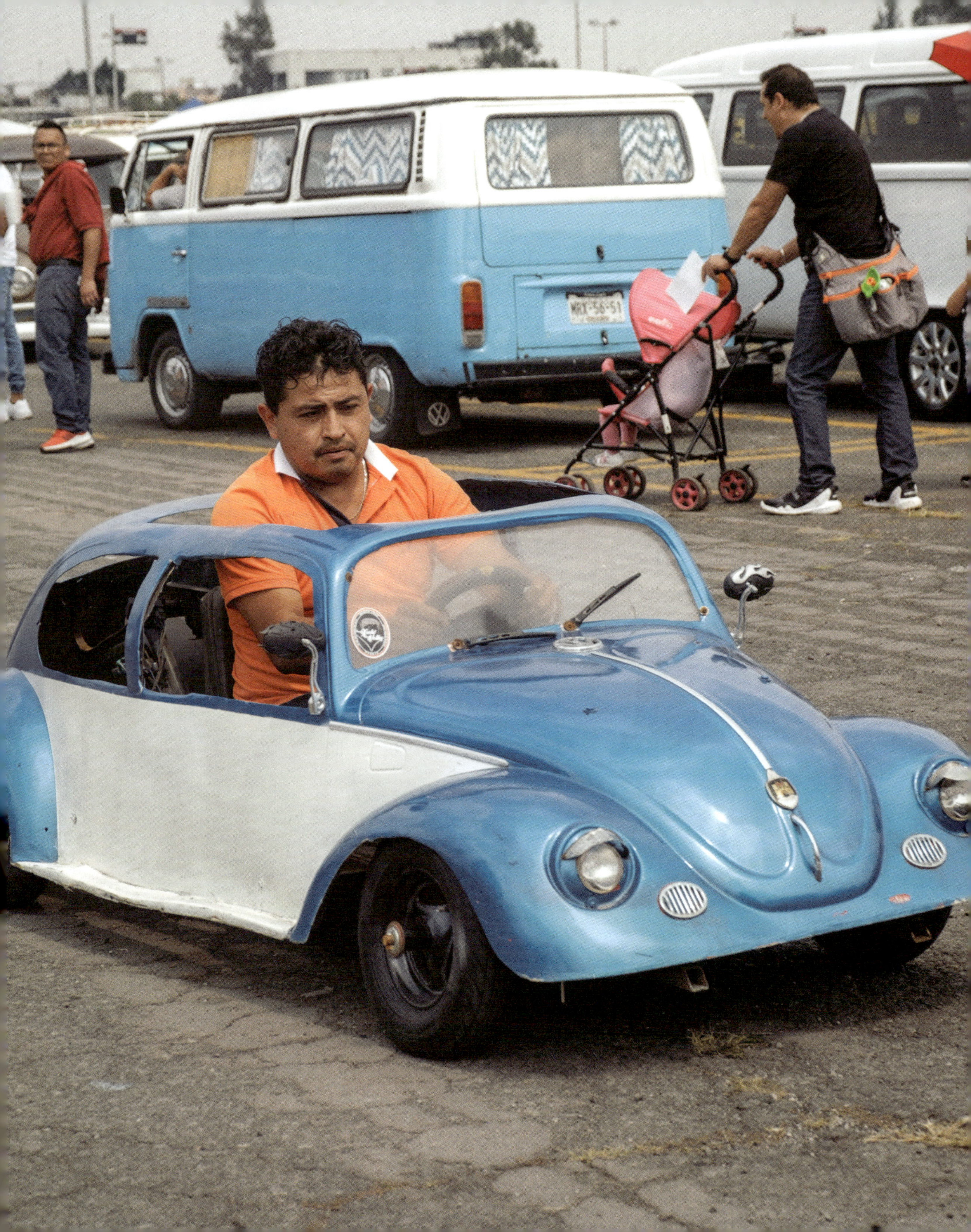

Xochivolks, Estadio Azteca, CDMX (2019)

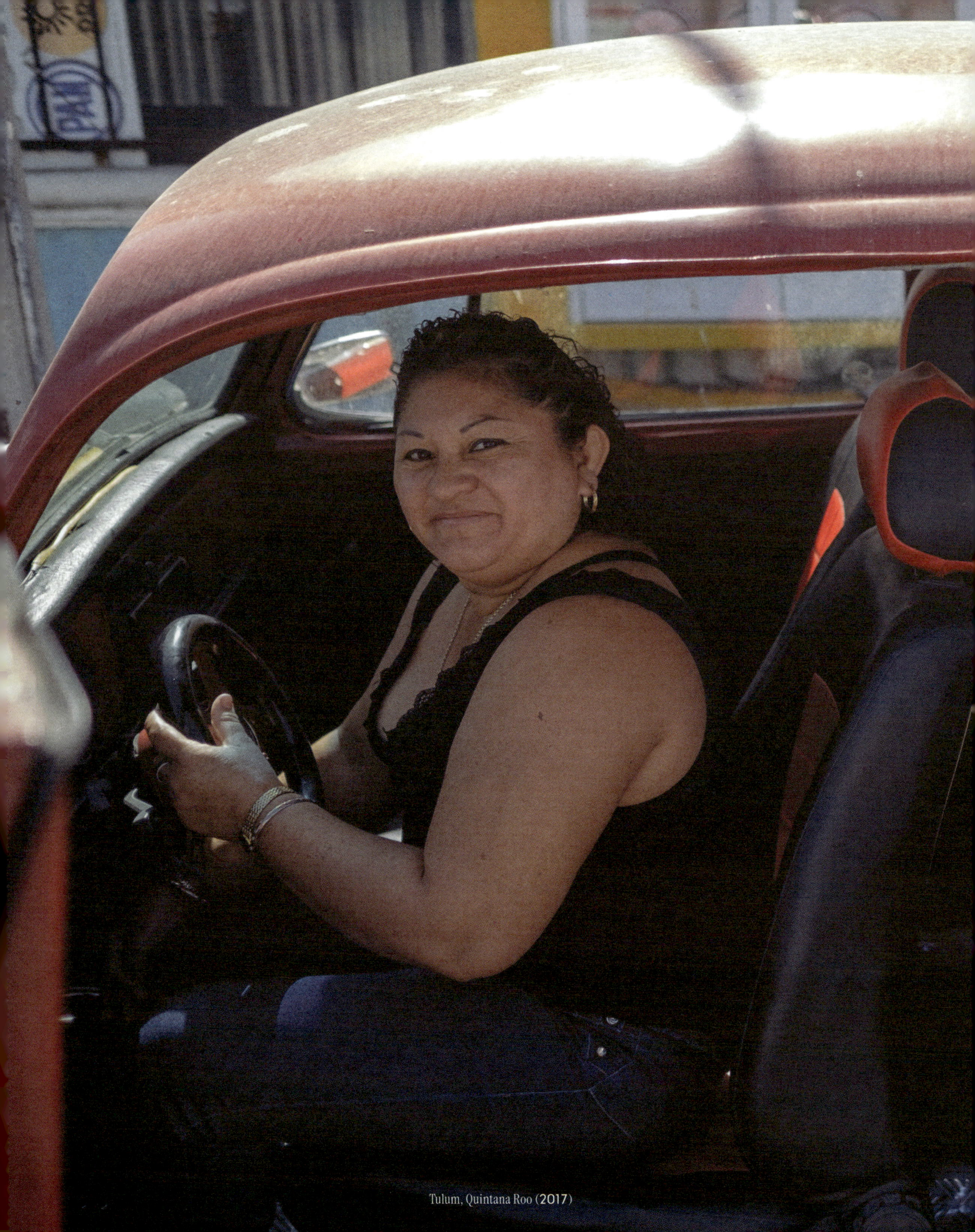

Tulum, Quintana Roo (2017)

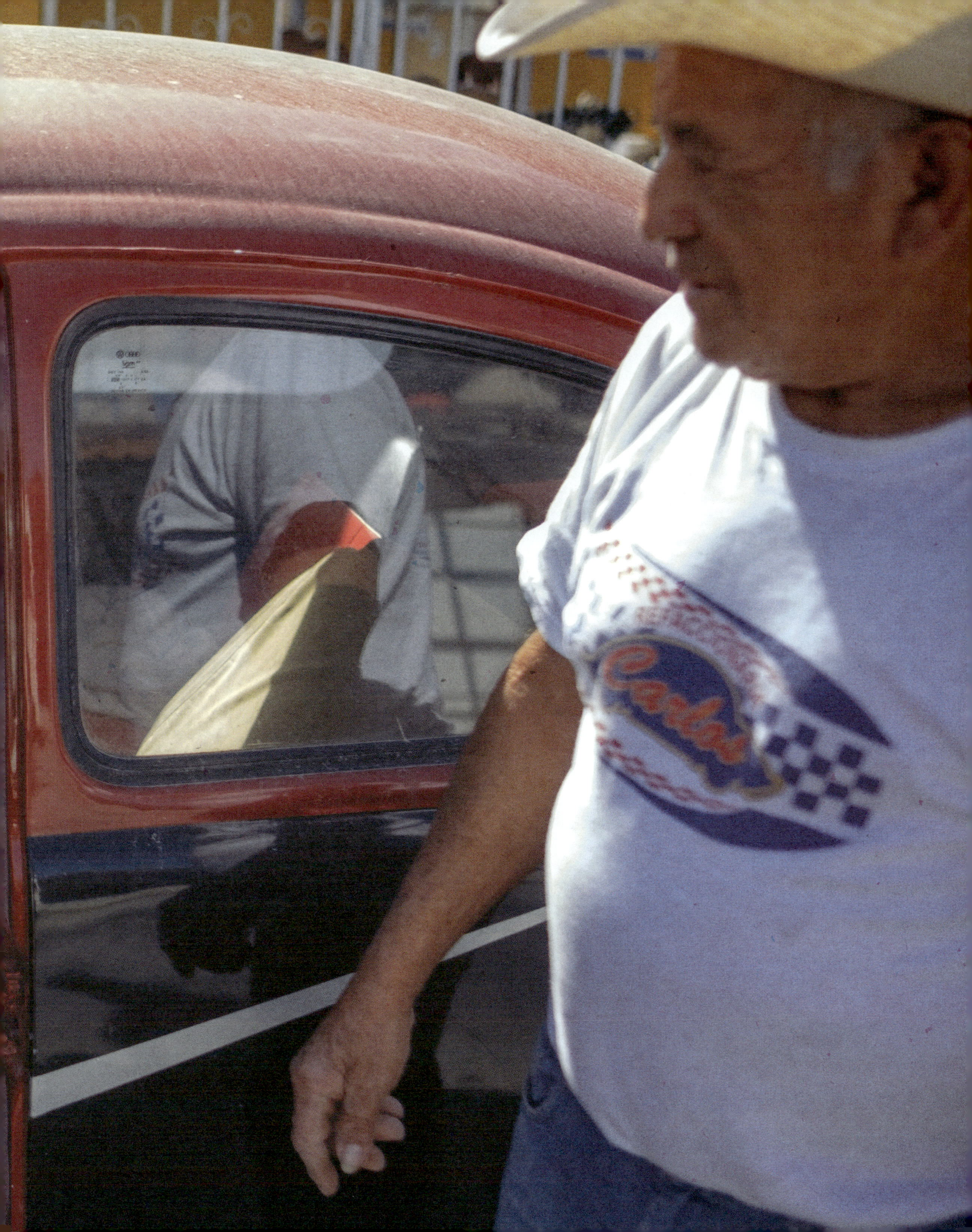
Carlos

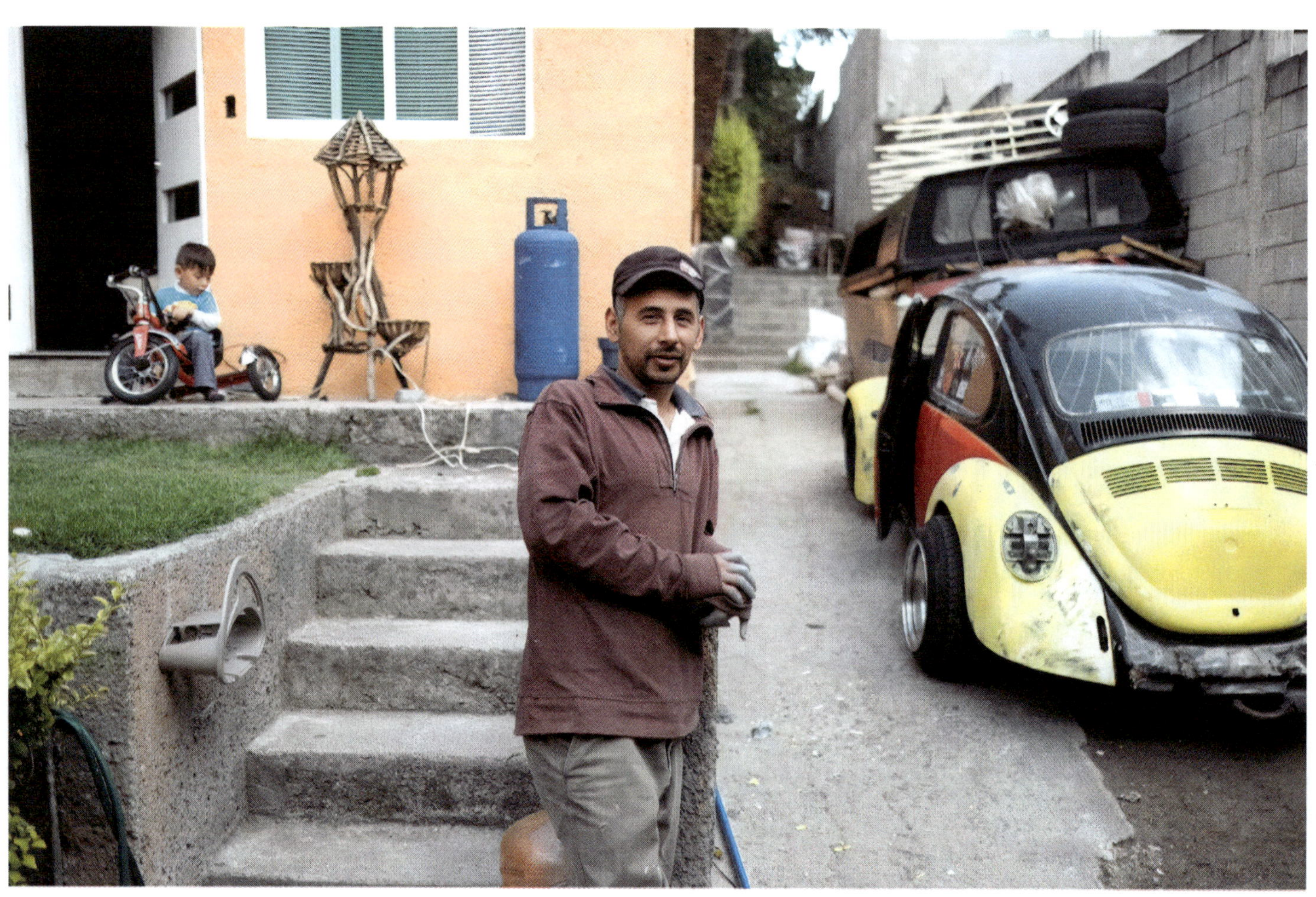

Cuajimalpa, CDMX (2018)

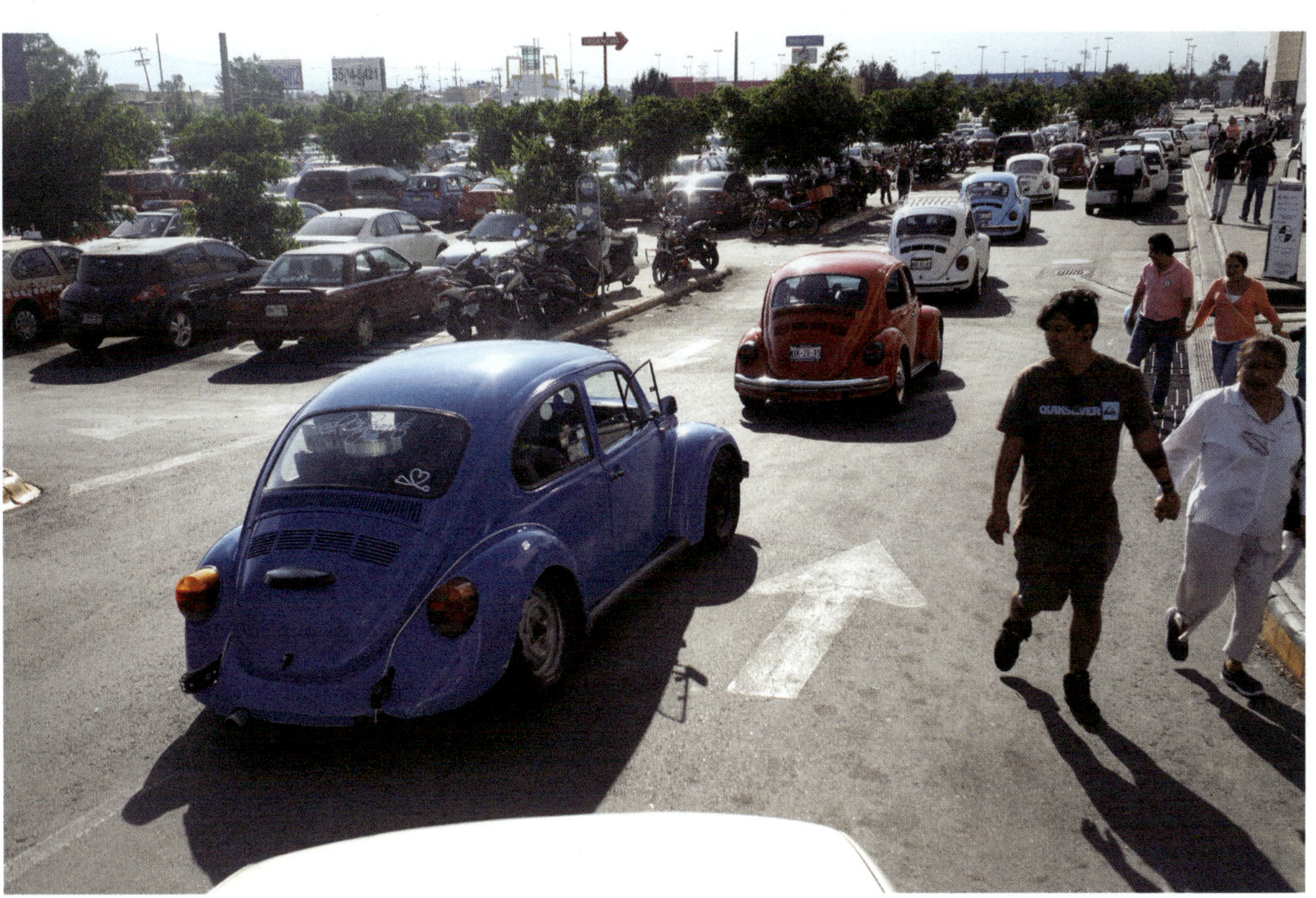

Nezahualcóyotl, CDMX (2017)

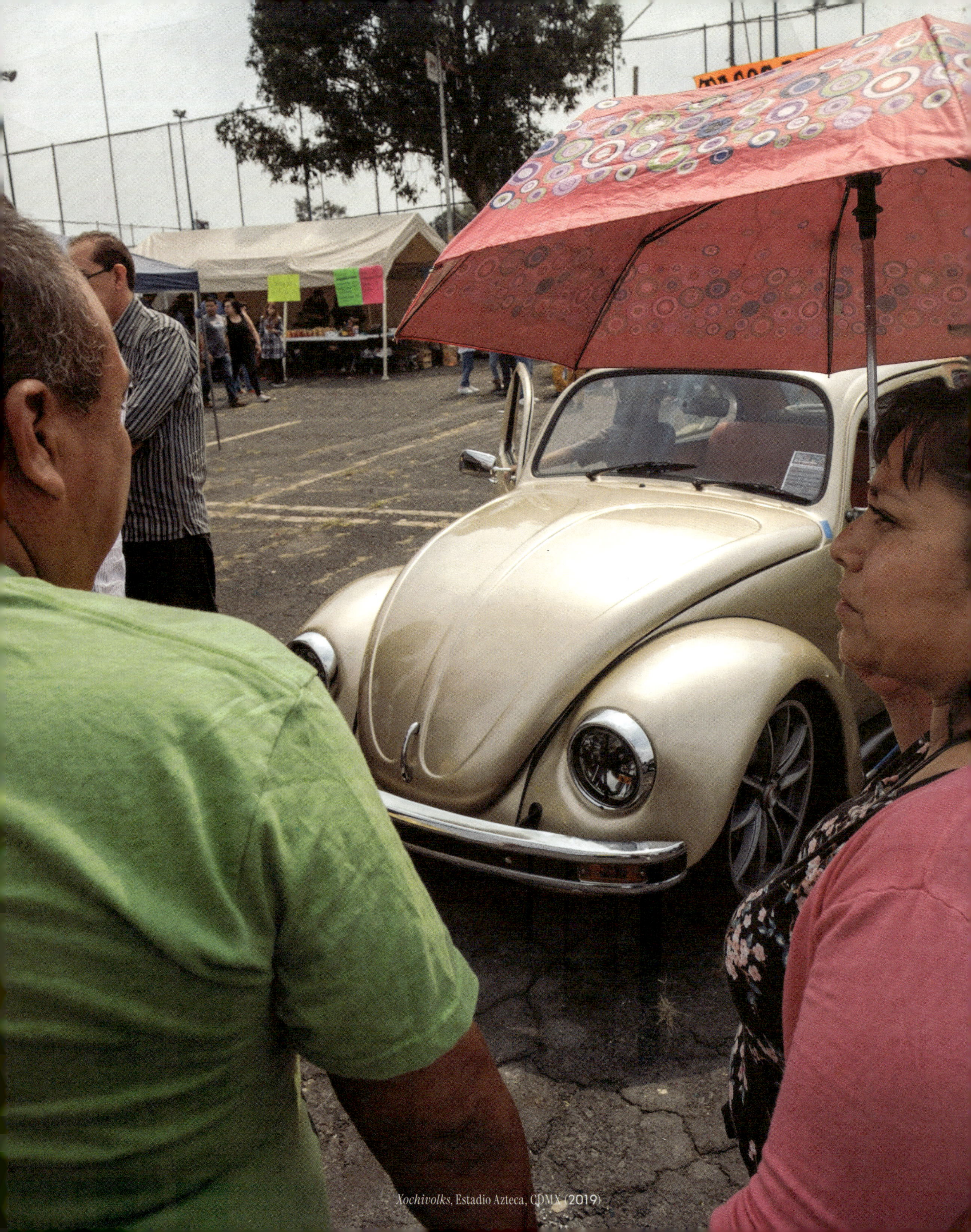

Xochivolks, Estadio Azteca, CDMX (2019)

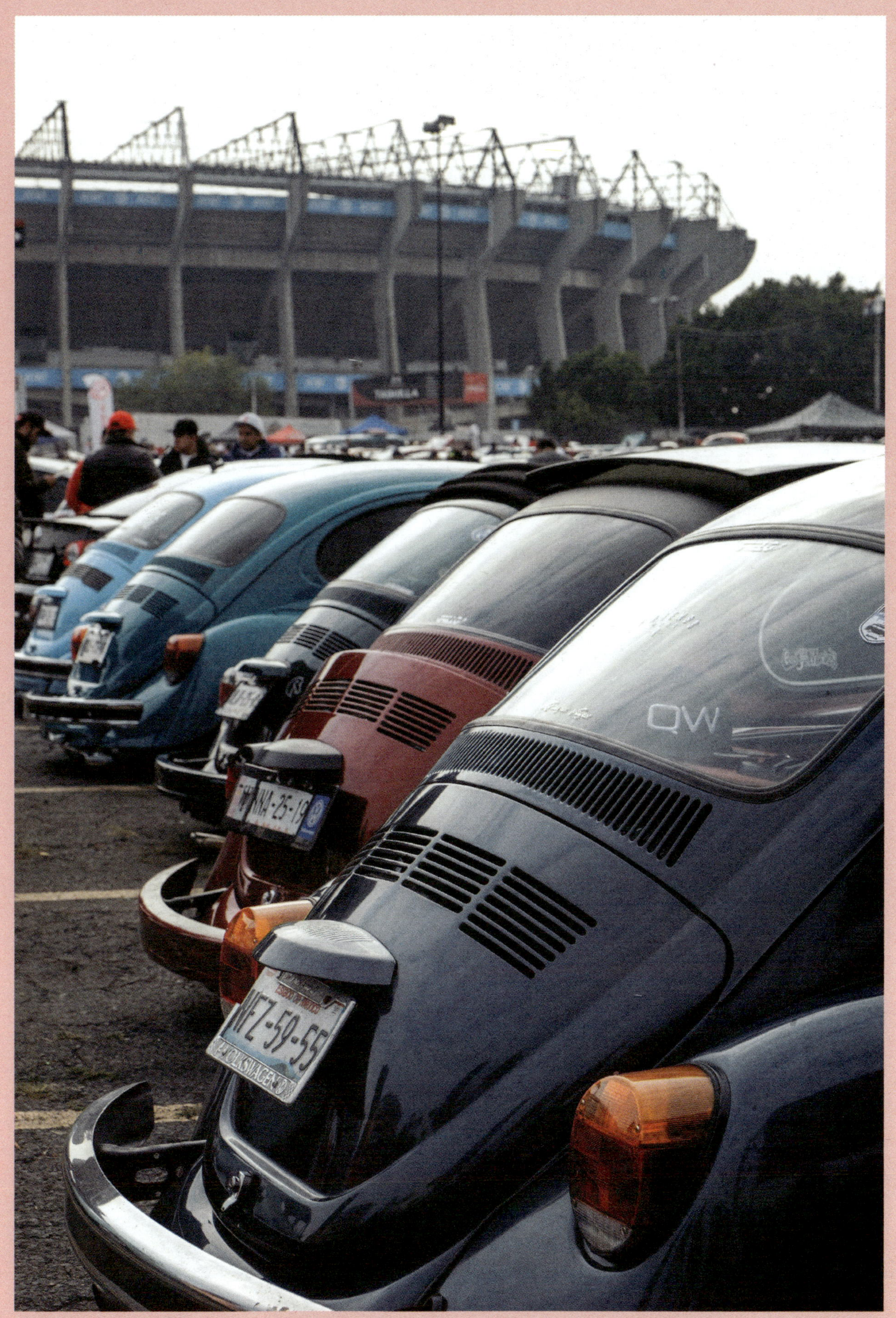

Xochivolks, Estadio Azteca, CDMX (2017)

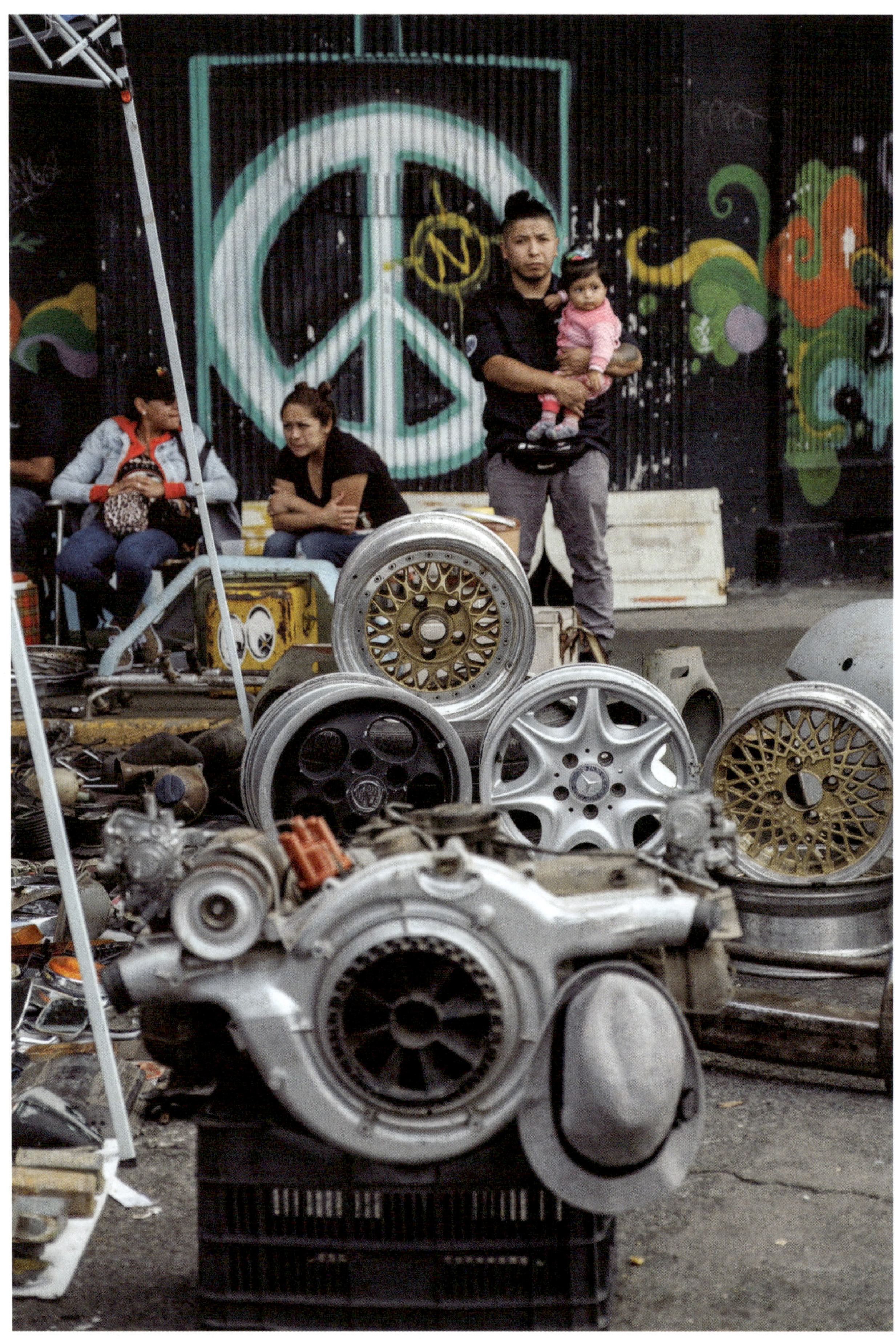

Xochivolks, Estadio Azteca, CDMX (2017)

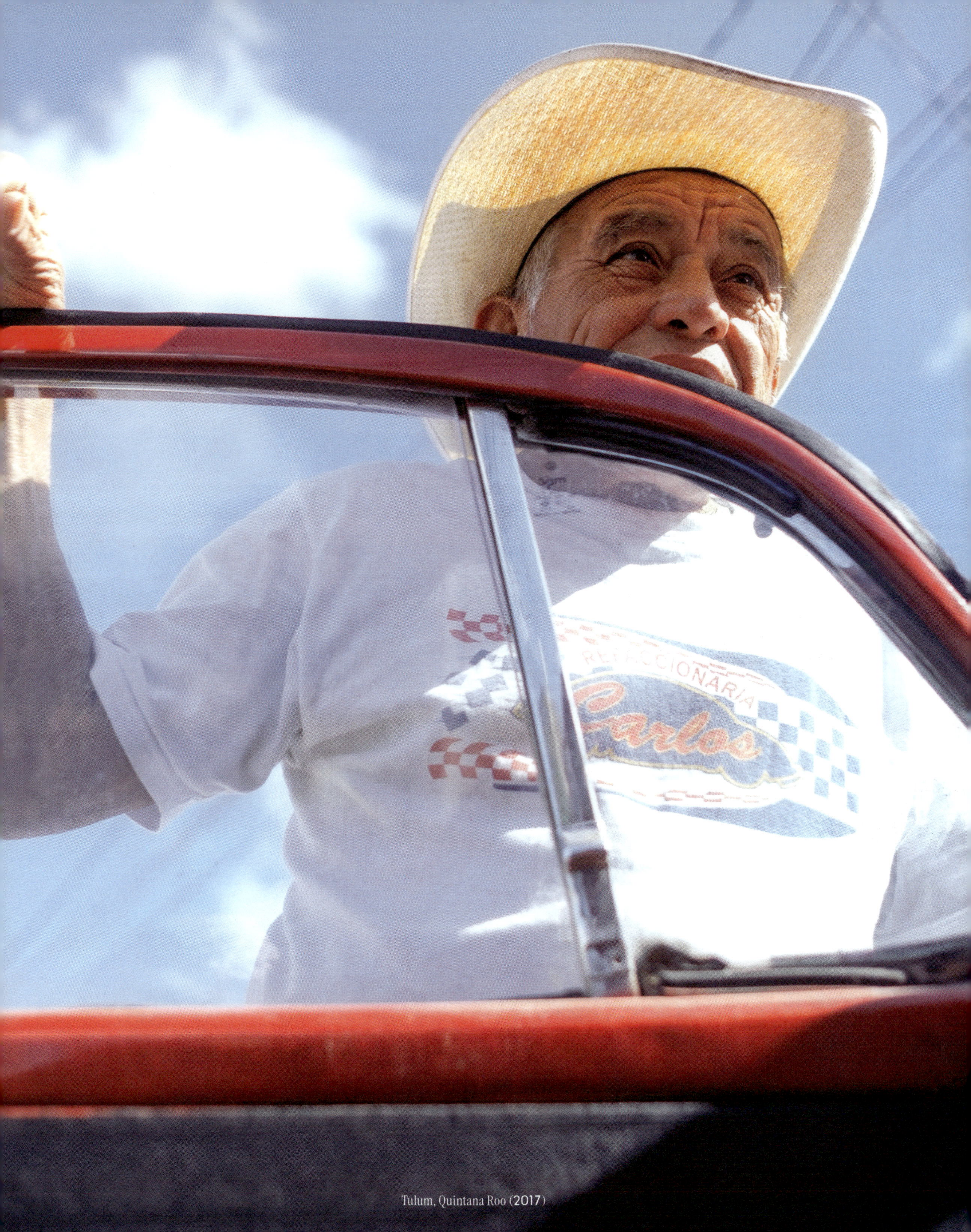

Tulum, Quintana Roo (2017)

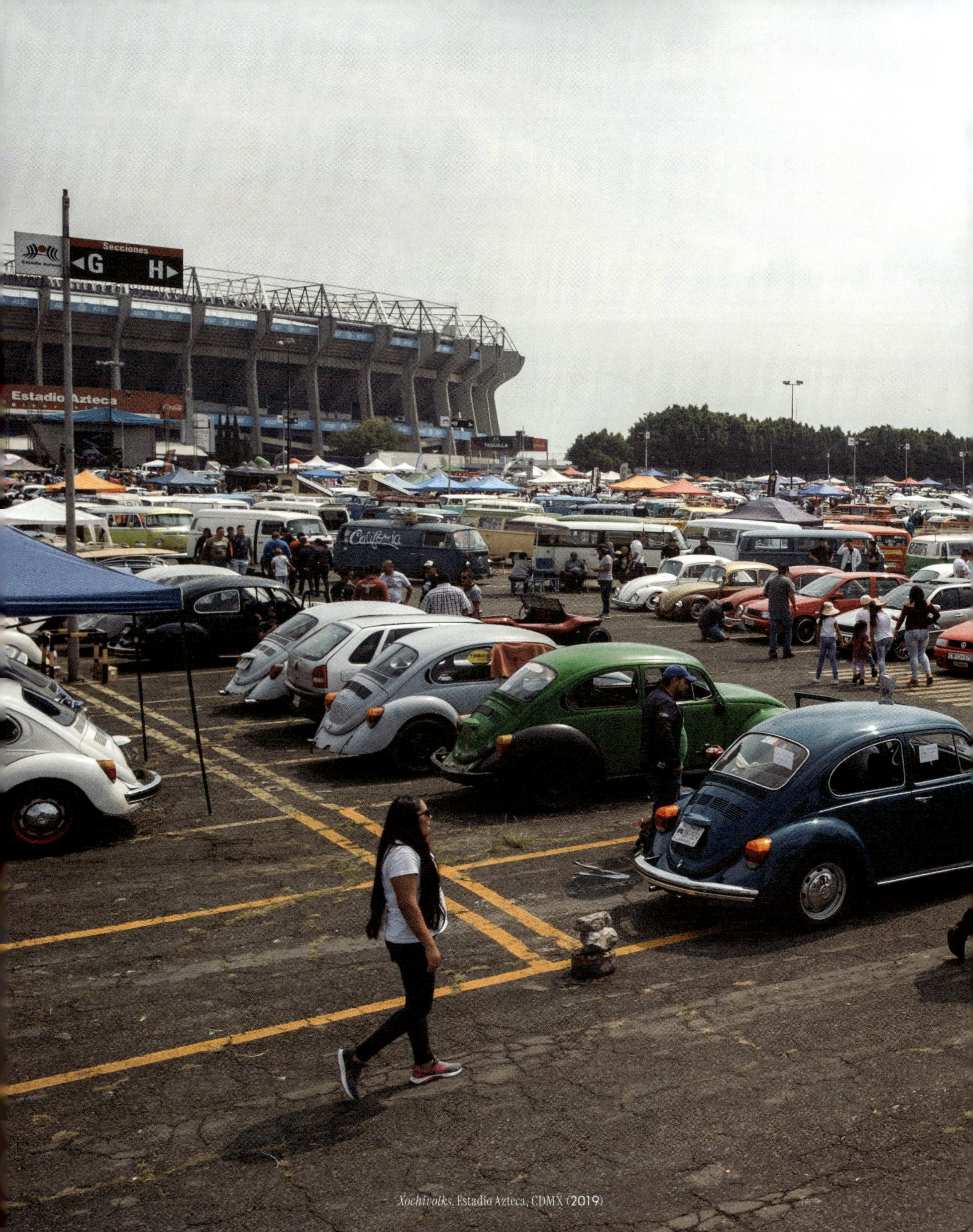

Xochivolks, Estadio Azteca, CDMX (2019)

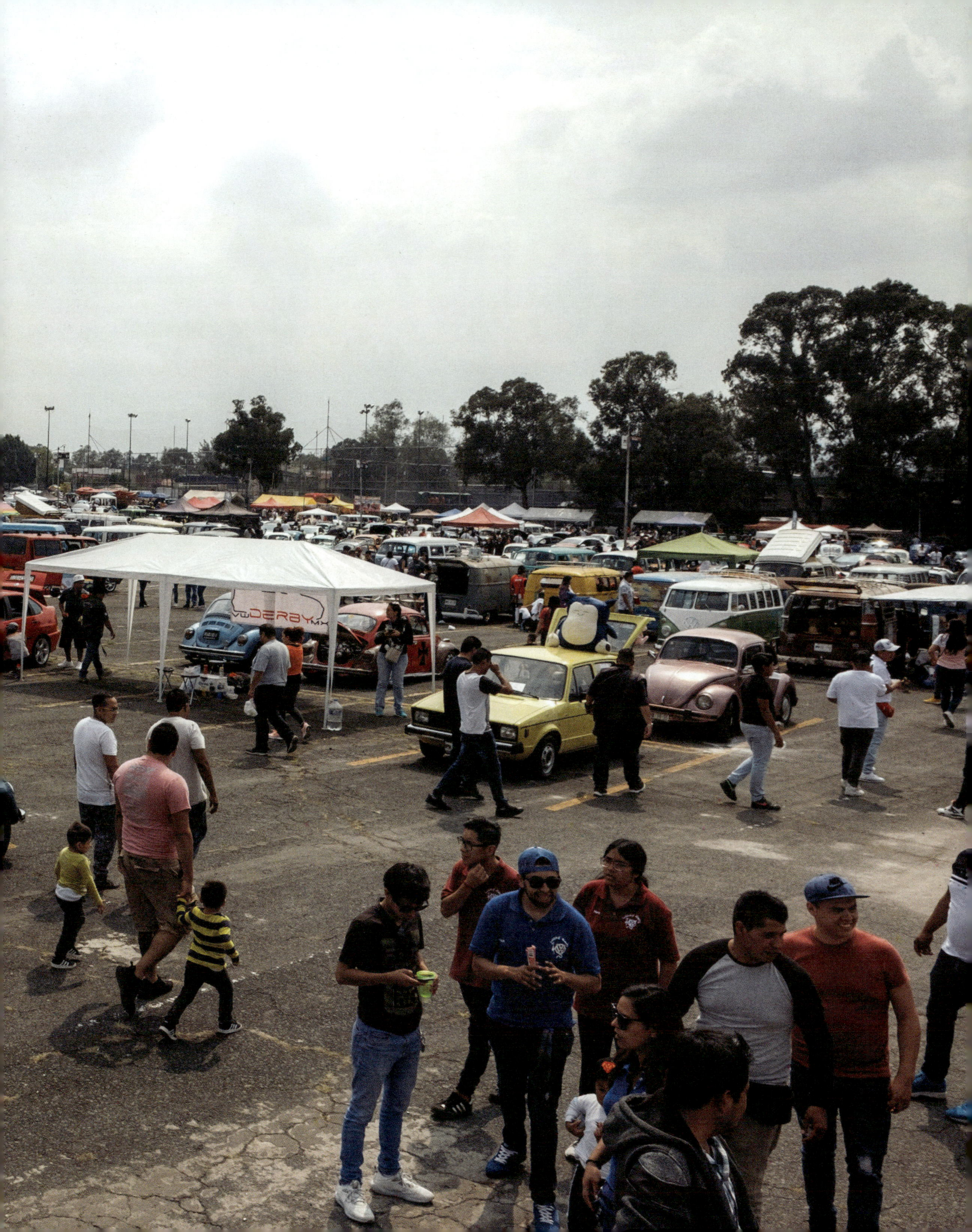
VW DERBY MX

Caminaba casi todos los días, utilizando autobuses públicos para llegar a las estaciones de metro. Pronto empecé a ver la ciudad como si fuera un mapa tridimensional. Todo el ruido y la actividad hacían que la ciudad pareciera dramática. Pero la organización de los edificios, el espacio entre las paredes y el paisaje alrededor de los negocios me transmitían paz. En medio de todo el caos, aún había organización.

Aprendí cómo escuchar los coches antes de que aparecieran en el encuadre. Encaramado en una pasarela peatonal como un pajarito, escuchaba el rugido del motor de cuatro cilindros. Los coches y camiones circulaban por debajo de mí, tres carriles en cada dirección bajo mis pies. Los godínes, los trabajadores de oficina de nueve a cinco, me miraban desconcertados, como a un extranjero que se interponía en su rutina diaria. Se necesita un oído agudo para escuchar esa frecuencia específica de los vochos, lo que permite disponer de tiempo suficiente para preparar la cámara y pensar en el encuadre. Sonaba casi como el ronroneo de una motocicleta, pero con una resonancia más profunda y el eco del motor en su compartimento. Si oía ese sonido, pero el coche no era un vocho, probablemente había que llevarlo al taller inmediatamente. El ruido podía ser ensordecedor. Pero para mí se convirtió en una guía.

Eventualmente, seguí los ruidos como si fueran un radar, triangulando su posición para determinar a dónde y en cual calle caminar. Con tantas opciones que considerar, resultó más fácil dejarme guiar por ellos durante un rato.

Andando era la mejor manera de conocer mi entorno. Casi todos los días salía en una dirección nueva. Desde el autobús no se veía mucho y los Uber iban demasiado rápido como para reaccionar a tiempo. Andando tenía tiempo y espacio para disfrutar de la ciudad. Cada parte de la ciudad ofrecía una perspectiva diferente y cada cuadra descubre un nuevo mundo que fotografiar.

Me propuse el reto de experimentar todo lo que pudiera del país, sin dejar de trabajar de forma independiente en Ciudad de México y Miami. La idea era forzar el cambio de hábitos que se habían formado hacía mucho tiempo. Al sumergirme en un lugar físicamente nuevo, con mi cámara como compañera y protectora, pude liberarme, poco a poco, de una especie de cuerda muy apretada. Quizás así podría liberar tiempo y espacio para revisar mi vida hasta ese momento y embarcarme en una aventura que me llevaría a lugares que nunca había visto antes.

Pero, de repente, me di cuenta de que se repetía un patrón similar. Había hecho amigos, encontrado un trabajo que valía la pena, pero de nuevo estaba atrapado en la rutina del trabajo. Solo que ahora estaba en la Ciudad de México, exactamente lo que esperaba no volver a repetir. Fue entonces cuando un amigo me invitó a pasar una noche en su casa, a una hora al sur de la Ciudad de México, en un pueblo mágico llamado Tepoztlán, en Morelos. La ciudad me hizo sentir vivo. Quizás una noche entre las estrellas y los grillos me haría sentir como si fuera en mi hogar.

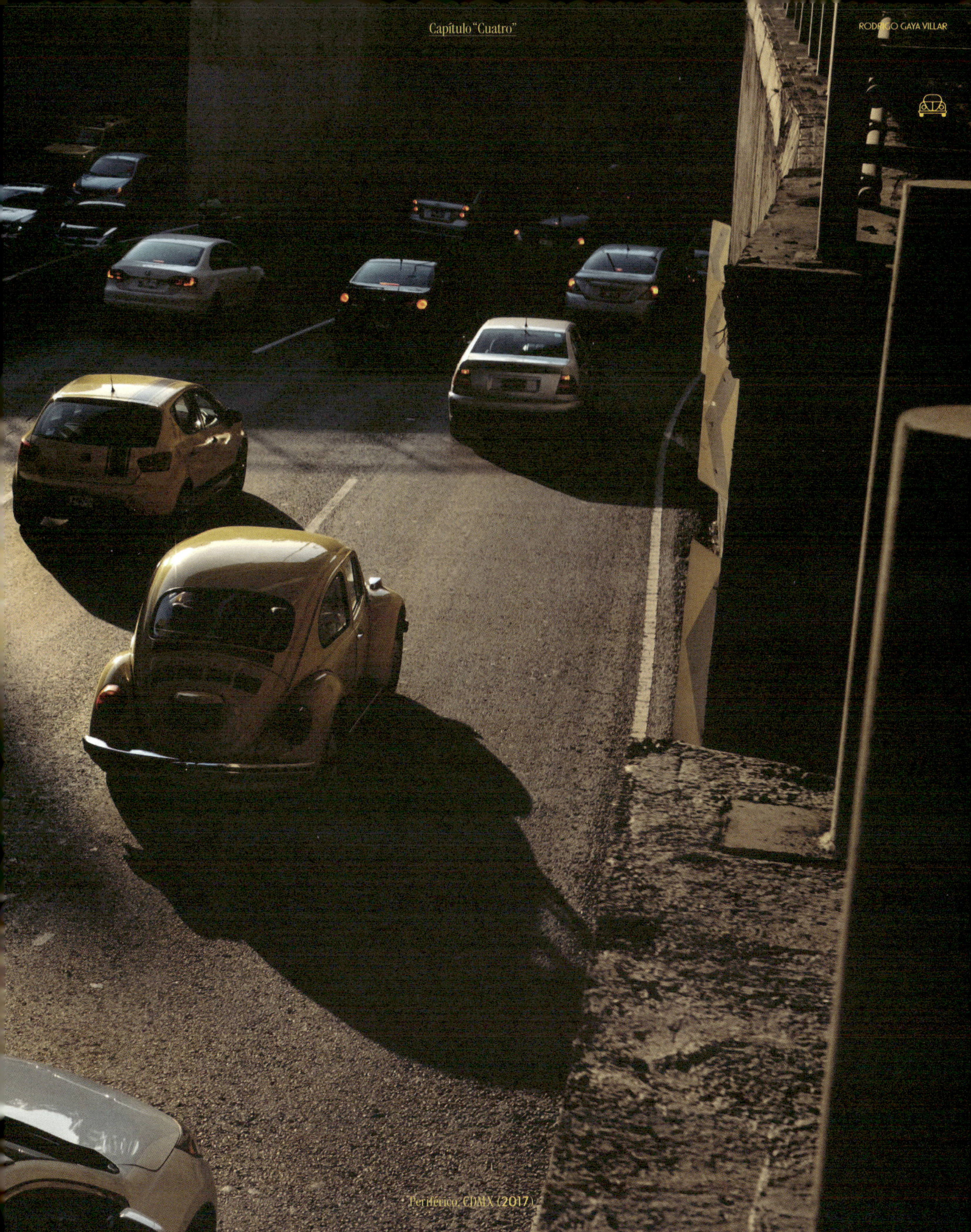

Periférico, CDMX (2017)

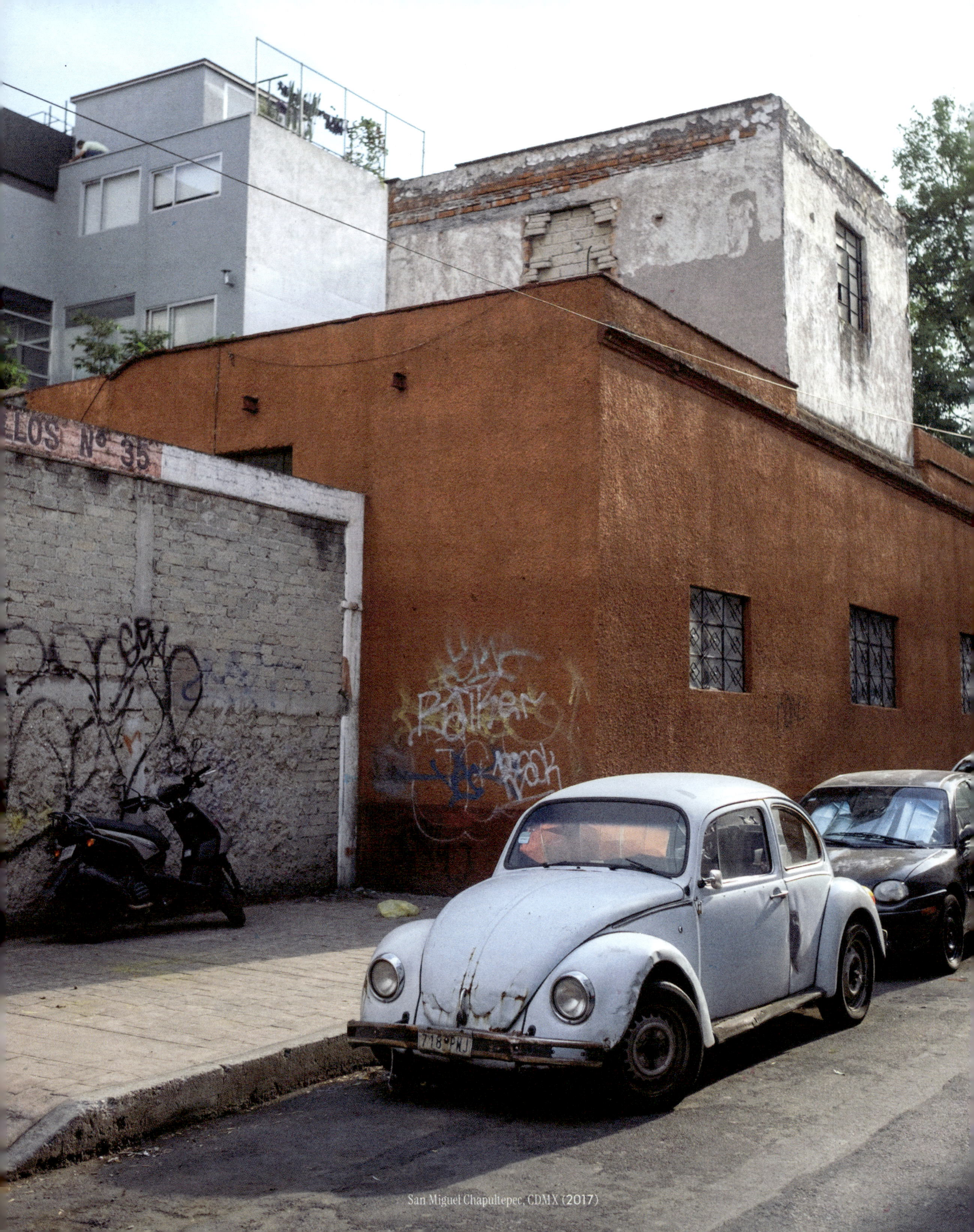

San Miguel Chapultepec, CDMX (2017)

Chapter Four

'THE CITY'

English Version

I walked almost daily, taking public buses or peseros to subway stations. Soon I began to see the city in a 3D-mapped view. All the noise and action made the city feel dramatic. But the organization of the buildings, the space between walls and the landscaping around businesses, brought me peace. Within all of the chaos, there was still organization.

I learned how to hear the cars coming before they'd arise into frame. Perched up on a pedestrian crossway like a pigeon, I'd listen for the rumble of the flat four-cylinder engine. Cars and trucks streamed below me, three lanes in each direction under my feet. *Godines*, or nine-to-fivers, watched me puzzled, as this foreigner standing in the way of their daily routine. You need a keen ear to hear that specific *vochos* frequency, allowing ample time to prep the camera and consider a frame. It sounded almost like a motorcycle purr, but with a deeper resonance with the engine echoing in its bay. If I heard that sound, but the car wasn't a *vocho*, you likely needed to service the car immediately. The noise could be deafening. But for me, it became a guide.

Eventually, I followed the noises like radar, triangulating their position to determine where and what street to walk down. With so many options to consider, it became easier to let them guide for a bit.

Walking was the best method for understanding my surroundings. Almost every day I started off in a different direction. The bus didn't have many clear views, and Ubers were too fast to react in time. Walking allowed for time and space to experience the city. Each part of town offered a distinct perspective, and every few blocks I discovered a new world to photograph.

I challenged myself to experience as much of the country as I could, while still working independently in Mexico City and Miami. The idea was to force-change habits that formed a long time ago. By immersing myself in a physically new location, with my camera as my companion and protector, I could release a type of tightly interwoven rope, thread by thread. Maybe then I could free up time and space to review my life to this point, and embark on an adventure that would lead to places I'd never seen before.

But suddenly, I noticed a similar pattern repeating itself. I had made friends, found worthwhile work, but again was stuck in a working grind. Only now I was in Mexico City, doing exactly what I had hoped not to repeat. That's when a friend invited me to spend a night at his home, one hour south of Mexico City, in a magical town called Tepoztlan in Morelos. The city made me feel alive. Maybe one night amongst the stars and crickets would make me feel at home.

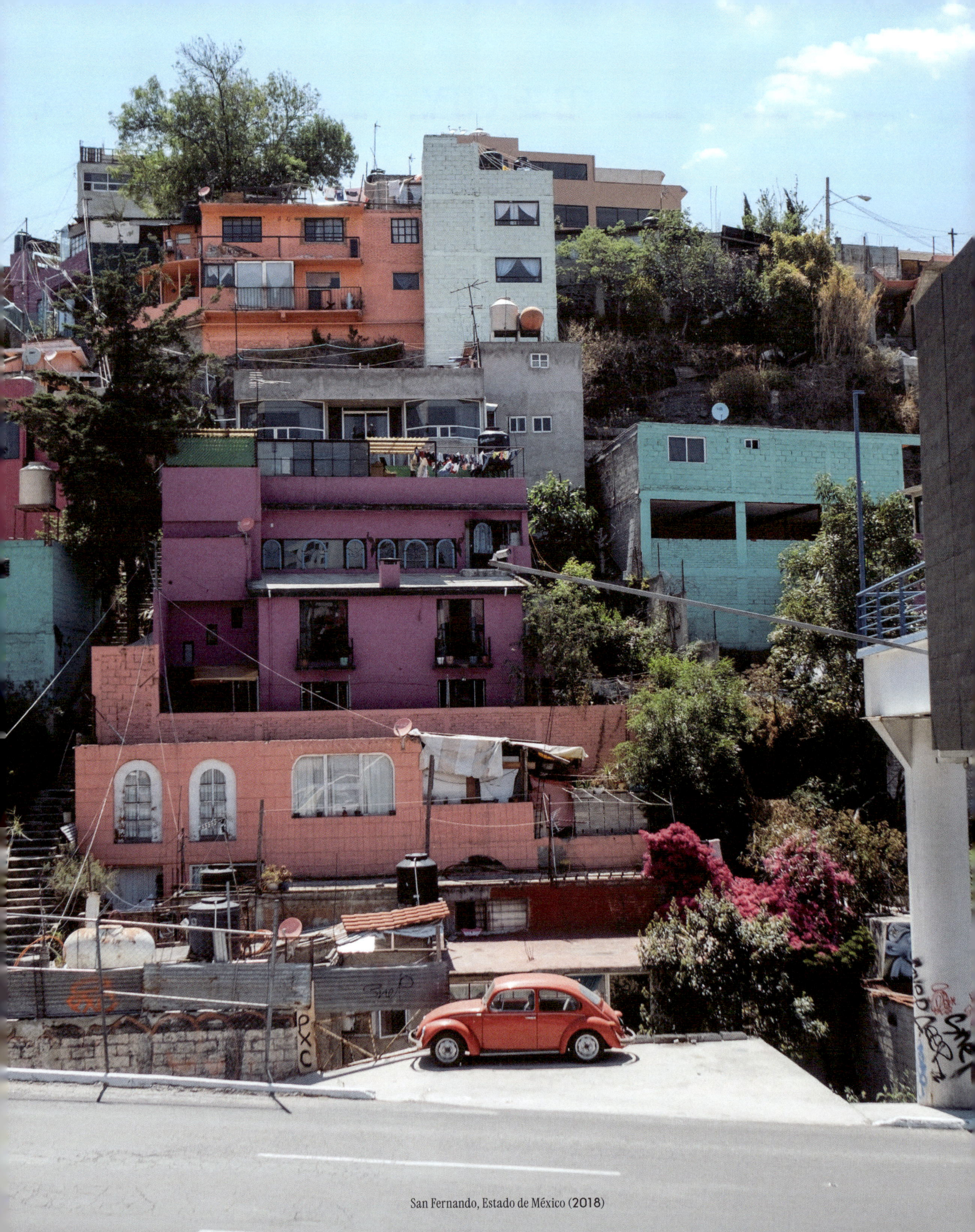

San Fernando, Estado de México (2018)

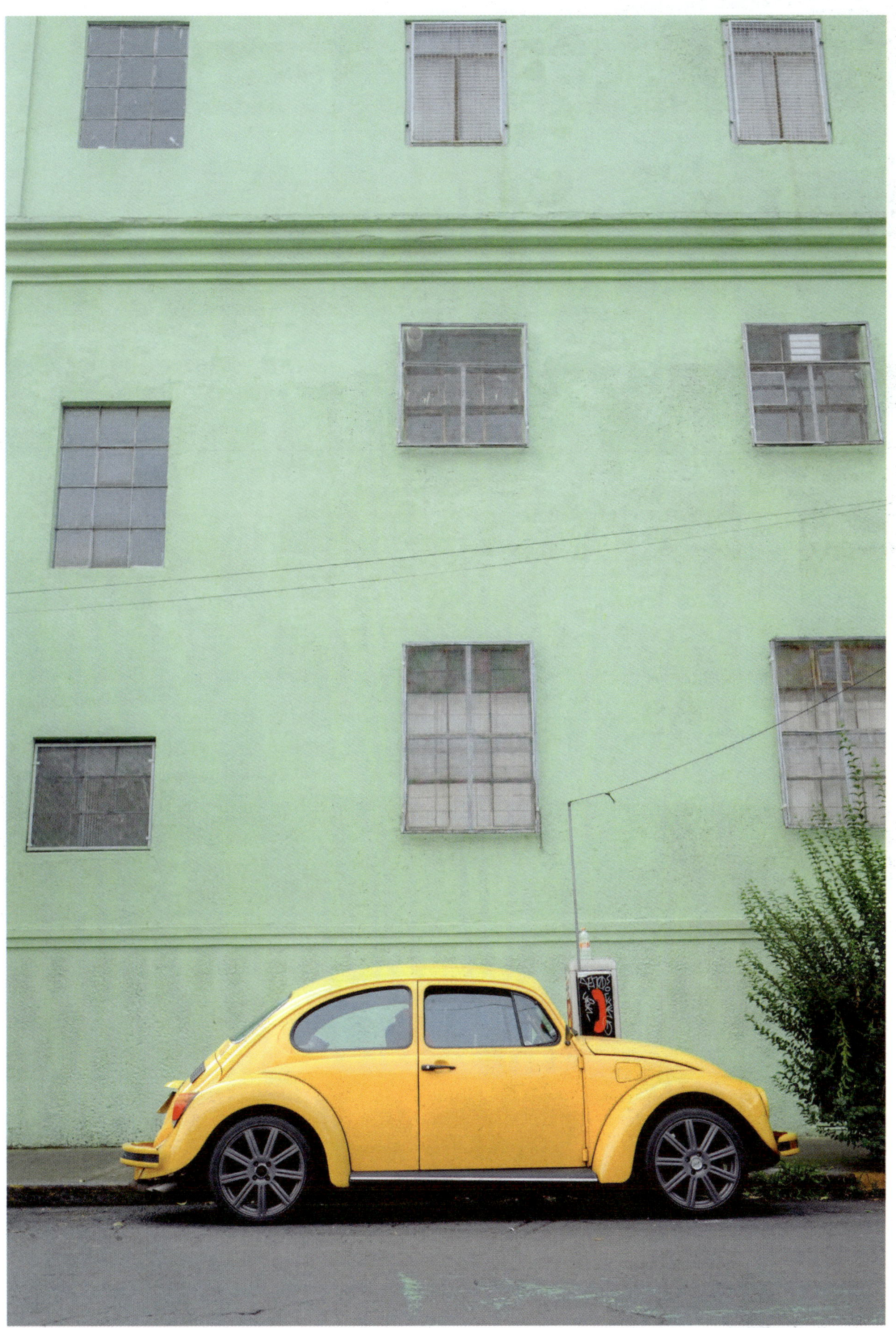

Coyoacán, CDMX (2017)

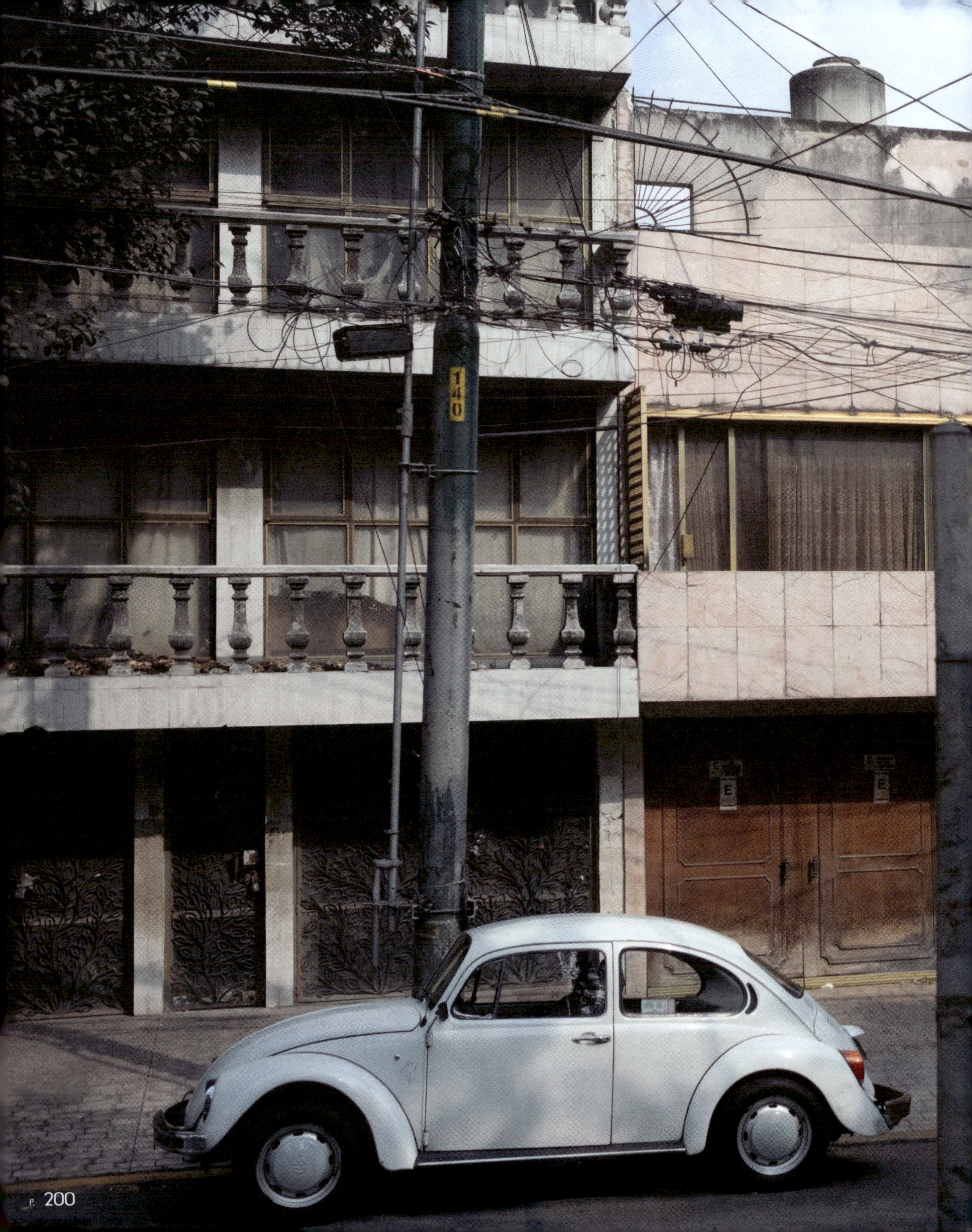
140

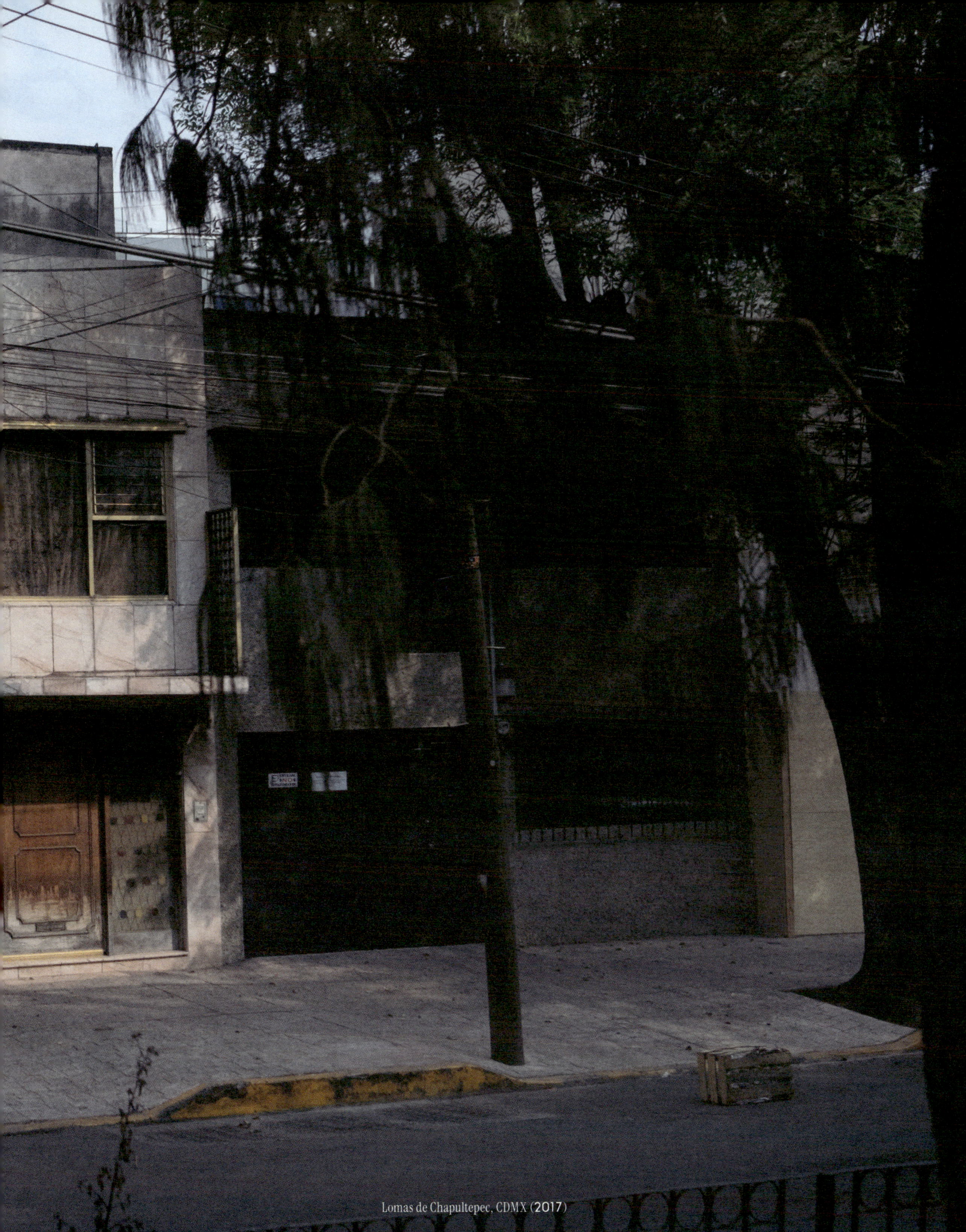

Lomas de Chapultepec, CDMX (2017)

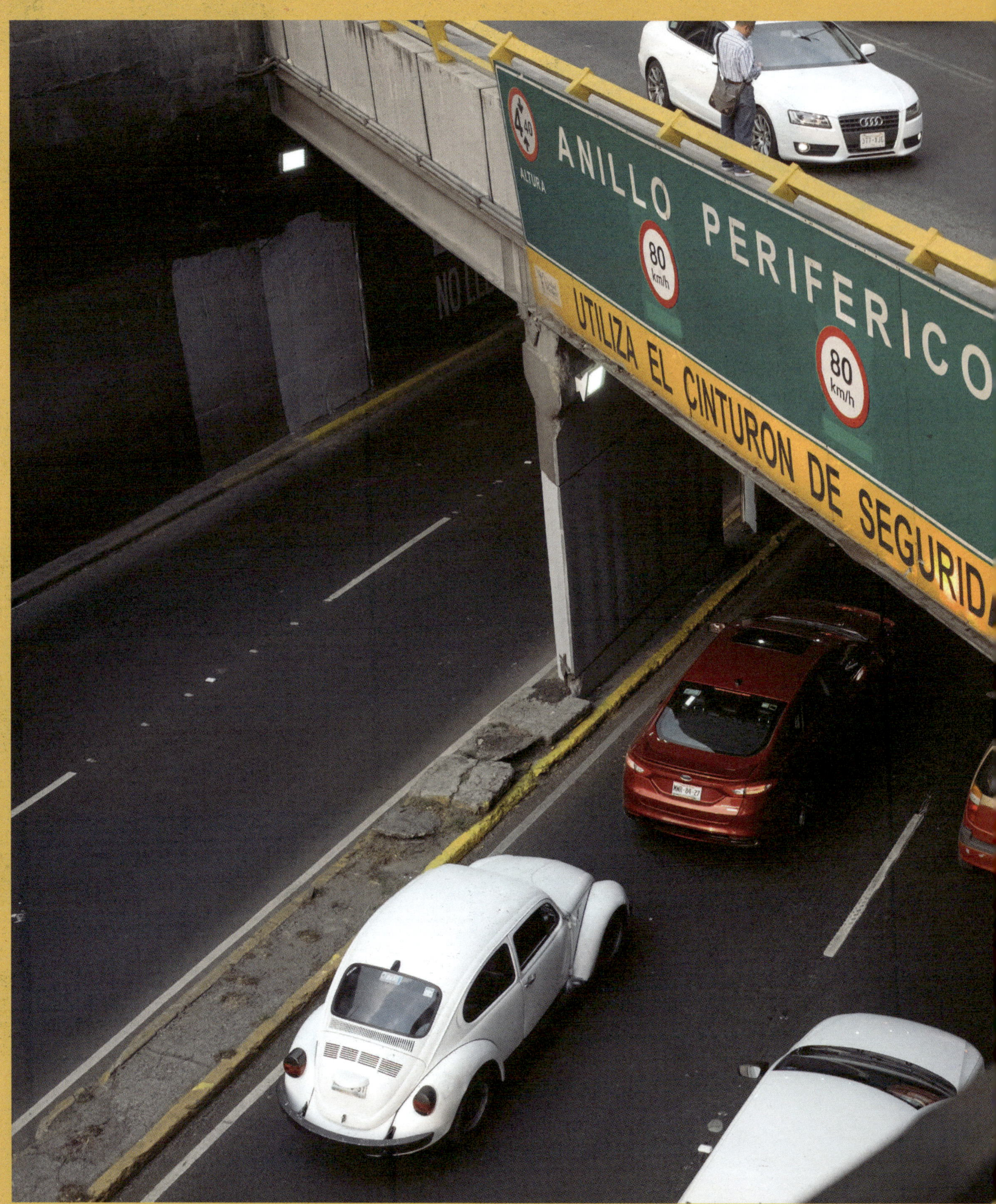

Av, Constituyentes, CDMX (2017)

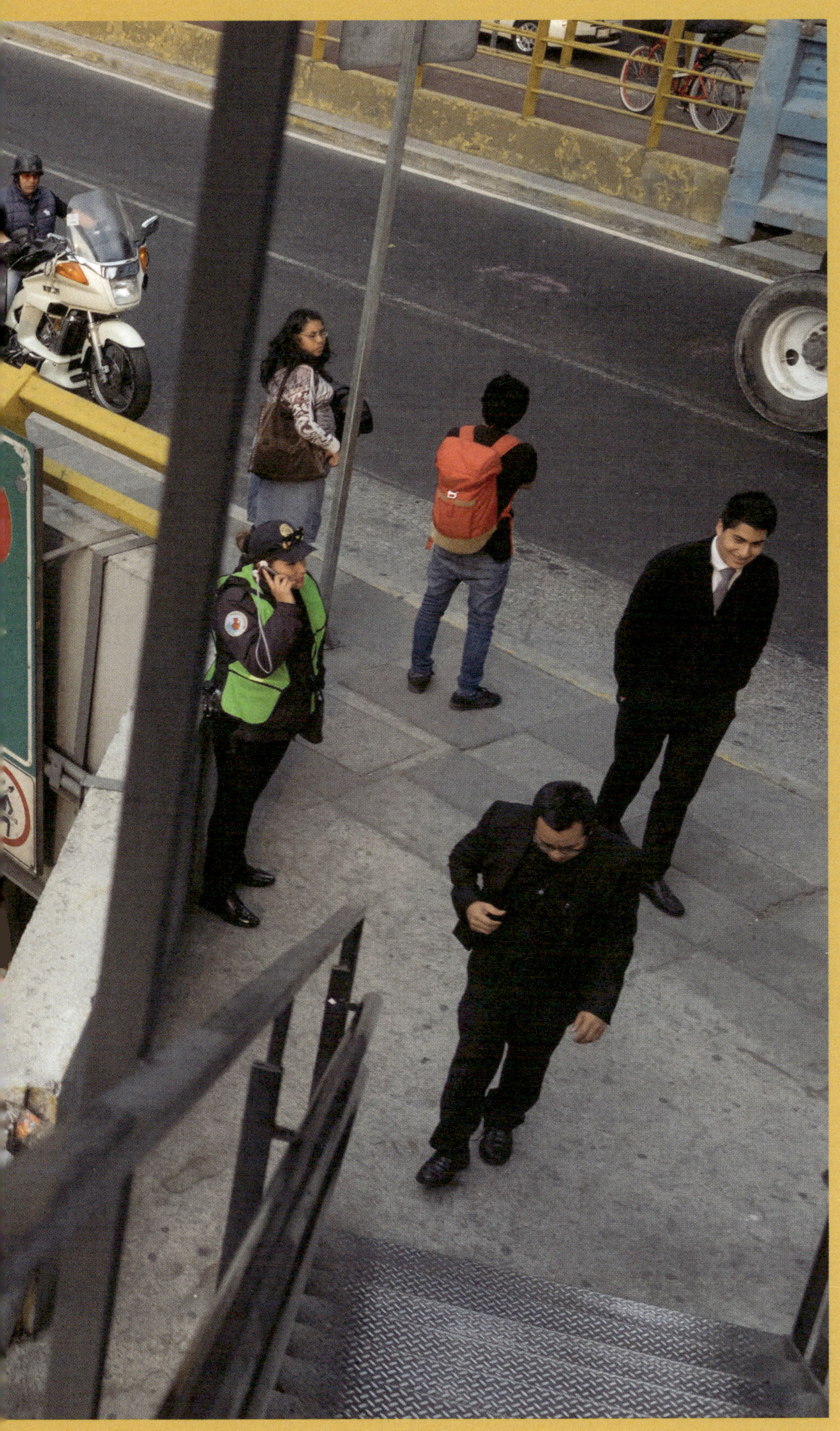

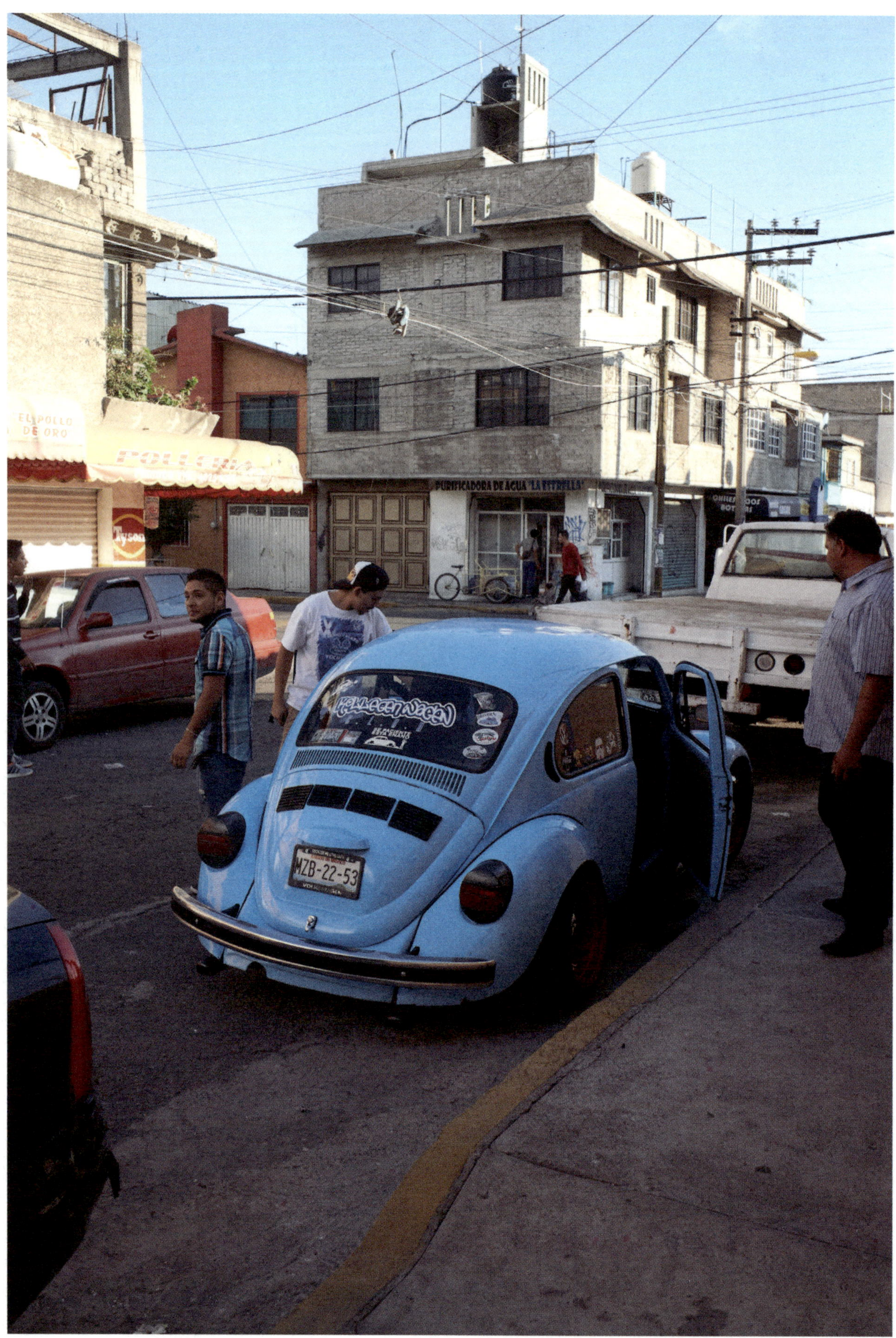

Nezahualcóyotl, CDMX (2017)

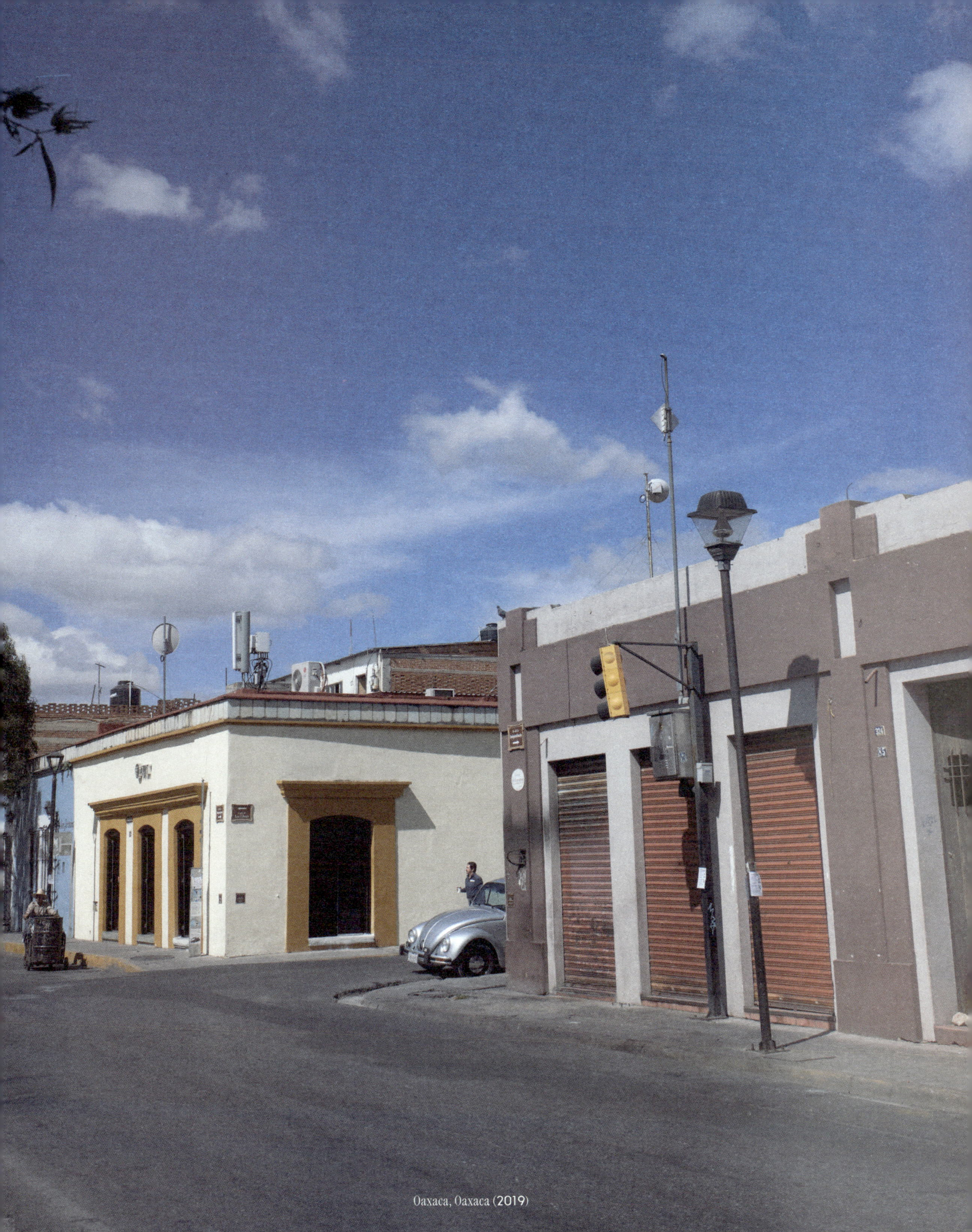

Oaxaca, Oaxaca (2019)

‘LA CIUDAD ME HIZO SENTIR VIVO’

‘THE CITY MADE ME FEEL ALIVE.’

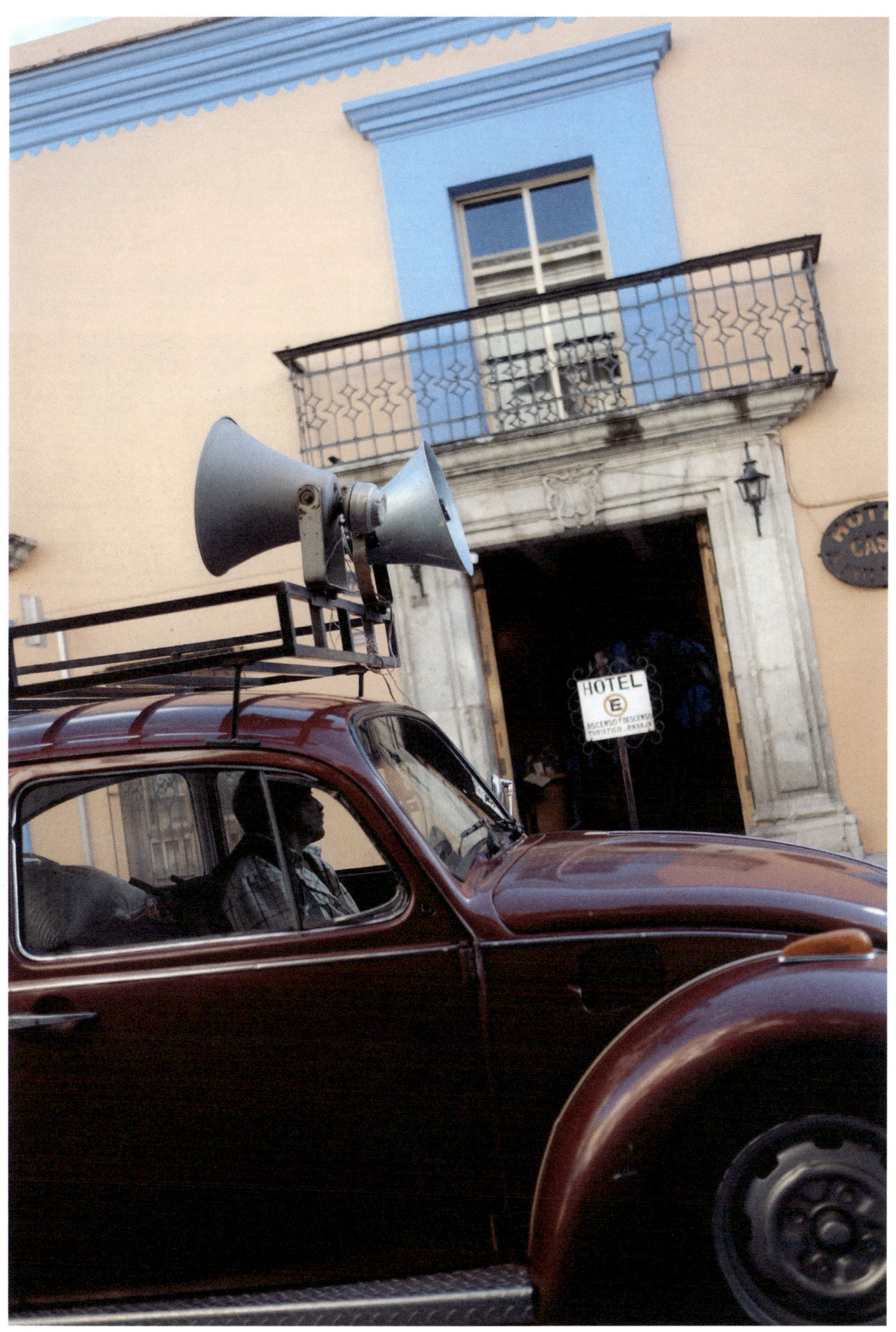

San Miguel Chapultepec, CDMX (**2017**)

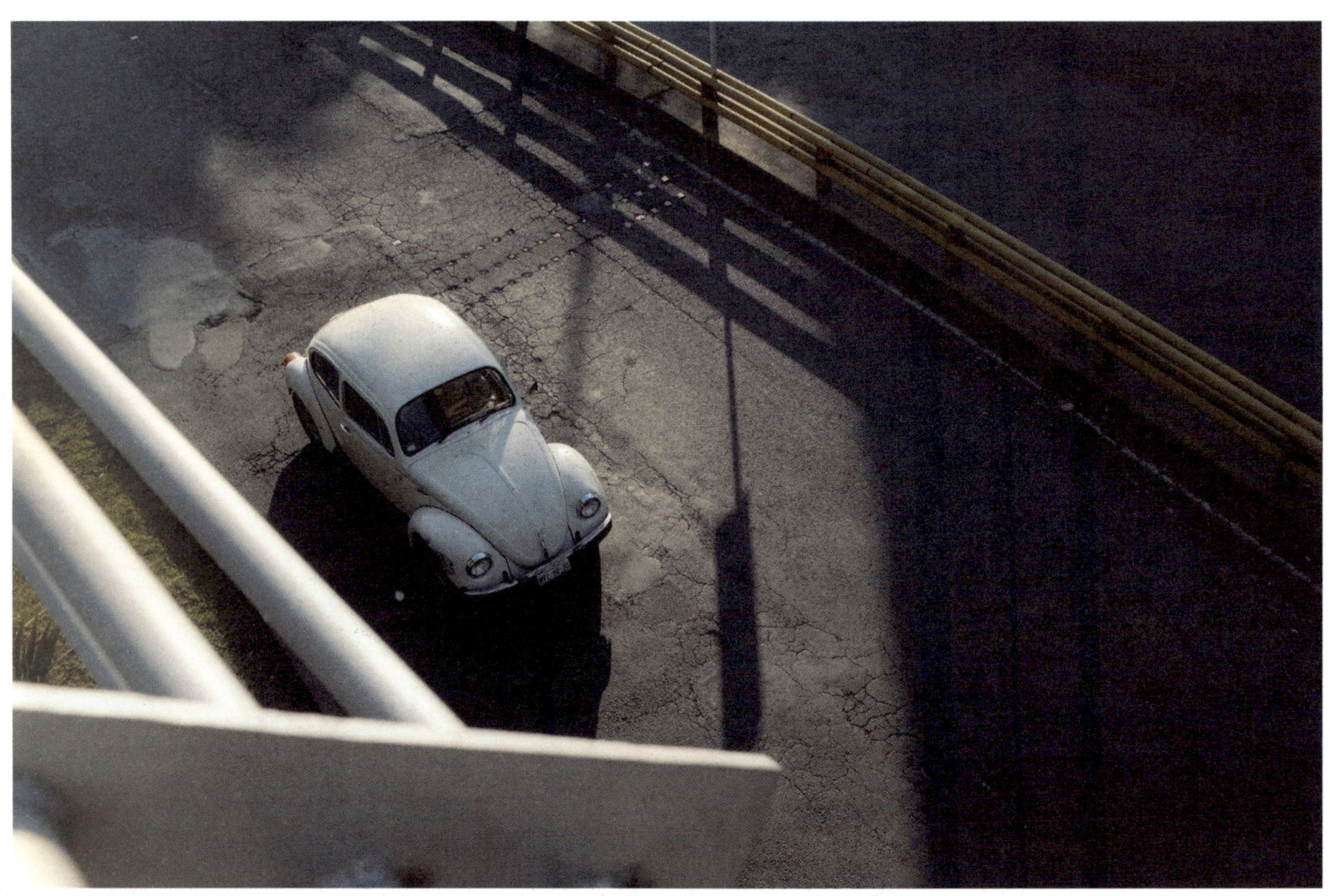

Polanco, CDMX (2017)

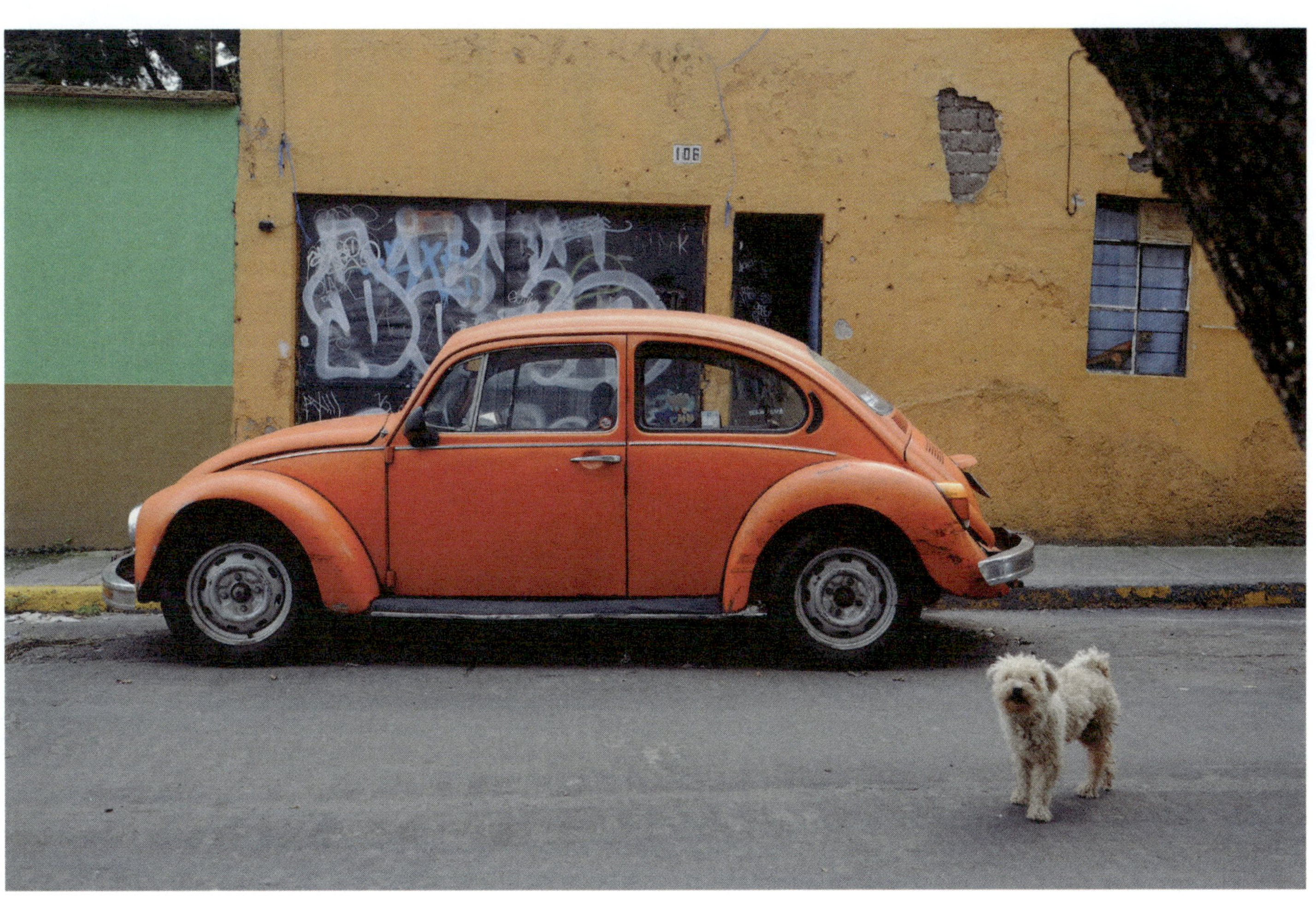

Observatorio, CDMX (2017)

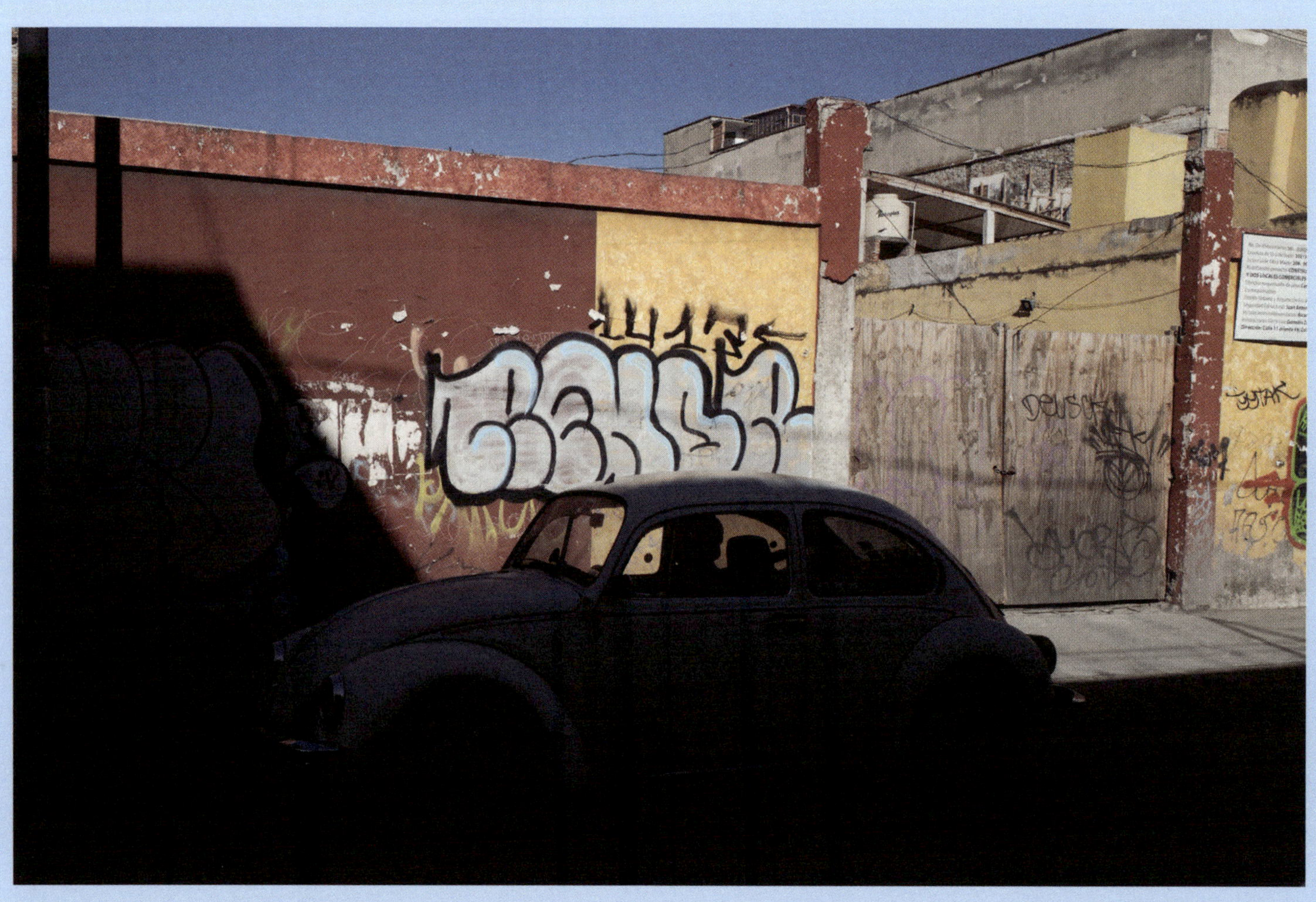

Puebla, Puebla (2017)

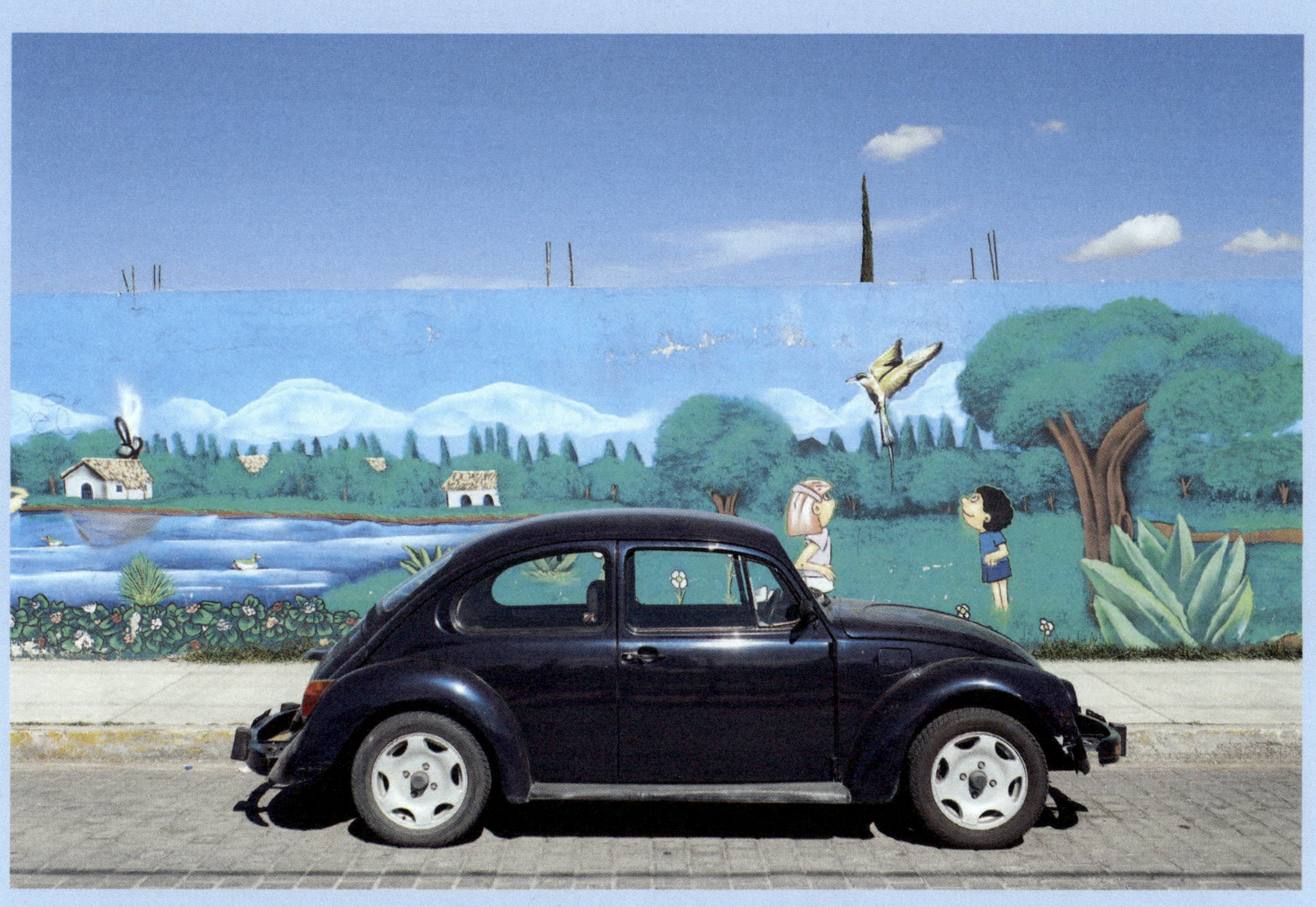

Puebla, Puebla (2017)

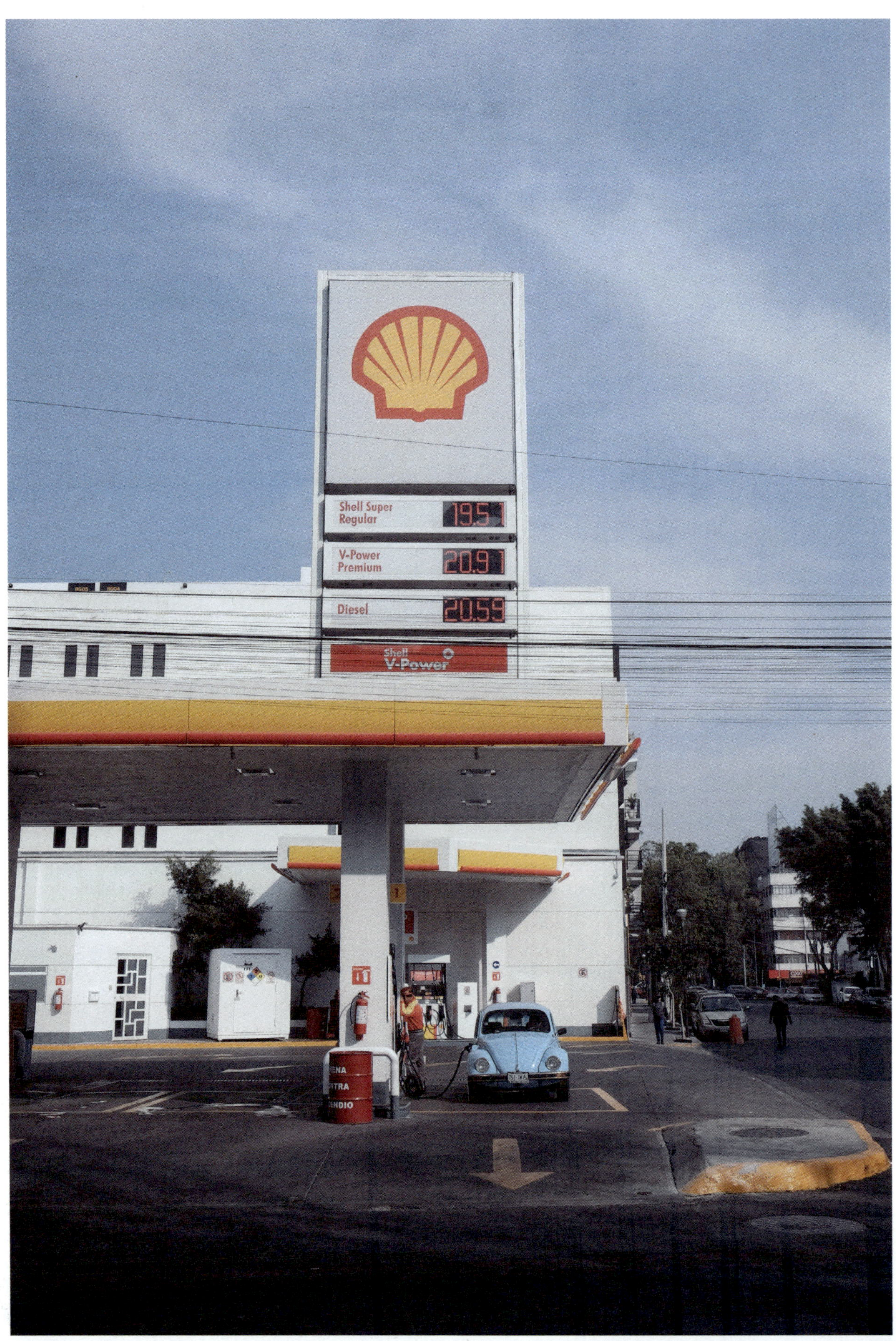

Cuauhtémoc, CDMX (2019)

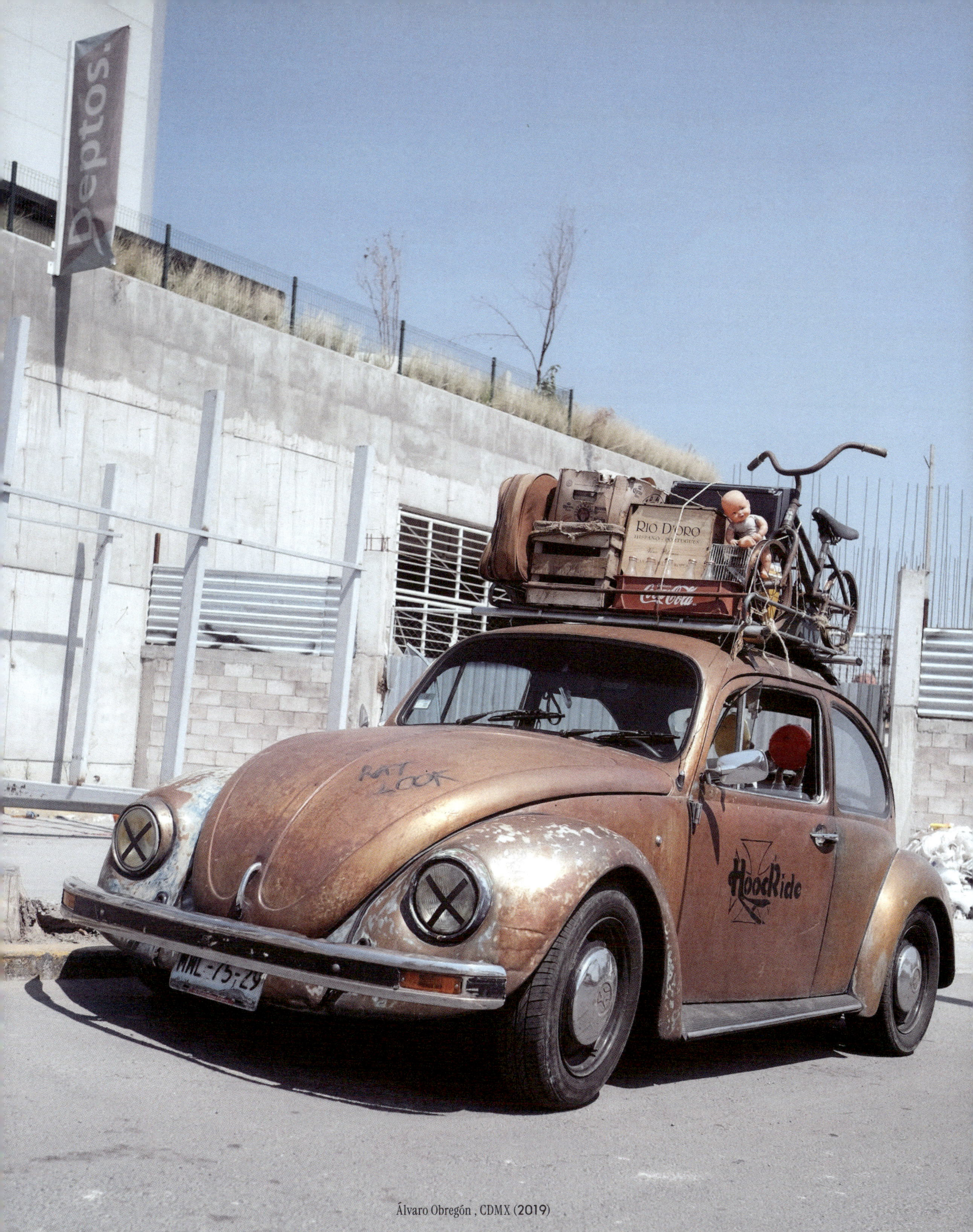

Álvaro Obregón , CDMX (2019)

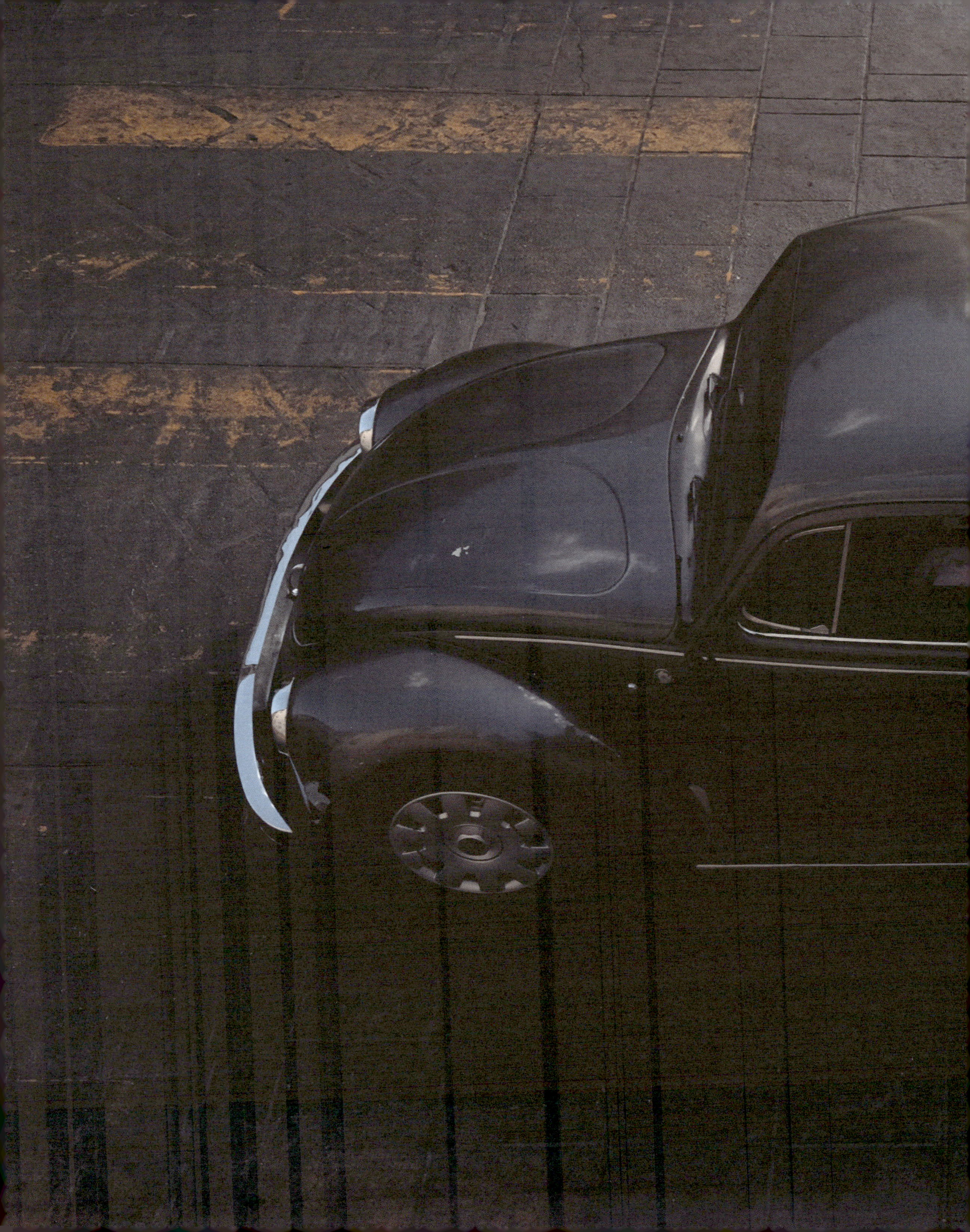

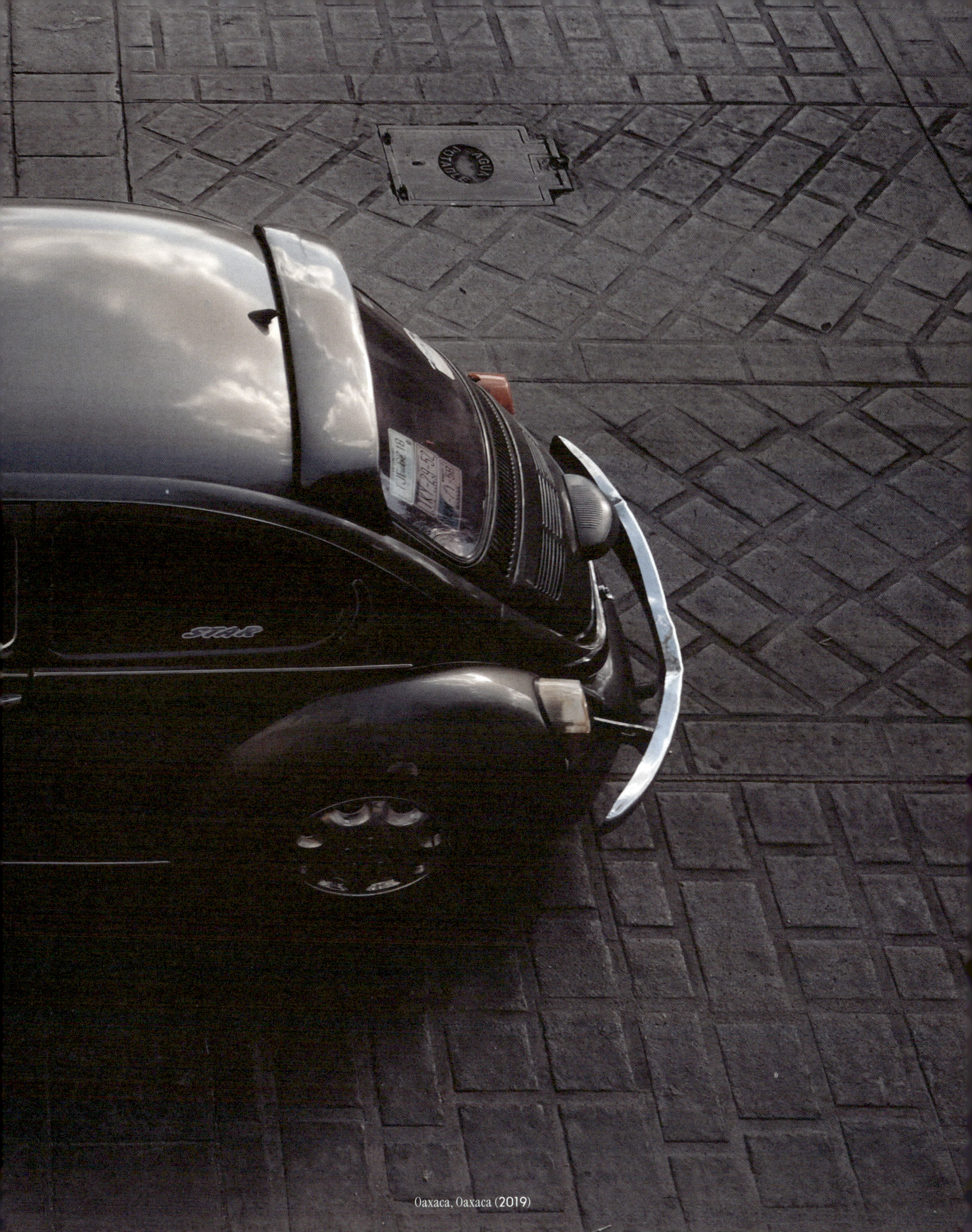

Oaxaca, Oaxaca (2019)

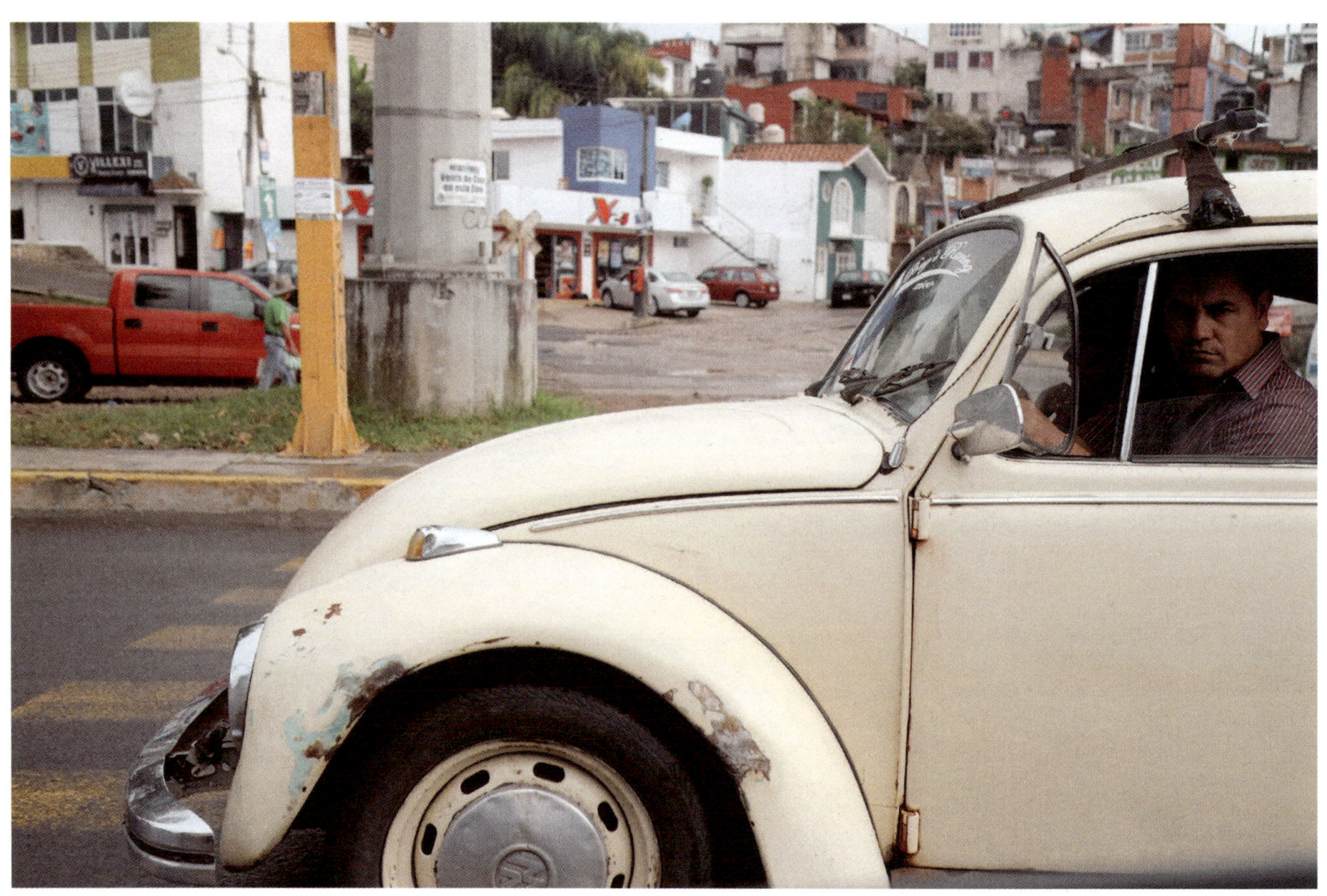

Xalapa, Veracruz (2018)

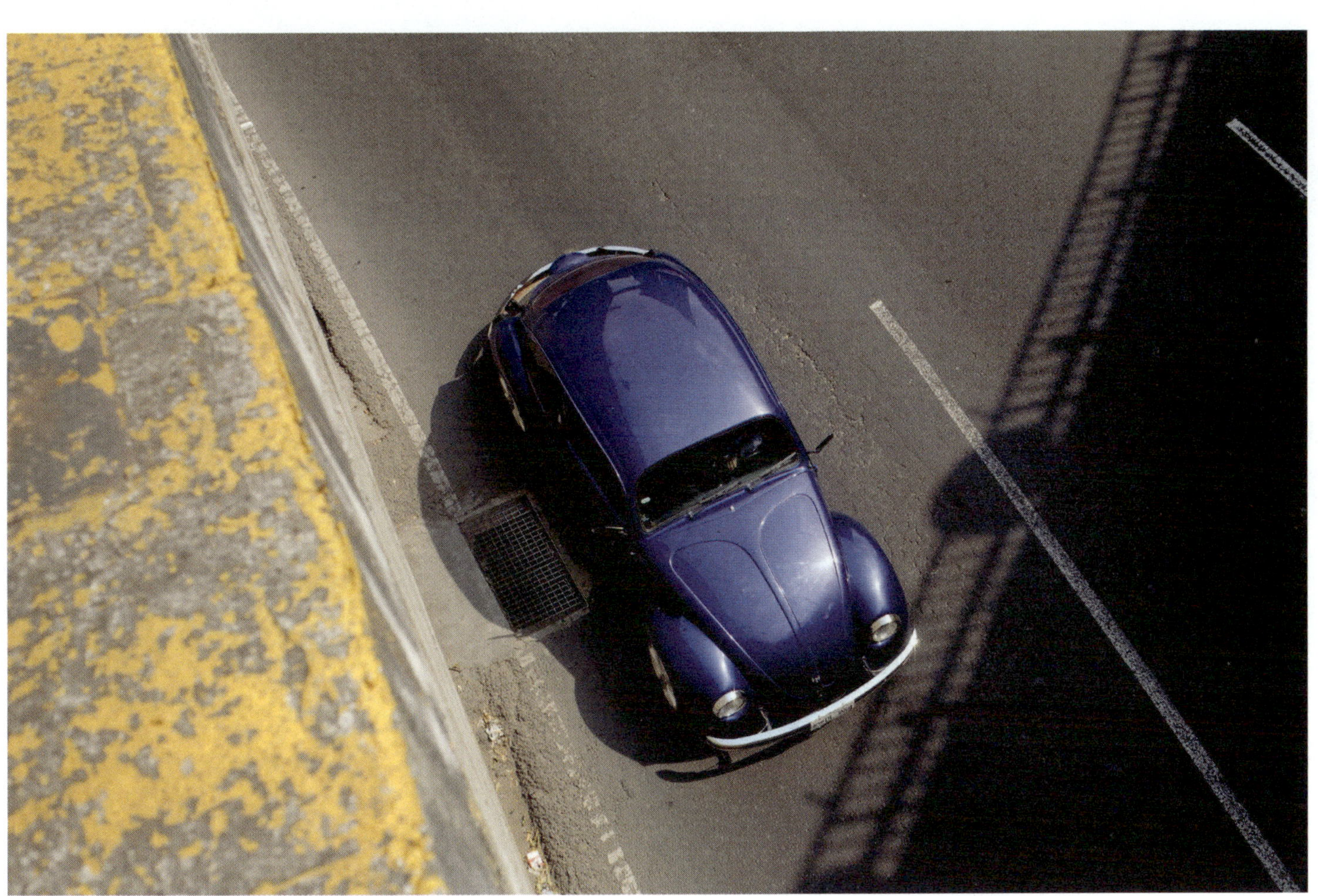

Periférico, CDMX (2017)

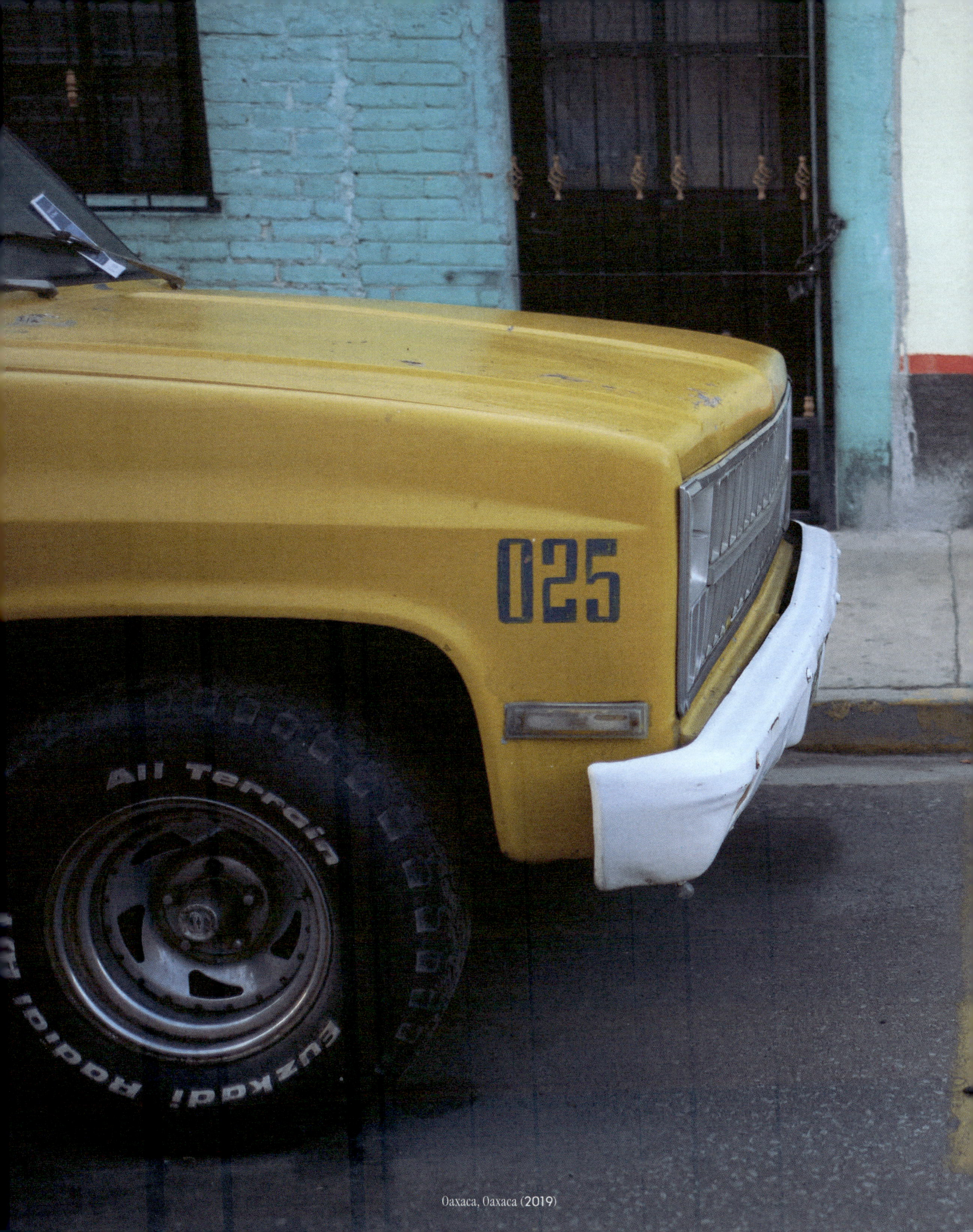

Oaxaca, Oaxaca (2019)

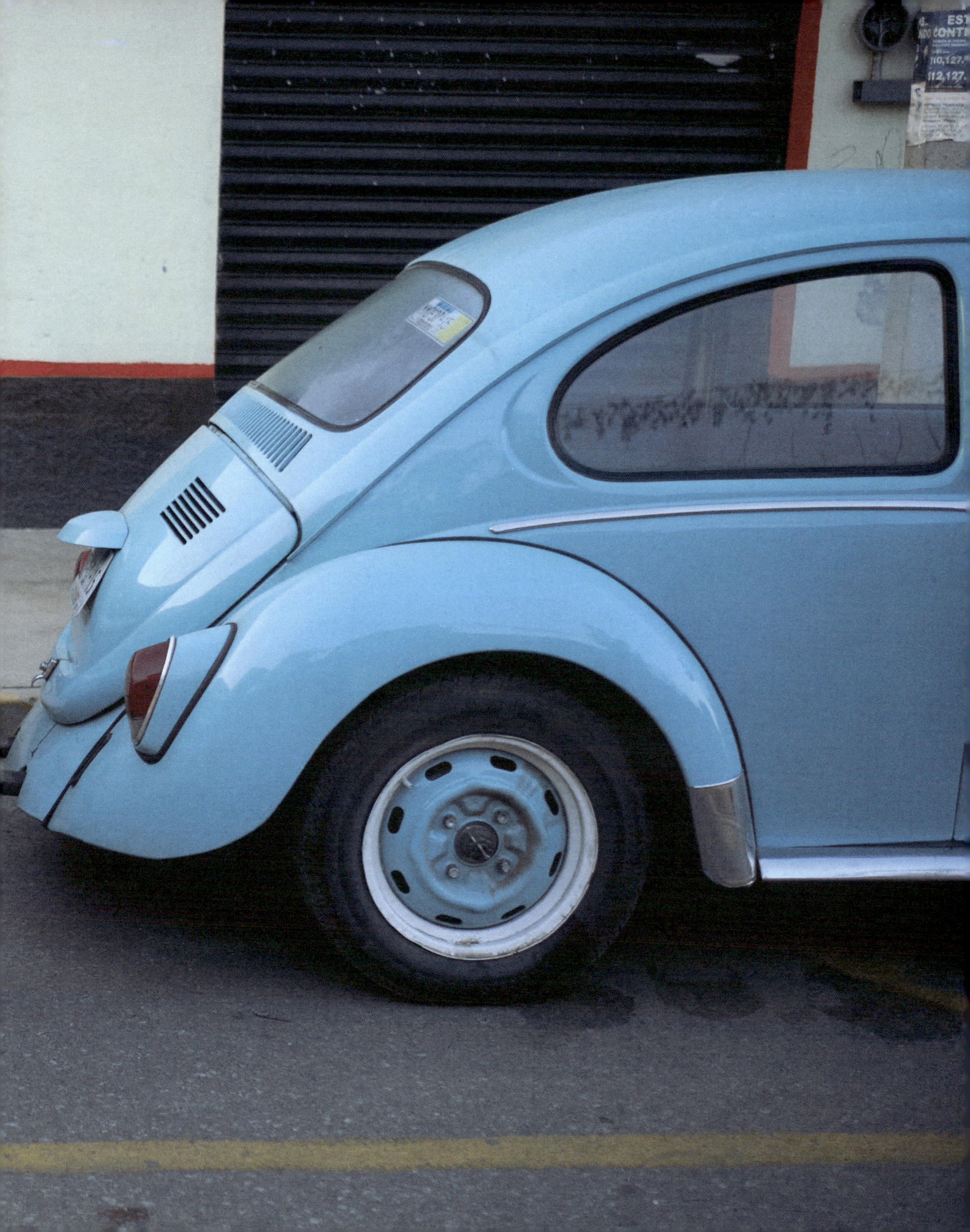

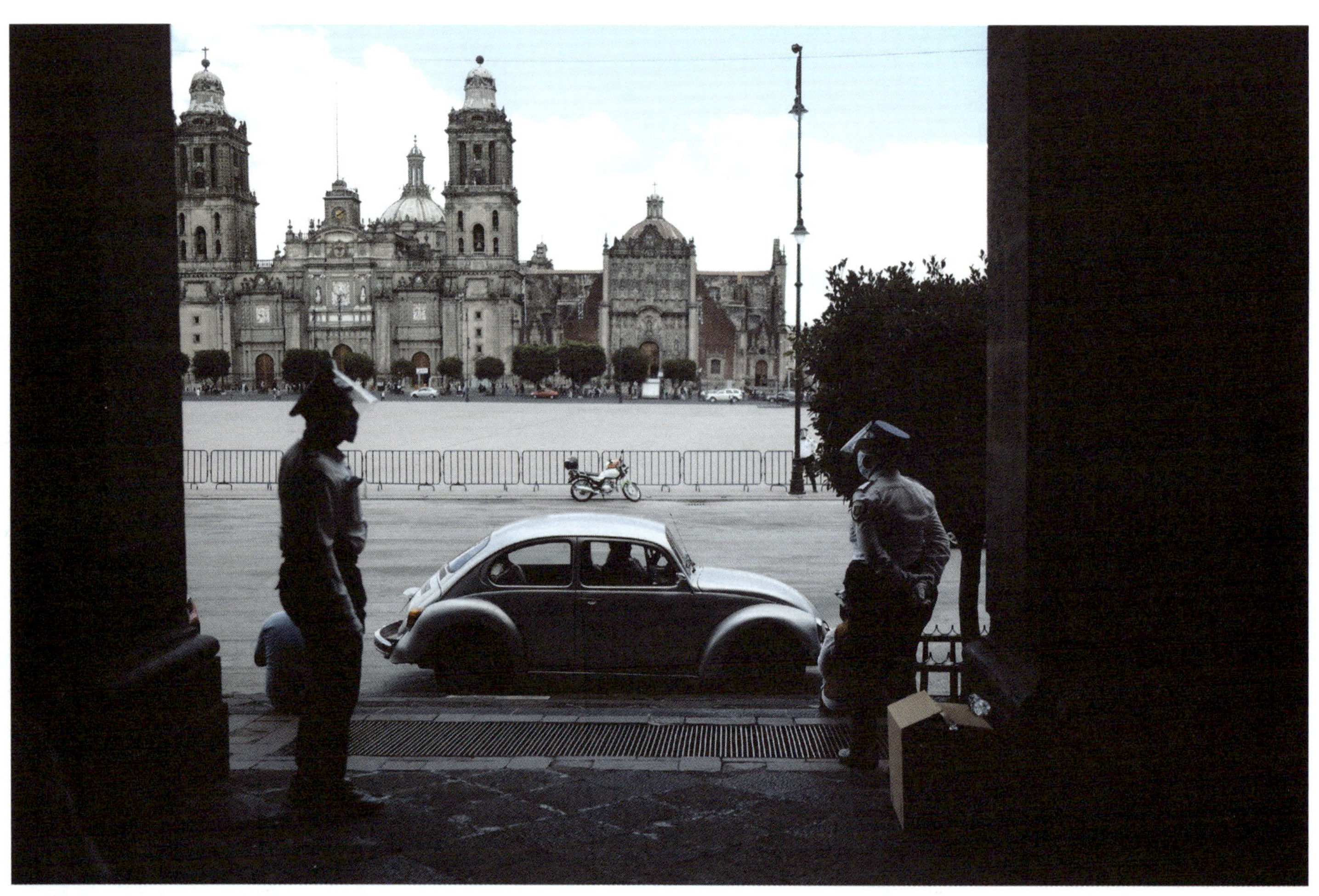

Zócalo, Centro Histórico, CDMX (2020)

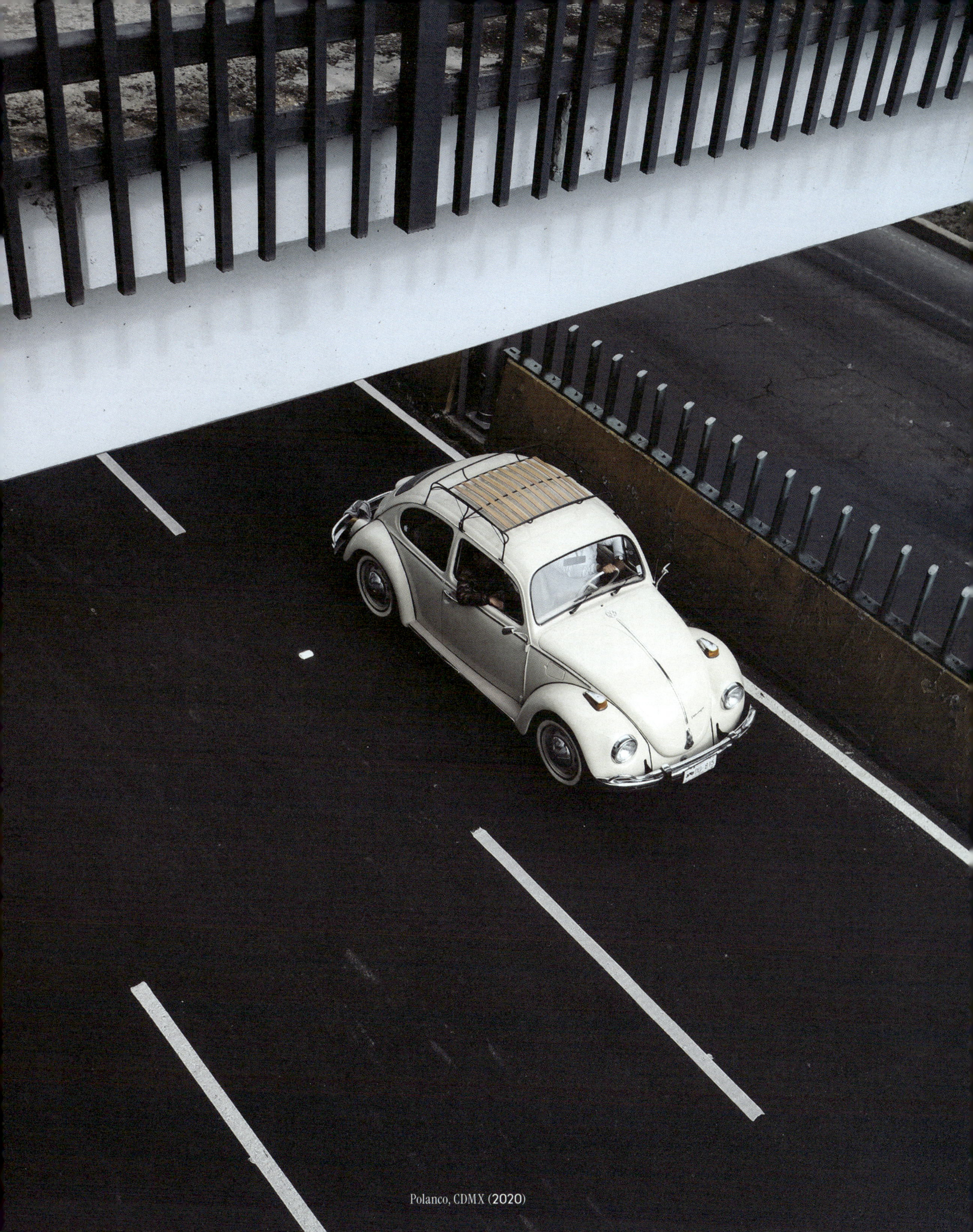

Polanco, CDMX (2020)

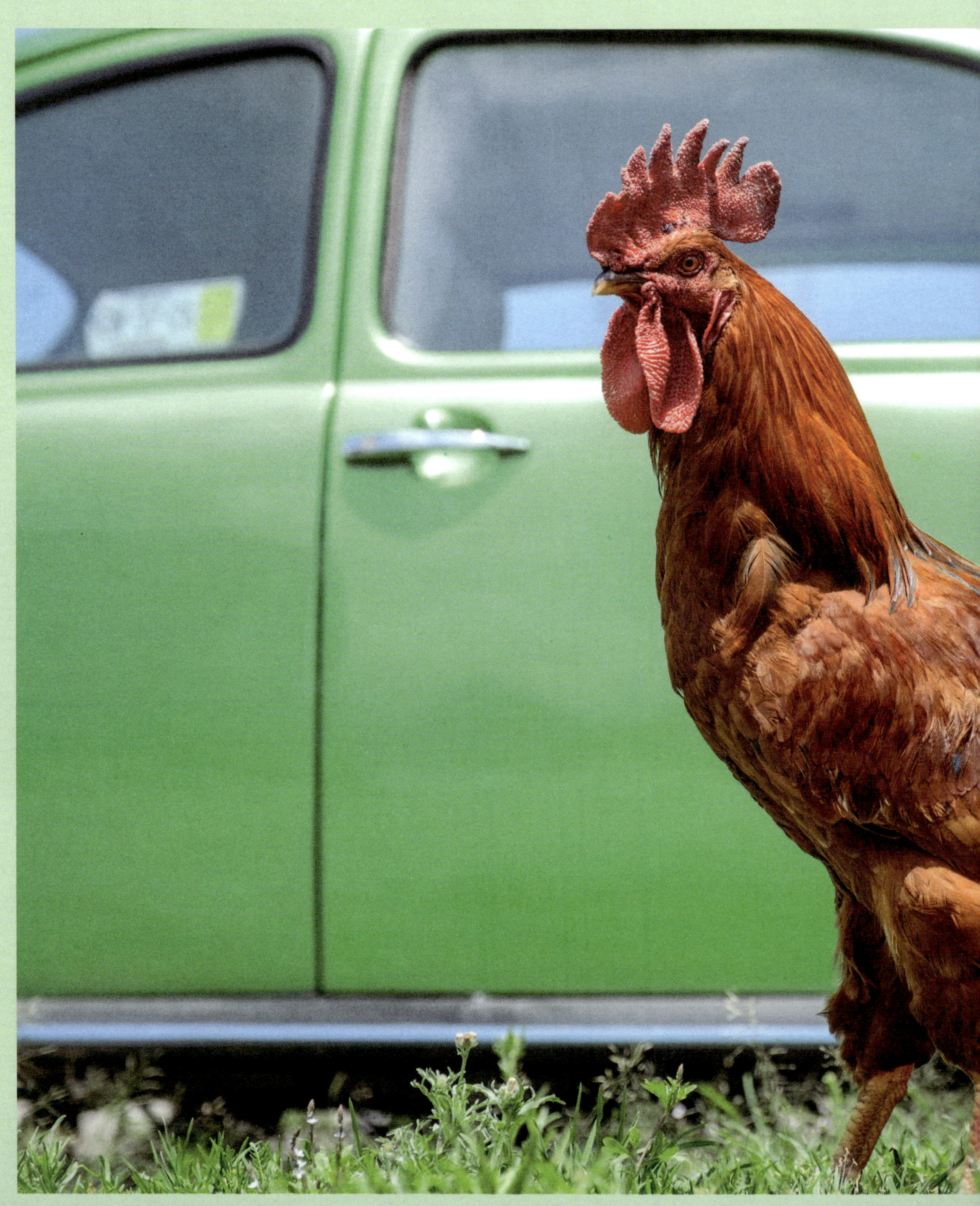

Toluca, Estado de México (2017)

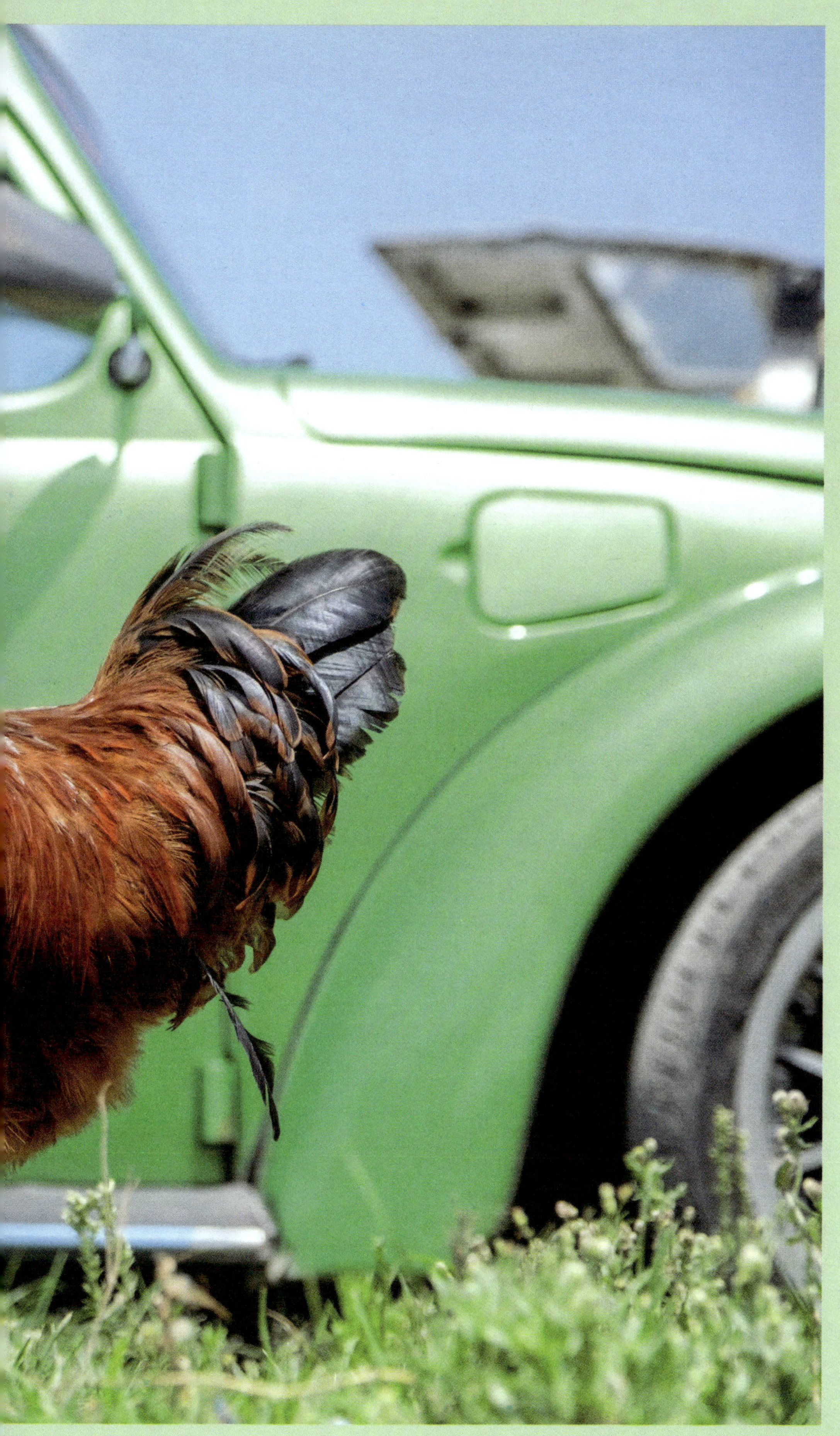

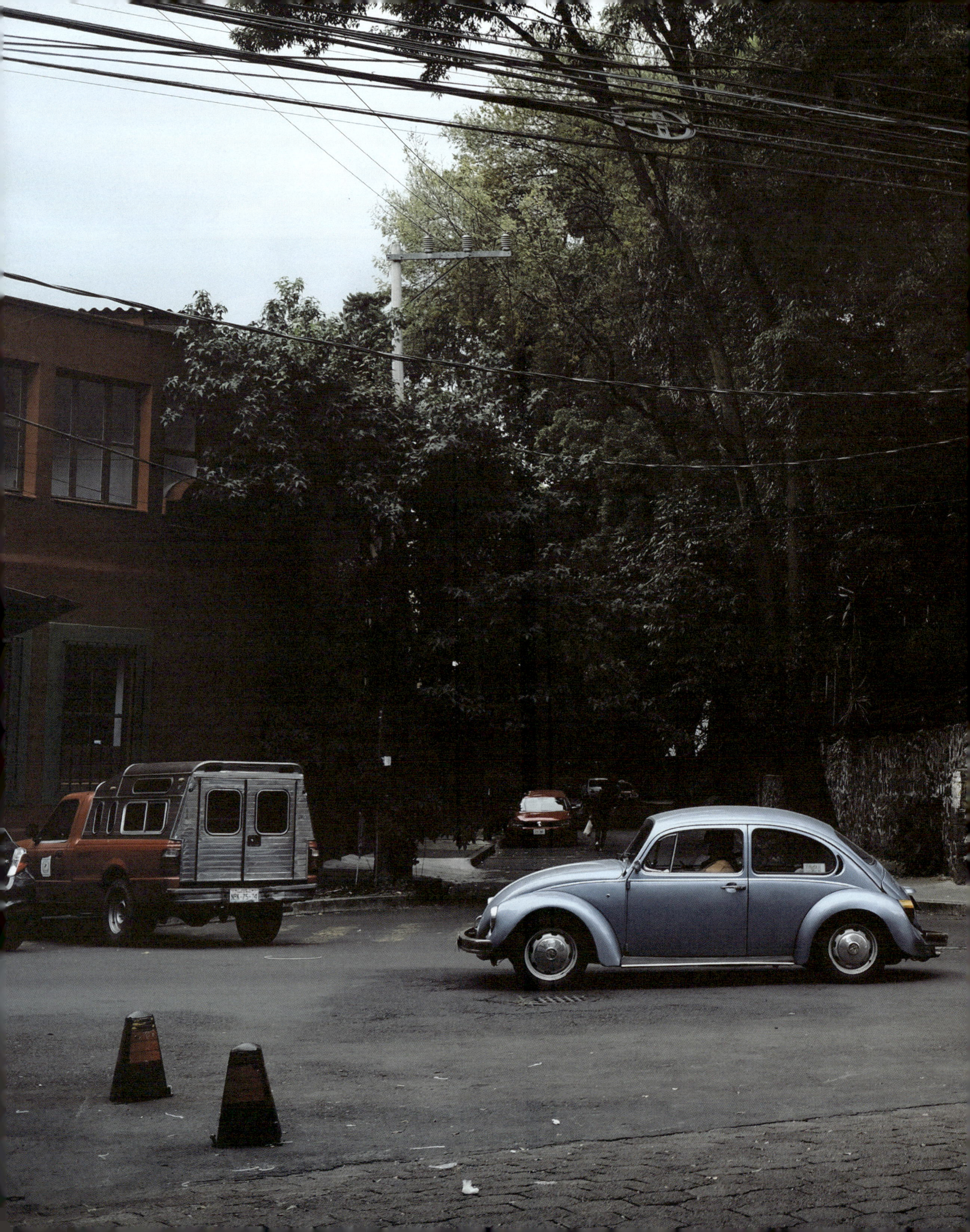

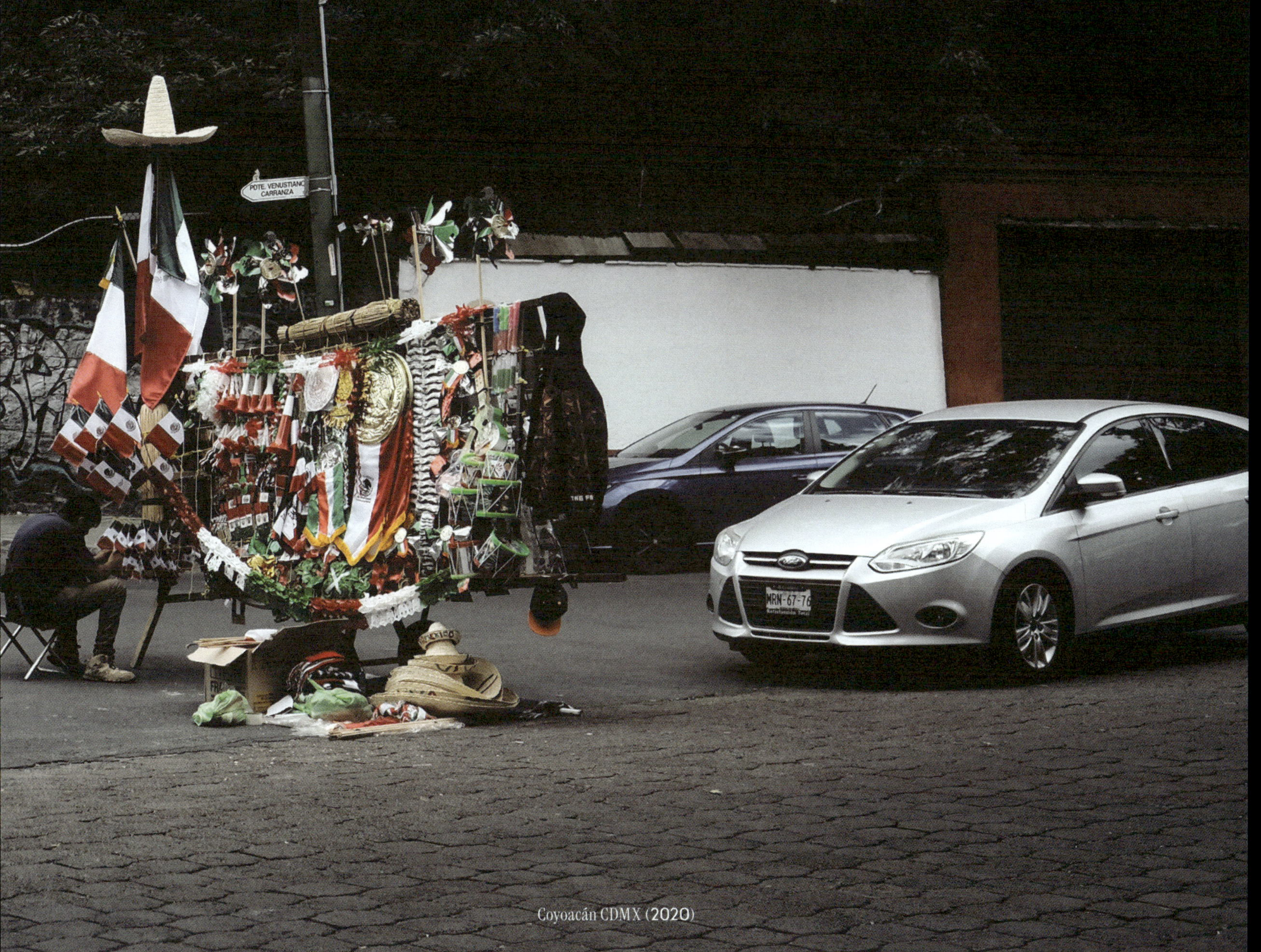

Coyoacán CDMX (2020)

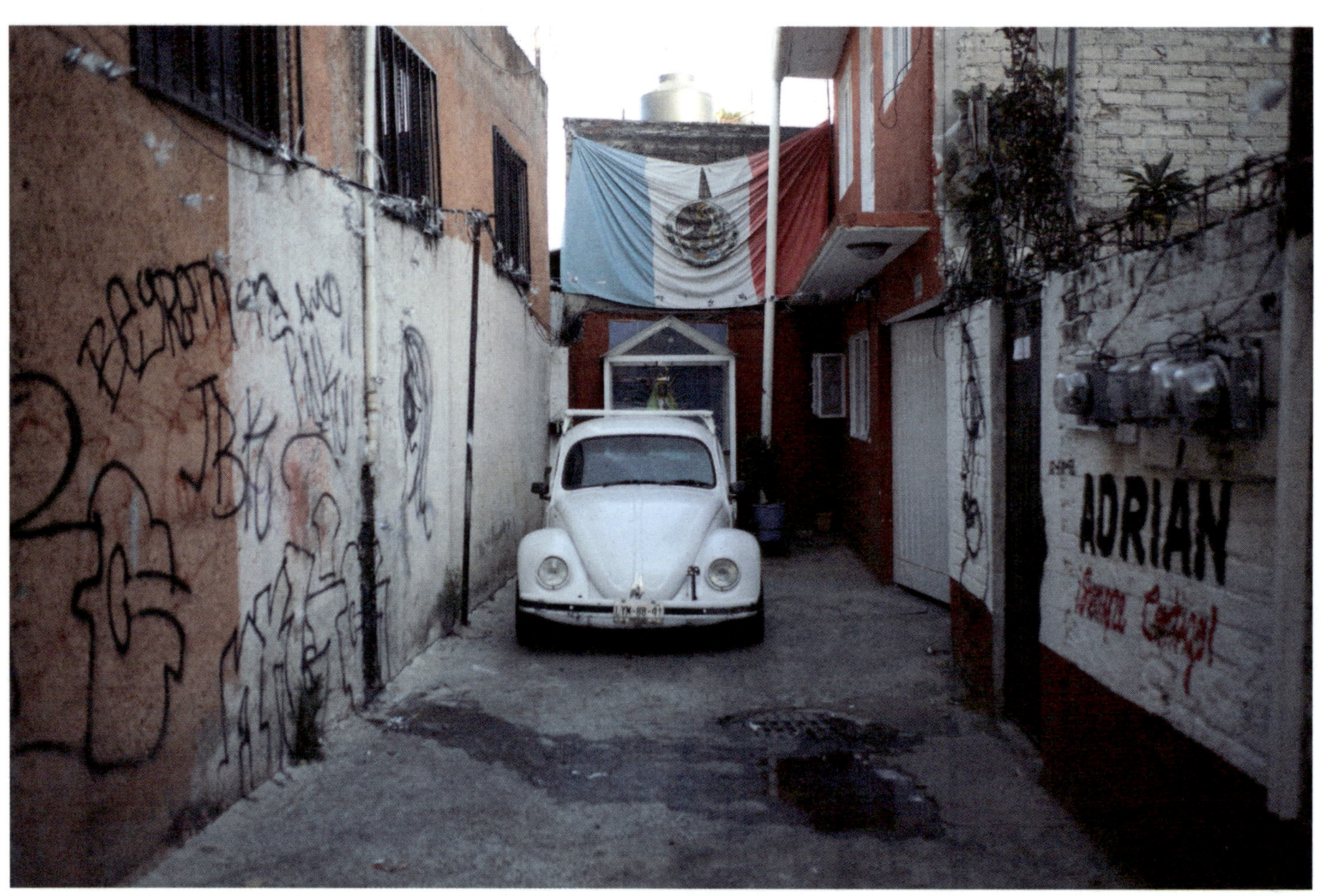

Cuajimalpa, CDMX (2017)

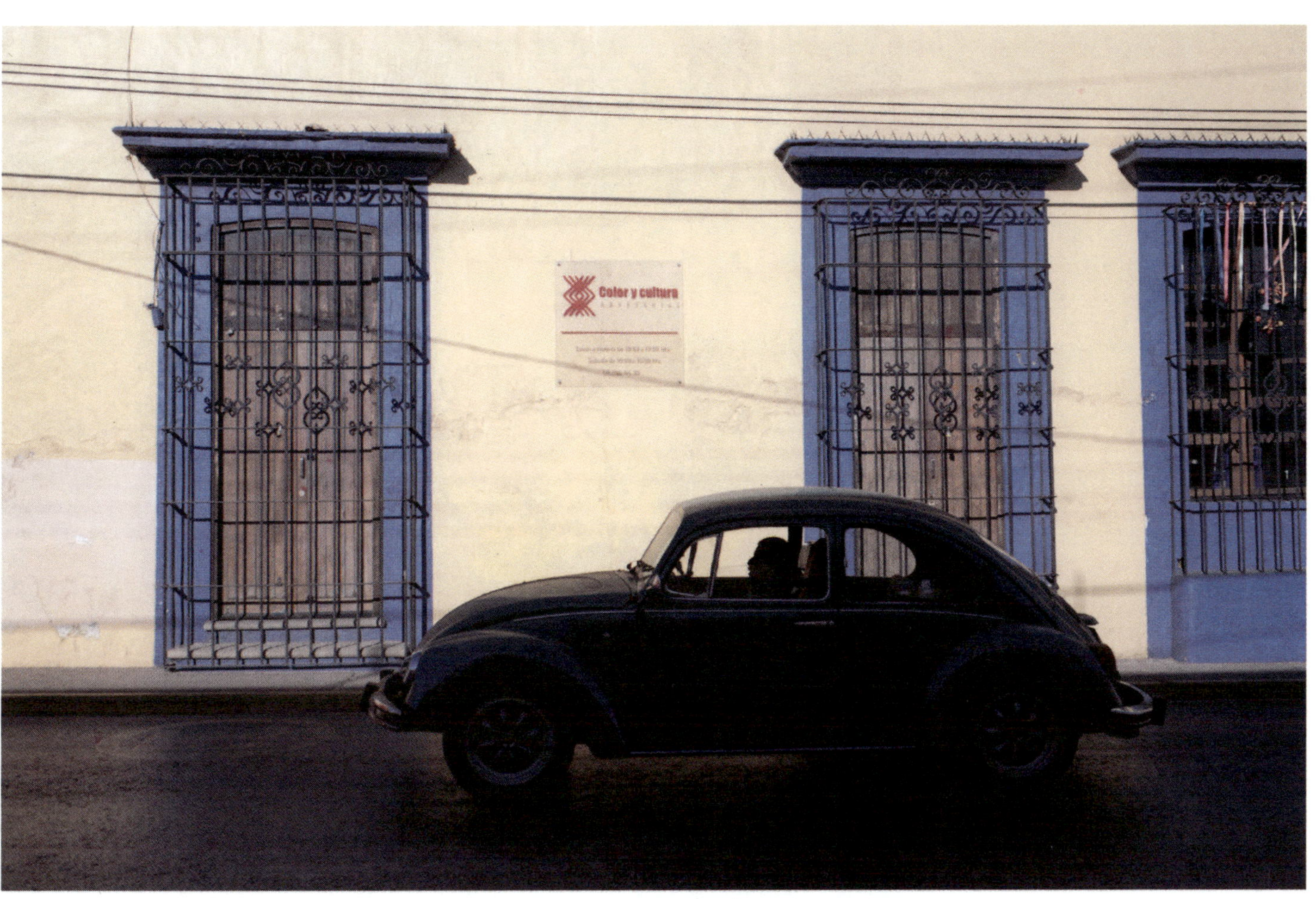

Oaxaca, Oaxaca (2019)

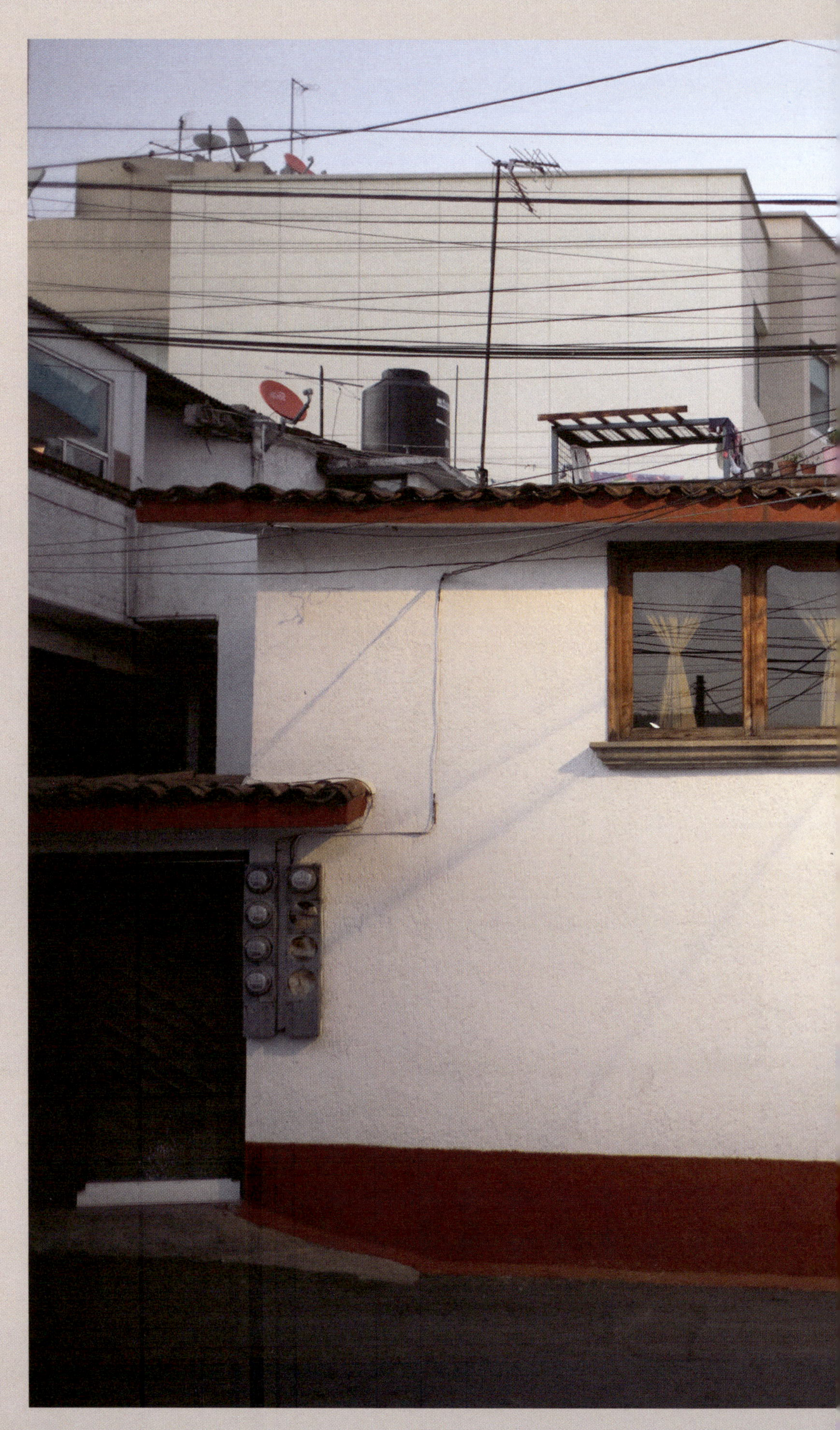

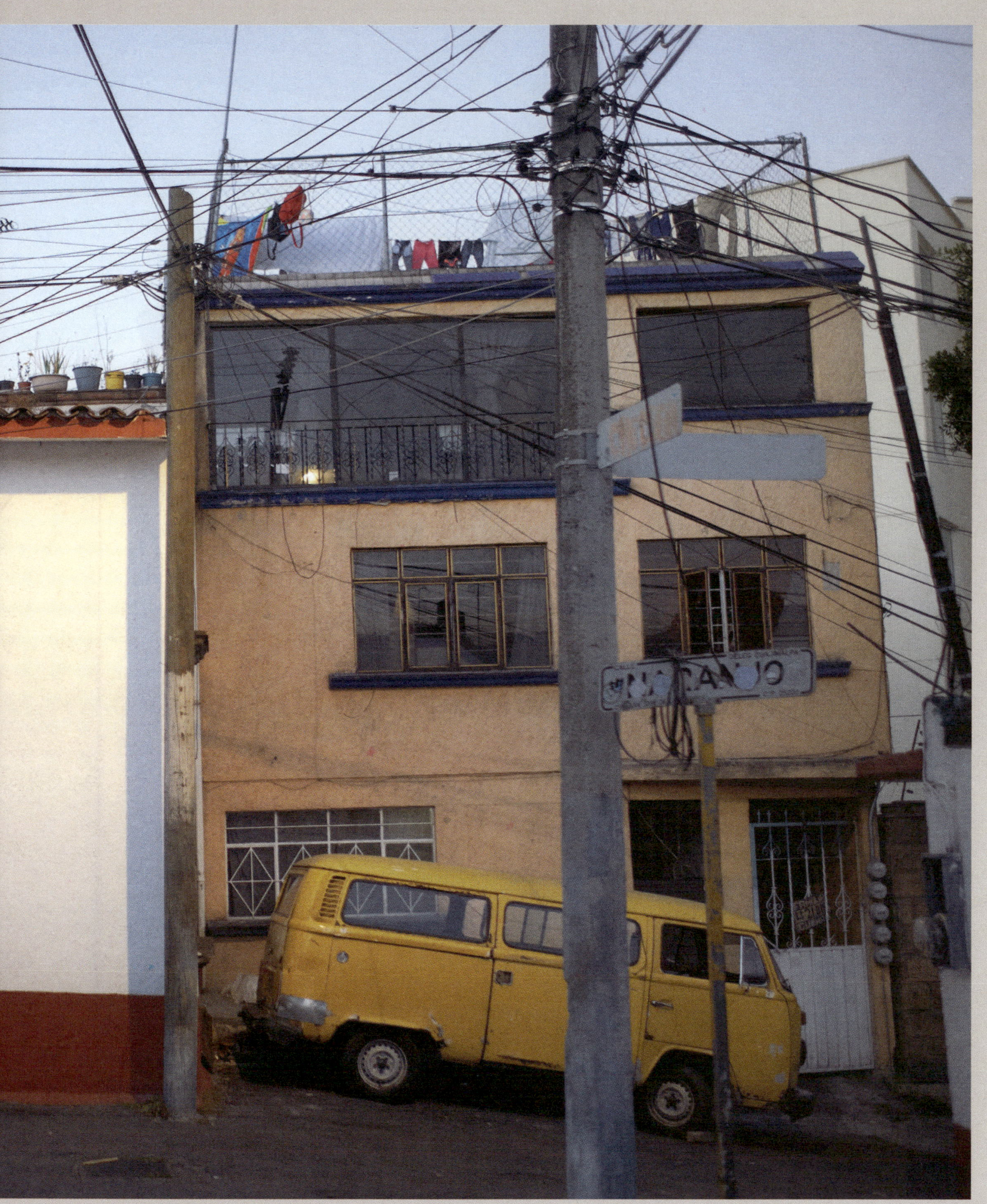

Cuajimalpa, CDMX (2017)

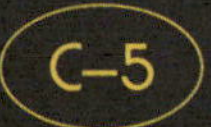

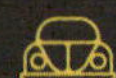

'EL PUEBLO'

Si hicieran una versión en imagen real de la película animada «Coco», la rodarían en Tepoztlán. Es una ciudad que, de alguna manera, parece más antigua que el resto del país. Encajada entre las afueras del valle de la Ciudad de México y la sierra en constante expansión al sur de la ciudad, Tepoztlán está considerada uno de los Pueblos Mágicos y un punto de interés turístico. Aquí, la tierra tiene una profunda historia definida por su designación a principios del siglo viente como ejido, una tierra devuelta a los comuneros. Un lugar abierto al turismo, pero con una cultura de tomar las riendas de los problemas. Con sus calles bordeadas de rocas volcánicas, una antigua pirámide que salpica la cima del valle en el que se encuentra, situada entre los últimos. Población: 50,000 habitantes, y lleno de vochos.

Si mi idea de que un vocho significaba un lugar acogedor era cierta, entonces me sentí como en casa desde el primer día. Si el pueblo te acepte, esto es otra historia. Según las leyendas, es probable que te encuentres con ovnis y que, si el pueblo quiere que te quedes, te dejará en paz. Si no es así, te mostrará la puerta. Y a lo largo de cuatro años, llegué a conocerlo bien. Paseos diarios por las calles, caminatas y comida. Un lugar para vivir, prosperar y estar en contacto con la naturaleza. Eficiencia para vivir, trabajar en fotografías y trabajar en el equilibrio personal. Esto era una analogía perfecta para todos los pueblos mágicos de México, pero especialmente Tepoztlán. En raras ocasiones, se puede ver el Popocatépetl elevándose al fondo, vigilando el pueblo y su colonia de vochos desde kilómetros de distancia.

México tiene la capacidad especial de revelar constantemente un lugar aún más mágico que aquel que creías absolutamente especial. «O, ¿pero conoces este otro lugar?» es una frase muy repetida. Uno de estos lugares, escondido en las interminables sierras de Guerrero, es la antigua ciudad minera española de Taxco. Tras conducir durante horas por sinuosas y retorcidas autopistas de dos carriles, de repente aparece ante ti.

¿Lo primero que captura la atención? La ciudad es vertical. Y así, después de todos estos años, los taxis son todos vochos debido a las empinadas colinas y las resbaladizas carreteras pavimentadas con rocas. Son blancos con un triángulo rojo y un número. Si miras dentro, verás la personalidad de cada conductor. Como rito de iniciación, por fin pude visitarlo durante unos días. Es un auténtico Disneylandia de vochos y cultura mexicana. De repente, me encontré rodeado de los coches que llevaba años buscando. En aquel entonces, había pasado horas esperando para verlos. Resulta que estaban allí todo el tiempo, en esta pequeña ciudad surrealista. Esto llevó mi experiencia con los vochos, y todo mi viaje en general, a un crescendo sensacional.

México está rico con lugares como este. Hay innumerables pueblos que explorar, aventuras ocultas que descubrir e historias que escuchar. Taxco es una joya entre ellos. Para mí, marcó el principio del fin. Dicen que es imposible ver la vista desde la cima de la montaña antes de llegar allí. Transformar el miedo en amor a través de la comunidad y la aventura. La fricción como catalizador del crecimiento. Neumáticos sobre el asfalto, combustión en el motor, movimiento hacia adelante. A menudo me pregunto qué vista habrá despues de que todas estas imágenes e historias se recopilen en forma de libro.

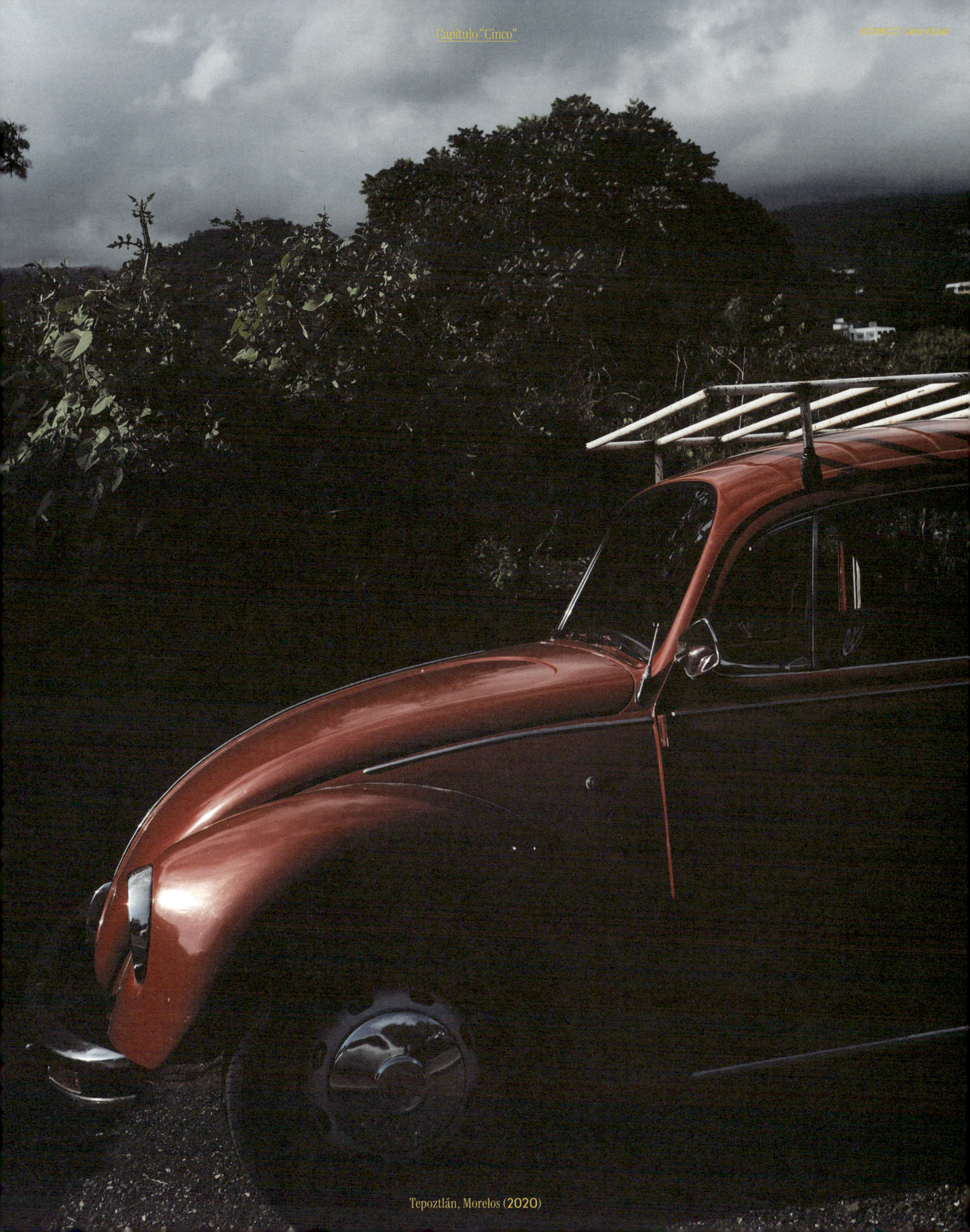

Tepoztlán, Morelos (2020)

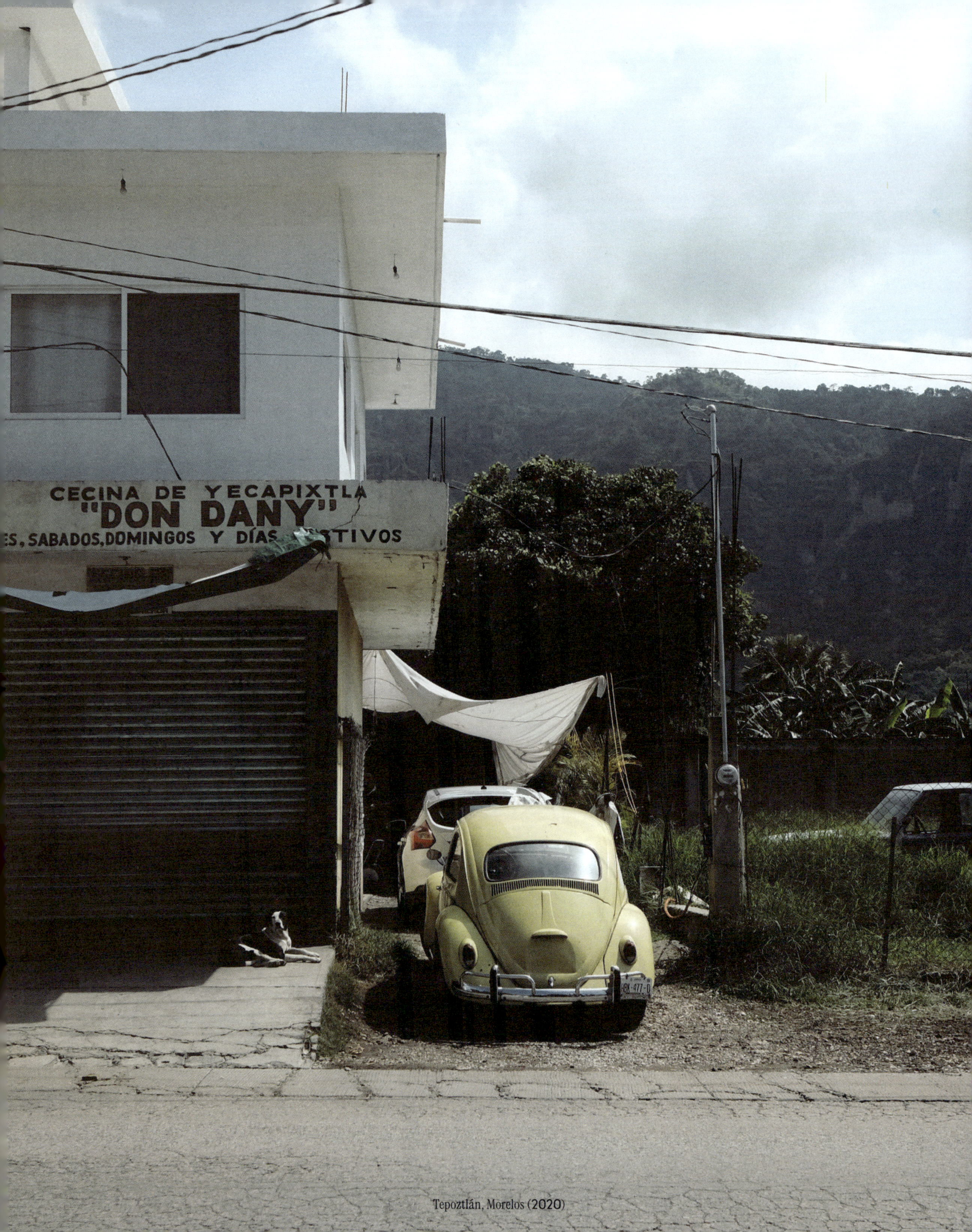

Tepoztlán, Morelos (2020)

Chapter Five

'THE TOWN'

English Version

If they were to make a live-action version of the animated movie 'Coco,' they'd film it in Tepoztlan. It's a town that somehow feels older than the rest of the country. Tightly wedged in between the outskirts of Mexico City's valley, and the ever-expanding sierra south of the city, Tepoztlan is considered one of the *Pueblo Mágicos* and a tourism hotspot. Here, the land has a deep history defined by its early 20th-century designation as an *ejido*, a land returned to the *comuneros*. A place open for tourism, but with a culture of taking issues into their own hands. Volcanic rock-lined streets, an ancient pyramid dotting the top of the valley, a population of 50,000 people, and full of *vochos*.

If my idea that a *vocho* meant a friendly place were true, then I was practically at home here from day one. Whether the town accepts you, though—that's a different story. Lore says you're likely to come across *ovnis* and that if the town wants you to stay, it will let you. If not, it will show you the door. And over the course of four years, I got to know it well. Daily street walks, hikes and food. A place to live, thrive and be in nature. Efficiency to live, work on photographs, and work on self-balancing. This made for a perfect analogy for all *pueblo mágicos* across Mexico, but Tepoztlan especially. On rare occasions, you can see the Popocatepetl towering in the back, watching over the town and its colony of *vochos* from miles away.

Mexico has the special ability to constantly reveal an even more magical place than one you thought was absolutely special. "Oh, but have you heard of this other place?" Is a common refrain. One of these places, hidden in the endless sierras of Guerrero, lies the old Spanish mining town of Taxco. Drive for hours through the winding, twisted two-lane highways and it suddenly appears before you.

The first thing you notice? It's vertical. And so, all these years later, the taxis are entirely *vochos* because of the tight hills and slick rock-paved roads. White with a red triangle and a number. Peek inside and you'll see the personality of each driver. As a rite of passage, I was able to finally visit for a few days. It's a real-world Disneyland of *vochos* and Mexican culture. I found myself suddenly surrounded by the cars I spent years hunting. Back then, I had gone hours waiting for a glimpse. Turns out they were just there all the time, in this surreal little town. It brought my experience with *vochos*, and my entire trip as a whole, to a stunning crescendo.

Mexico is full of places like this. There are countless towns to explore, hidden adventures to discover, and stories to hear. Taxco is a gem among them. For me, it marked the beginning of the end. They say it's impossible to see the view from the mountain top before you get there. Transmuting fear into love through community and adventure. Friction as a catalyst for growth. Tires on asphalt, combustion in the engine. Forward motion.

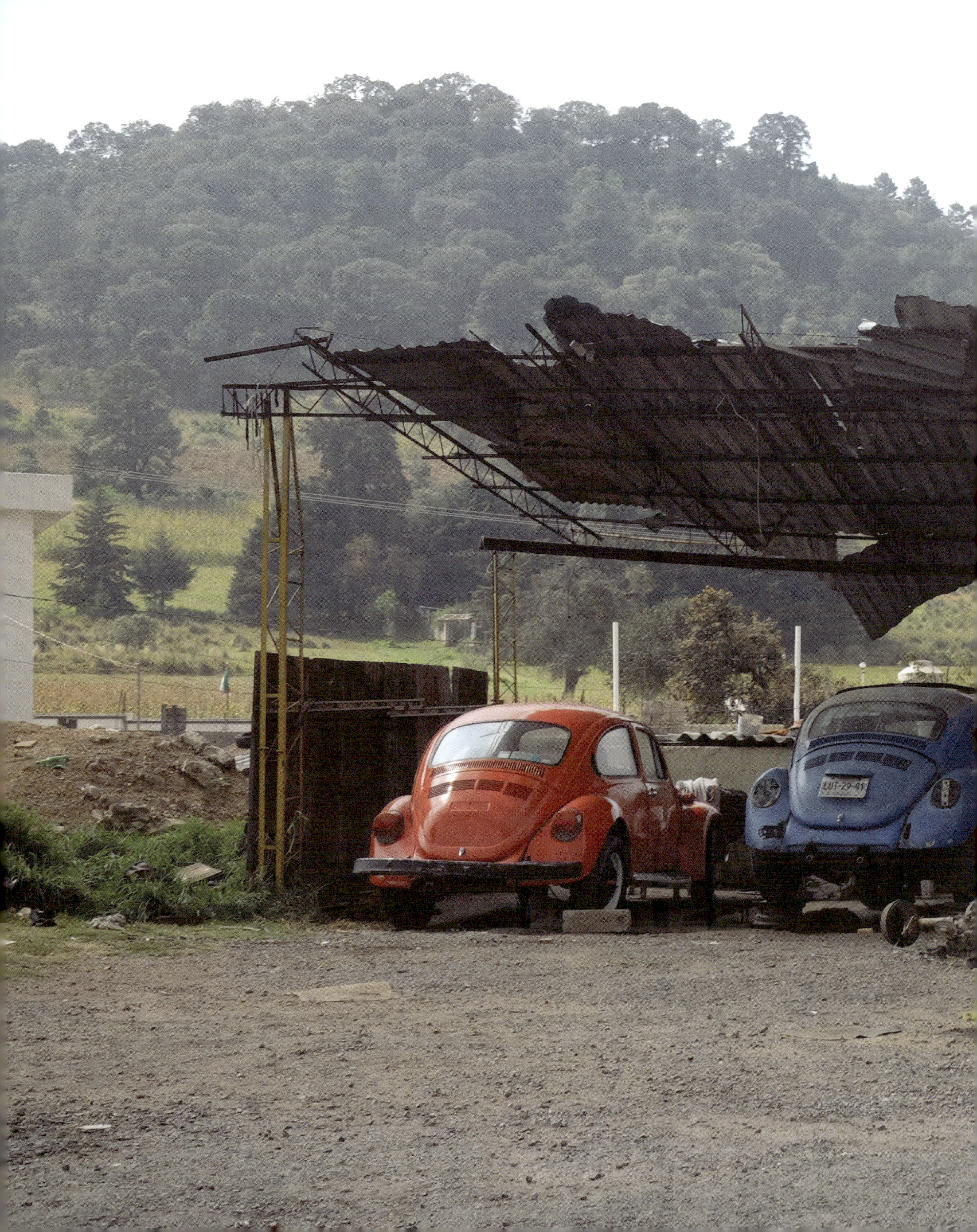
LUT-29-41

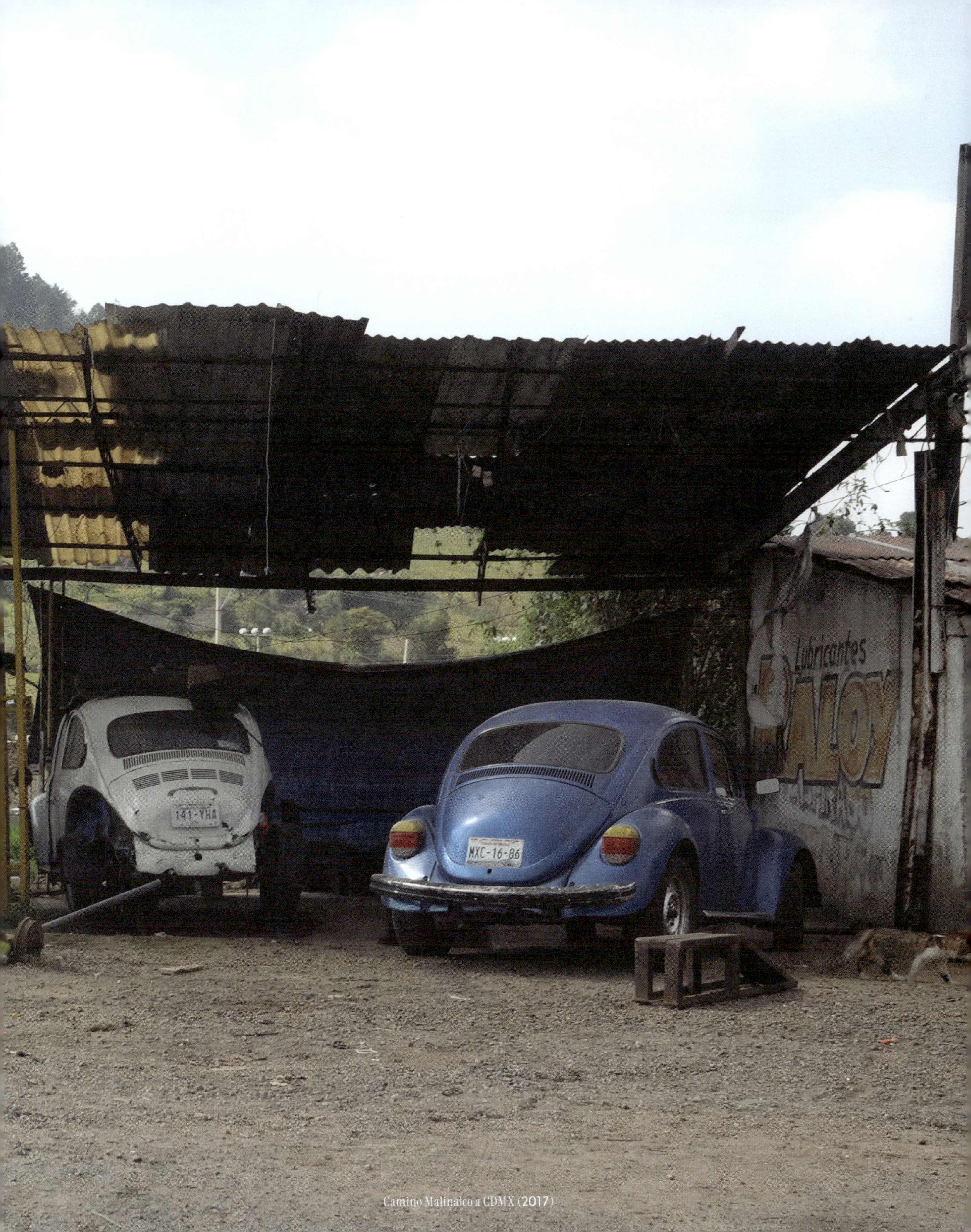

Camino Malinalco a CDMX (2017)

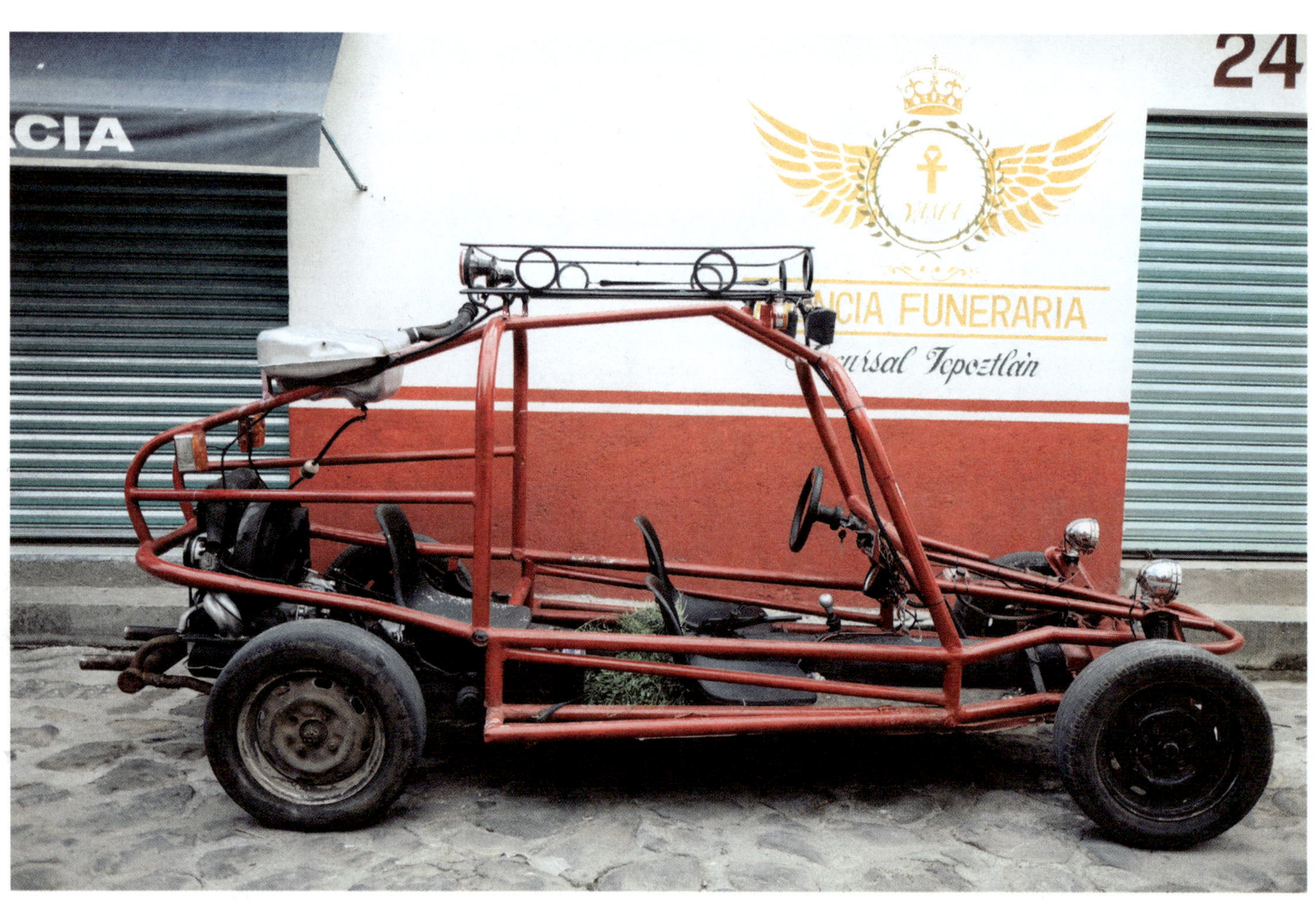

Tepoztlán, Morelos (2020)

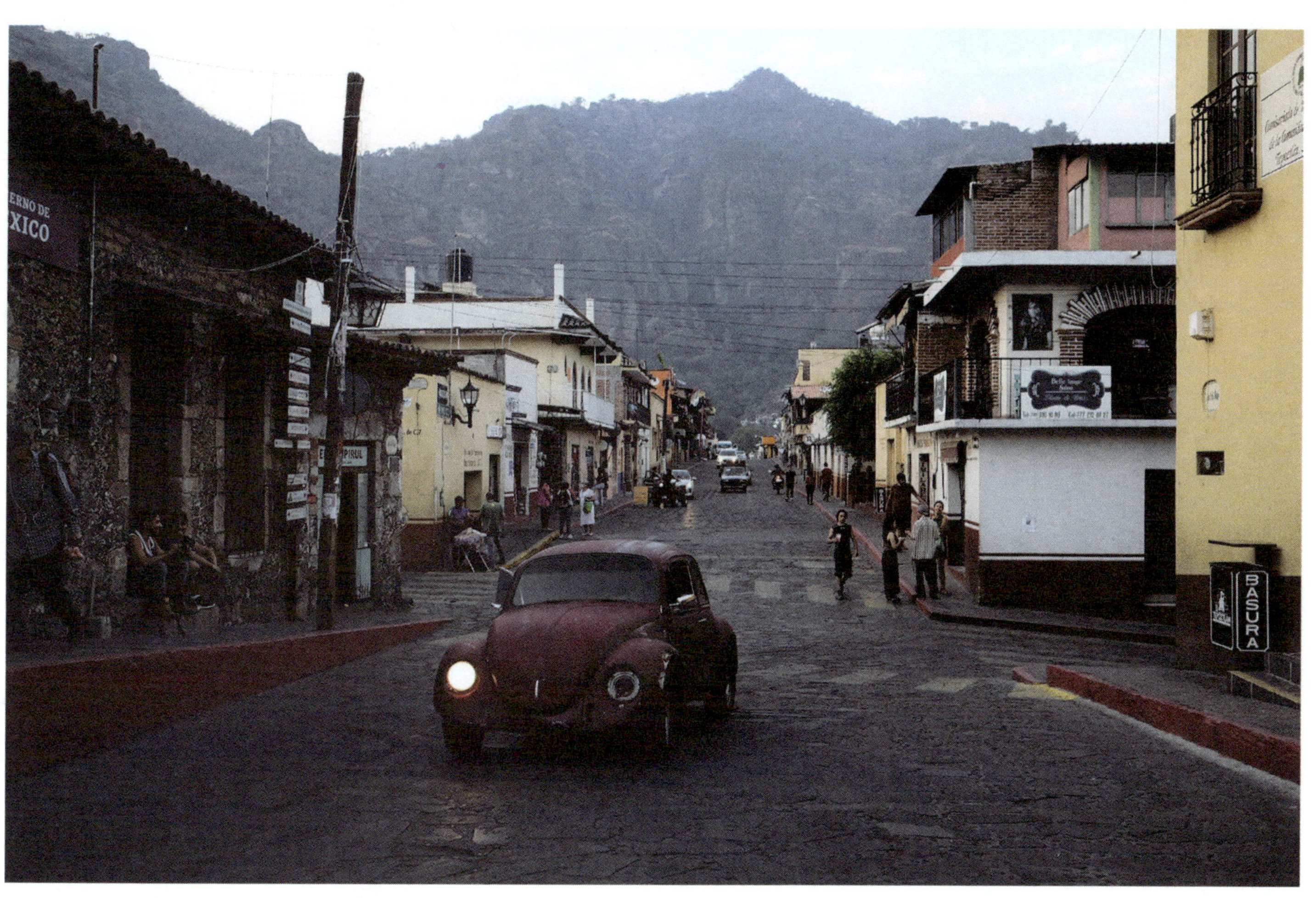

Tepoztlán, Morelos (2020)

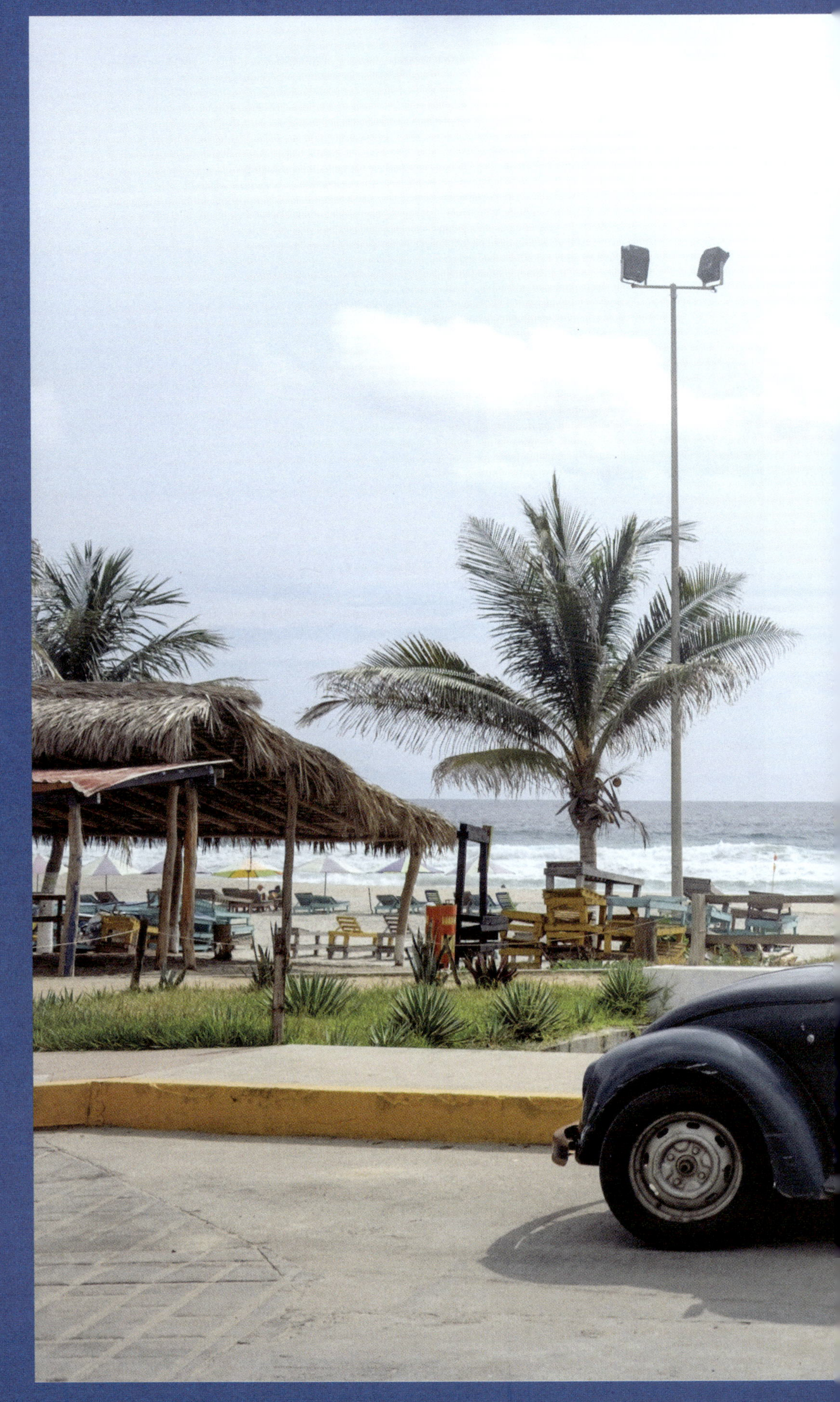

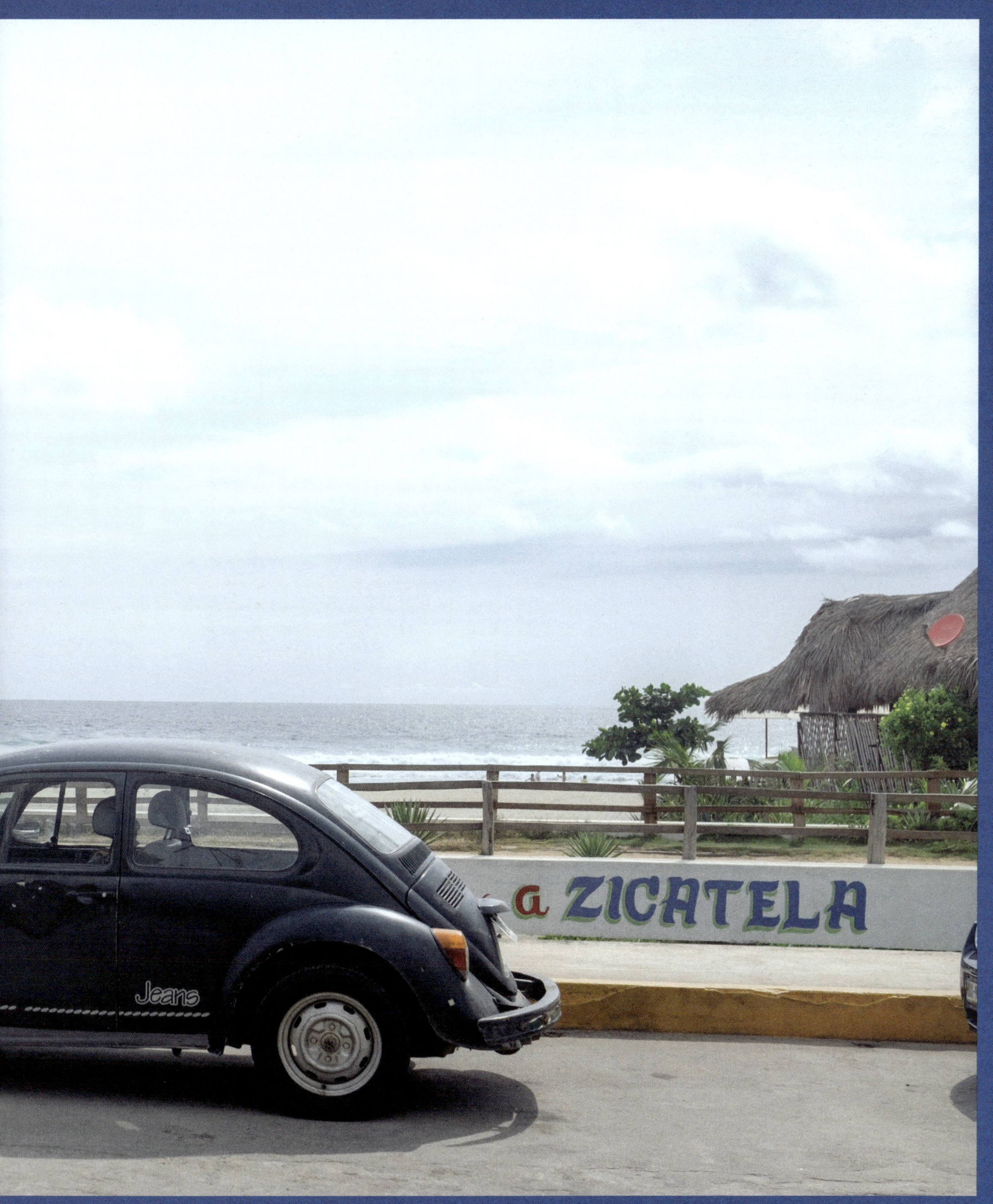

Puerto Escondido, Oaxaca (2017)

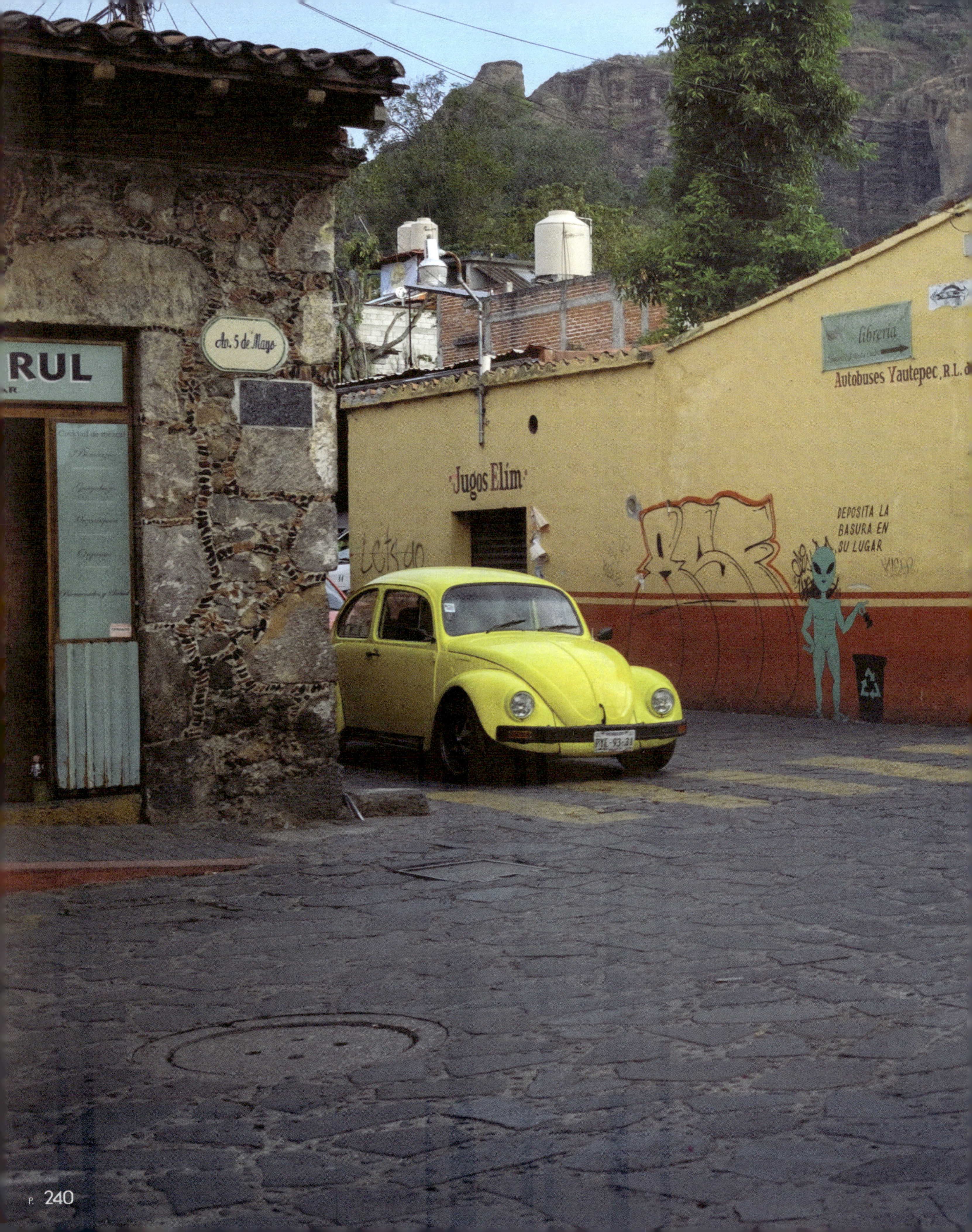
RUL
Av. 5 de Mayo
Librería
Autobuses Yautepec, R.L. de
Jugos Elím
DEPOSITA LA
BASURA EN
SU LUGAR

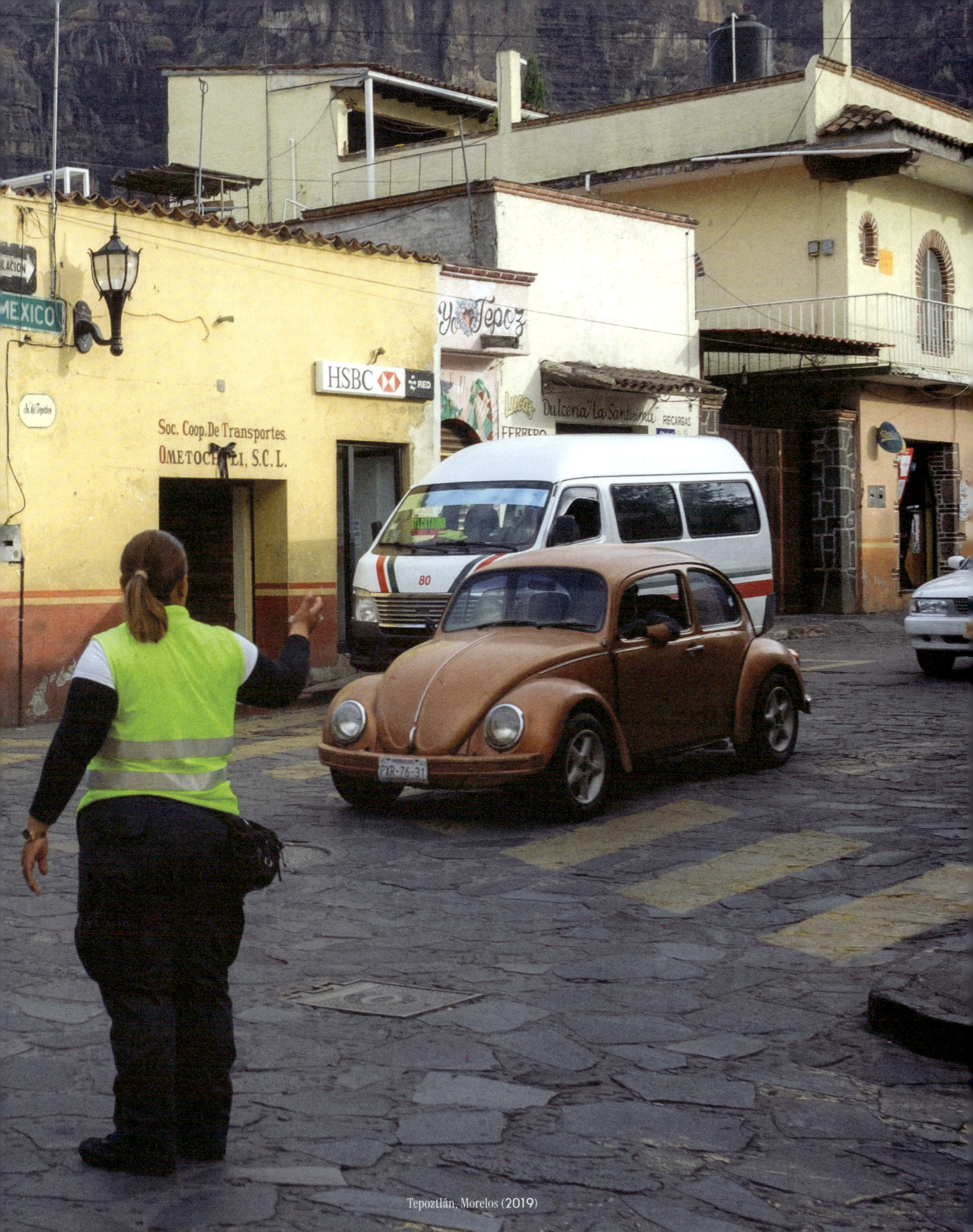

Tepoztlán, Morelos (2019)

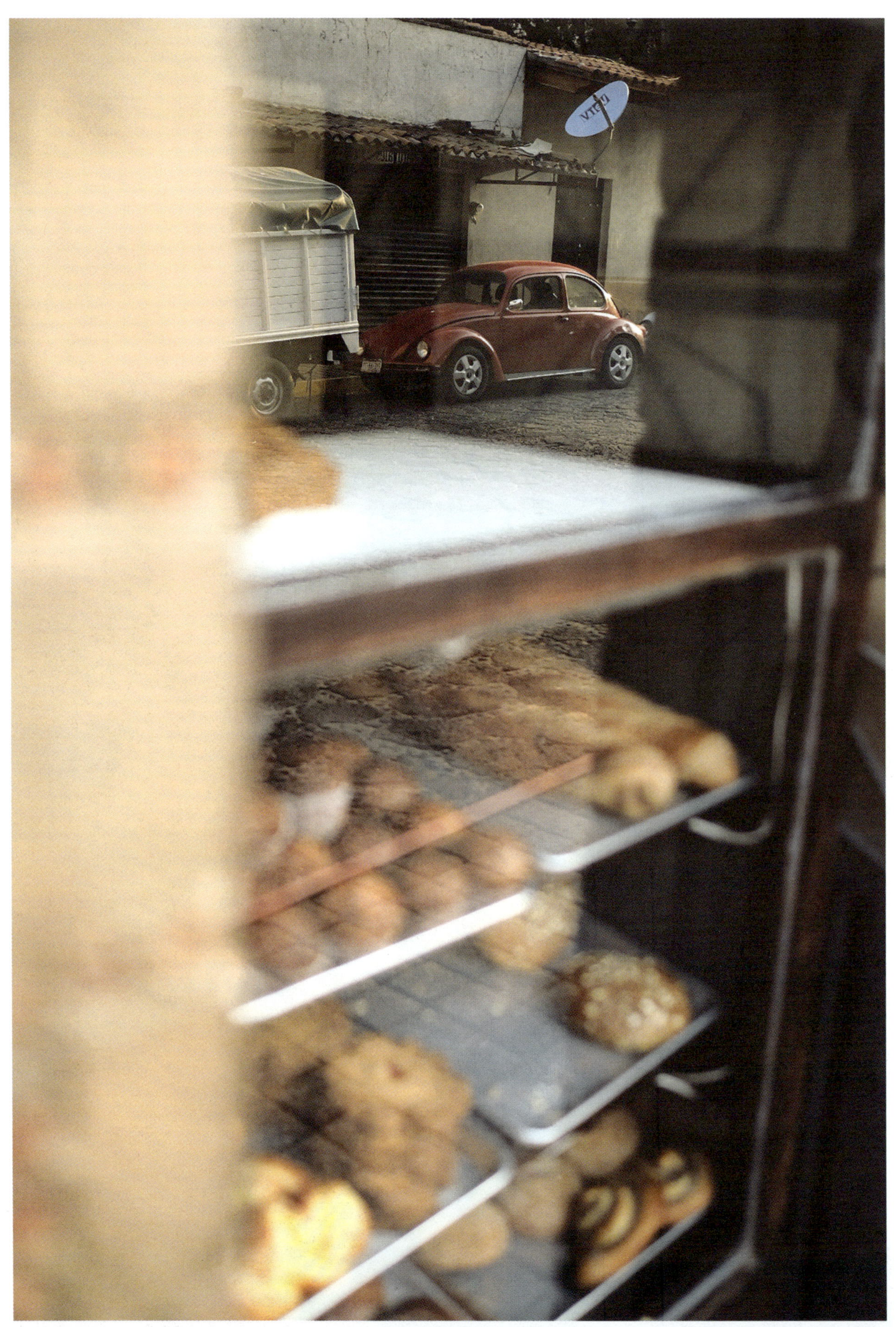

Tepoztlán, Morelos (2020)

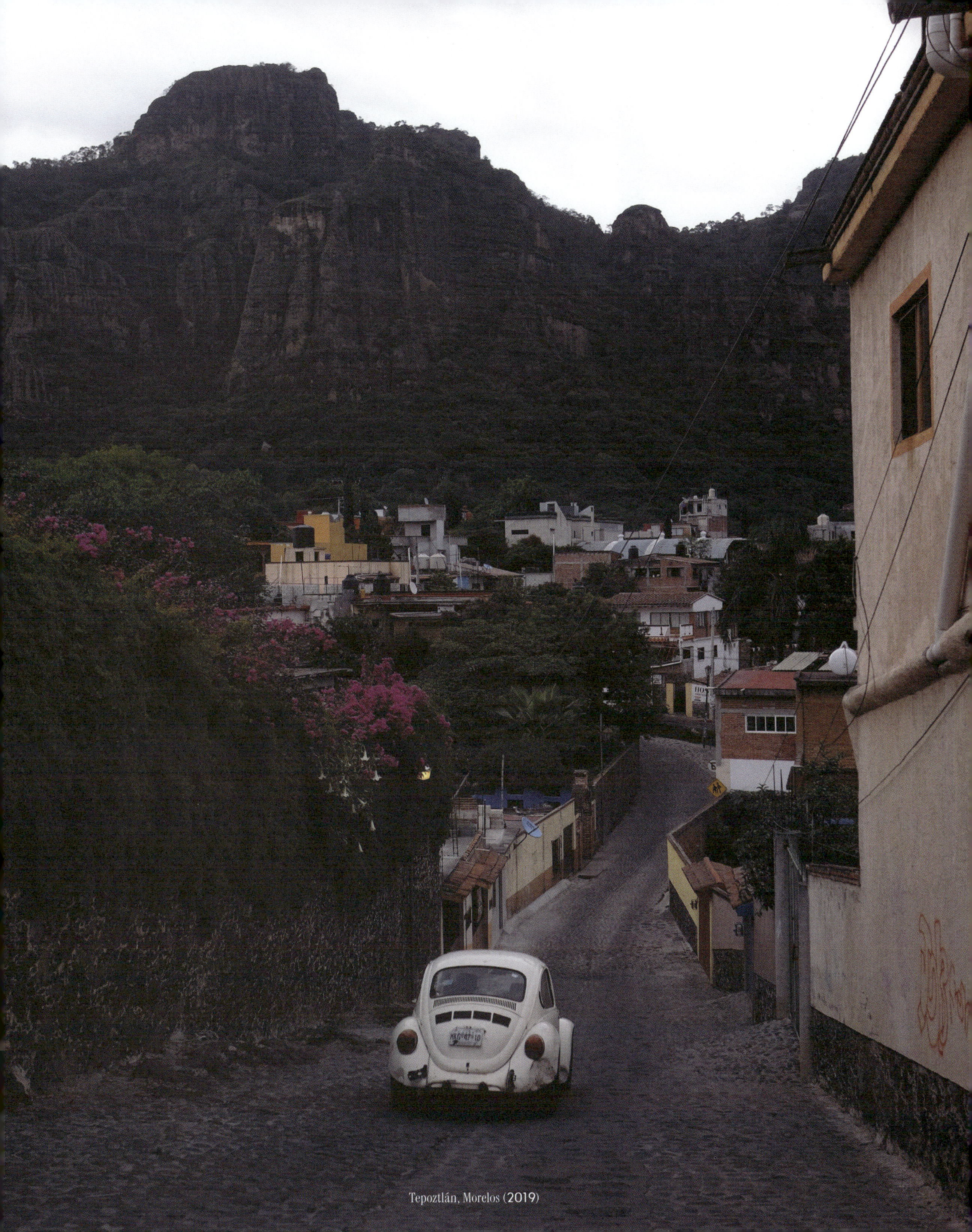

Tepoztlán, Morelos (2019)

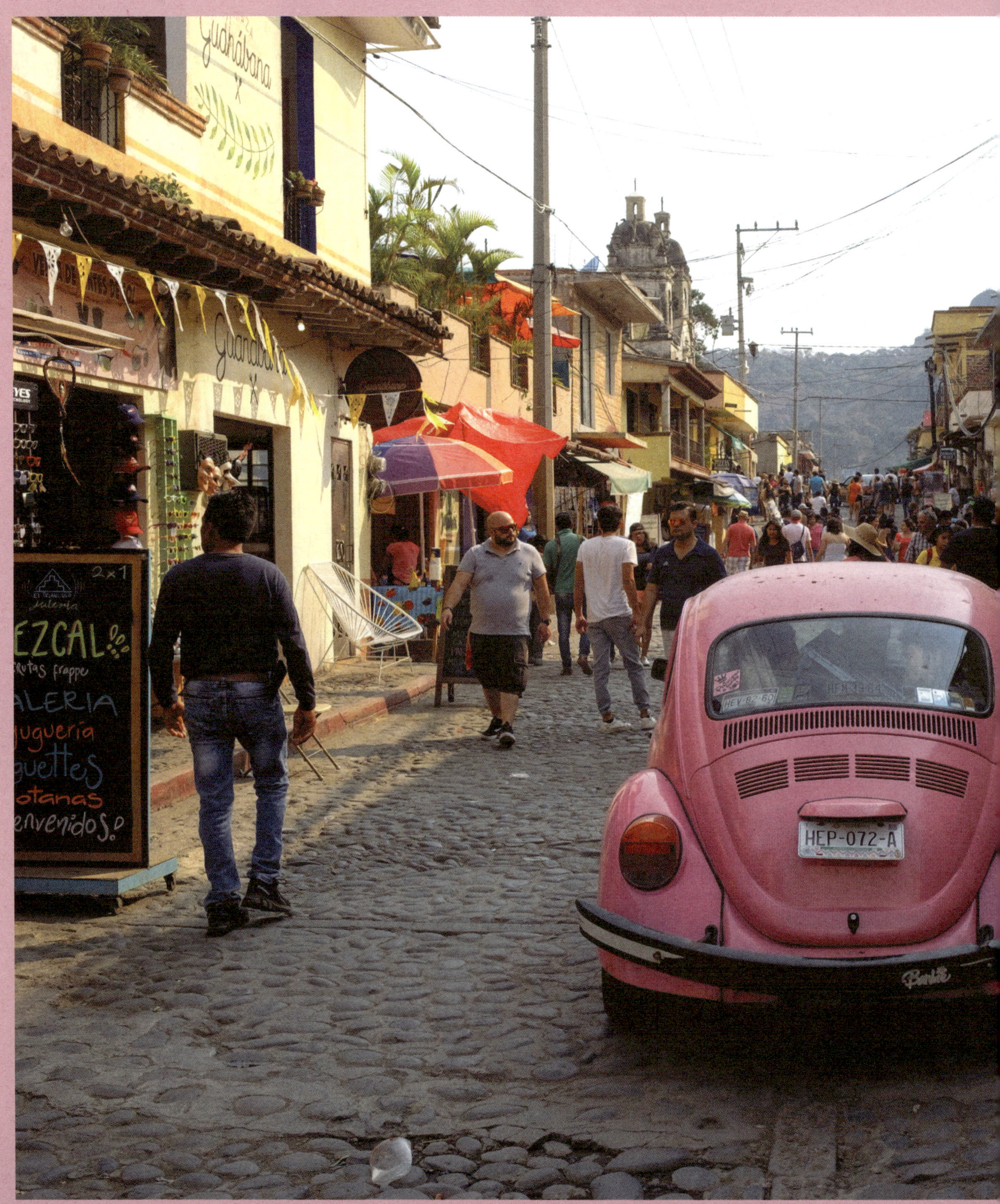

Guanábana
2x1
EZCAL
ALERIA
uguería
guettes
otanas
envenidos
HEP-072-A

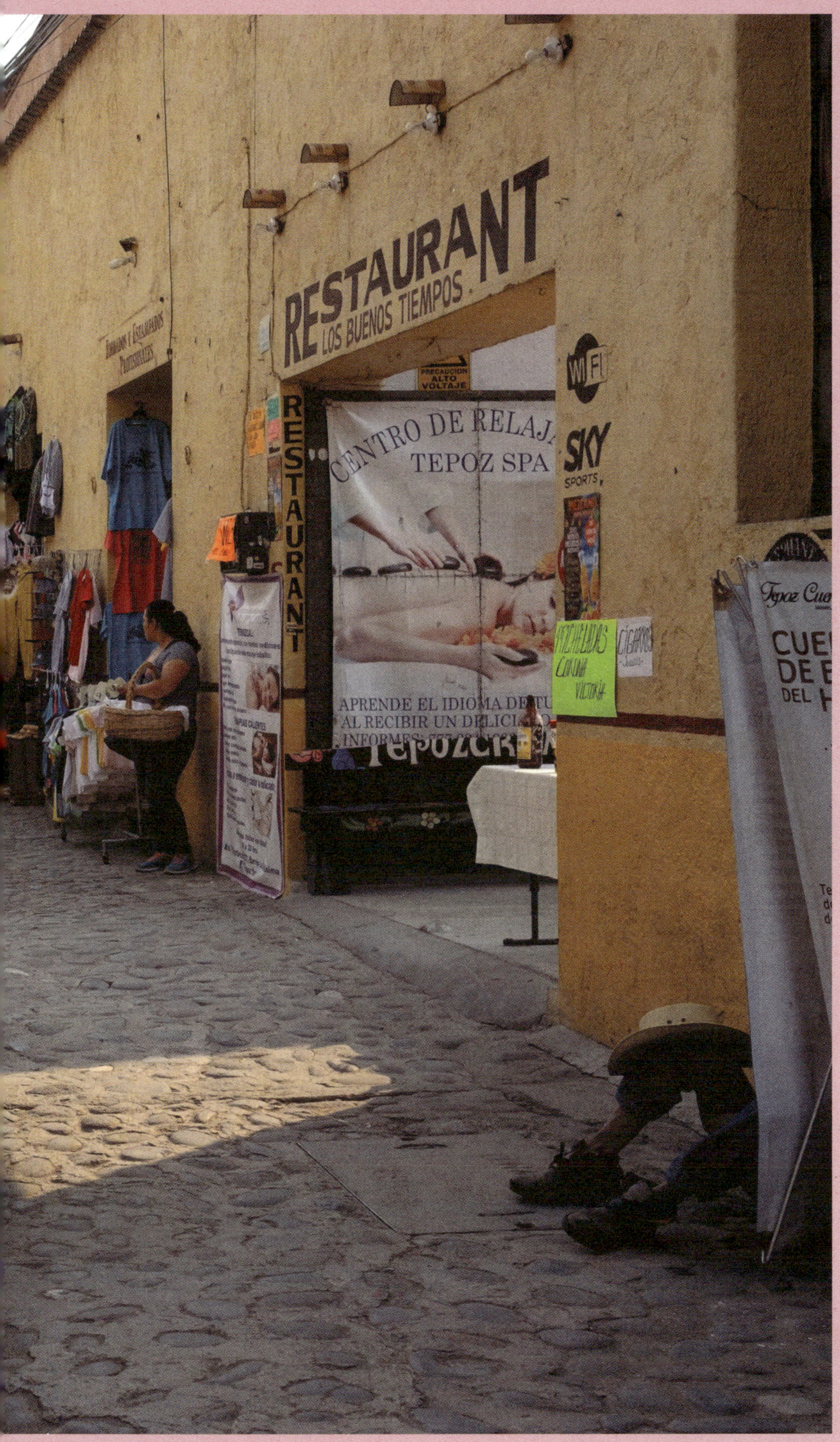

Tepoztlán, Morelos (2018)

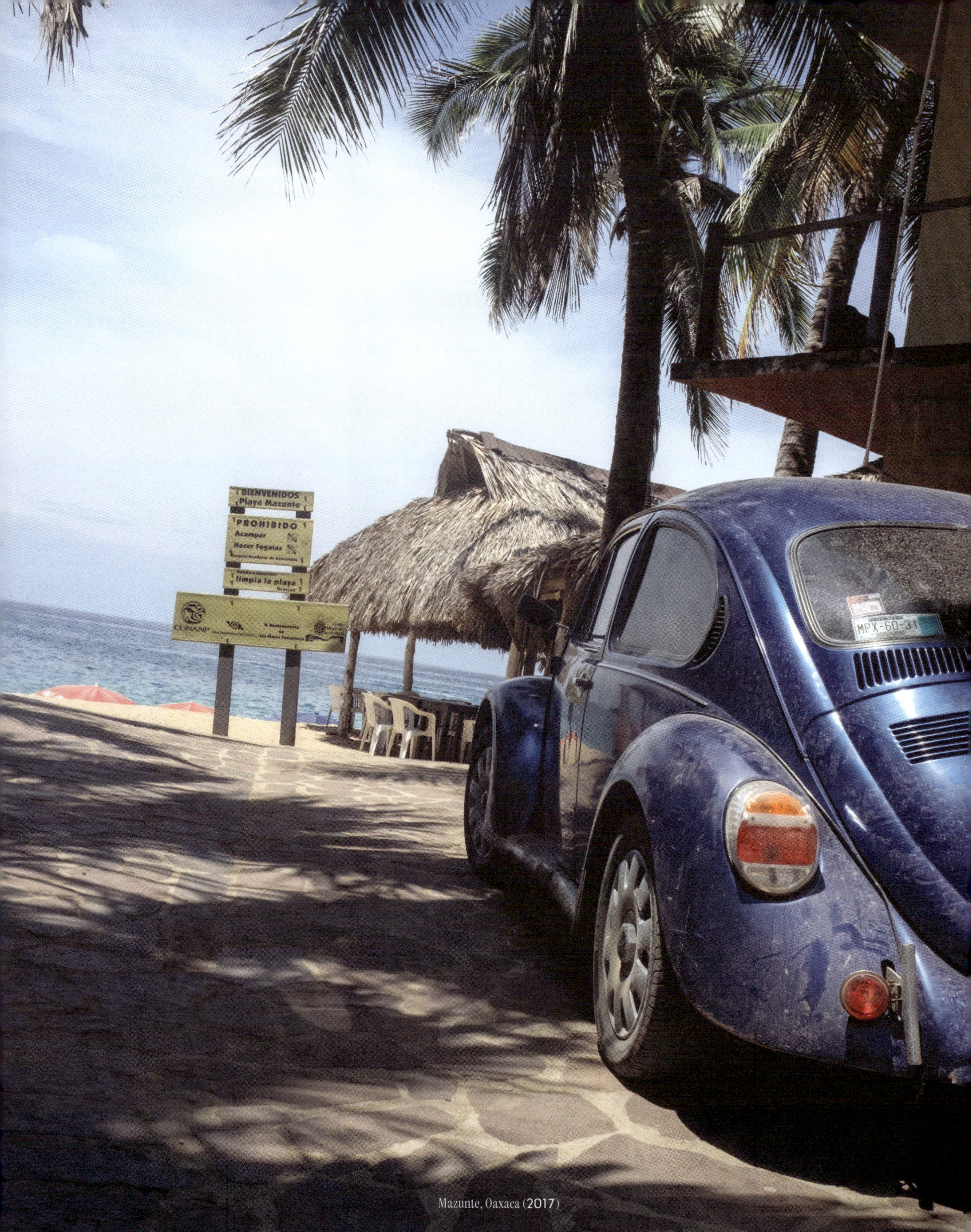

Mazunte, Oaxaca (2017)

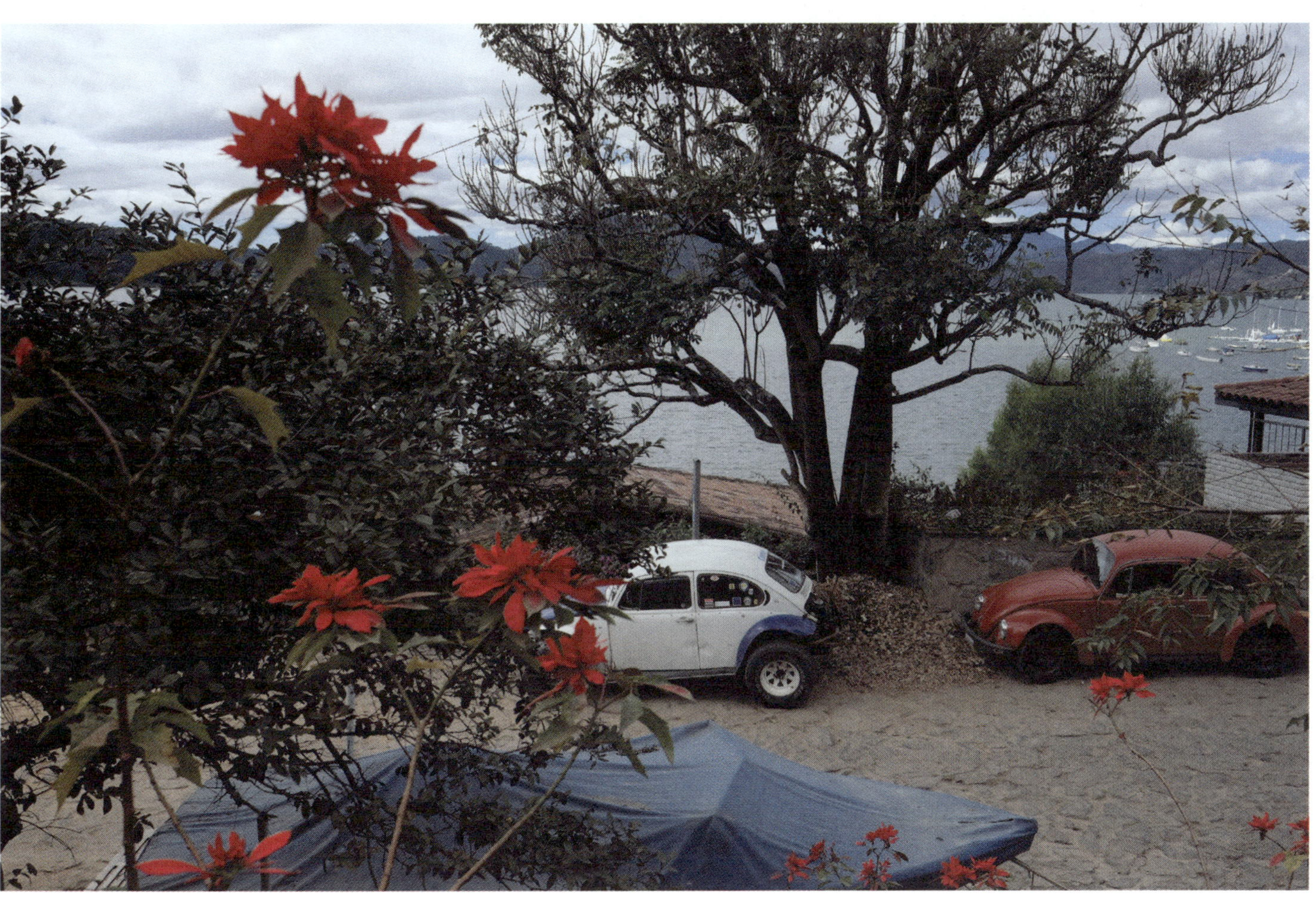

Valle de Bravo, Estado de México (2016)

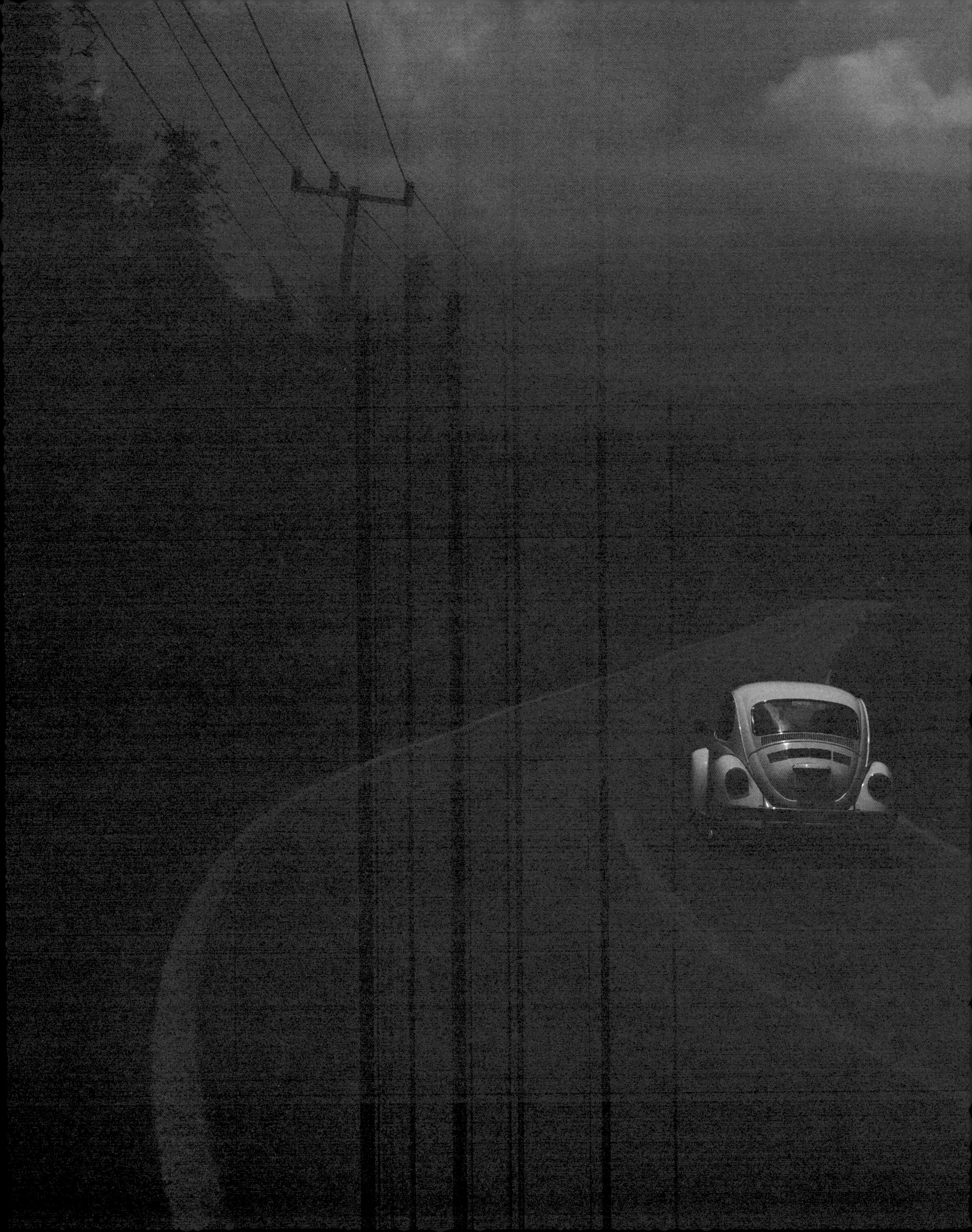

Tepoztlán, Morelos (2020)

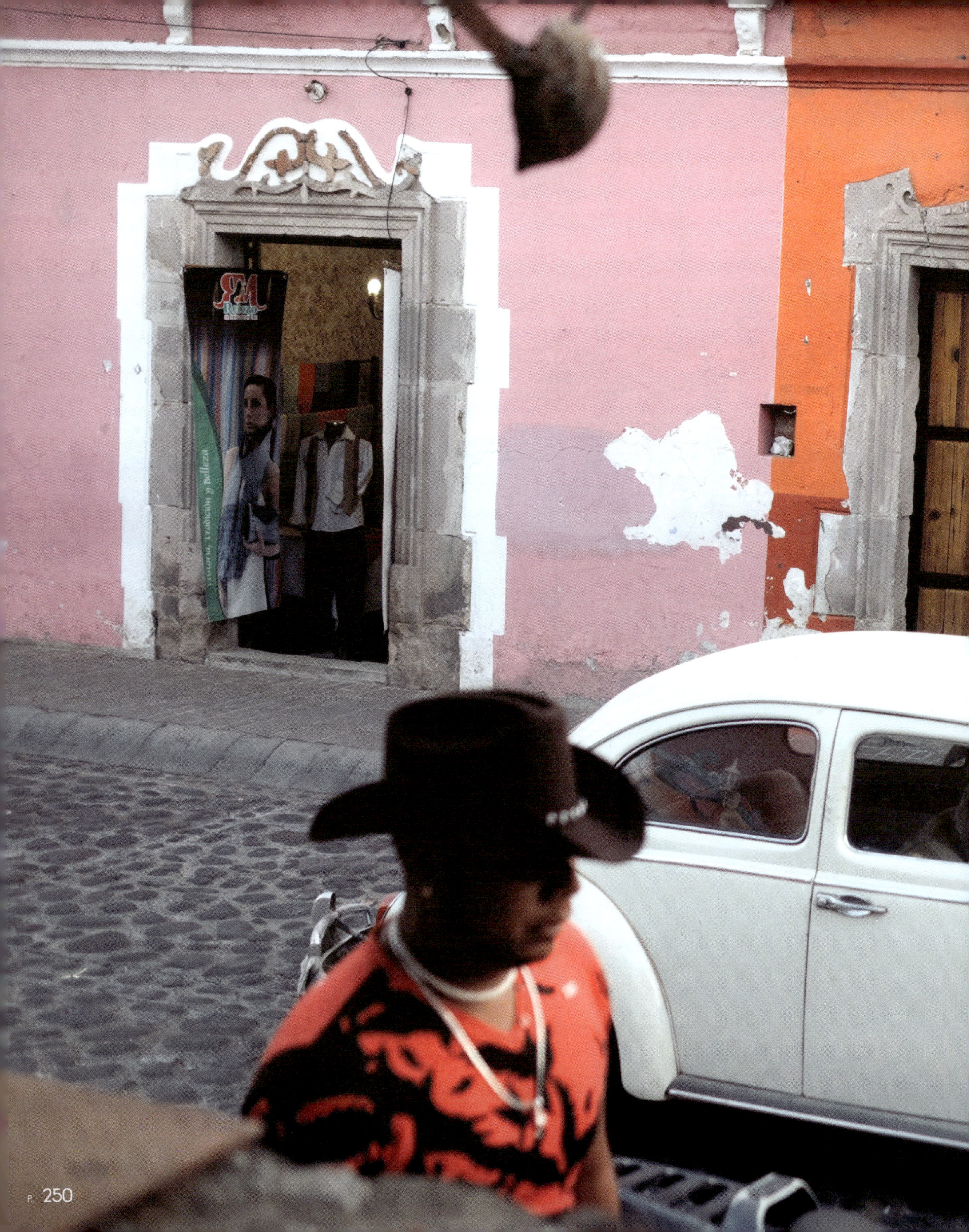
Historia, Tradición y Belleza

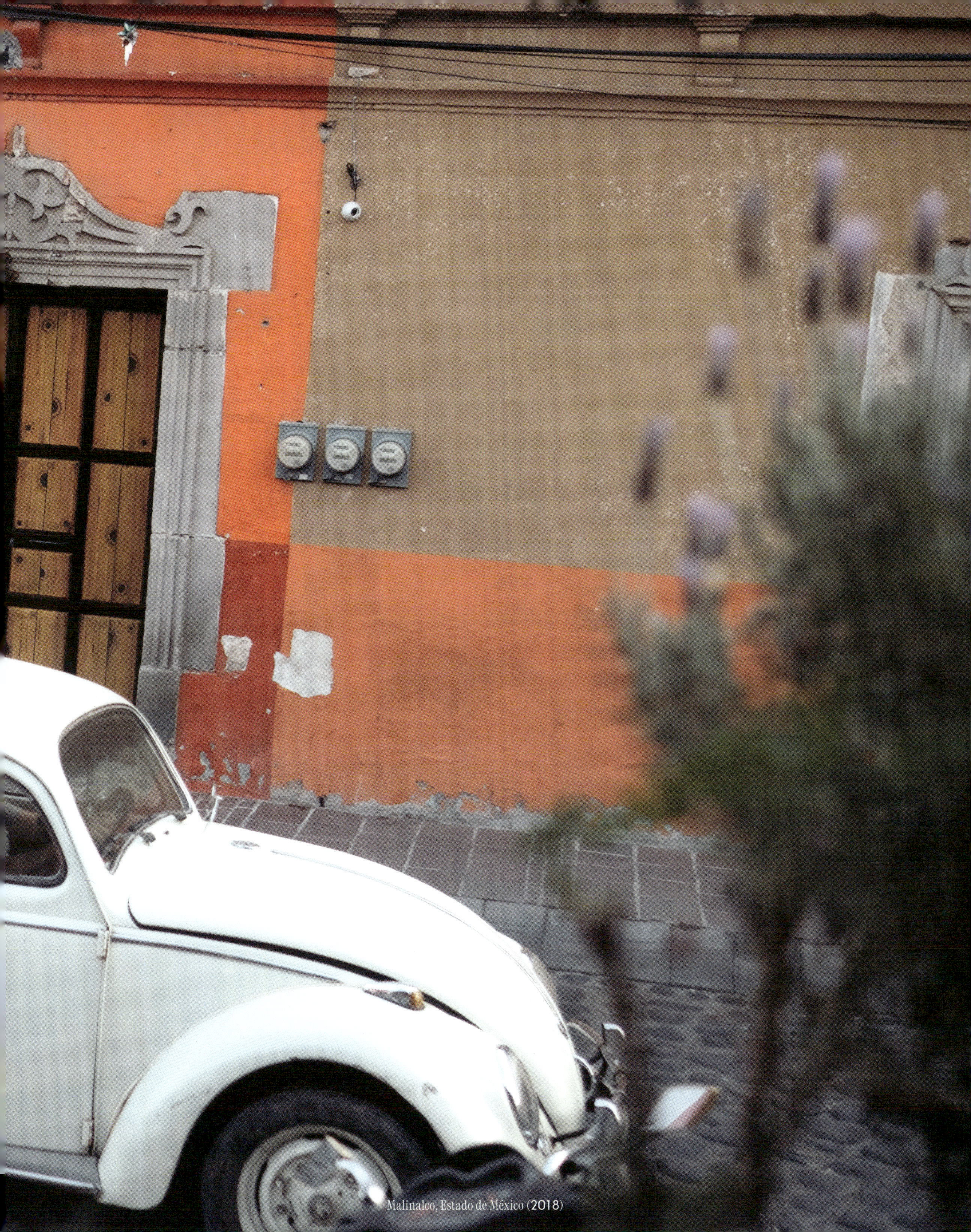

Malinalco, Estado de México (2018)

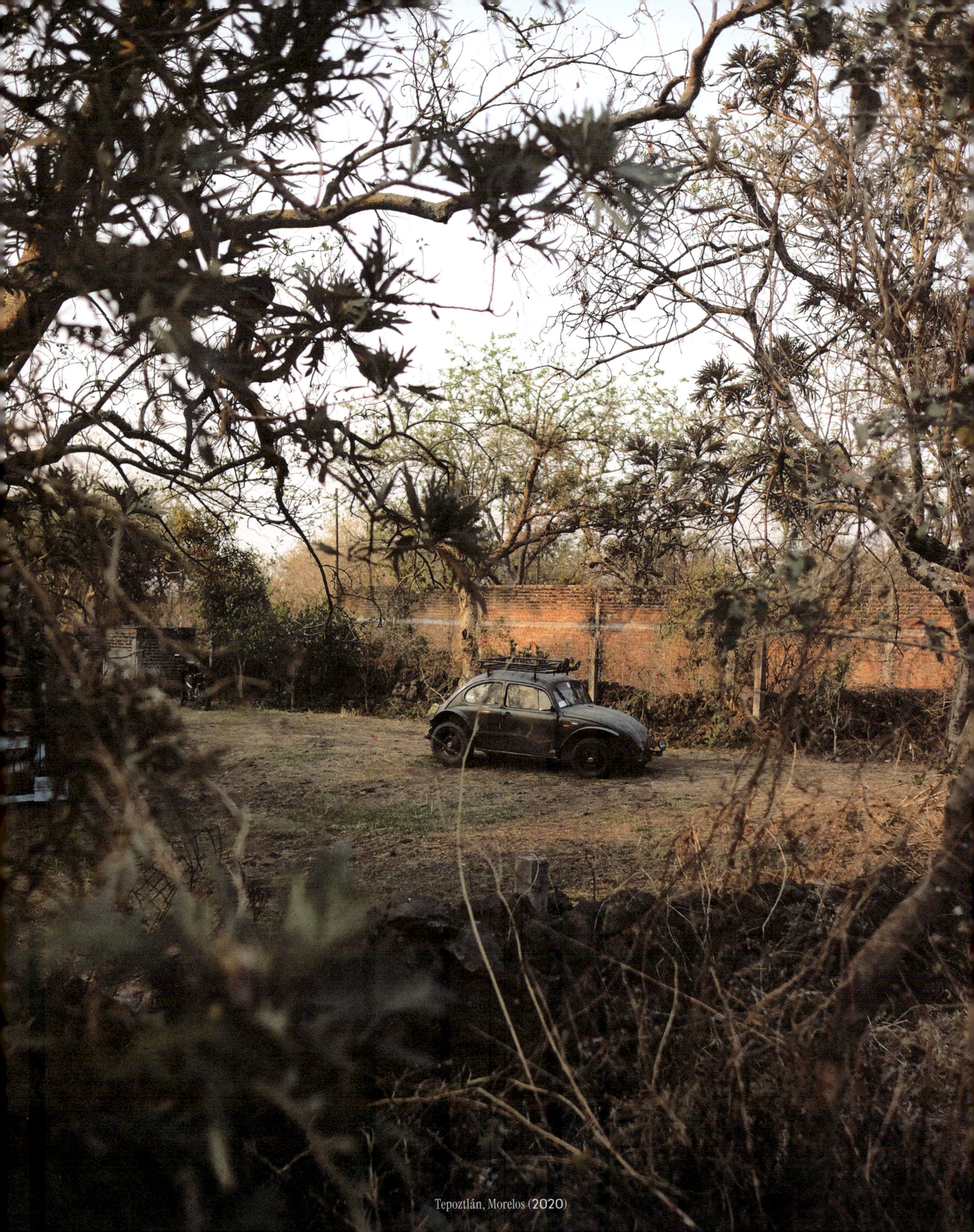

Tepoztlán, Morelos (2020)

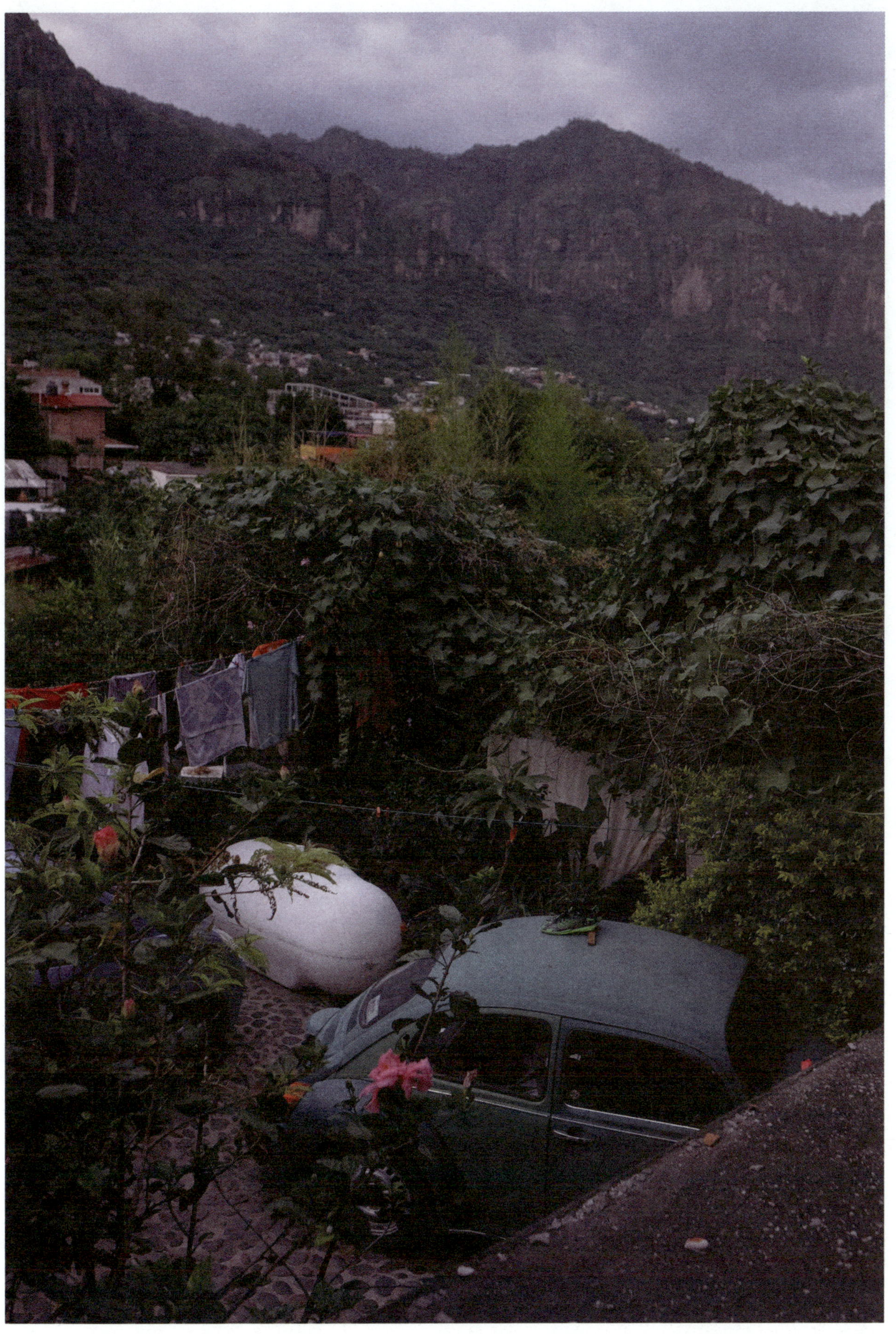

Tepoztlán, Morelos (2019)

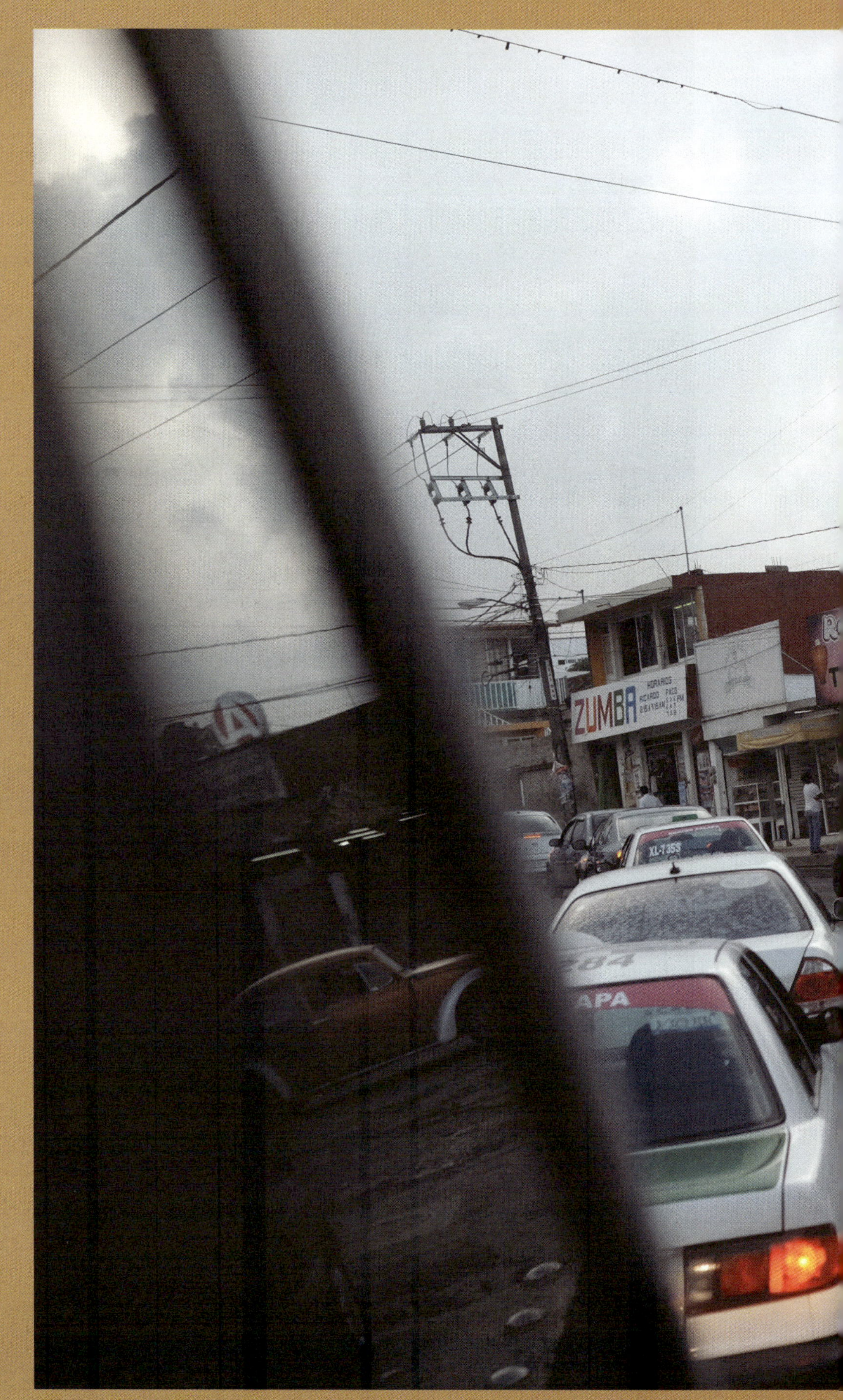
ZUMBA
HORARIOS
RICARDO
XL-7353
APA

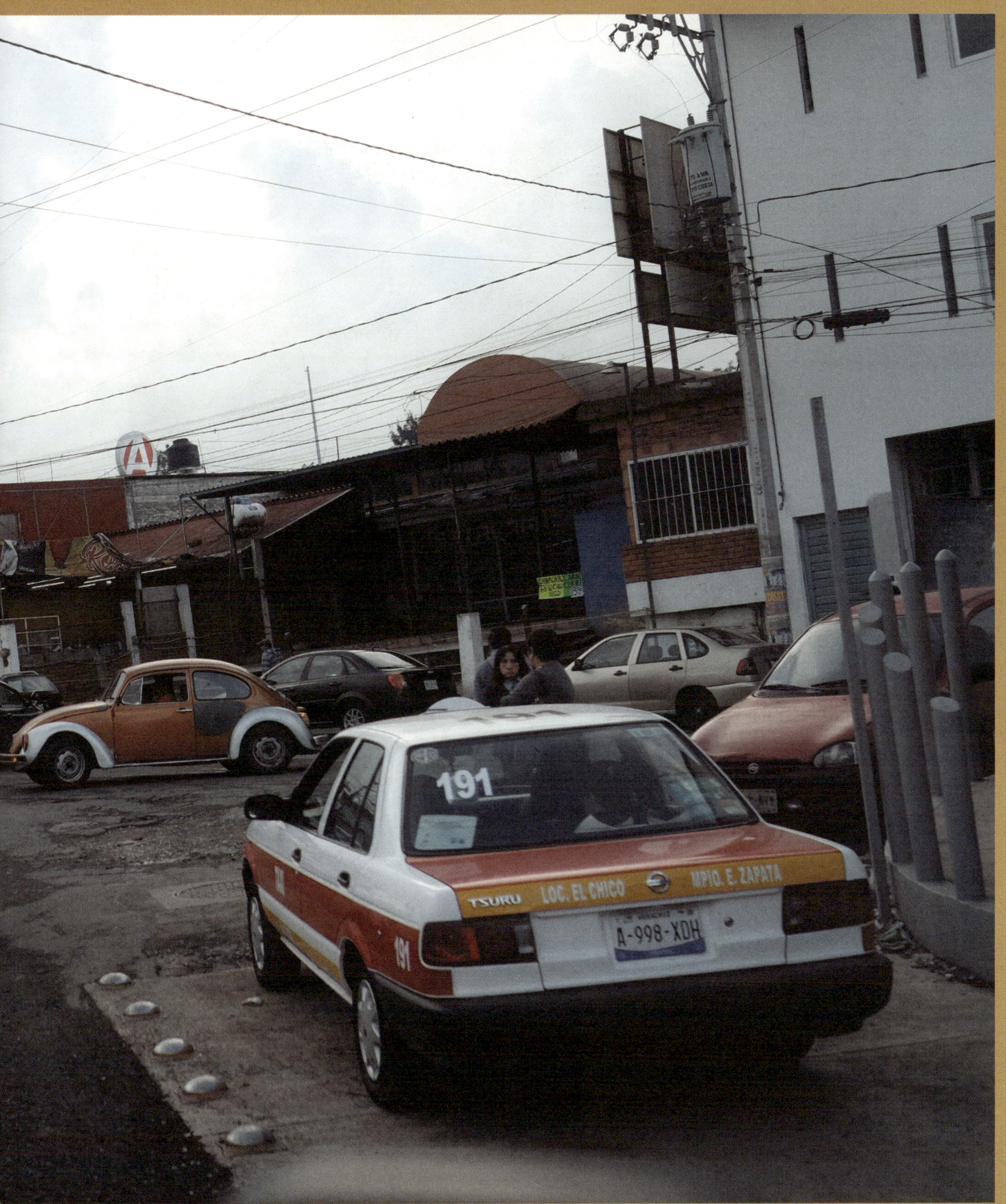

Tepoztlán, Morelos (2020)

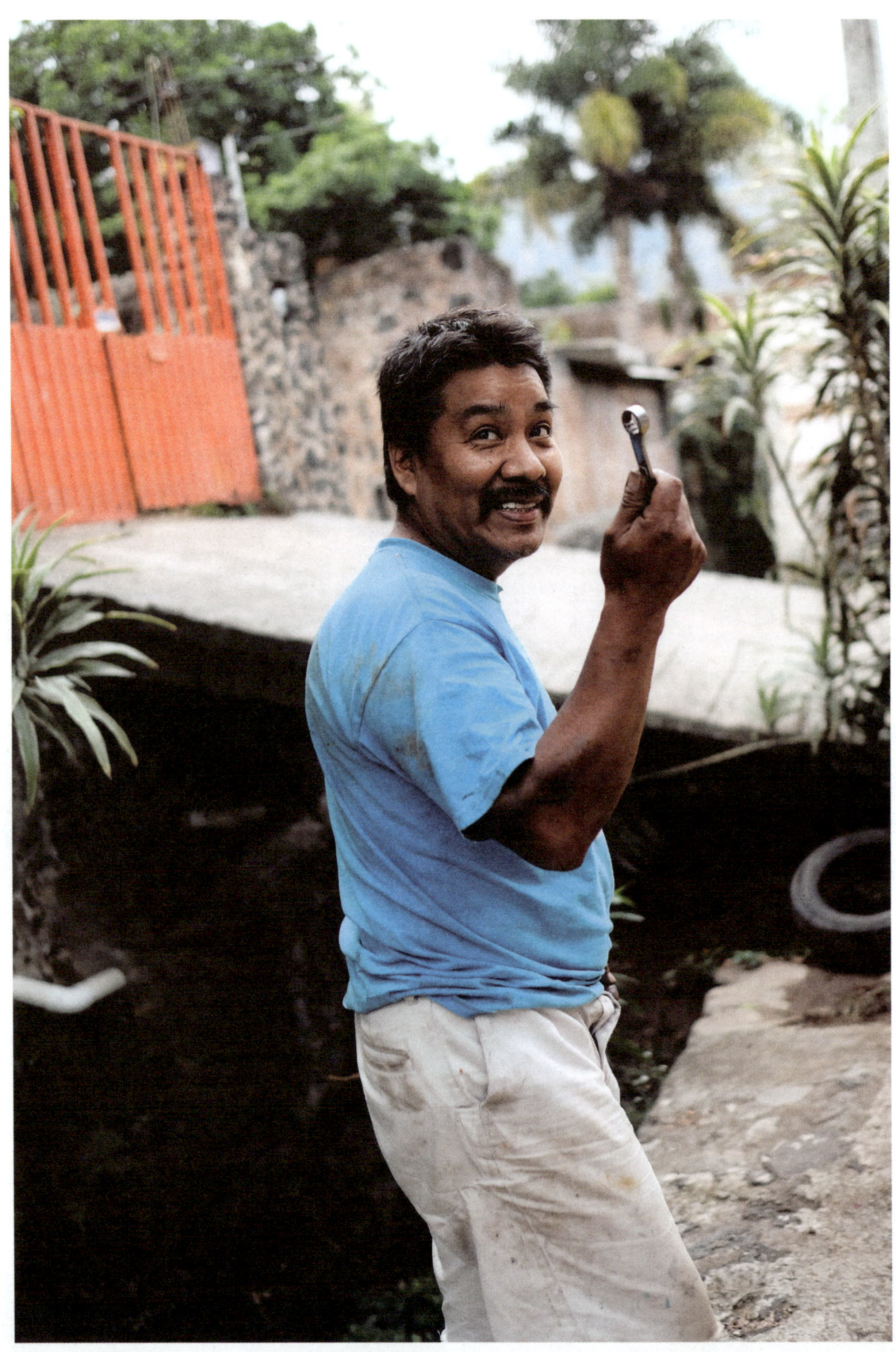

Tepoztlán, Morelos (2020)

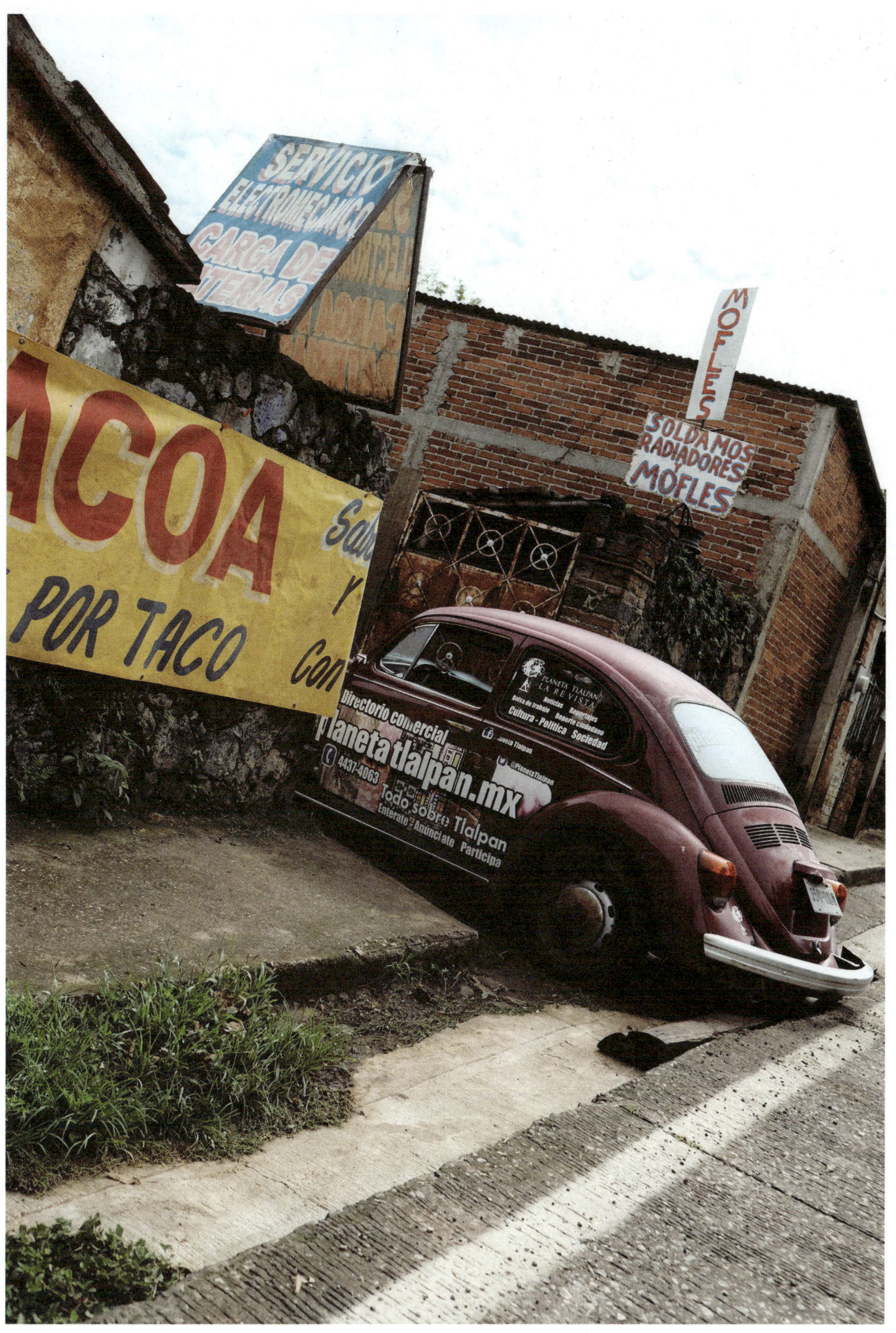

Tepoztlán, Morelos (2020)

‘INNUMERABLES PUEBLOS QUE EXPLORAR, AVENTURAS OCULTAS QUE DESCUBRIR, HISTORIAS QUE ESCUCHAR.’

‘COUNTLESS TOWNS TO EXPLORE,
HIDDEN ADVENTURES TO DISCOVER, STORIES TO HEAR.’

Tepoztlán, Morelos (2020)

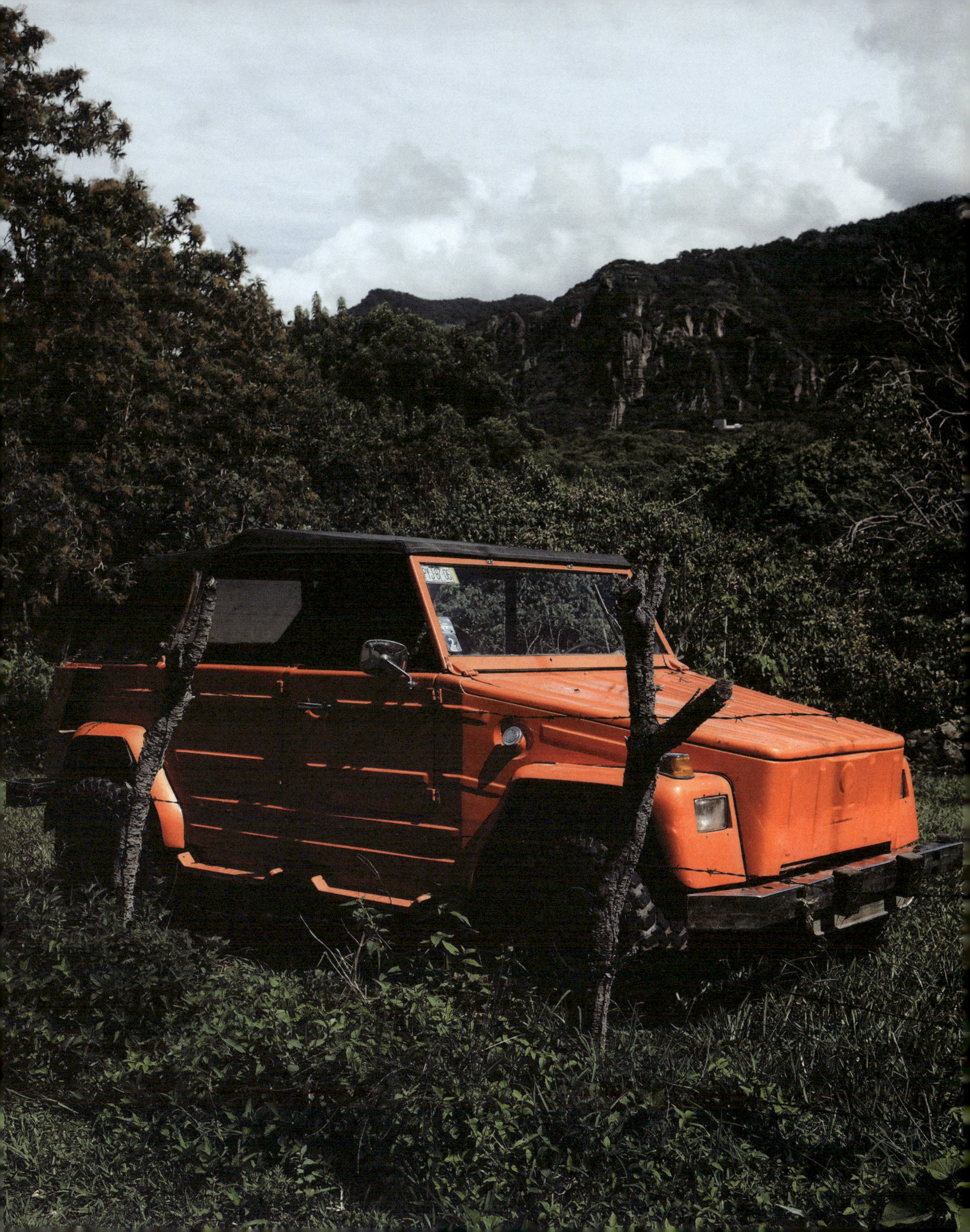

Puerto Escondido, Oaxaca (2017)

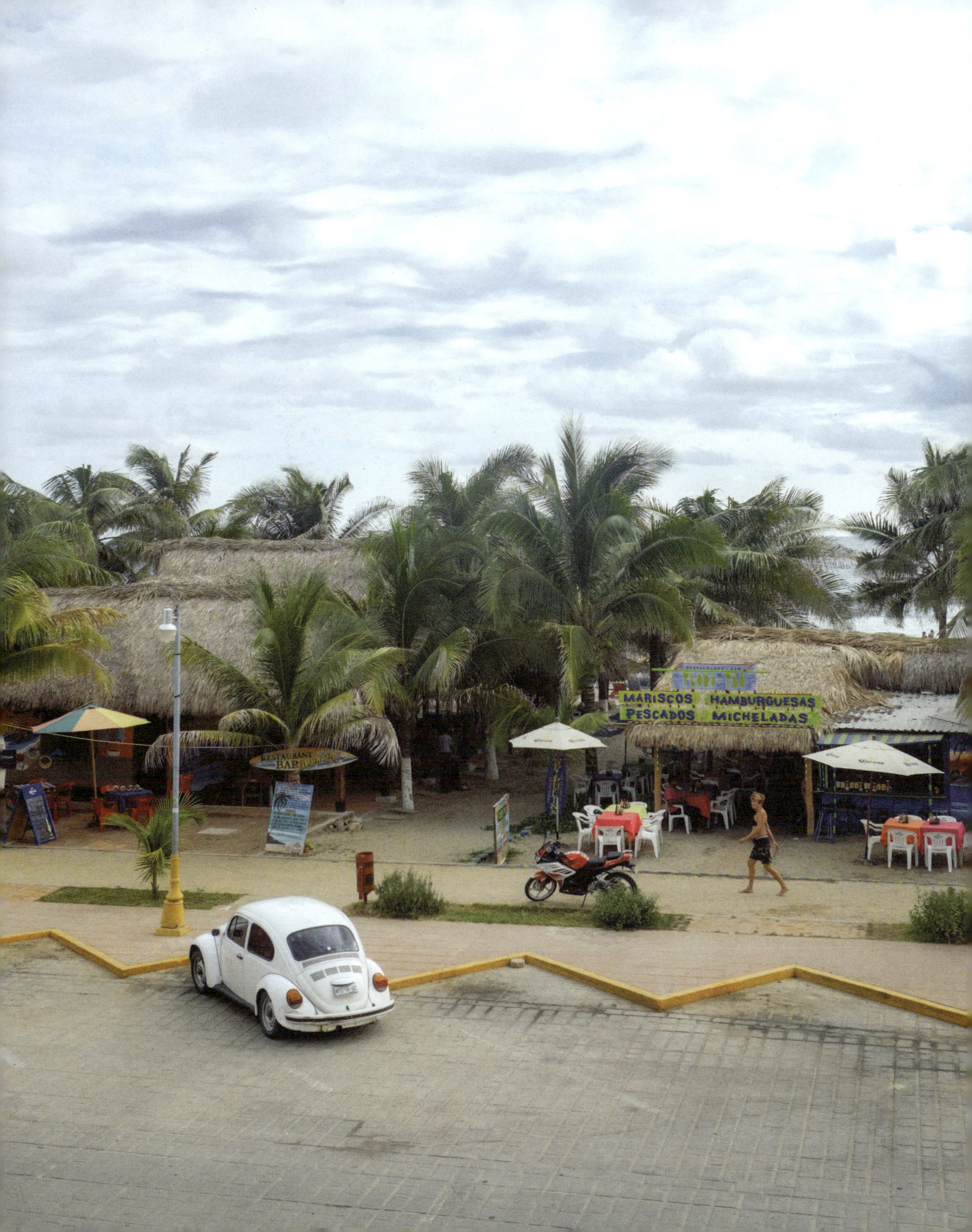
MARISCOS
HAMBURGUESAS
PESCADOS
MICHELADAS
RESTAURANT
BAR

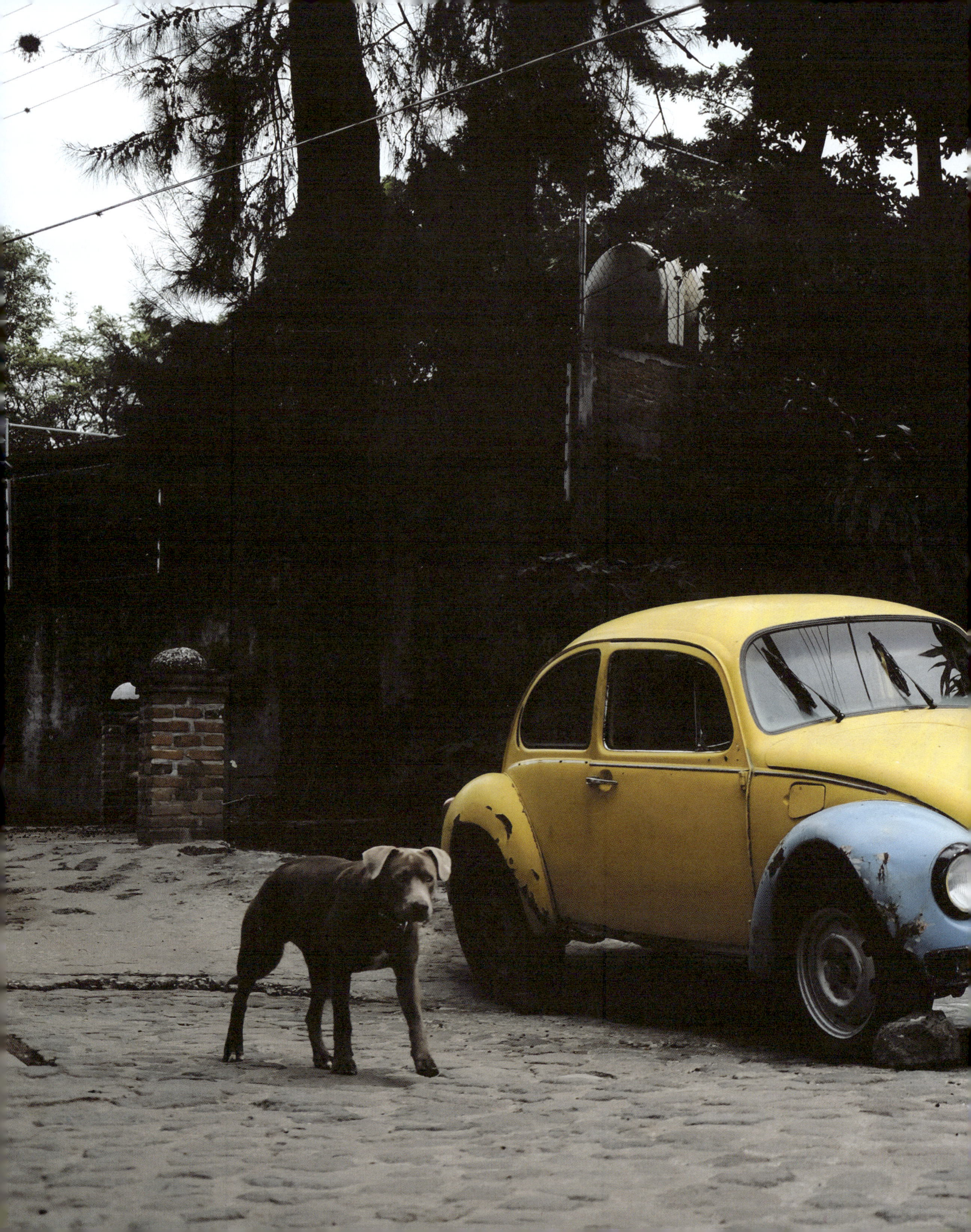

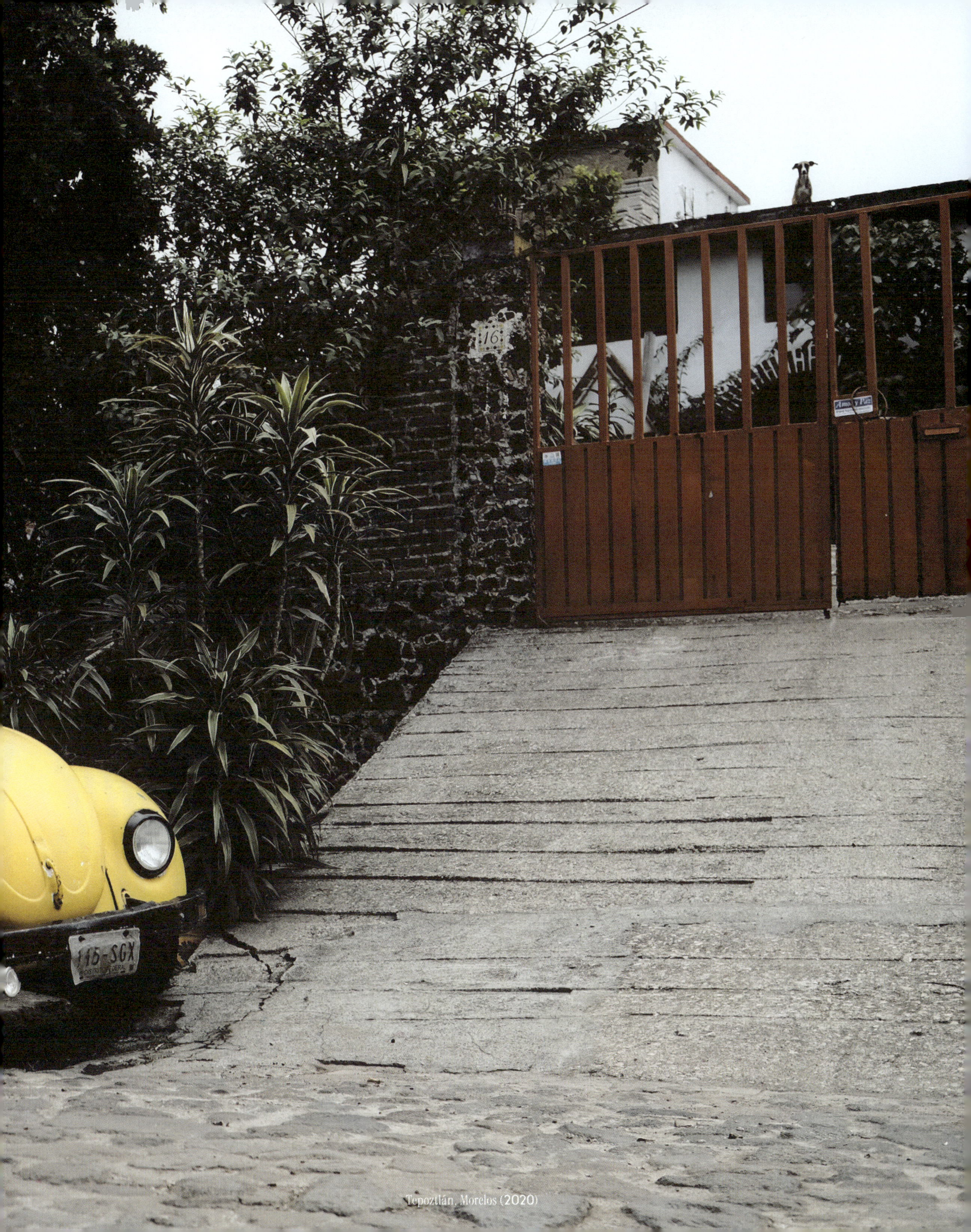

Tepoztlán, Morelos (2020)

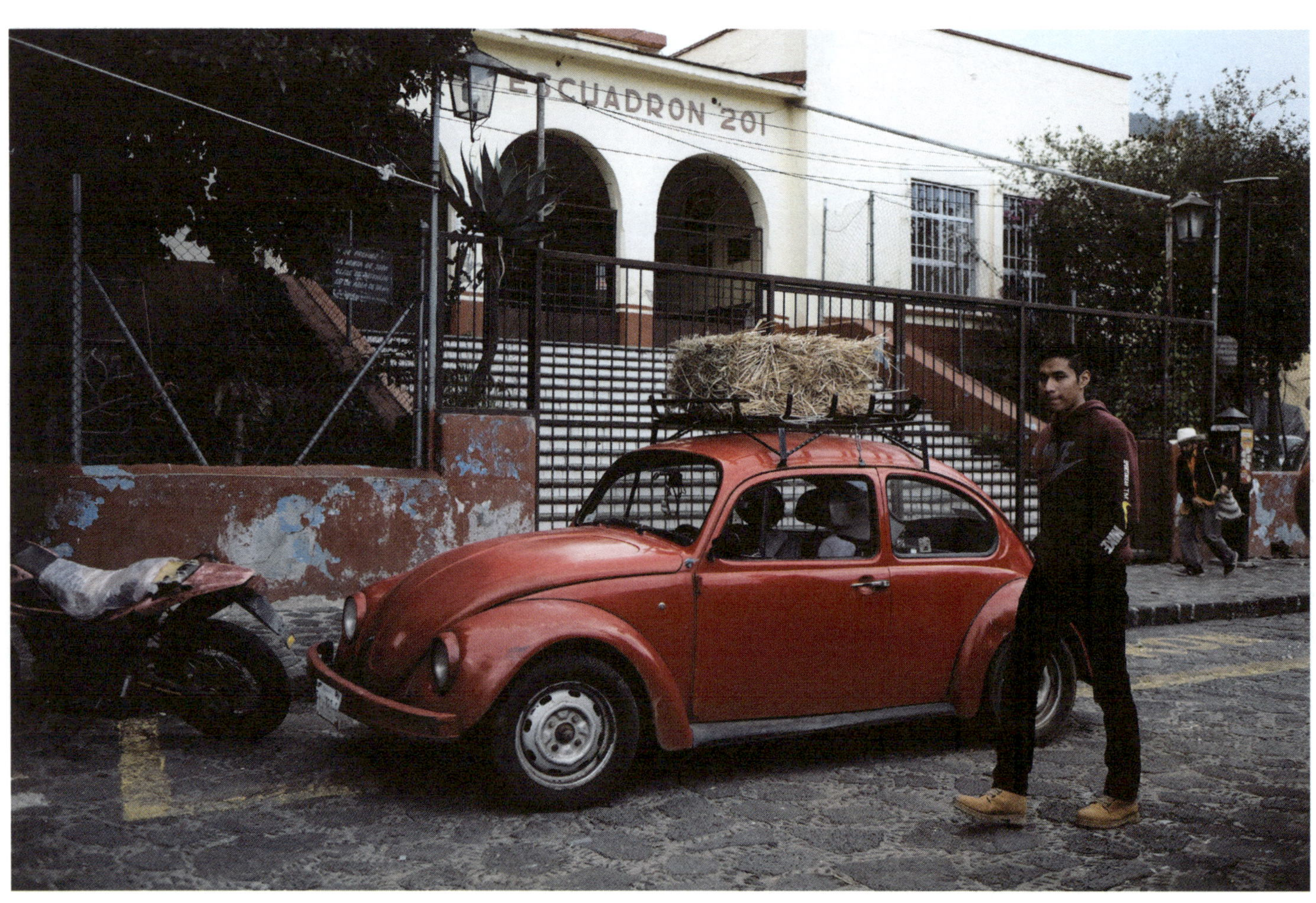

Tepoztlán, Morelos (2020)

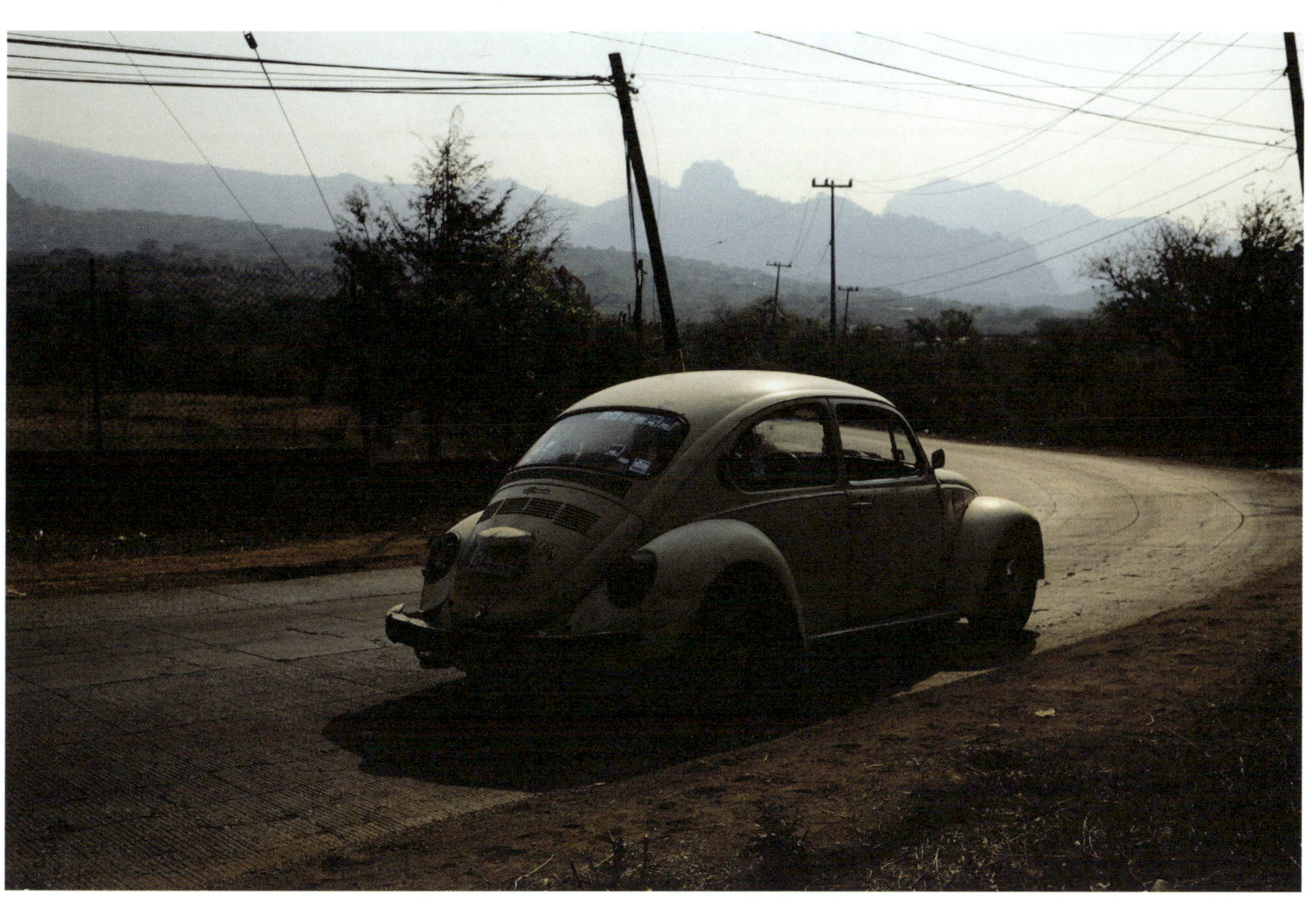

Tepoztlán, Morelos (2020)

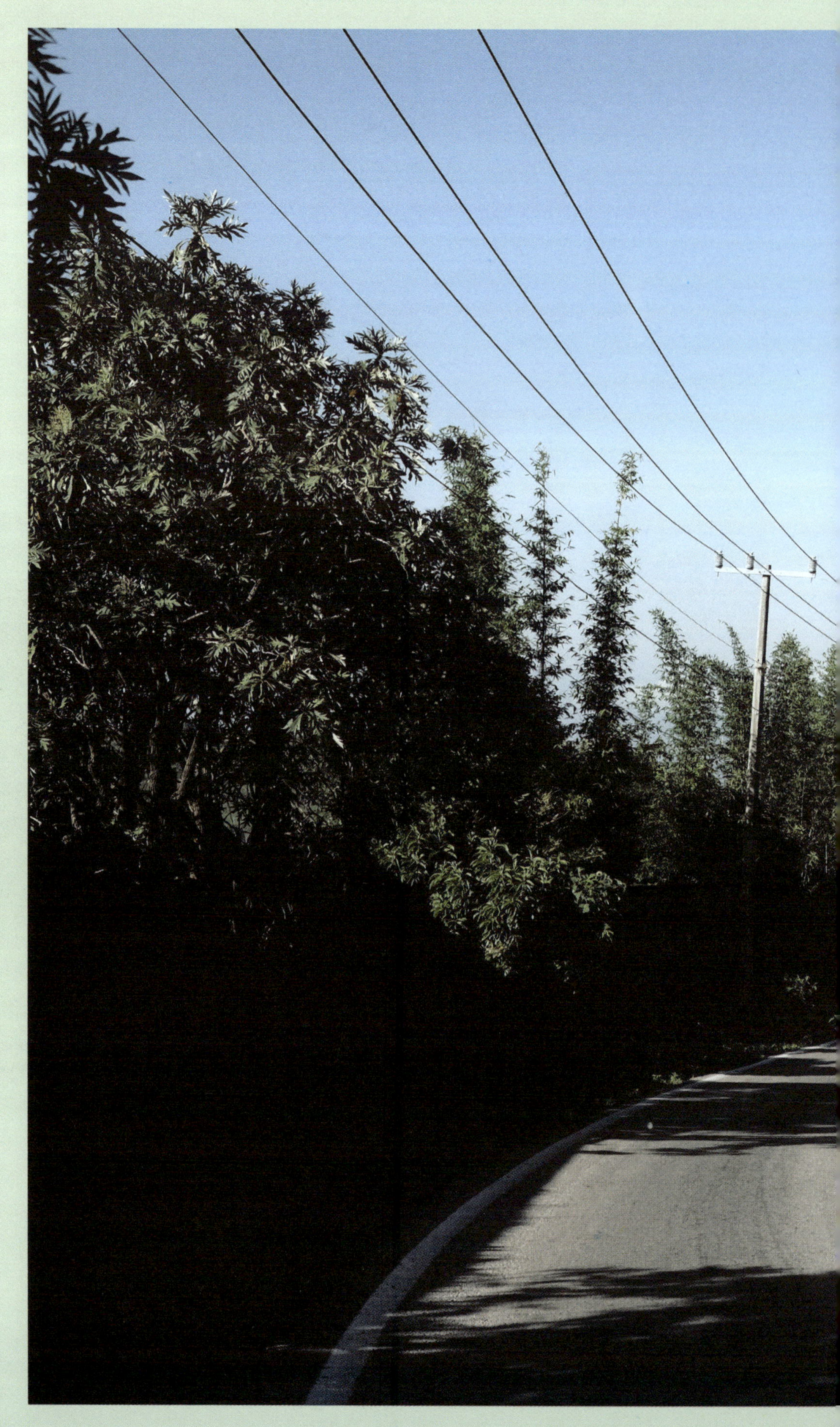

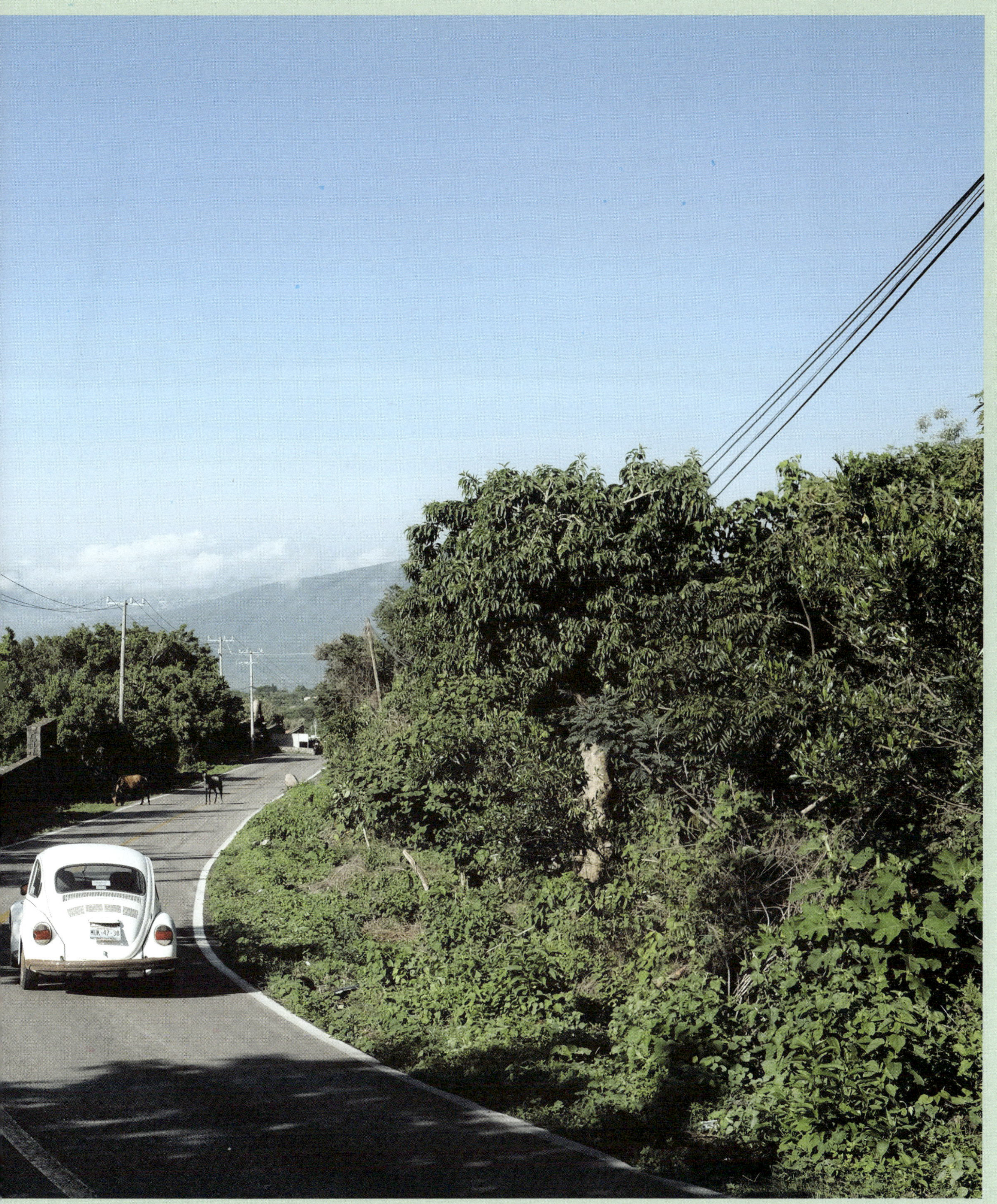

Tepoztlán, Morelos (2020)

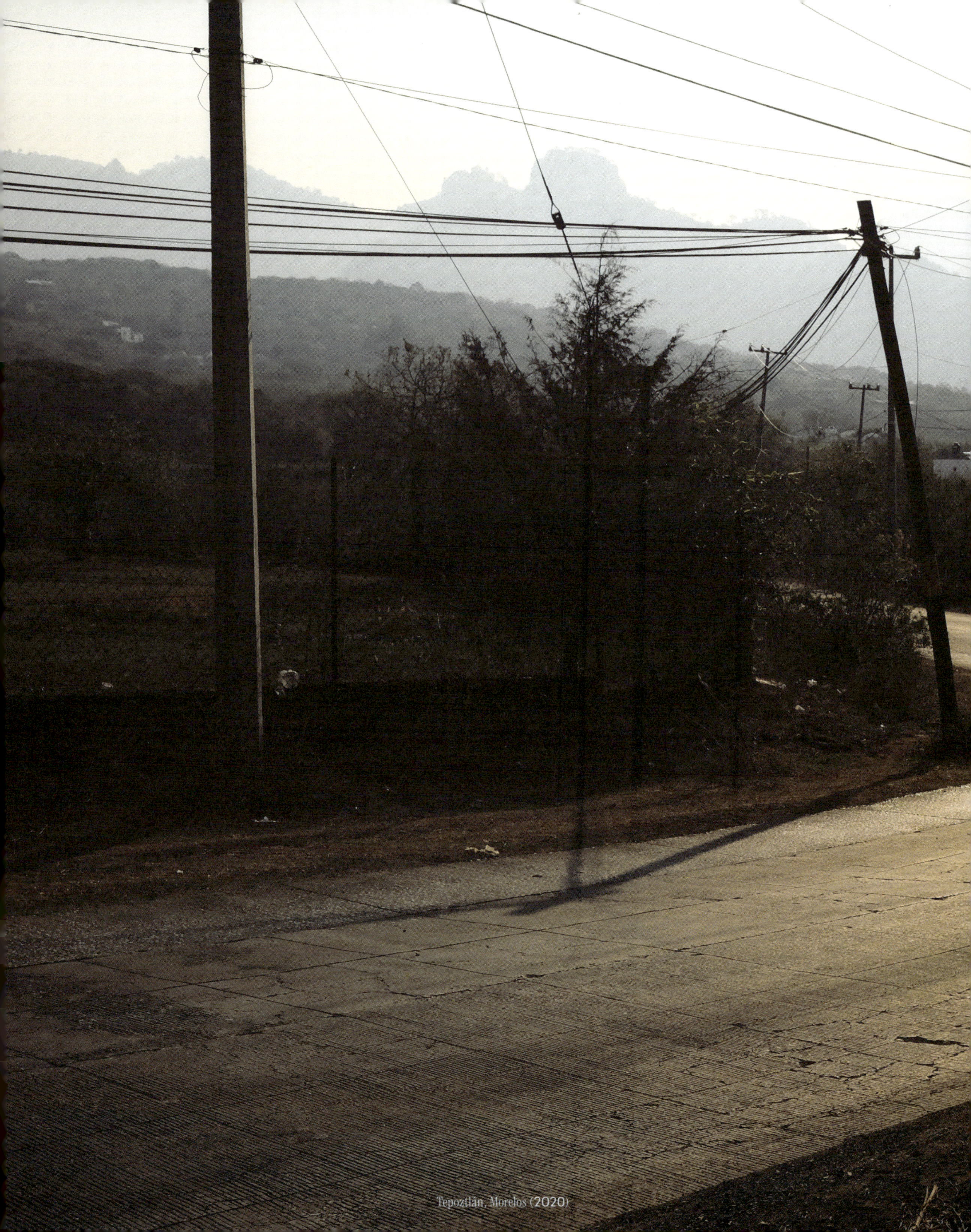

Tepoztlán, Morelos (2020)

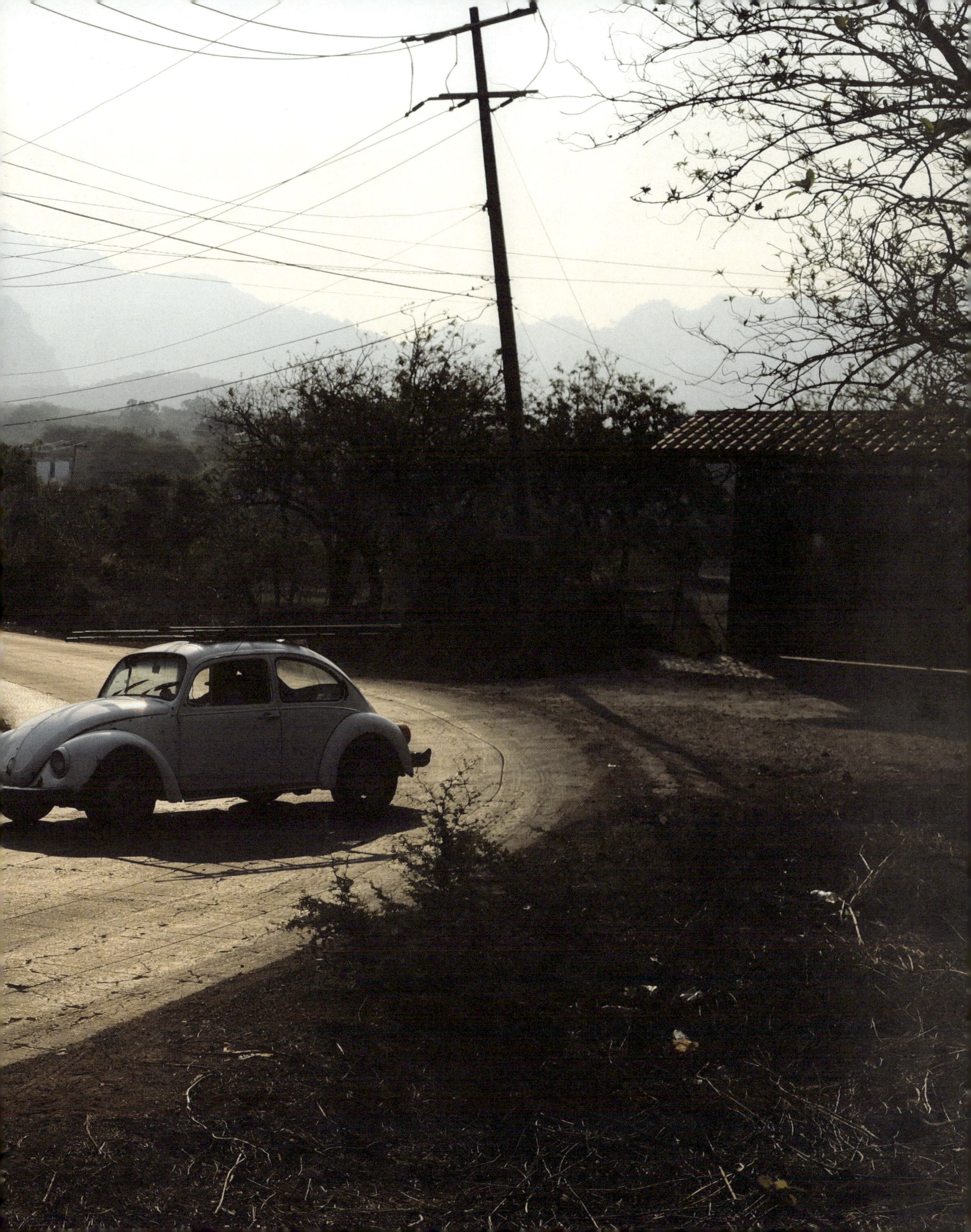

C–6

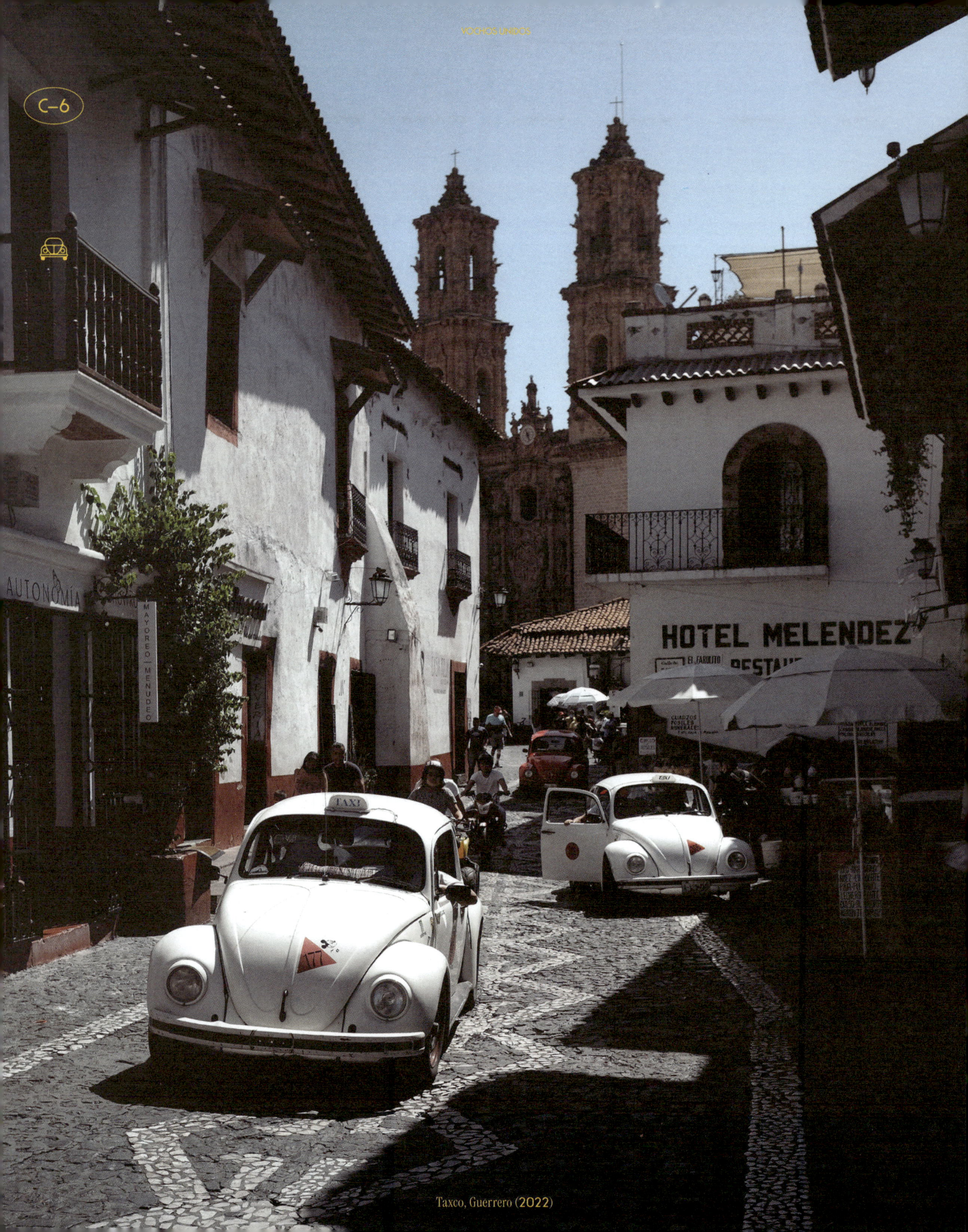

Taxco, Guerrero (2022)

‘UNA EXCURSIÓN’

Aceptaba cualquiera que fuera la invitación para salir de la ciudad. Mientras no fuera demasiado caro, me iba. Viajar con la familia y los amigos, aceptar un encargo de trabajo... Todo se convirtió en una excusa para perseguir vochos. Primero, una excursión de un día a la ciudad lacustre de Valle de Bravo. Luego, una caminata por los volcanes helados del Nevado de Toluca. Unos meses después, mi primer viaje a Tepoztlán, con el Popocatépetl en erupción dominando la ciudad.

¿Te interesa visitar las innumerables mariposas monarca en Michoacán? ¿Qué tal un viaje temprano por la mañana para sobrevolar las grandes pirámides del sol y la luna en Teotihuacan en un globo aerostático? Por supuesto. Me voy.

¿La mayor reunión de vochos en la CDMX en el Estadio Azteca? ¿Qué tal ir hacia el este, hacia Yucatán, para explorar un río para un concierto privado? Responder a un mensaje directo inesperado para visitar La Neza, que podría considerarse demasiado peligroso para un fotógrafo solitario. Sí. Sin duda.

Pasé varios días en la frontera norte, explorando lugares y empapándome de la cultura con un escultor local. Luego, un fin de semana con unos alemanes, slackliners de talla mundial, en una casa en Acapulco junto al acantilado, viendo la puesta de sol. Un viaje por carretera para asistir a un festival de música en la playa, o más al sur, a Puerto Escondido, para explorar un romance incipiente. Y aún más lejos, para surfear las interminables olas de Salina Cruz.

Ayudar a un familiar a mudarse al otro lado del país, de Baja California a la Ciudad de México. ¿La ciudad de Oaxaca para esa boda? ¿Qué tal Puebla, la casa de nacimiento del vocho en México? Oye, vamos a un lugar secreto con mil cascadas en medio de la sierra, ¿te apuntas? Y, por último, ¿qué tal si terminamos con ese antiguo pueblo minero español del que todo el mundo te habla? Cada oportunidad me daba permiso para explorar. Y la aproveché.

Lo más que decía <<sí>> más aprendía sobre el país. Su gente. Sus secretos. Esto me ayudó a comprender una parte más profunda de mí mismo. Sé que, como pocho, hijo estadounidense de padres mexicanos, el tiempo que pasé allí no me convierte en nativo. México es parte de mi herencia, pero no es mi hogar. Aun así, los vochos me ayudaron a aprovechar al máximo mi experiencia y ampliaron mis límites tanto internos como externos. Mi estancia en México ahora es como un tatuaje en mi pecho. Representa una época de mi vida que atesoro, llena de recuerdos de un lugar que hay que celebrar. Un lugar donde sentirse querido; donde liberar la tristeza con un abrazo.

México me enseñó que la aventura de hacer un amigo nuevo sigue siendo la experiencia más valorable. Puede ser maravilloso encontrar un estranjero y ver que rápido podemos formar una amistad.

Sentirse en casa y ser bienvenido son dos cosas diferentes. Esto es especialmente cierto cuando se toman fotos a pie, solo, en un lugar desconocido. Los fotógrafos no siempre son bienvenidos, lo cual es comprensible. ¿Mi consejo? Mantén los ojos abiertos, sé paciente y presta atención a dónde pisas. También es importante salir de tu zona de confort, porque son esas experiencias directas y las sabias palabras de los amables lugareños las que te ayudan a superar los momentos difíciles. Es entonces cuando dejas de ser un simple visitante y puedes dejar de lado tu propia perspectiva para dar cabida a las experiencias vividas por otros.

Pero esto no es un anuncio de «Visita México». Este país no necesita mi publicidad, y tampoco quiero convencer a todo el mundo. México está abierto a quienes buscan nuevas experiencias y aventuras. Está abierto a quienes están dispuestos a explorar y aprender. Puede que no seamos todos vecinos en el sentido físico, pero podemos convertirnos en vecinos a través de experiencias compartidas. Conocí a mis vecinos persiguiendo viejos trozos de goma y metal. Te invito a que conozcas a los tuyos descubriendo tus propios rincones y nichos en el mapa. Solo ten en cuenta que el camino nunca es recto, sino que está lleno de tráfico, accidentes y conductores distraídos. Cuando llegue la próxima aventura, está preparado. La suerte sonríe a los que están preparados.

No importa cómo denomines al Volkswagen Tipo 1, no importa cuál sea tu clase social o tu origen, somos más fuertes juntos como comunidad. Unidos podemos reconstruir lo que ha sido destruido, regenerar lo que ha sido explotado en exceso. Cada vocho es un reflejo de su propietario, una obra de arte que transporta almas por todo el mundo. Esta es la creatividad que nunca extinguirá el espíritu de aventura, y una parte de México que me acompañará. Para siempre.

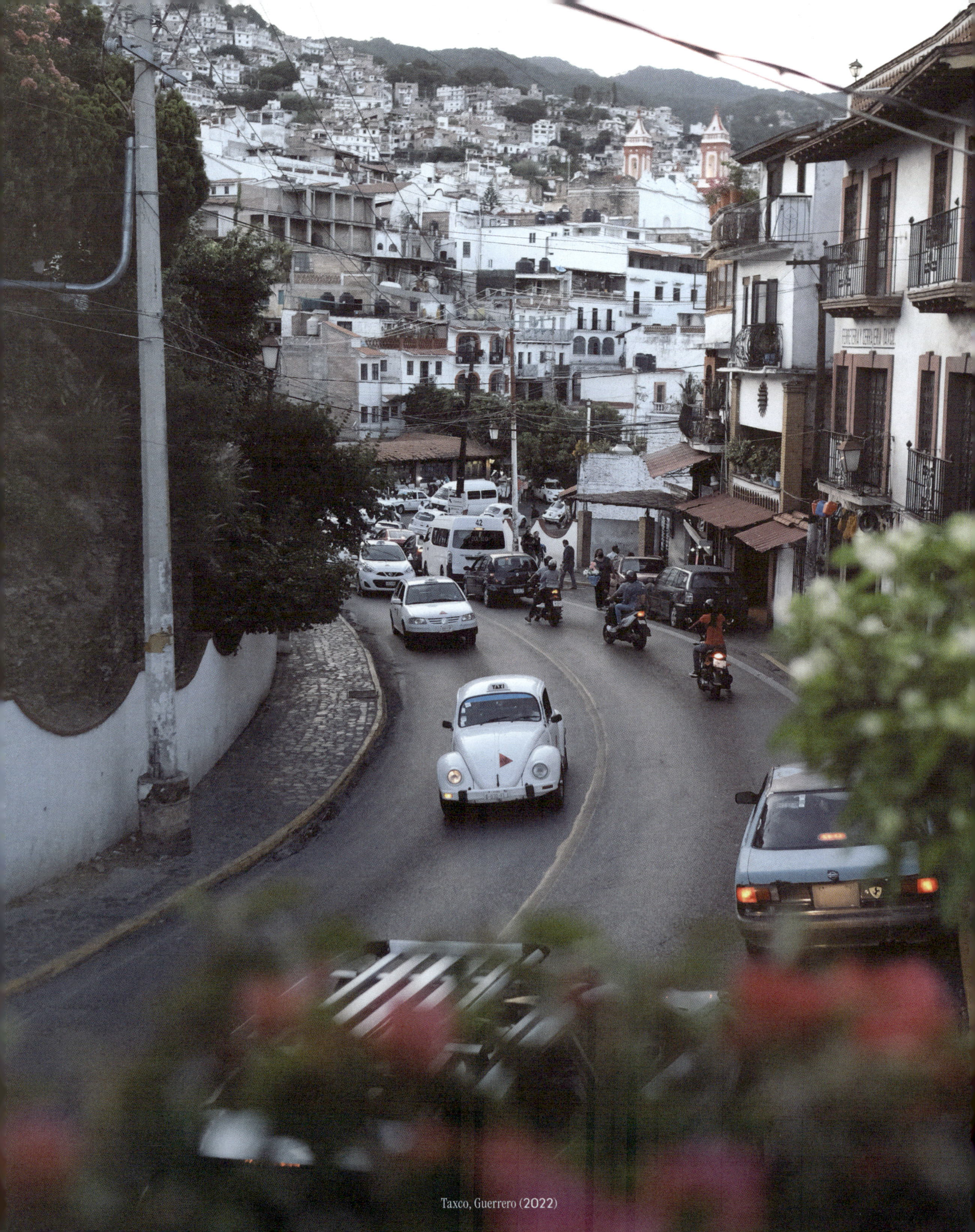

Taxco, Guerrero (2022)

Chapter Six

'DAY TRIP'

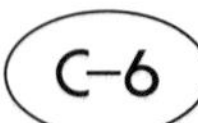

English Version

I said yes to any invitation to leave town. As long as it wasn't too expensive, I was gone. Traveling with family and friends, accepting a work assignment—they all became my excuse to chase *vochos*. First, a day trip to the lakeside town of Valle de Bravo. Then a hike through the frozen volcanoes of El Nevado de Toluca. A few months in, my first trip to Tepoztlan with the active Popocatepetl looming over the town.

Interested in visiting the countless monarch butterflies in Michoacan? How about an early morning trip to fly over the great pyramids of the sun and moon in Teotihuacan in a hot air balloon? Absolutely. I'm in.

The biggest reunion of *vochos* in CDMX at the Estadio Azteca? How about east towards Yucatan to scout a river for a private gig? Responding to a random DM to visit *La Neza*, which could be considered too dangerous for a solo photographer. Yes. No question.

I spent days on the northern border, scouting locations and devouring culture with a local sculptor. Then a weekend with world-class German slackliners in an Acapulco house just off the rock cliff face, overlooking the sunset. A trip just down the road for a music festival on the beach, or further south to Puerto Escondido to see about a romance. Even further still to surf endless point breaks in Salina Cruz.

Helping a family member move across the country from Baja California to CDMX. Oaxaca City for that wedding? How about Puebla, the birthplace of the *vocho* in Mexico? Hey, we're going to a secret spot with a thousand waterfalls in the middle of the sierra, you in? And finally, how about we end with that old Spanish silver mining town everyone keeps reminding you of? Every opportunity gave me a license to explore. And I took it.

The more I said yes, the more I learned the country. Its people. Its secrets. This helped me understand a deeper part of myself. I know that as a *pocho*, the American child of Mexican parents, my time there doesn't make me a native. Mexico is part of my heritage, but it's not my home. Still, *vochos* helped me make the most of my experience, and expanded my boundaries both internal and external. My time in Mexico now feels like a tattoo across my chest. It represents an era of my life that I treasure, filled with memories of a place to be celebrated. A place to feel loved; to release sadness with a hug.

Mexico taught me the adventure of making a friend is still the most worthwhile. There's a childlike wonder to meeting a stranger and seeing how quickly you can form a bond. As you grow older that magic never goes away—it's just covered up in some rust, or hidden behind a bent fender. Just where the trunk lid seal won't align perfectly. All it takes is a little love and attention, and you've uncovered the wonder again, ready to share with others.

Feeling like you're home and being welcomed are two different things. This is especially true when you're taking pictures on foot, by yourself, in an unfamiliar place. Photographers are not always welcome, understandably so. My advice? Keep a keen eye out, be patient, and know exactly where you're placing your feet. It also helps to get outside of your comfort zone, because it's those direct experiences, and helpful words of wisdom from a warm local, that get you through potentially thorny moments. At this point you become less of a visitor, when you can set aside your own perspective and make room for the lived experience of others.

But this is not a "Come to Mexico" billboard. This country doesn't need my advertisement, and I don't want to convince people, either. The country is open for those seeking new experiences and adventures. It is open for those willing to explore and learn. We may not all be neighbors through physical land, but we can become neighbors of shared experiences. I met my neighbors chasing 70-year old hunks of rubber and metal. I invite you to meet yours by discovering your own corners and niches on the map. Just know that the road is never straight, but full of traffic, potholes and distracted drivers. When the next adventure comes up, be ready. Luck is granted to the prepared.

No matter what you call the Volkswagen Type 1, no matter your social class or background, we are stronger together as a community. United we can rebuild where there has been destruction, regrow where the soil has been overworked. Each *vocho* is a reflection of the state of its owner, an artwork that transports lives throughout the world. This is the creativity that will never extinguish the spirit of adventure, and a piece of Mexico that will stay with me. Forever.

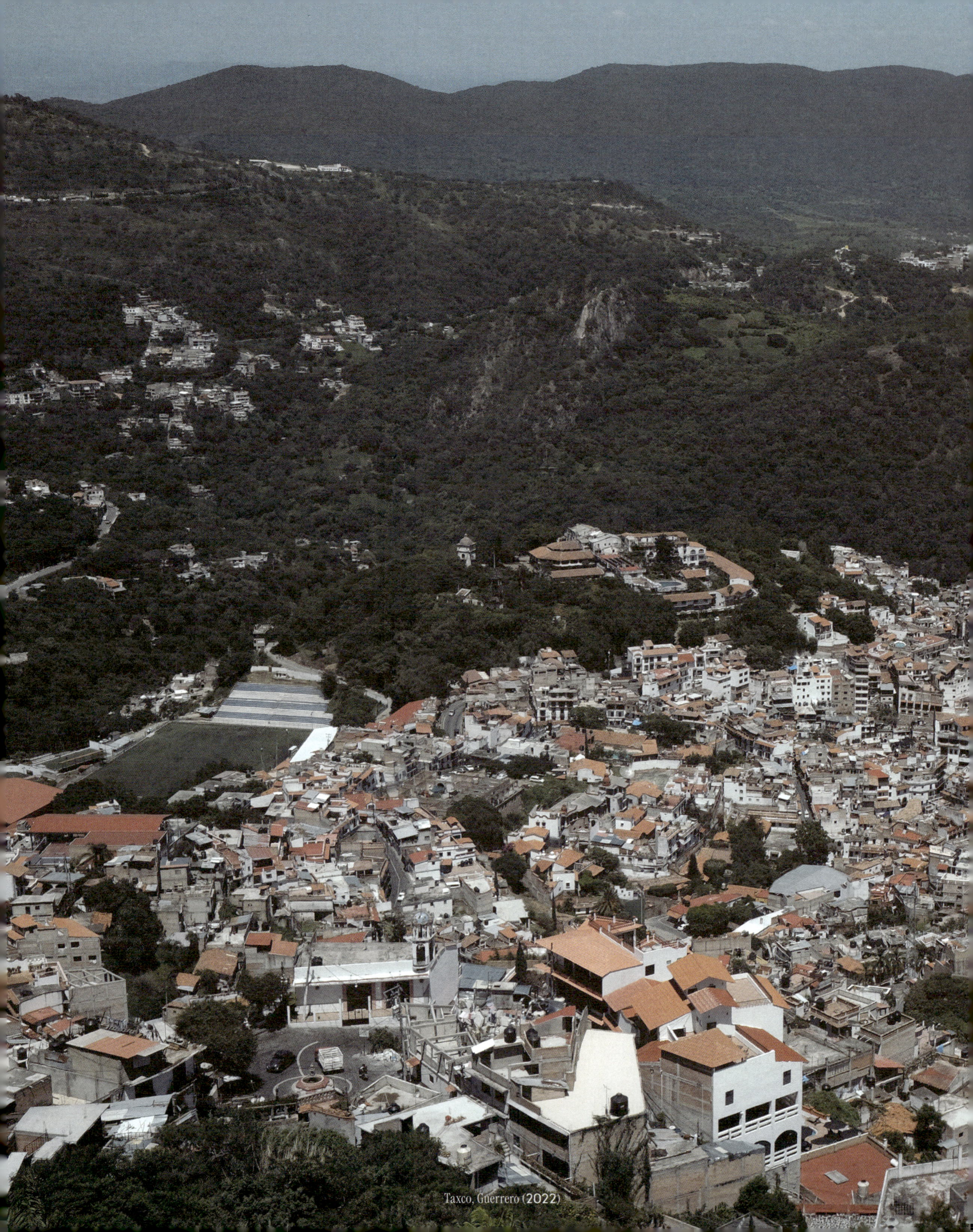

Taxco, Guerrero (2022)

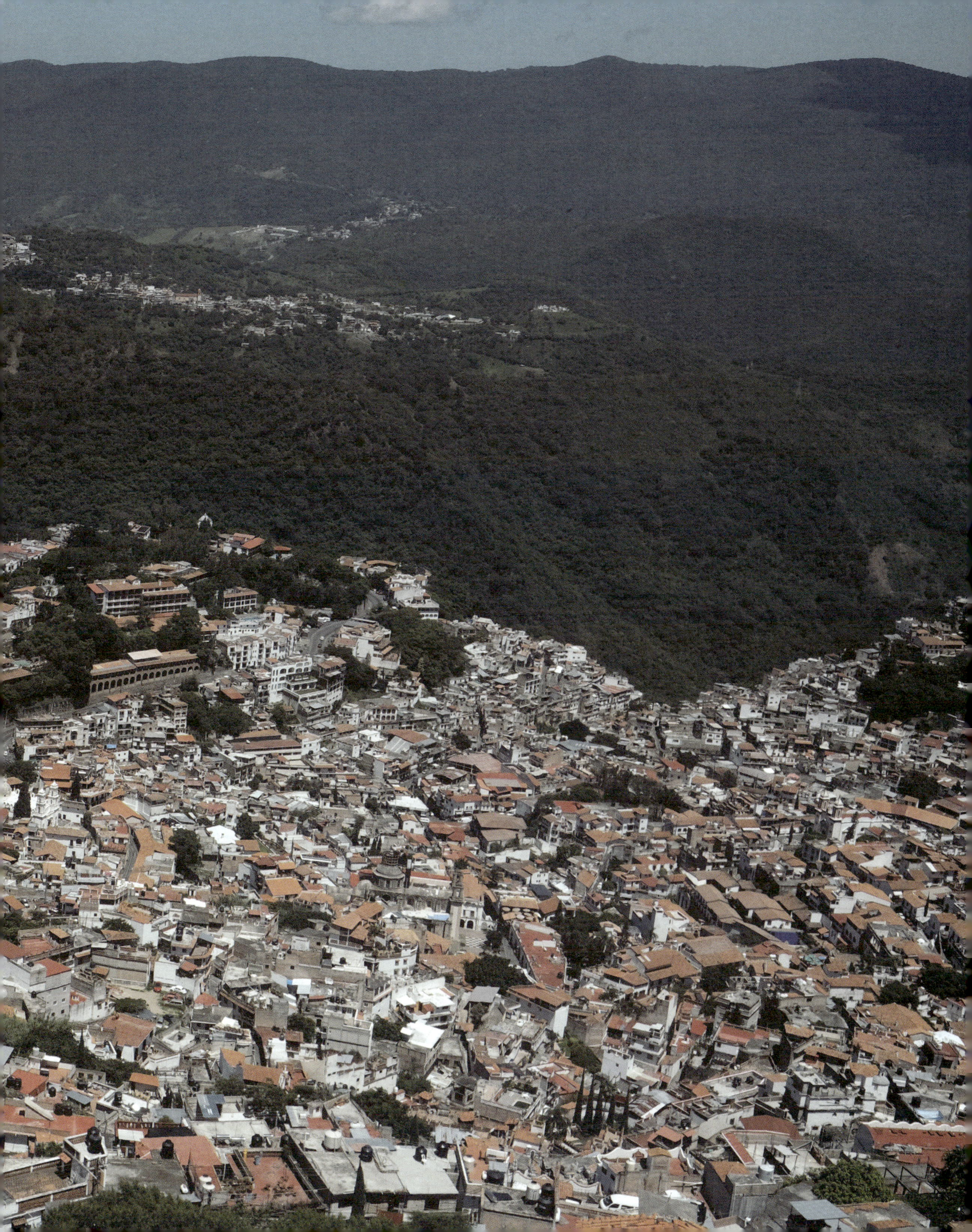

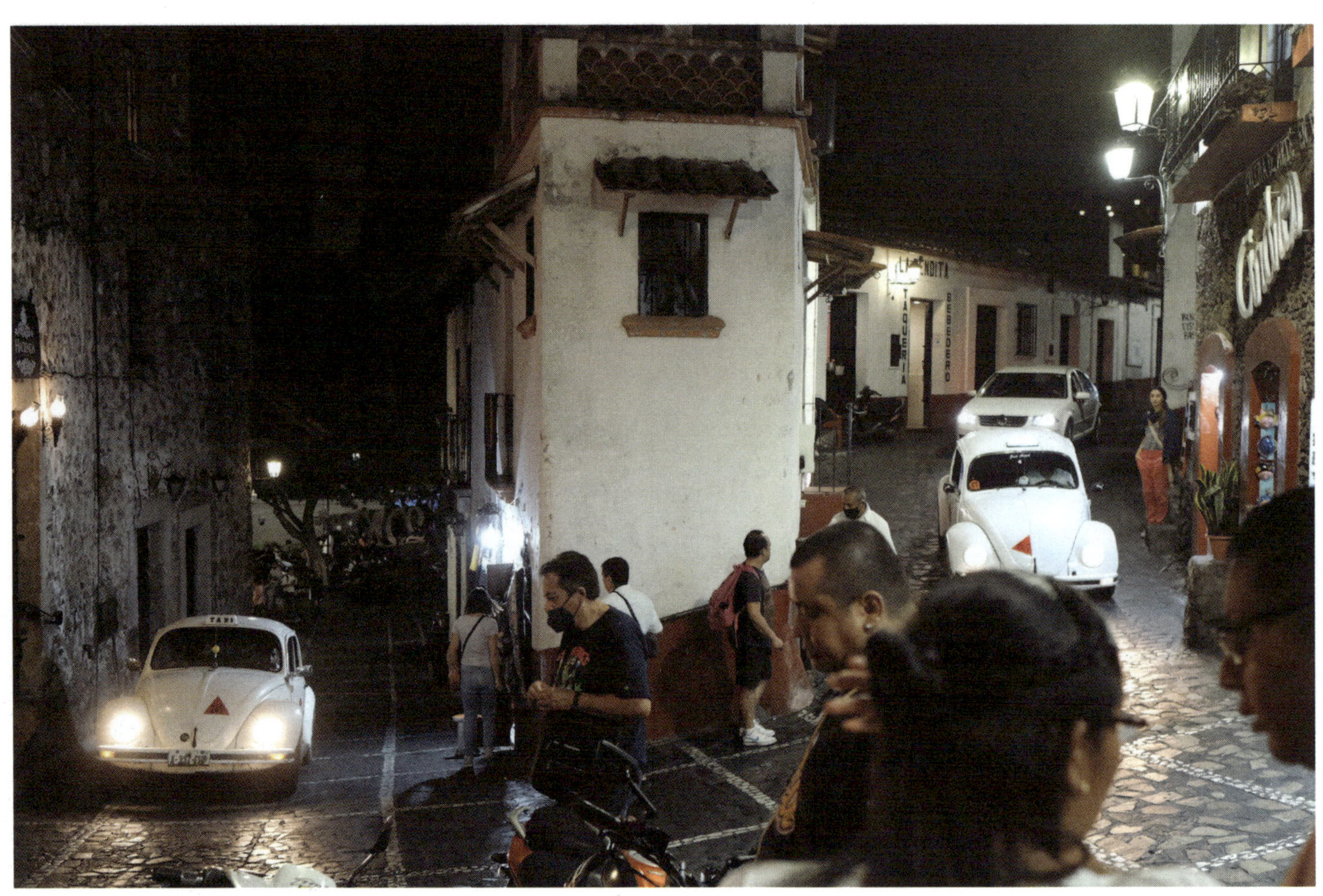

Taxco, Guerrero (2022)

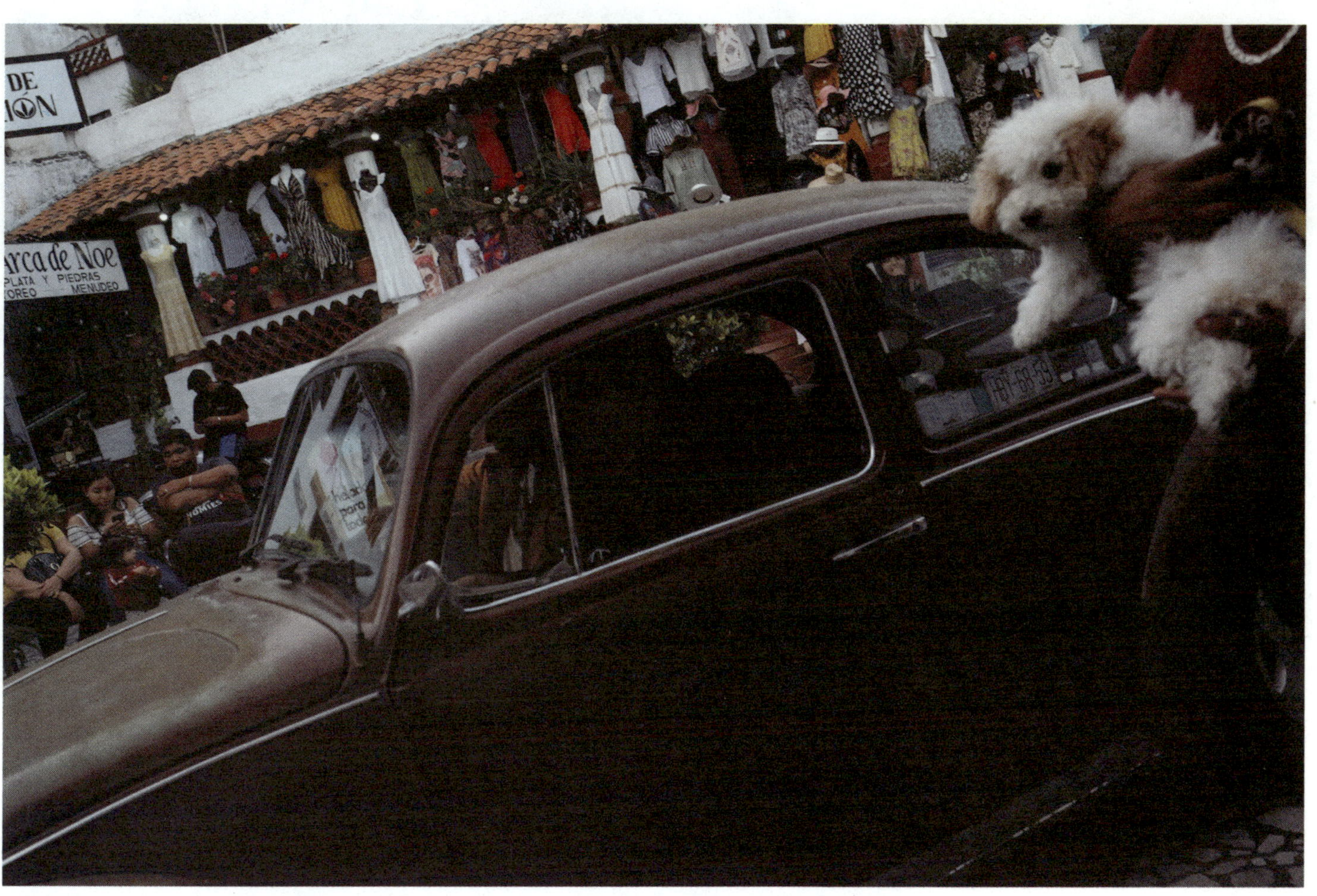

Taxco, Guerrero (2022)

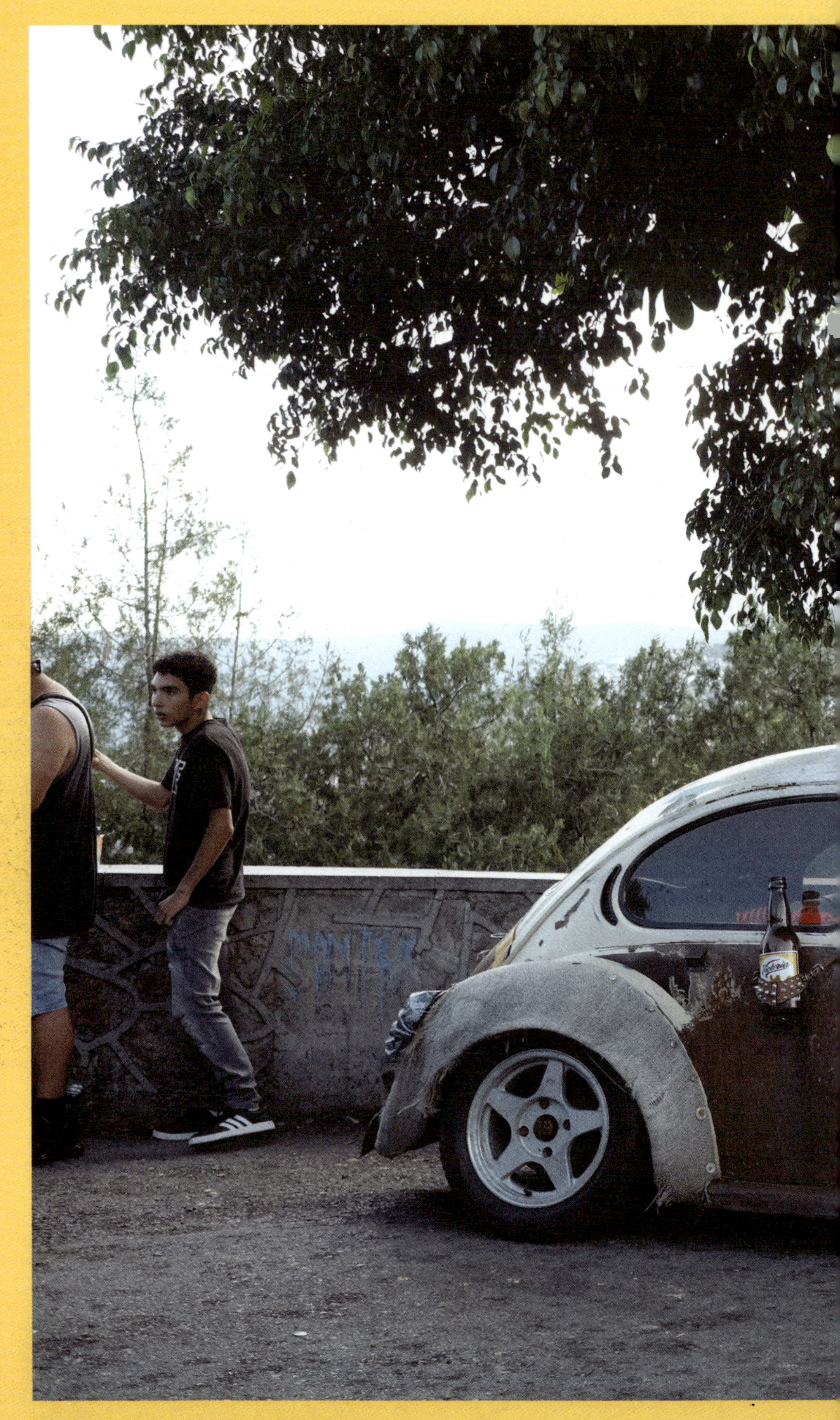

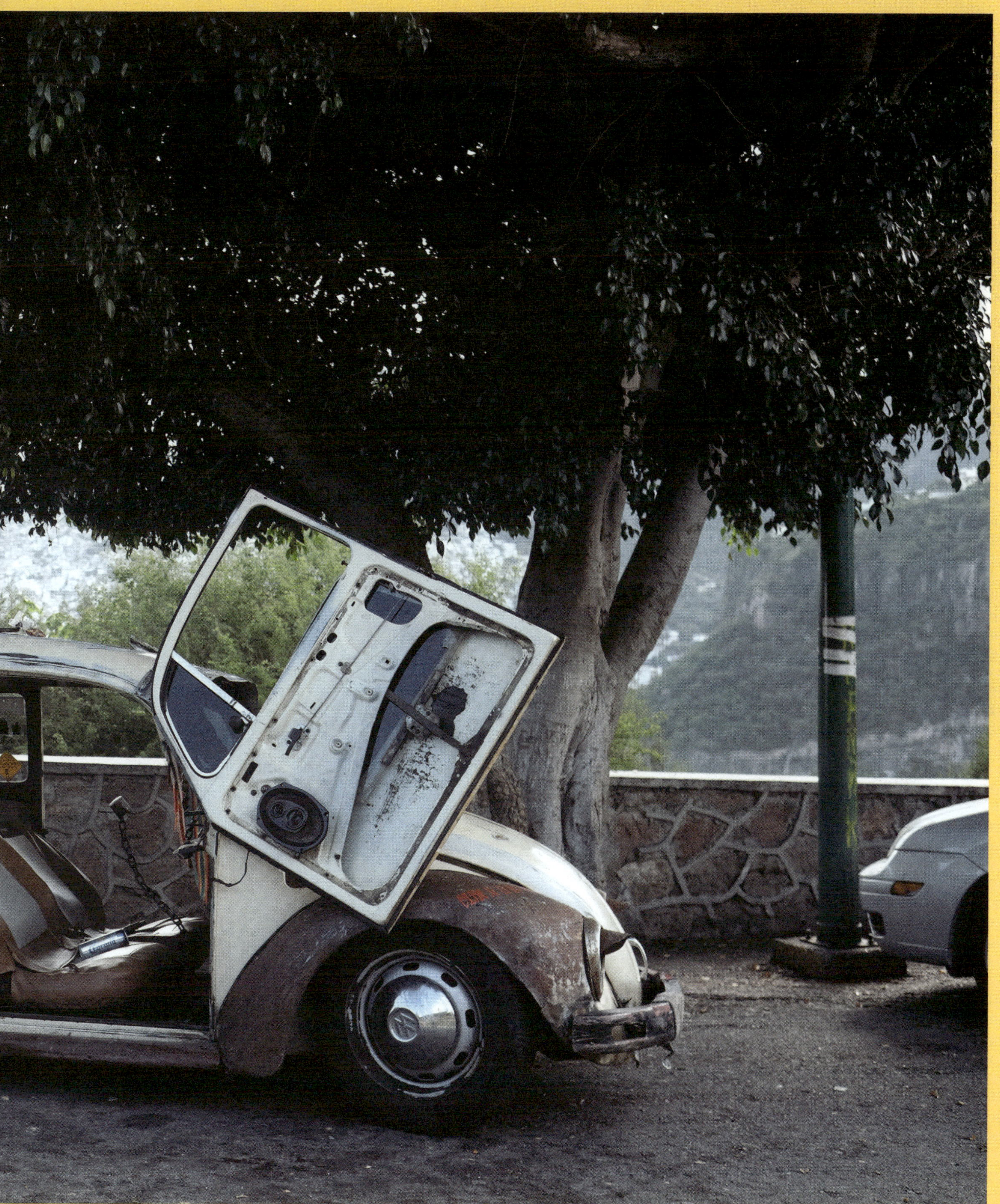

Taxco, Guerrero (2022)

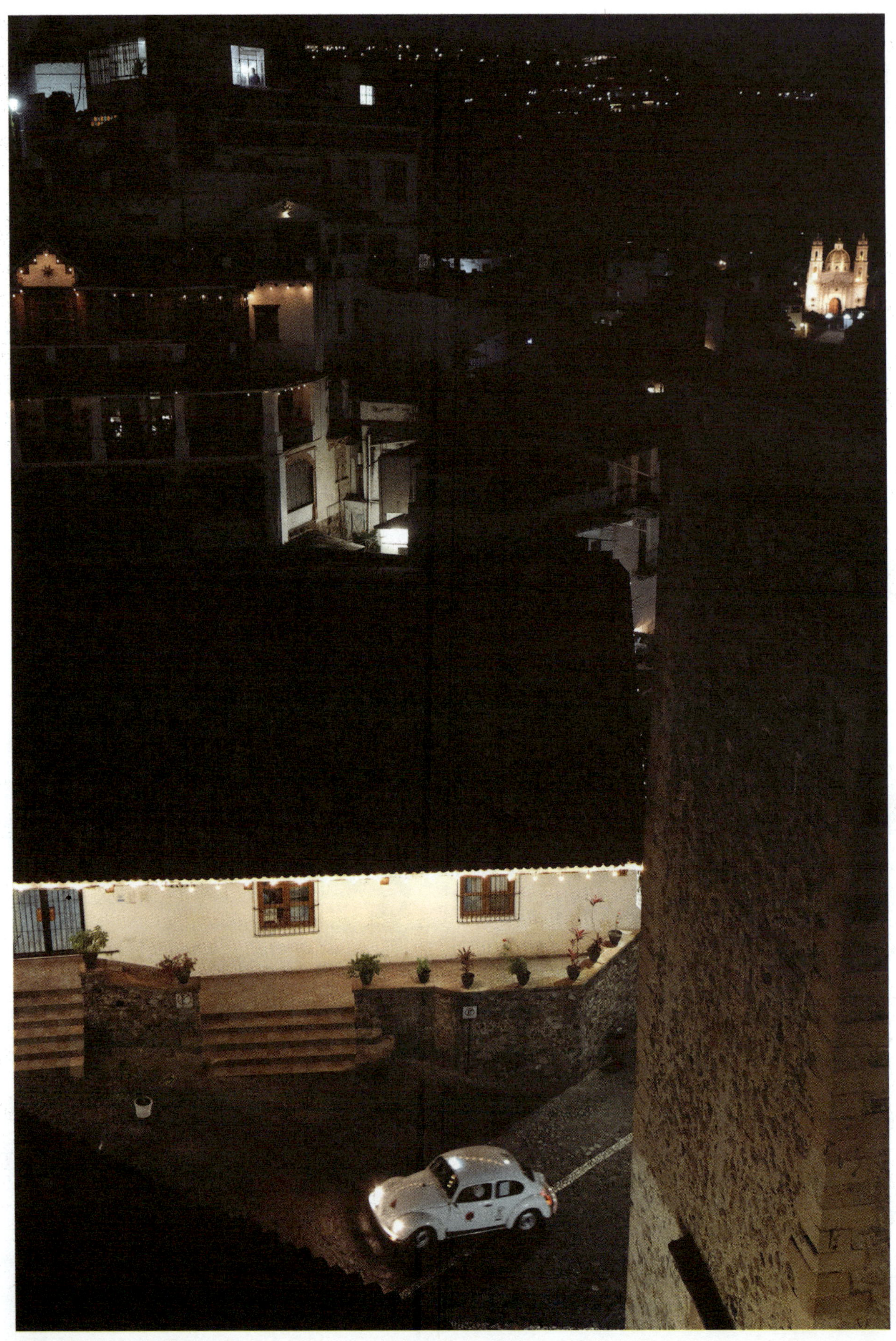

Taxco, Guerrero (2022)

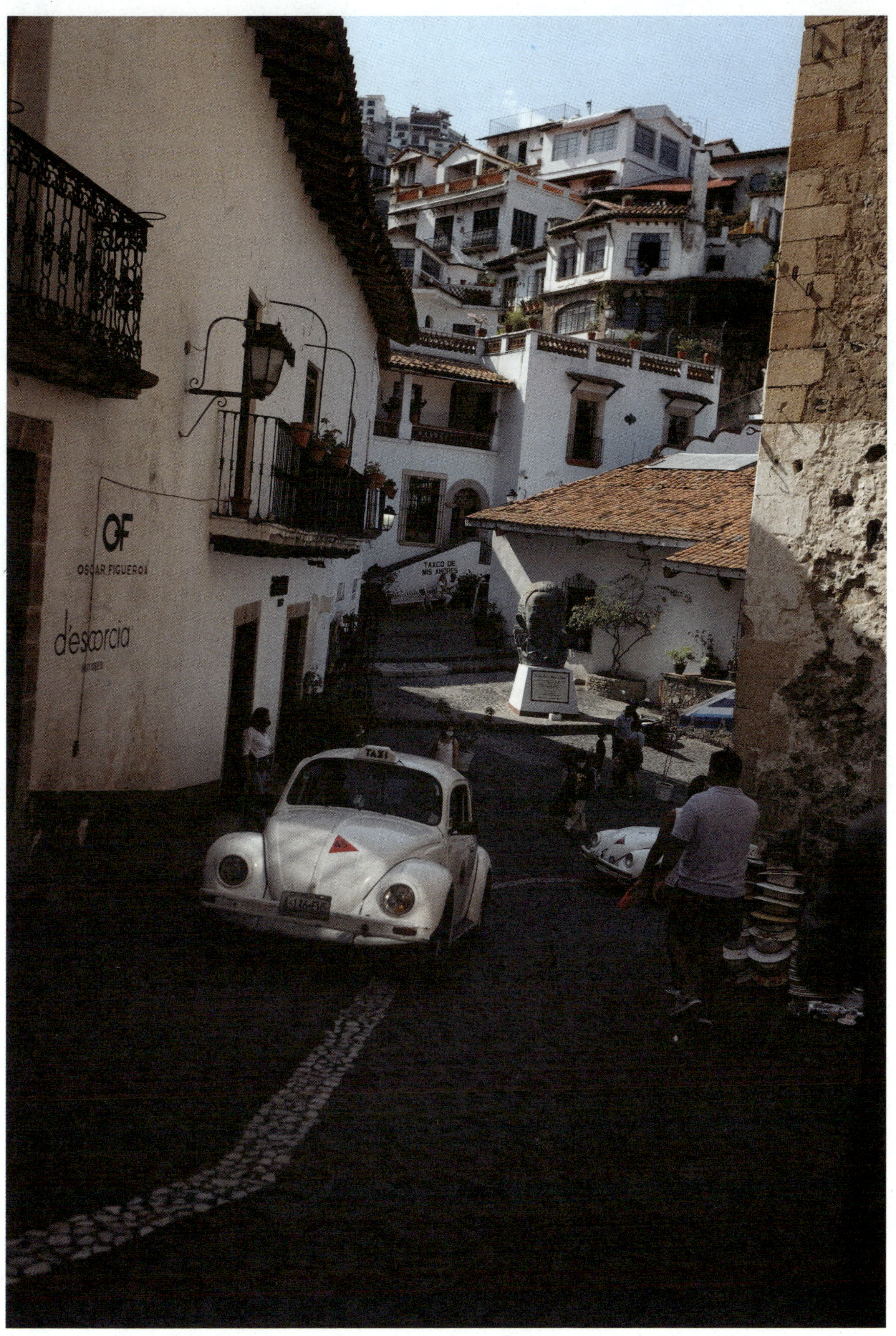

Taxco, Guerrero (2022)

Taxco, Guerrero (2022)

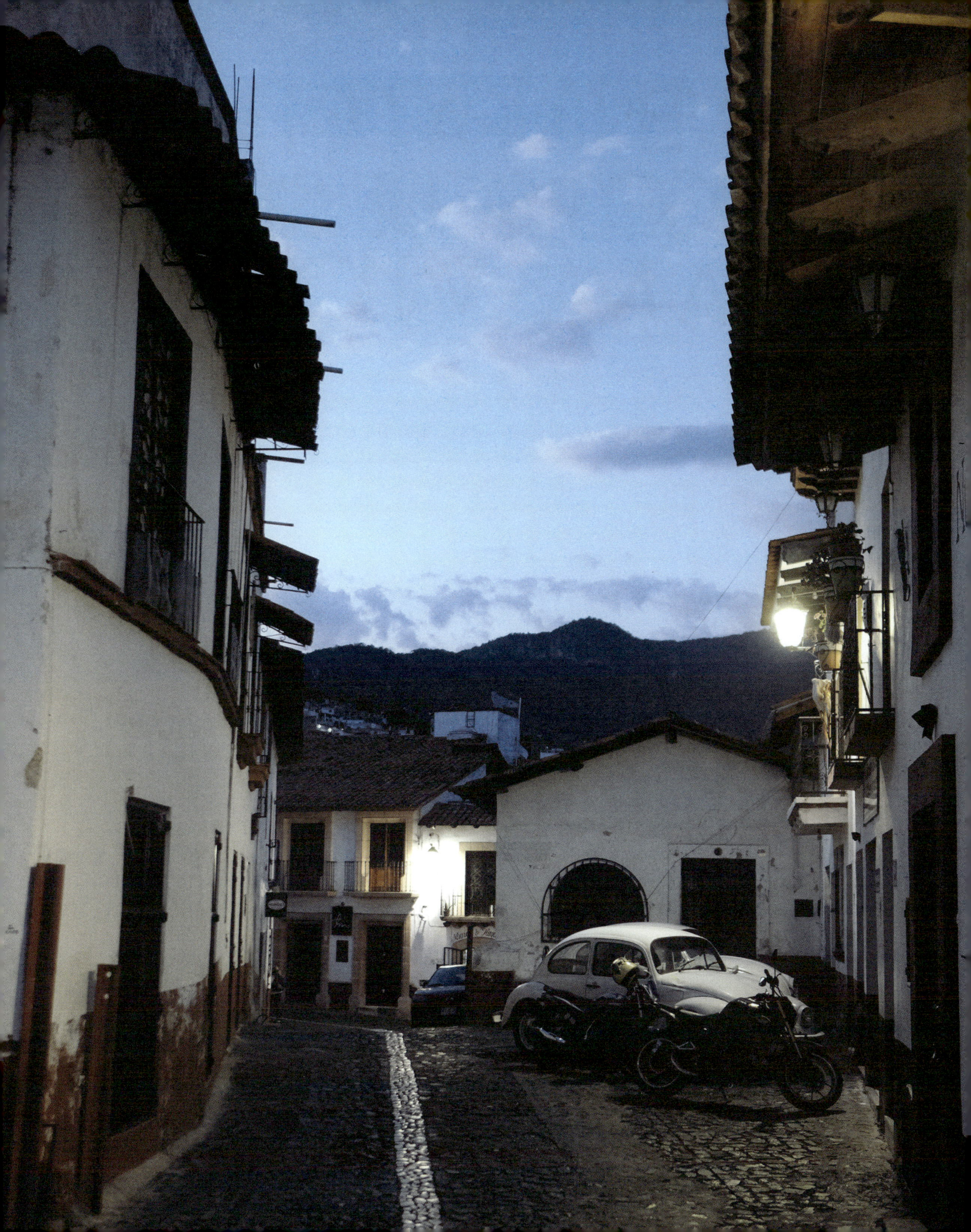

‘LA AVENTURA DE HACER AMIGOS SIGUE SIENDO LA MÁS VALIOSA.’

'THE ADVENTURE OF MAKING A FRIEND IS STILL THE MOST WORTHWHILE.'

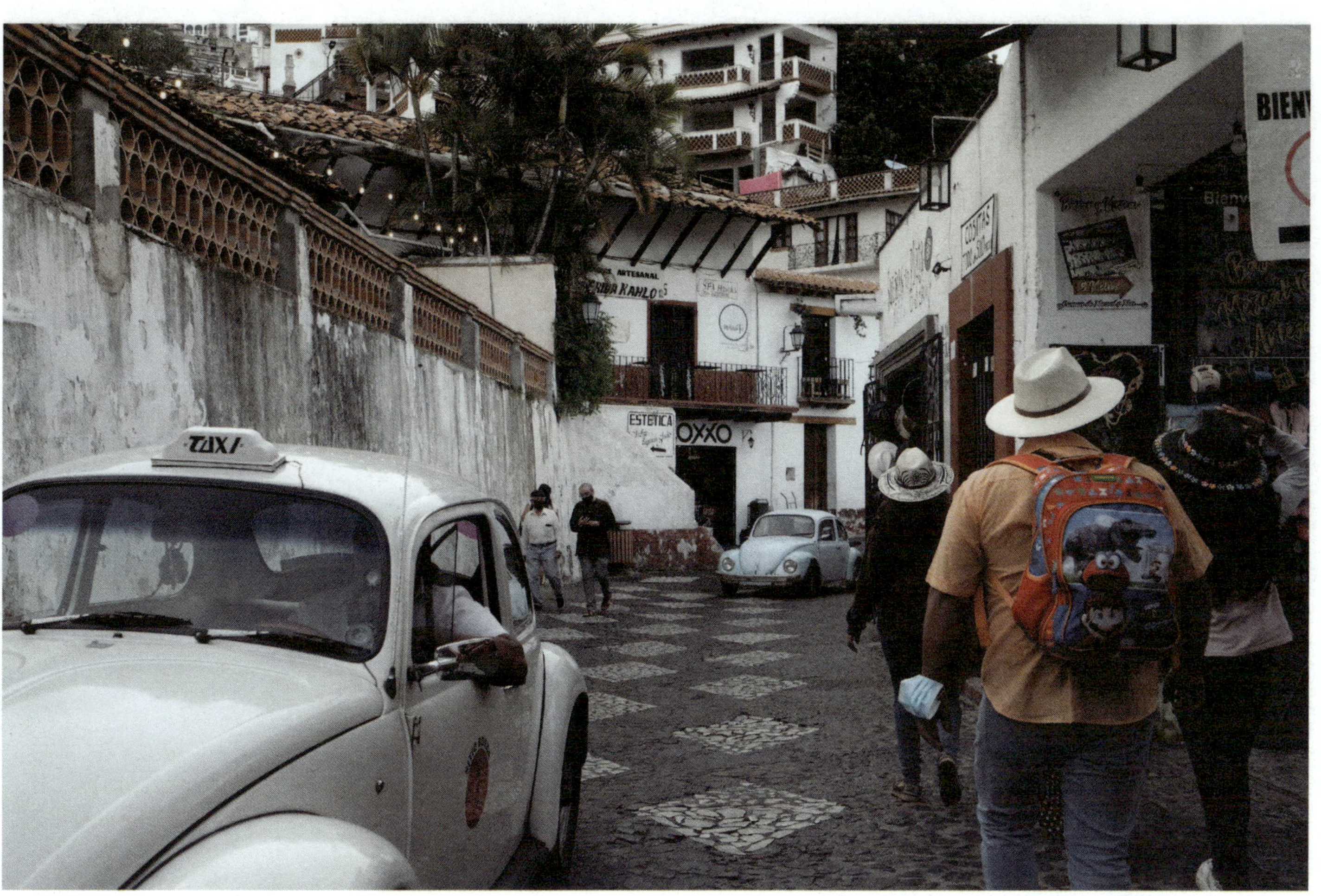

Taxco, Guerrero (2022)

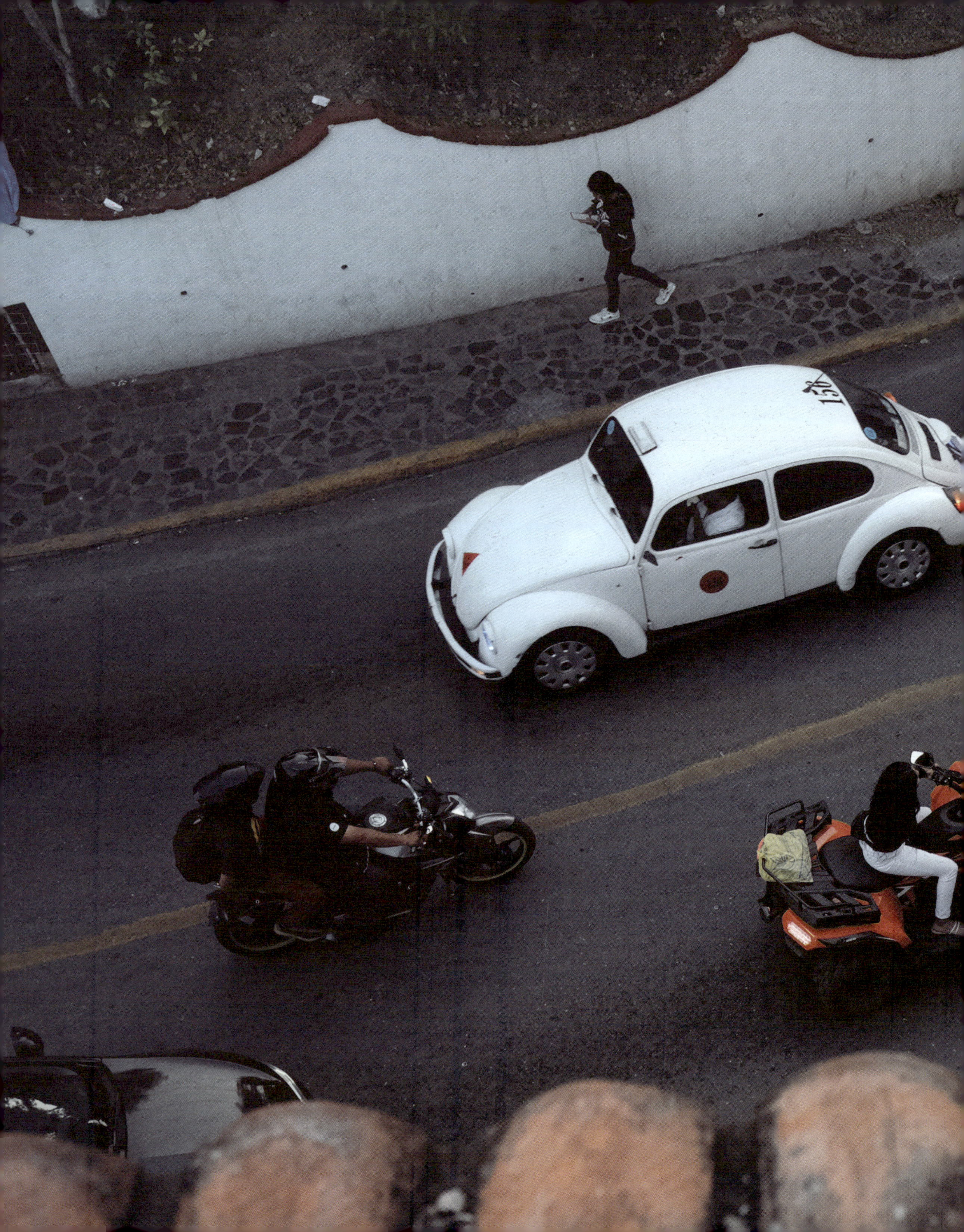

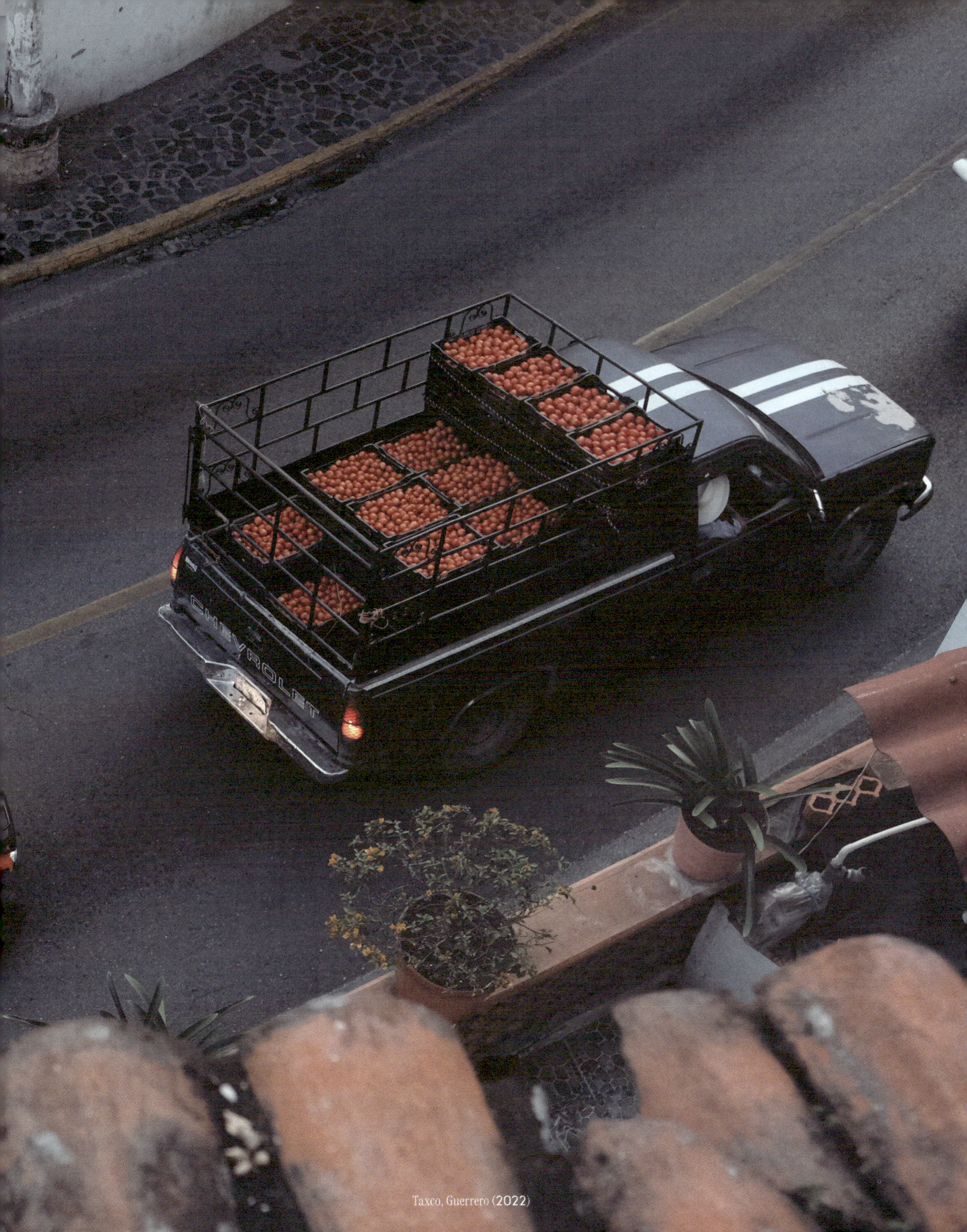

Taxco, Guerrero (2022)

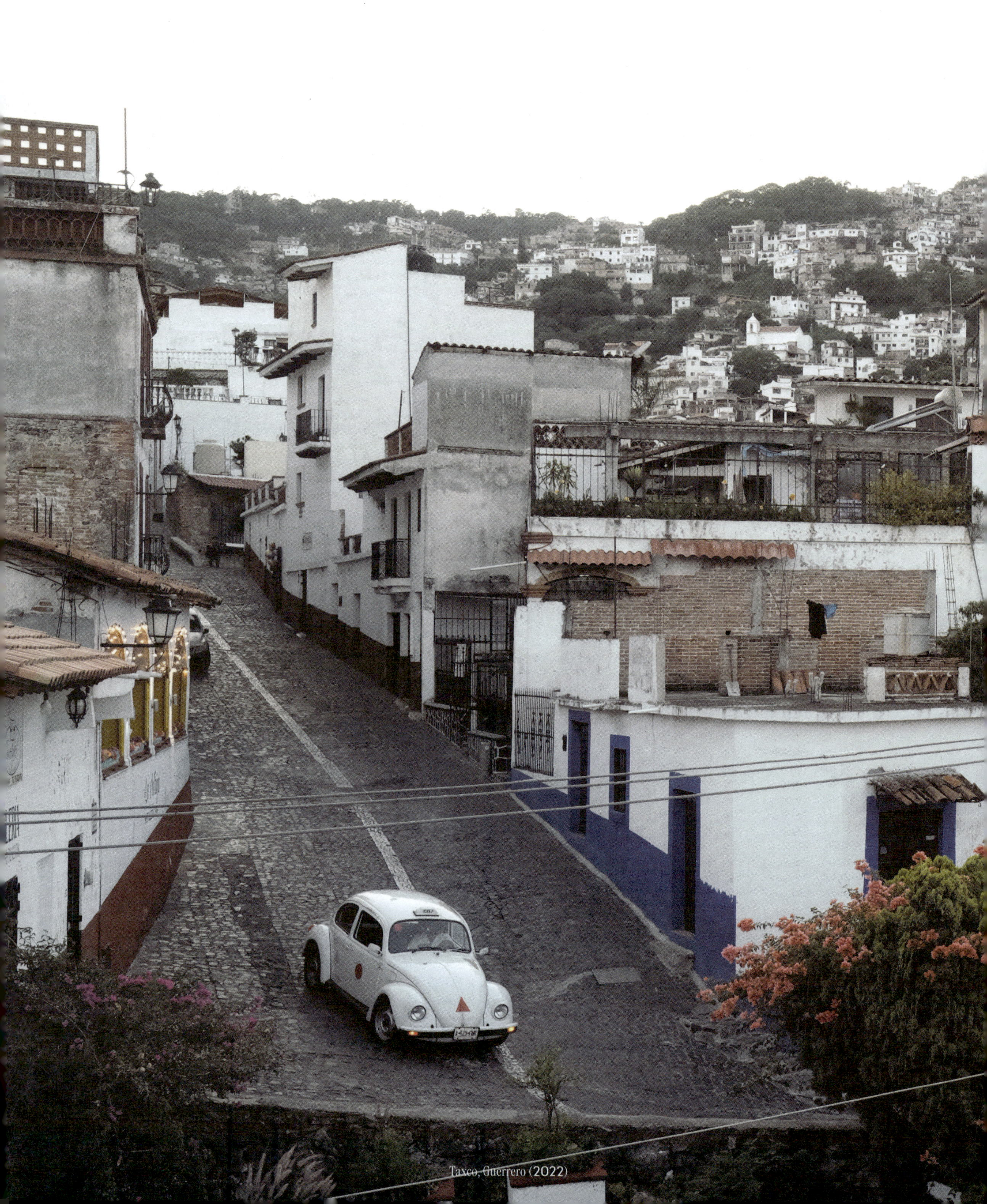

Taxco, Guerrero (2022)

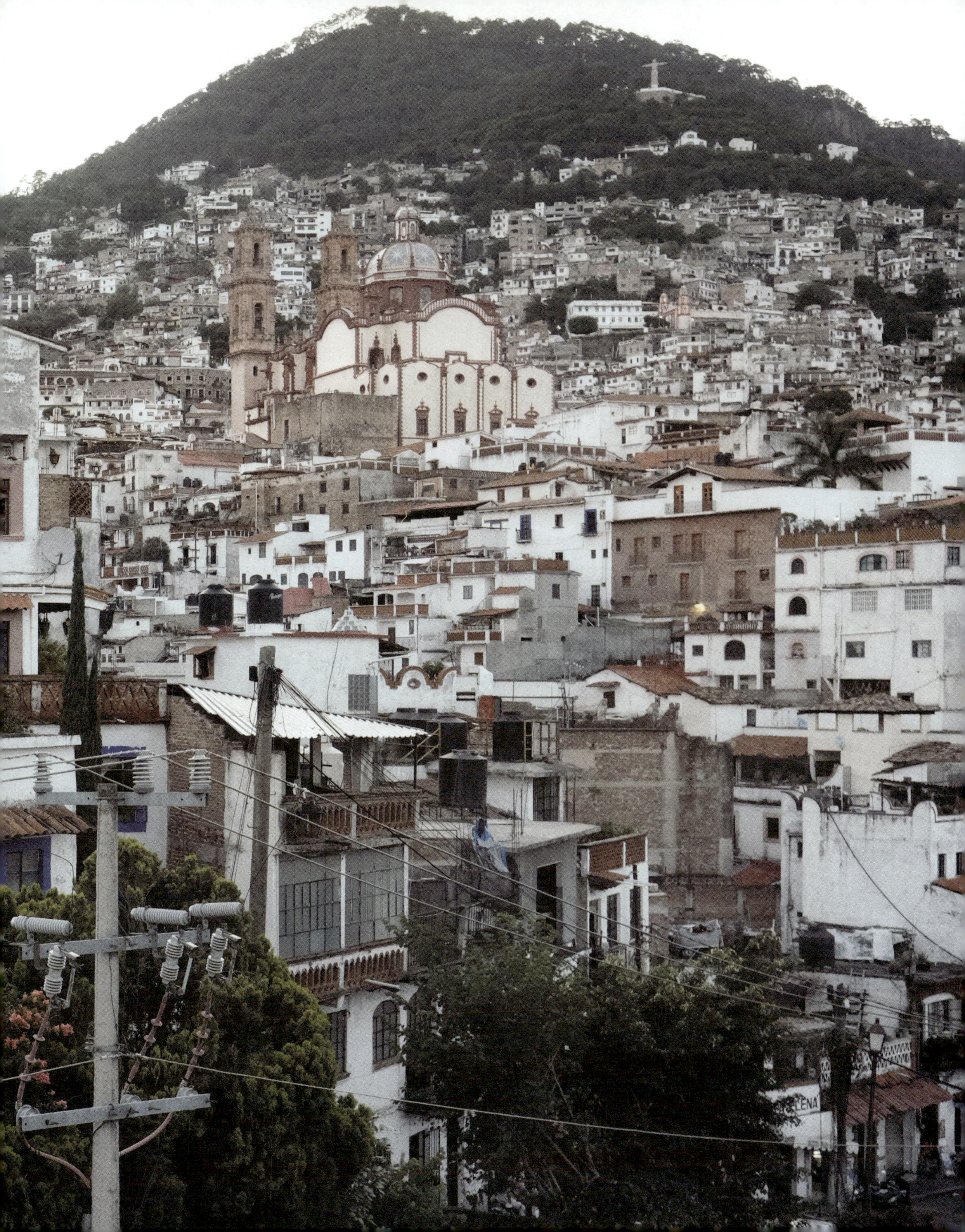

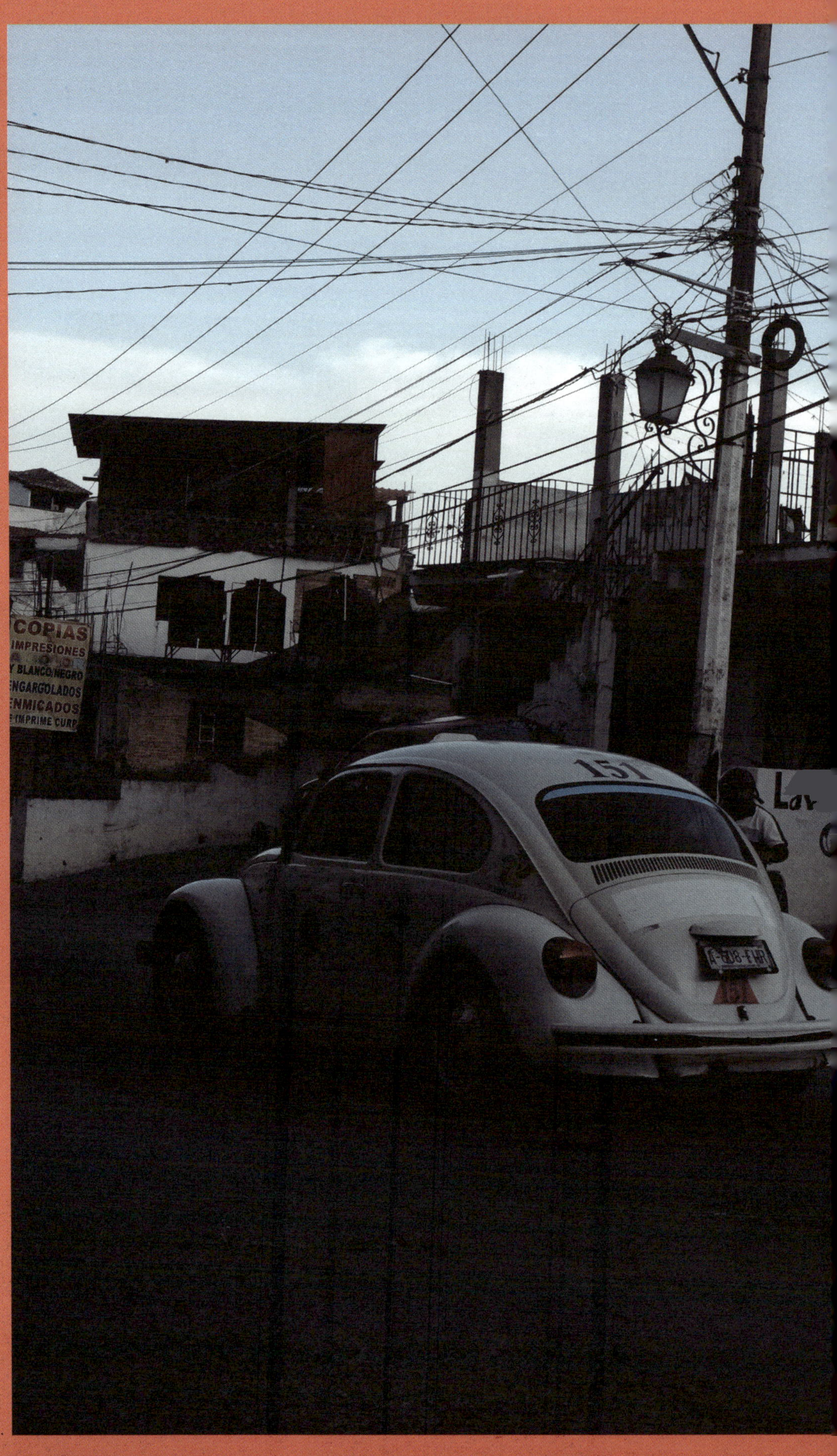
COPIAS
IMPRESIONES
ENMICADOS
151

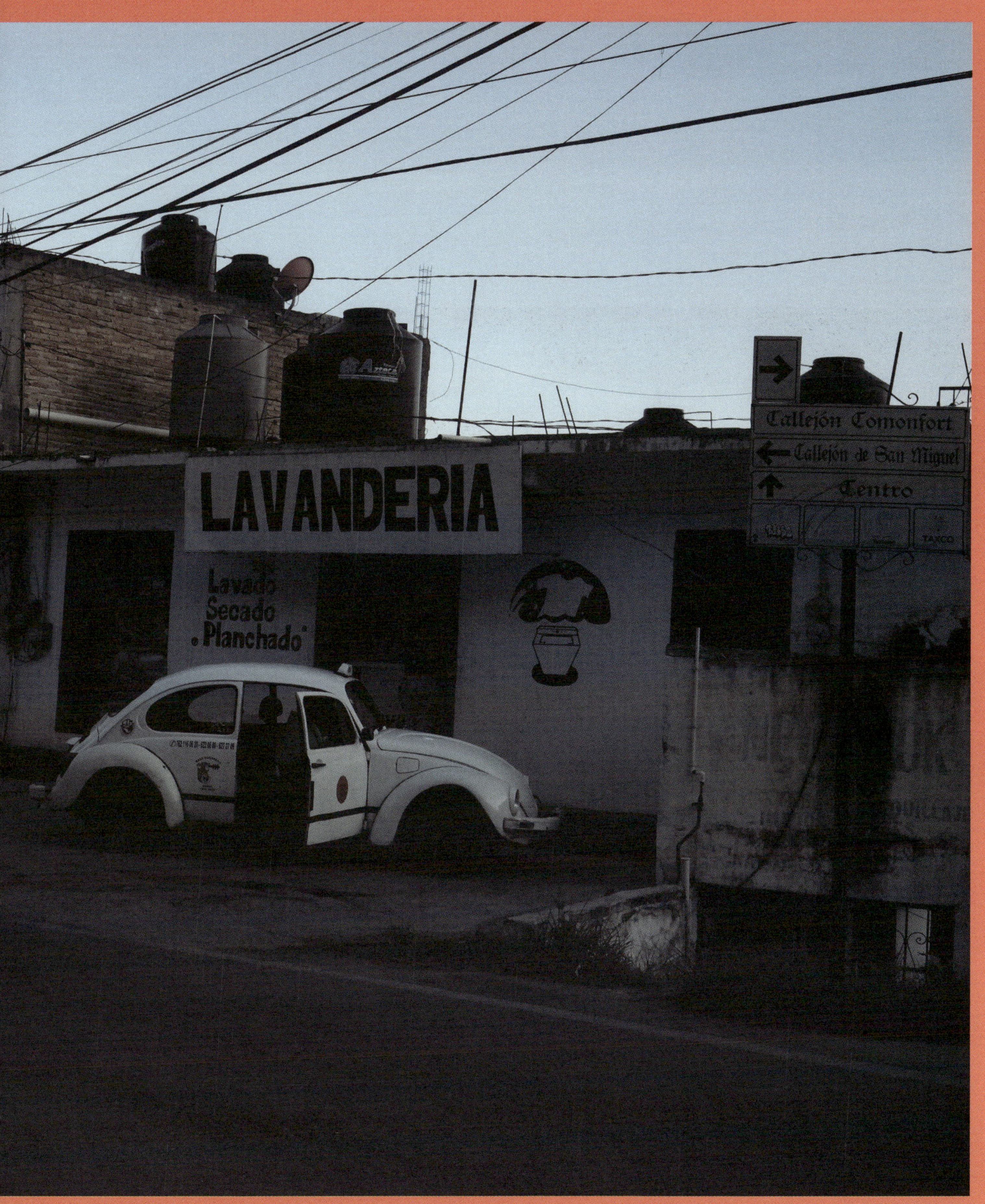

Taxco, Guerrero (2022)

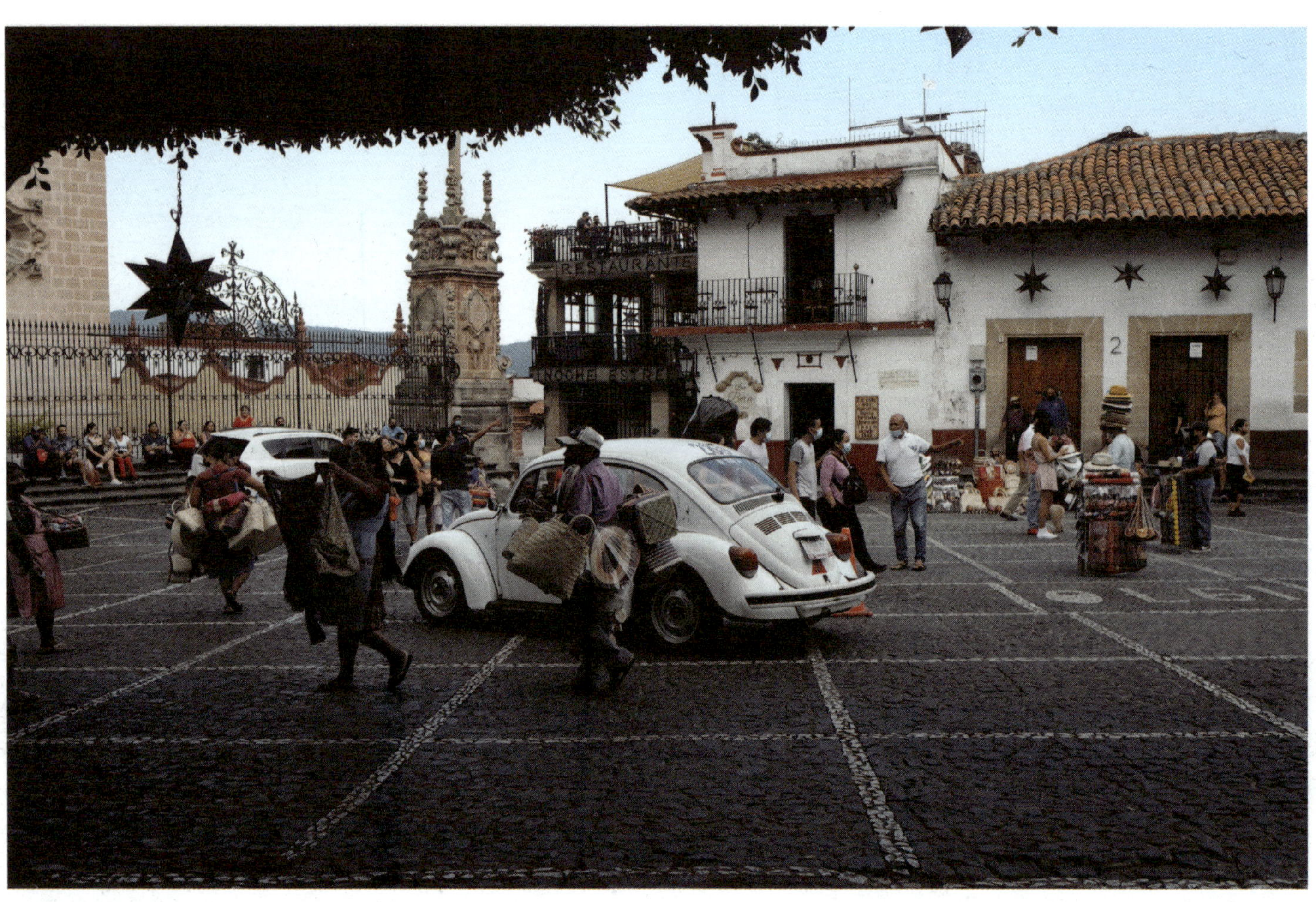

Taxco, Guerrero (2022)

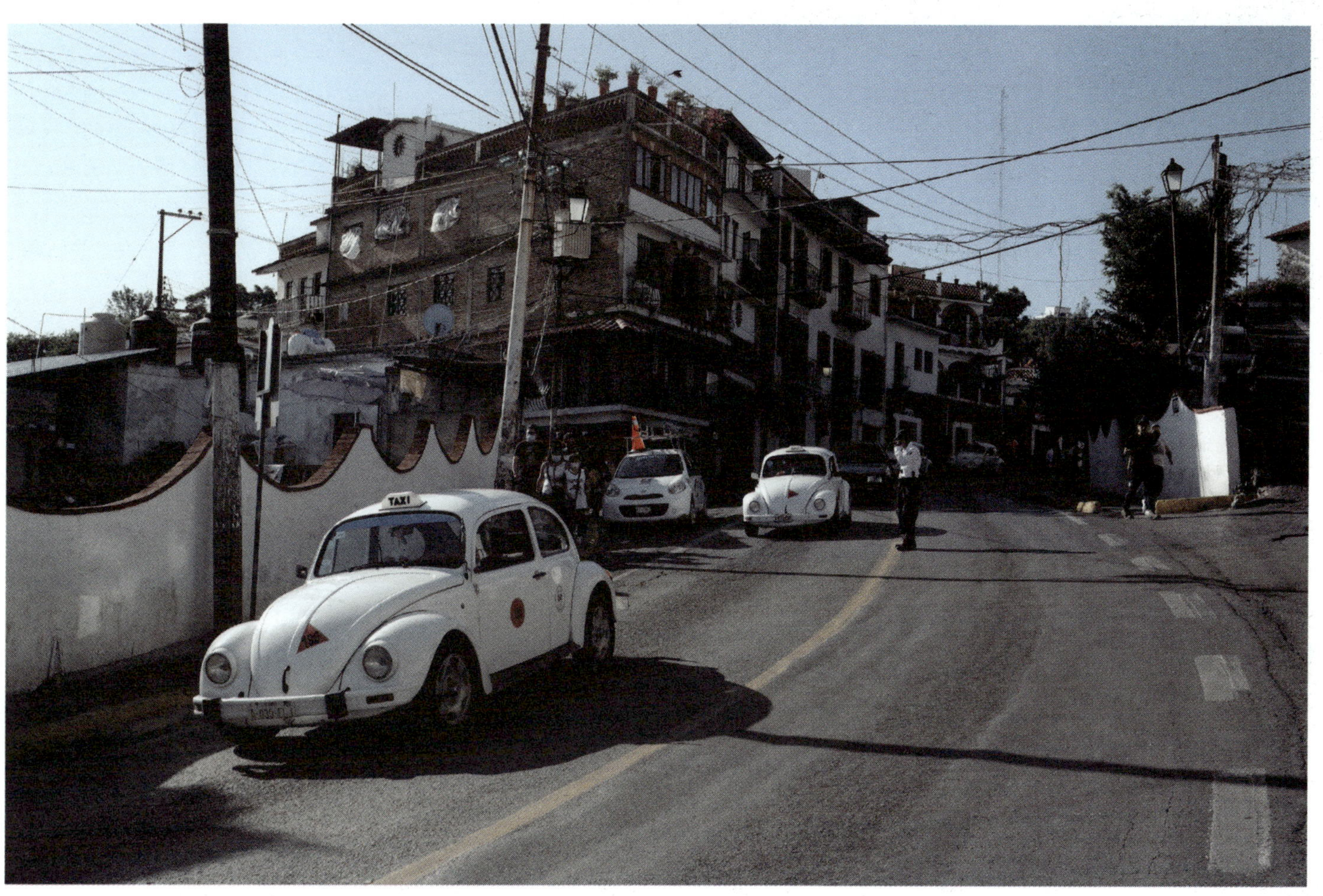

Taxco, Guerrero (2022)

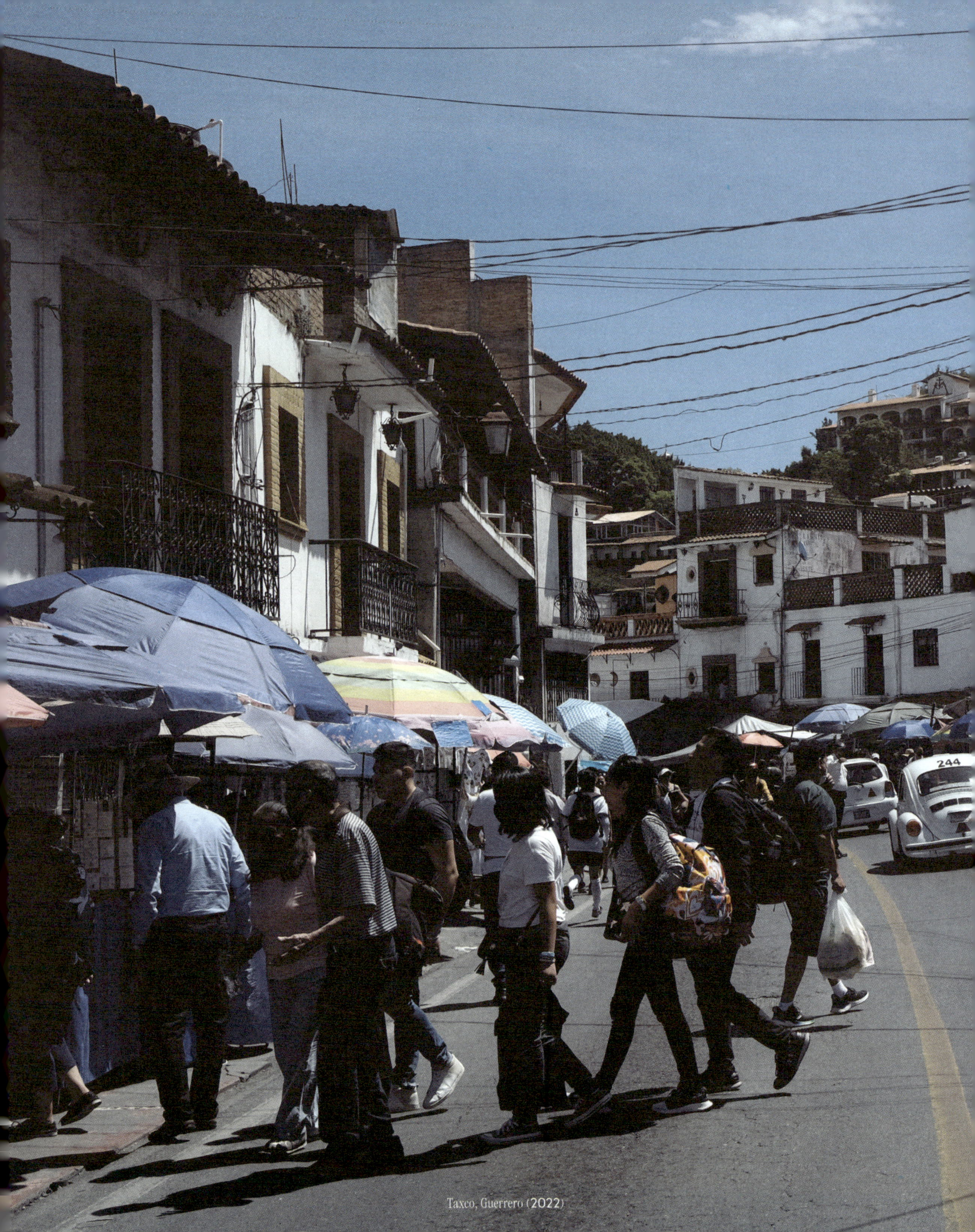

Taxco, Guerrero (2022)

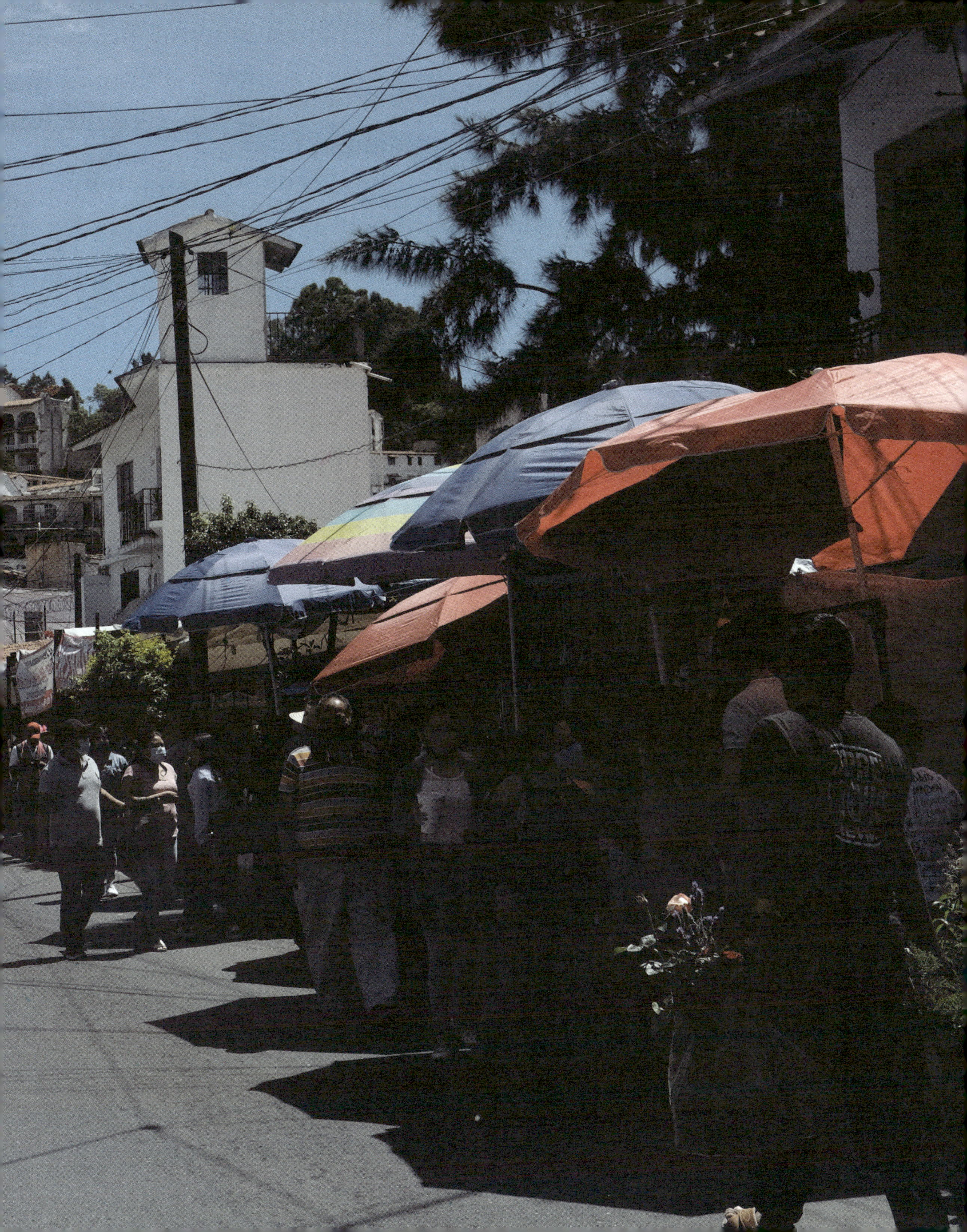

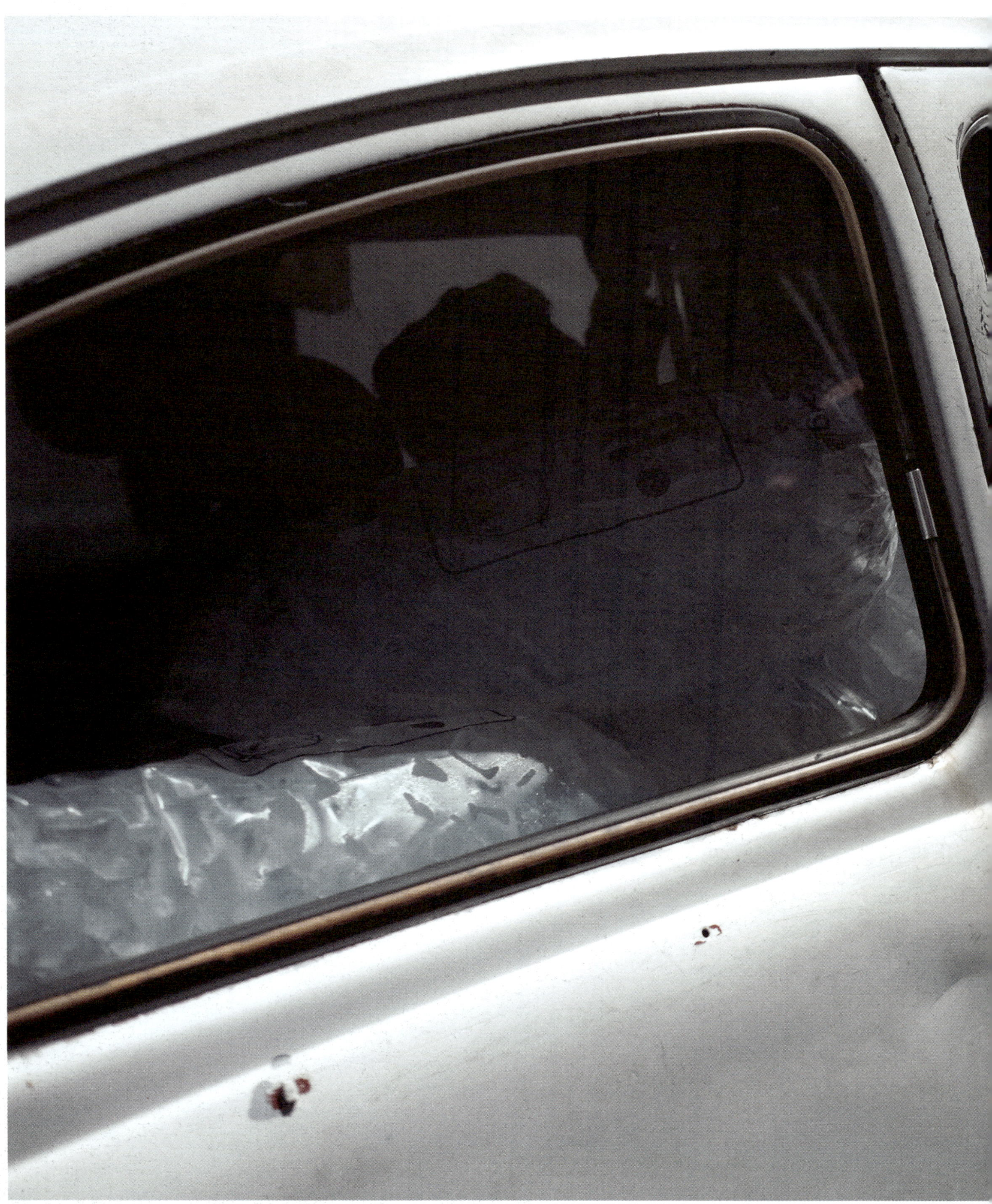

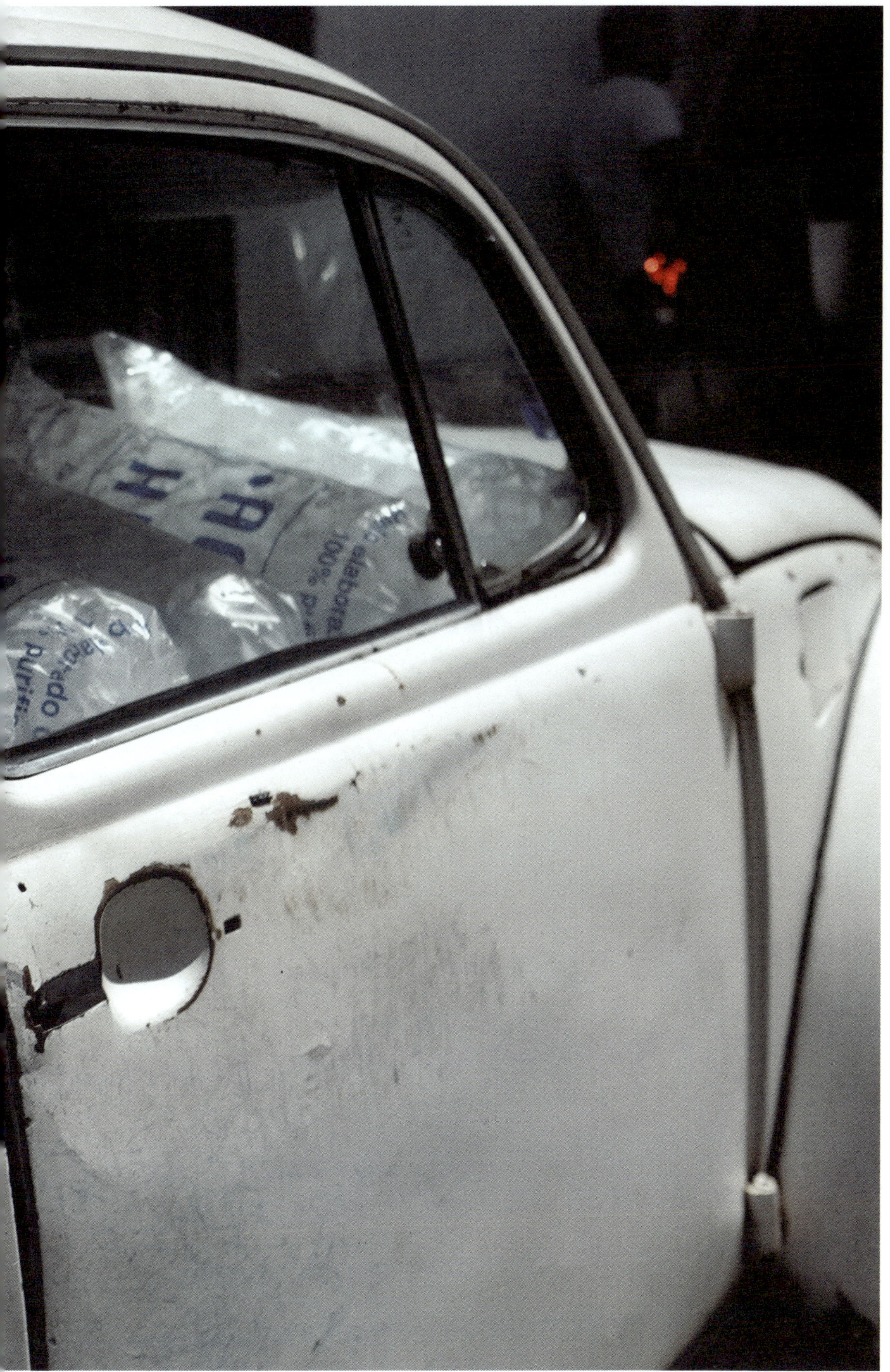

Taxco, Guerrero (2022)

Taxco, Guerrero (2022)

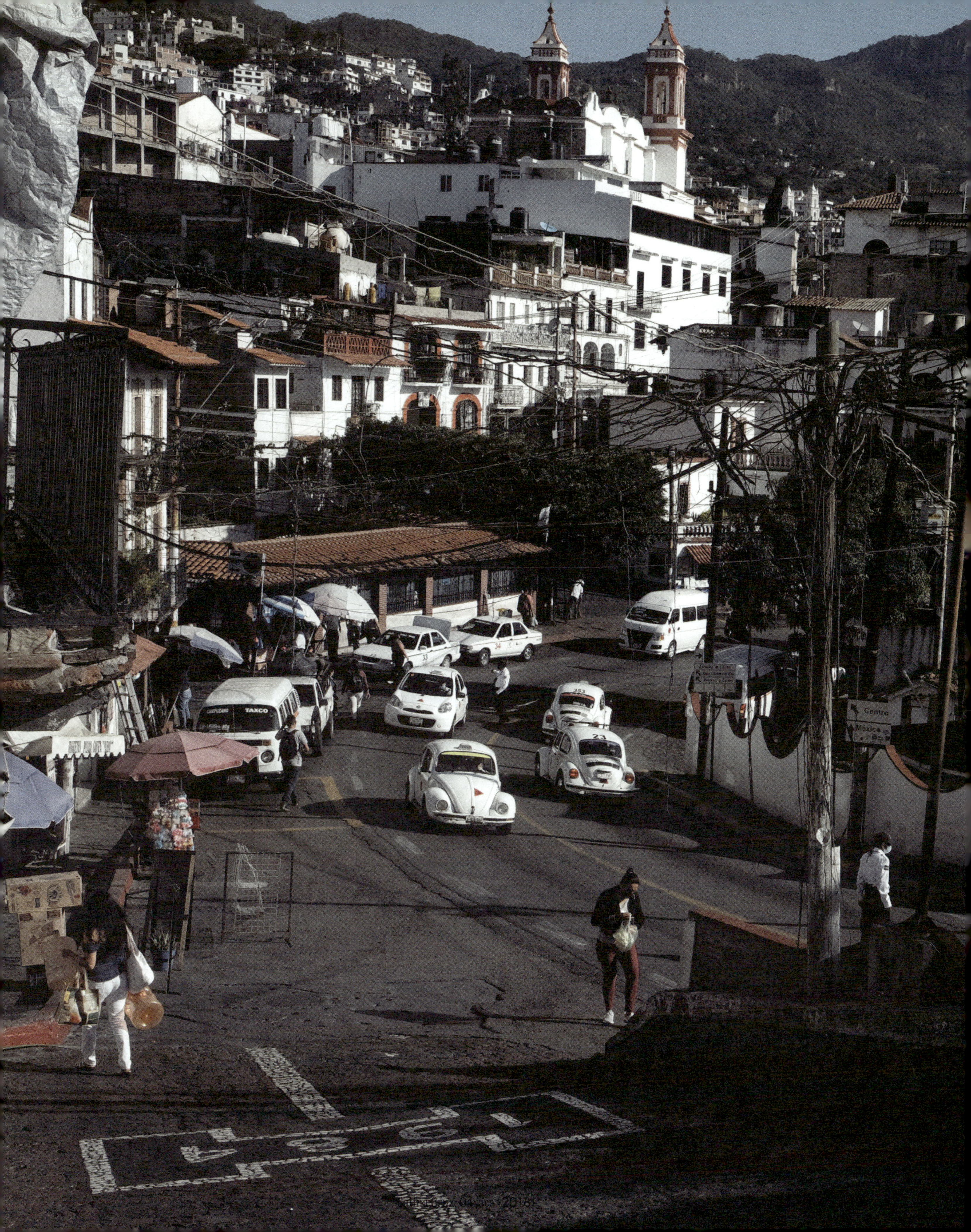
TAXCO
Centro
México

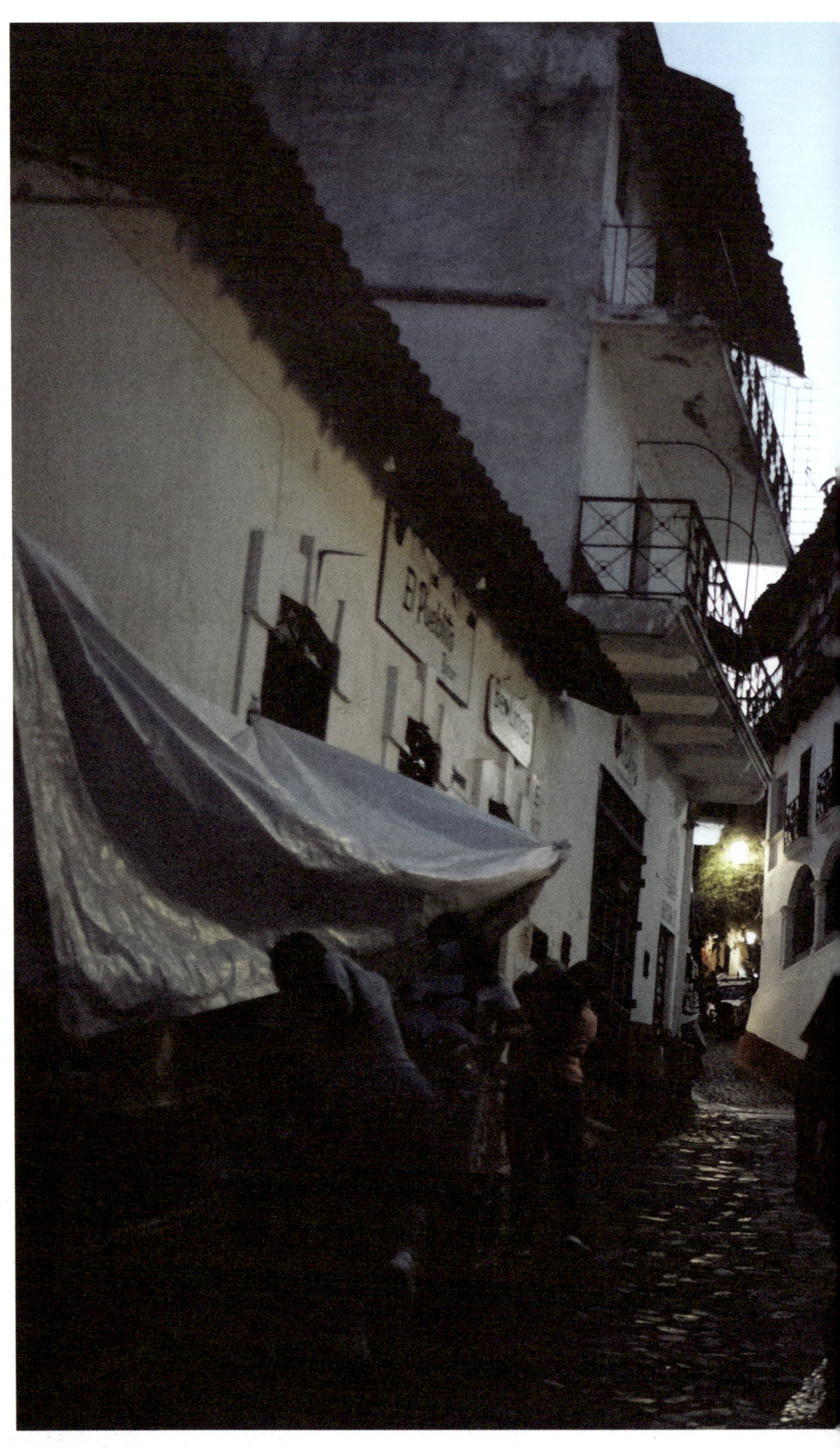

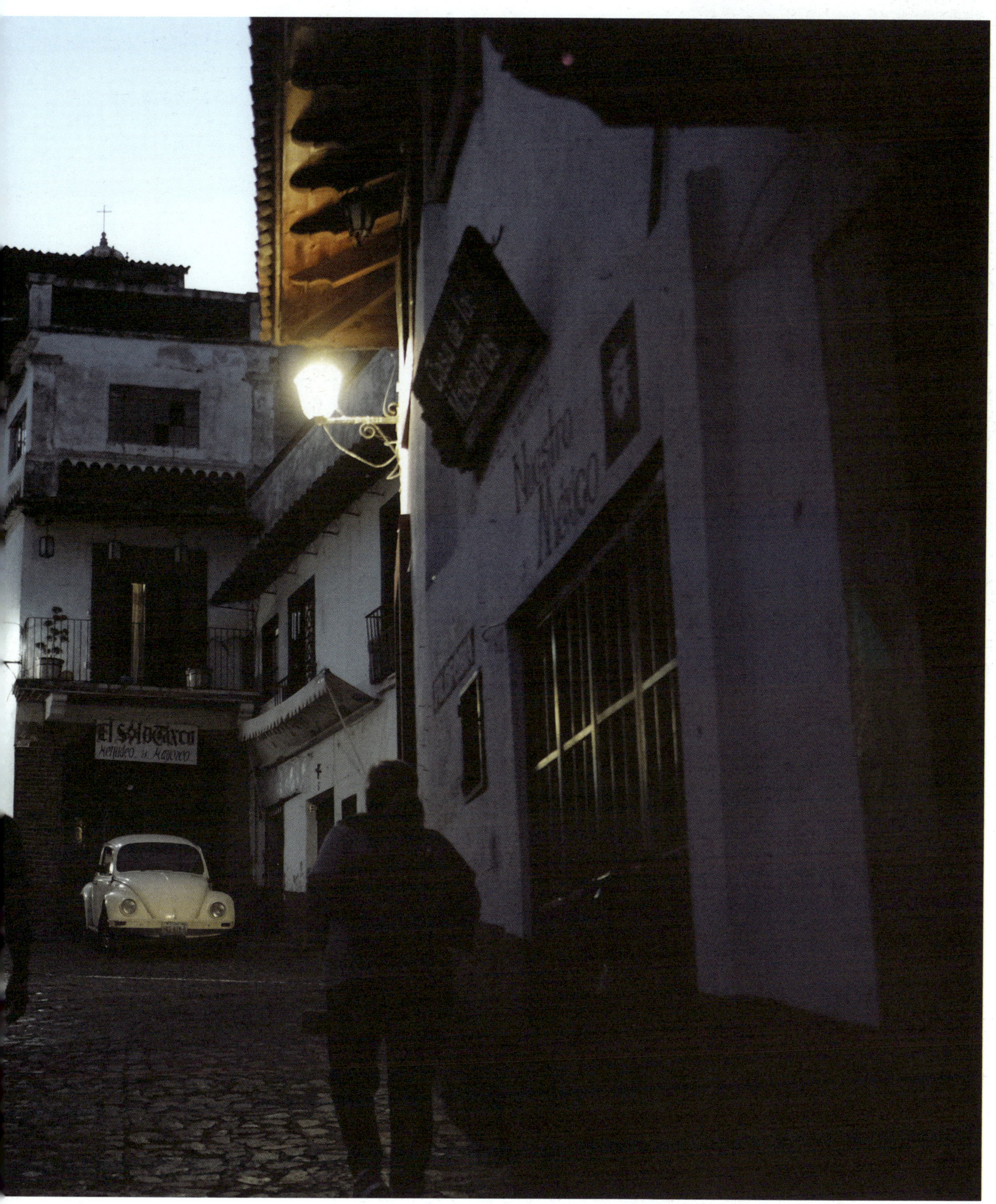

Taxco, Guerrero (2022)

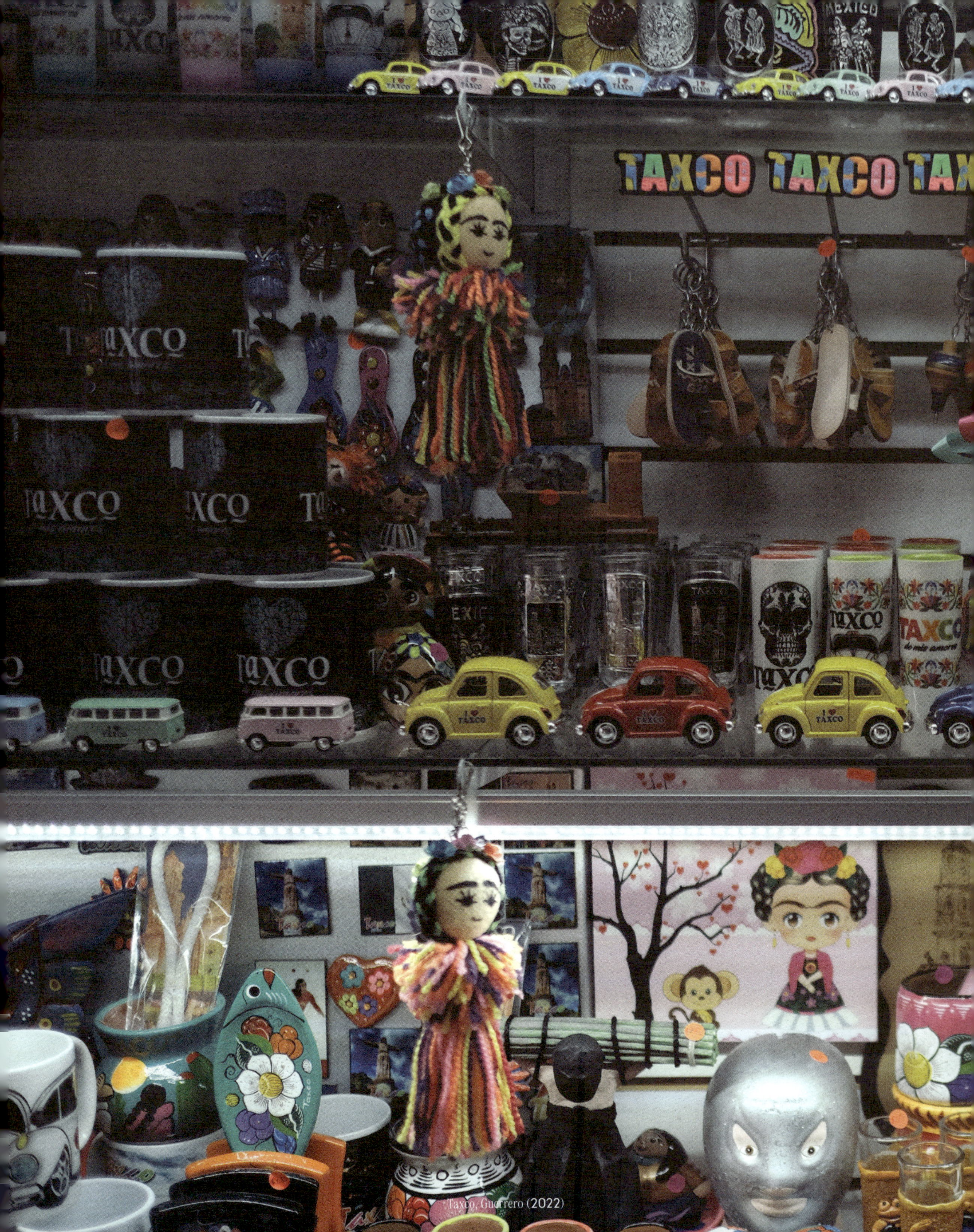

Taxco, Guerrero (2022)

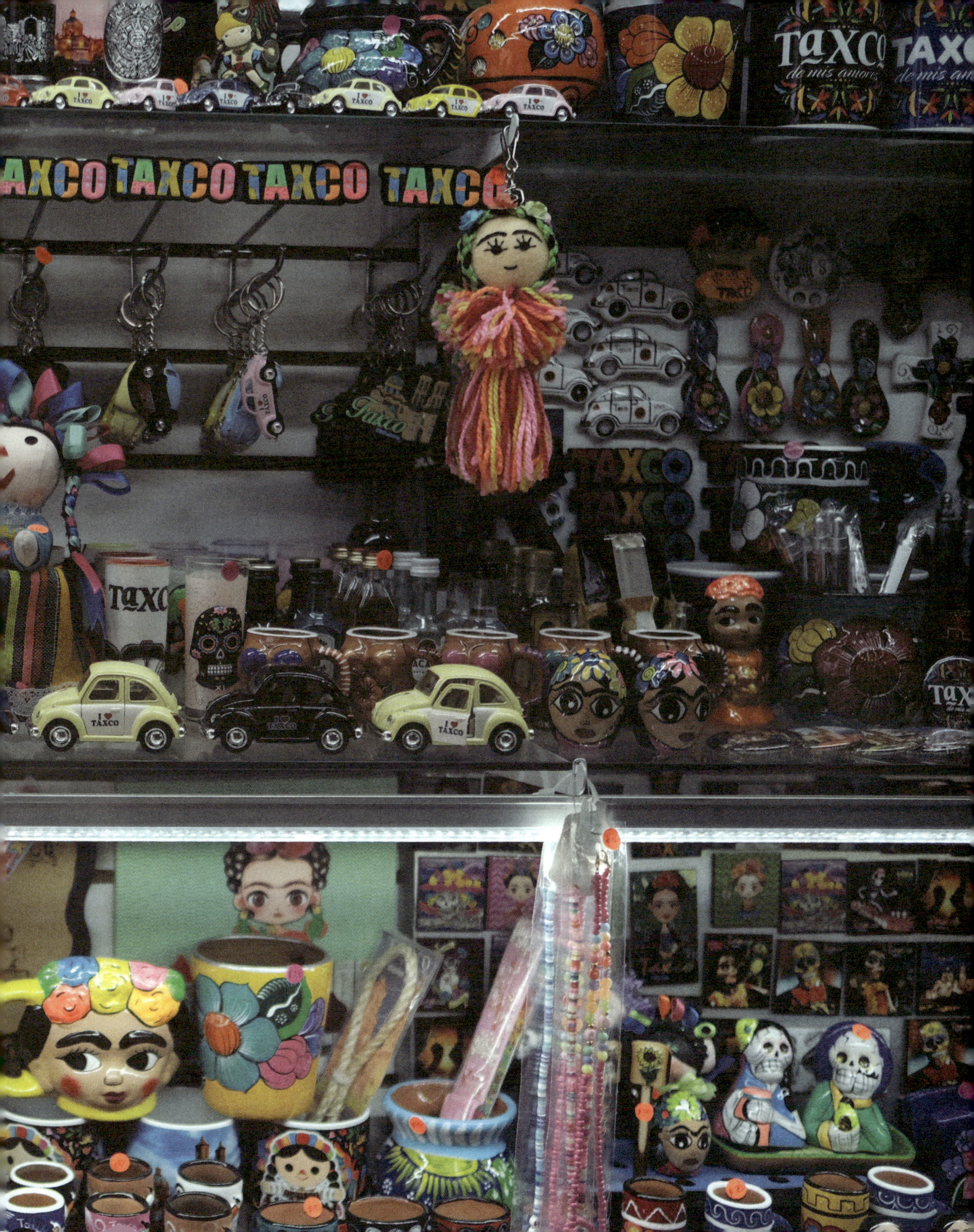

Taxco
de mis amores
TAXCO TAXCO
Taxco

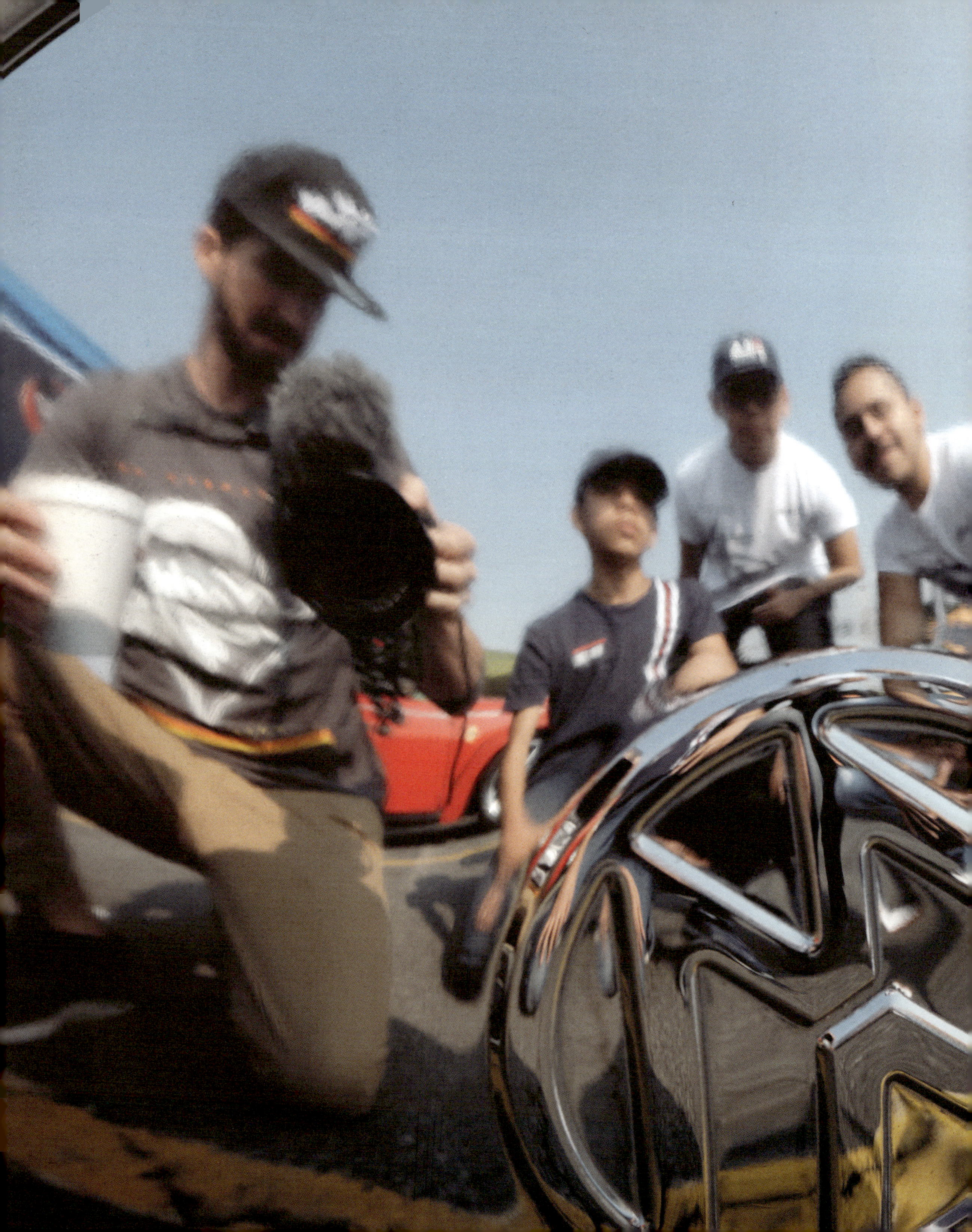

‘LA CIUDAD,
MI INSPIRACIÓN.
LA CULTURA,
MI ALIMENTO.
EL VOCHO, MI GUÍA.’

‘THE CITY, INSPIRATION. THE CULTURE, SUSTENANCE. THE VOCHO, MY GUIDE.’

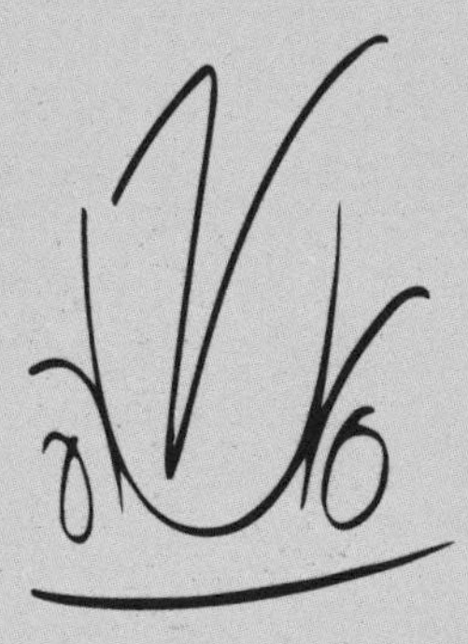

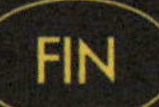

MUCHAS GRACIAS

Dedicado a todos los que mantienen vivo el espíritu vochero.
A mis queridos Gael Arthur y Ananda.
Y a todos los que me han apoyado, sin fallo, cuando lo más necesitaba.
Incluyendo: Forest, Kollegenwagen, Lea, Sebas. los Gayas, los Villar,
y especialmente los Gaya Villar.

THANK YOU

Dedicated to all those who keep the *vocho* spirit alive.
To my dear Gael Arthur and Ananda.
And to everyone who has supported me, without fail, when I needed it most.
Including: Forest, Kollegenwagen, Lea, Sebas. The Gayas, the Villar,
and especially the Gaya Villar.

VOCHOS UNIDOS

RODRIGO GAYA VILLAR

A CARRARA BOOK
PUBLISHED IN THE UNITED STATES BY CARRARA MEDIA, LLC
carrarabooks.com | @carrarabooks
First Edition MMXXVI

en.vochosunidos.com | @vochosunidos

Editorial Design and Art Direction by ® Rik Bracho

Designed and Printed in Mexico | Diseñado and Impreso en México

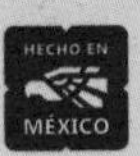

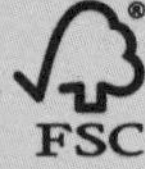

ISBN: 979-8-99162269-1
10 9 8 7 6 5 4 3 2 1

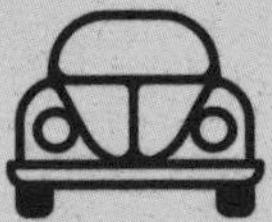